階級與品味

隱藏在文化審美與流行趨勢背後的地位渴望

STATUS AND CULTURE

How Our Desire for Social Rank Creates Taste, Identity, Art, Fashion, and Constant Change

W. David Marx

W‧大衛‧馬克思——著　吳緯疆——譯

獻給傑佛瑞與蘿拉，
他們讓我首次品嘗到品味的滋味。

目次

前言 文化大謎團與地位禁忌

The Grand Mystery of Culture and the Status Taboo

噢，他們嘲笑史都・沙克里夫（Stu Sutcliffe）的新髮型，笑得可開心了。可憐的史都拋下他在利物浦的繪畫事業，搬到德國漢堡最貧困的區域住，在他好友們的搖滾翻唱樂團彈貝斯，團名還用了一個愚蠢的雙關語：披頭四（the Beatles）。①現在，那四個抹了大量髮油、梳著油頭，活像吉恩・文森（Gene Vincent）②複製人的披頭四團員，卻斥責史都換成時髦的「凱撒頭」髮型，把瀏海蓋在額頭上。[1]

這些小夥子知道史都突然改頭換面該怪誰：他的「存在主義派」德國女友亞絲翠。[2]她把他的頭髮剪成當地藝術學院男生的風格，而那些男生則是模仿最新的法國時尚。接下來幾天，史都忍受旁人不斷嘲笑他的髮型，可是後來，發生了一個意外的轉折。最年輕的披頭四成員喬治，要求亞絲翠把他的頭髮剪成相同的模樣。約翰和保羅在幾個月後也屈服了。在巴黎度假時，他們意識到史都的造型是追求「左岸波希米亞美女」[3]的必要條件。但追逐美女只是一個藉口：來到過歐陸之後，約翰和保羅失去了進軍美國市場的信心，

① 譯注：披頭四數度更改團名，原本叫「銀色甲蟲」（the Silver Beetles）。

② 譯注：美國先驅搖滾樂手，走紅於一九五〇年代，在英國受歡迎的程度更勝美國。

而現在他們相信史都的造型會使他們脫穎而出，與其他英國搖滾樂團有所區隔。儘管最初冷嘲熱諷，但披頭四回到利物浦時雖然少了史都，卻頂著他獨特的「拖把頭」（moptop）。

在當時，英格蘭男性的髮型潮流是「近乎光頭」，[4]而披頭四的瀏海卻在他們傳奇中占有相當重要的位置。《紐約時報》（*New York Times*）第一篇針對這個樂團、發自英國的報導指出：「他們頂著一模一樣、猶如拖把的髮型，只要甩動一下濃密的瀏海，就足以在他們登場的劇院中引起騷動。」[5]雖然年輕女性喜歡披頭四的髮型，但英國成年人卻認為它「難看、不安全、沒規矩，而且不乾淨」。[6]有工廠甚至將膽敢留拖把頭的年輕學徒停職。

當披頭四計劃於一九六四年首次造訪美國，原本英國對於凌亂頭髮的些許擔憂，在美國則升級為全面性的道德恐慌。底特律大學的學生組成了「消滅披頭四協會」（Stamp Out the Beatles Society），抗議這個樂團的「非美國風格」髮型。[7]在披頭四的首場美國記者會上，媒體將大部分的焦點都放在造型上。[8]一名記者問道：「你們是否覺得像參孫（Samson）③一樣，如果失去頭髮，就會失去你們所擁有的？」另一名記者問：「你們在這裡的時候會去理髮嗎？」對此，喬治・哈里遜（George Harrison）說出那句如今為人所熟知的回答：「我昨天剛理過頭髮。」在隨後的披頭四狂熱中，各企業每天生產一萬五千頂披頭四假髮，[9]電視主持人艾德・蘇利文（Ed Sullivan）和亞佛烈德・希區考克（Alfred Hitchcock）還拿來戴在頭上當搞笑橋段。

起初，年輕的美國男性也嘲笑這種「女性化」的拖把頭。但當他們注意到這種髮型對年輕的美國女性產生迷惑效果時，就決定該把自己的平頭留長了。隨著嬰兒潮世代將拖把頭帶回家，這場英國侵略行動從電視螢幕進入郊區。家長討厭它：一九六五年的一項蓋洛普民意調查發現，三分之二的美國人反對披頭四髮型。[10]迷幻藥專家提摩西・李瑞（Timothy Leary）指出，中產階級最後終於接受男性留長髮，是因為頑童合唱團（The Monkees）首度在黃金時段電視節目中亮相——這個模仿披頭四的美國樂團「沒有爭議，沒有反抗。沒有奇怪的念頭、獨特的思想。沒有冒犯爸媽和廣告商」。[11] 到了一九六八年，家長們冷靜了下來，或許是因為這種對於茂密瀏海的苦惱變得無關緊要了。與披頭四此時的嬉皮長髮相比，拖把頭看起來十分體面。[12]

我是在八歲的時候首次看到披頭四的拖把頭照片，距離他們聲名狼藉的顛峰已整整二十年。當時我住在密西西比州牛津，一個思想十分傳統的小鎮，父母仍期盼孩子回答他們「是，先生」和「是，女士」。當我看到《披頭四：一九六二至一九六六》精選輯（*The Beatles / 1962–1966*）的卡帶封面時，我只是想，**他們看起來就像我和我哥一樣**。當時，牛津的大多數年輕男子都留著瀏海，跟一九六一年的史都．沙克里夫沒有太大差別。那款披頭四髮型曾經造成國家和世代分裂，但此時就連在保守的美國南方都已非常普遍。小時候我覺得很奇怪，一個如此傳統的髮型竟然能引起那麼多責難。今天，那股憤怒看起來甚至更加荒謬。拖把頭不僅變得普遍，而且成了經典。二〇一九年，《GQ》雜誌指出，它「現在看起來和當時一樣好看」。[13]

大多數人都知道拖把頭和它遭到反彈的故事，但這種熟悉感可能使我們忽視其中顯露的奇特人類行為。就像拖把頭和我們稱為**趨勢**的其他成千上萬個微型社會運動一樣，人類集體從一套任意性的做法跳向另一套，其原因難以捉摸。起初，這些微小的風格差異會引起可怕的社會摩擦——只是後來就為人所接受，包括最初的反對者在內。日後，權威人士將這些趨勢的創始人吹捧為「偶像」和「傳奇」，從此，過去的激進行

---

③ 譯注：在《聖經》故事中，參孫頭髮被剪掉後便失去了力量。

為在我們共同的文化遺產中鞏固了一席之地。史都・沙克里夫某天決定留瀏海，結果創造出一個年代的有力象徵，那個年代我們稱為六〇年代初期。

這些人類行為的特異之處可以歸納成一個更廣大的謎，我稱之為文化大謎團（Grand Mystery of Culture）：**為什麼人們集體偏好某些做法，然後多年後，在沒有實際理由之下，就轉向其他方案？**正如《塊肉餘生記》（*David Copperfield*）中的殯葬業者奧默先生（Mr. Omer）所譏諷的：「流行就像人類。它們來了，沒有人知道時間、原因或方式；它們離開了，沒有人知道時間、原因或方式。」[14]

相較之下，科技變遷就非常合乎邏輯，因為創新提供了更高的效率和便利性，而且成本更低。我們的祖先使用紡車，不是因為它是一種「流行」，而是它縮短了將纖維紡成紗線所需的時間。從這個角度來看，文化變遷就顯得怪異。史都和他的模仿者希望藉由拖把頭達到什麼目的？是什麼改變了他們的品味？演化生物學和經濟學都無法解釋這種行為——拖把頭在本質上並沒有比其他造型更有價值，也無法提供更多有形的愉悅。拖把頭是不是一種自我表達的形式？如果是，大家怎麼知道這種特定的髮型表達了什麼感覺？為什麼每個人都想要透過**相同**的髮型，在**相同**的時間表達**相同**的情感？

與人類經驗的其他許多面向不同，對於是什麼改變了我們的文化偏好，目前仍然缺乏權威性的答案。近期有一本試圖解釋品味機制的書，最終以舉白旗投降的方式提出結論，將「隨時間而改變的情況」視為一種類似股市短期波動的「隨機漫步」（random walk）。[15] 在過去二十年中，最受認可的文化變遷理論將其描述為「病毒傳染」（viral contagion），[16] 認為我們屈從流行就像感染麻疹一樣。

但是文化變遷絕非隨機，也不像瘟疫那樣降臨在我們身上。趨勢之所以發生，是因為個人選擇採取新的行為。審視文化變遷的歷史時，我們可以發現人類從一種做法轉向另一種做法有清楚的**模式**。在拖把頭風行之前六十年，社會科學家孫末楠（William Graham Sumner）似乎就預測到它的興衰：「一種新的服裝潮流起初看似荒謬、不優雅或不得體。過了一段時間，這種第一印象已然和緩，所有人都開始追隨這種流行。」[17]幾乎在所有情況下，新的行為剛開始都是小型社會團體——無論是菁英還是局外人——的專屬做法，然後最終擴散到更廣大的群眾。這一點對外在髮型的擴散是如此，對不被視為「流行」的事物同樣適用：像汽車和雜種種子玉米這樣的實用科技、像巧克力和琴酒這樣的美食、政治和精神信仰，以及現代藝術中藝術運動的演替。我們所謂的**文化**始終是個人行為的集合體，[18]而如果品味僅僅是隨機習性和非理性心理的產物，那麼文化就不會展現出任何模式，只有噪音。這些不同領域的偏好都遵循類似的變化節奏，可見其中必定存在著人類行為的普遍原則——有一種「文化重力」（cultural gravity）將人們同時推向相同的集體行為。[19]

儘管文化變遷經常被視為膚淺，但它對我們人類的生活經驗卻至關重要。它界定了我們的身分，並決定他人如何對待我們。我們每天都必須做出選擇，是遵從社會標準還是「做自己」。我們在不知不覺中發覺某些事物很「酷」。我們將文化變遷的標誌當作檢驗過往的標準，比如尷尬的髮型幫助我們確定舊照片的年代。披頭四不僅僅是一個樂團——他們是**那個頂著拖把頭的樂團**。正如我們將在這本書最後看到的，流行解釋行為變遷的能力超出了我們願意承認的程度。

自從小時候發現拖把頭以來，我一直在尋找文化大謎團的答案。在大學時期，我獲得第一個突破：當時，我研究日本街頭時尚品牌A Bathing Ape是如何透過反直覺的行銷策略，也就是門市難以找到、產品供應不足和無廣告，累積了狂熱的粉絲。後來在研究所，我專注於研究經濟體系如何影響流行文化的內容，特別是檢視音樂產業的壟斷是否阻礙了藝術創新。我的第一本書《洋風和魂》（*Ametora*）追蹤一個特定文化潮流的誕生和成長：一個非正統行業如何在戰後的日本推廣美國風格，而幾十年後，日本的服裝公司又回頭影響美國人對「傳統」服裝選擇的認知。在曼哈頓下東區的一家小型獨立雜誌社工作、然後在東京的一家跨國公司擔任亞洲區傳播主管後，我已經花了數十年的時間即時觀察音樂、藝術和時尚領域的新趨勢發展——它們全都遵循相同的經典興衰模式。

然而，儘管多年來孜孜不倦地研究這個主題，我卻始終找不到一本能夠解釋文化大謎團的書。幾個世紀以來，許多優秀的學者已經提出有關品味和文化變遷的重要見解，但它們往往深埋在晦澀的文章中或學術文獻的角落裡。如果我想要將這些知識統整成條理清晰的解釋，只能自己動手。

因此，當我開始綜合所有重要的理論和個案研究，試圖解釋文化作為一個系統如何運作，以及為什麼文化會隨著時間而變遷時，我發覺有一個關鍵概念將所有事物連結在一起——那就是**地位**。問題是：地位本身長久以來也是一個謎。

• • •

我所說的「地位」究竟是指什麼？在口語中，我們用這個詞來描述個人在社會重要性非正式排名上的位置。每個社群都有一個地位等級，有名、有權和受敬重的人位於頂部；大多數人處於中間；不幸、處境困難和遭受輕視的人則屈居底部。我們在這個等級中的位置主宰著我們個人的日常經驗。如果我們地位高，事情就進展順利，人們對我們友善，我們相對就比較快樂。如果缺乏地位，我們會變得痛苦和沮喪。社會學研究顯示，我們的社會地位會影響長期幸福、激勵我們的行為，而它本身也會成為一個目標——因此可視為一種基本的人類欲望。[20]

我們追求地位，是因為它能讓我們獲得別人的敬重和認可。但它絕對不容易獲得。高地位是階層中的一個位置，所以越多人試圖往上爬，就越難到達頂端。這種固有的不確定性，讓許多人陷入對更高地位的無止境追求。研究人員最近指出，達到高地位只會讓人想要更多。[21]

儘管地位如此重要，卻鮮少有人討論它對人類行為的影響。這在一定程度上源於大多數人將階層化（stratification）視為社會的弊病。[22] 哲學家敦促我們在定義自己時不要參考他人的評價，而宗教領袖則懇求我們思考更高層次的精神秩序。民主和社會主義的倡導者指責地位等級導致社會功能失調以及鬥爭。作家湯姆·伍爾夫（Tom Wolfe）在一九七〇年代指出，地位是「根本的禁忌，更甚於性及類似的所有事物。如今，比起談論自己的地位，人們談論性生活和年紀要容易多了。」[23] 公開討論社會等級，是令人不快和不禮貌的。[24] 當英國小說家南希·米特福德（Nancy Mitford）在一九五五年的一篇文章中，思考上層階級和中產階級語言的微妙差異，「激烈到不可印行」的信件湧入她出版社的編輯室。[25] 這也說明了為什麼我們不喜歡在社會階層中往上爬的人：他們提醒我們，有一道梯子可以攀爬。事實上，現代英文中的「壞人」（villain）一字，就源於與地位有關的罪行，也就是低賤的封建隸農（villein）敢於追求更高的社會地位。[26]

這種對於地位的集體不安，大大損害了我們辨識其影響的能力，也使我們無從解開文化大謎團。一旦我們理解了地位，文化變遷就不再那麼神祕。[27] 正如微觀經濟學假設，市場是因為自私的個人為了讓他們的金錢發揮最大效用而形成，地位和文化之間也存在一種類似的「看不見的手」機制：[28] 在追求地位最大化和穩定的過程中，個人最終會集體採納我們理解為**文化**的行為模式（風俗、傳統、時尚、潮流、品味）。

這並不是說文化僅僅是一種標示地位的手段。所有的地位象徵，都仰賴具有實用或美學價值、並能豐富我們生活的物品和行為。許多代表中產階級的文化標準，都推崇具有明顯健康益處的理性行為——譬如吃有機蔬菜而不是包裝食品，每天運動而不是無休止地看電視。用來區分菁英的激進藝術，能使人獲得情感上的回饋，振奮精神。文化使人類的自我瞭解、複雜思考和創意表現成為可能。

但正如我們將看到的，地位和文化是如此緊密交織，以至於我們不瞭解地位，就無法瞭解文化的運作方式。瞭解社會地位結構的最佳途徑，是觀察它們在文化模式中如何呈現。[29] 兩者密不可分的這個想法，至少可以回溯到經濟學家托爾斯坦・范伯倫（Thorstein Veblen）探討鍍金時代炫耀性消費的著作；他認為富裕的人購買昂貴的東西，是為了彰顯他們**有能力**買昂貴的東西。[30] 但這種交互作用具有更深刻的意涵：地位塑造我們的志向和欲望，設定美與善的標準，構建了我們的身分，創造了集體行為和道德，鼓勵開創新的美感，並成為長久文化變遷的自動動力來源。文化體現於構成人類經驗的產品、行為、風格、意義、價值觀和情感中，而引導它們的創造、生產與傳播的正是地位。

我們將在這本書中揭示的地位和文化原則，為我們提供了一個無價的工具箱，可以用來分析我們周遭的世界。對於有關品味、真實性、身分、階級、次文化、藝術、時尚、潮流、媒體影響力、復古和準則等老問題，我們將獲得嶄新的清晰看法。這些收穫有助於我們解構最新的趨勢，解釋與「身分」有關的時事議題，並提出一套文化評論的共同語言。這些原則之所以重要，不僅是因為文化在我們的生活中扮演著重要角色，也因為我們認為超越文化的那些生活層面——科技、個人信仰和對美的判斷——也會受到千變萬化的流行所影響。

這些分析工具對於應對當下迫切的問題尤其有幫助：為什麼網際網路文化往往感覺**不如**我們現實世界中的經驗來得有價值？為什麼一切似乎都**沒有以前那麼酷**？[31]

當你透過網際網路如何改變地位訊號傳達的角度來看，原因就變得更清楚。在過去，我們必須親自（或出現在真實社交活動中，再透過媒體報導）[32] 爭取地位，現在則是靠每週七天、每天二十四小時在社群媒體應用程式上炫耀。曾經，菁英可藉由資訊障礙和獨家取得產品來保護他們的地位象徵；如今，幾乎所有人都能取得任何東西。與此同時，文化的碎片化造成「長尾效應」，削弱了品味作為社會排斥的有效手段的力量。網際網路固有的高速特性，意味著流行週期不斷產生的是短暫潮流，而非能定義時代的趨勢。次文化曾經為社會提供了一連串持續不斷的文化創新，但二十一世紀最引人注意的局外人團體卻是網路酸民，他們透過仇恨口號和迷因反抗多元、平等和包容。

綜合起來，地位結構的改變正密謀阻擋人們廣泛採用新文化趨勢，頻率與我們在二十世紀經歷的情形相當。許多人感覺我們已經進入一個**文化停滯**（cultural stasis）時期。在網際網路上，時間過得極快，因而等於根本不動。一九六八年的理想主義嬉皮在十五年後變成雅痞物質主義者，為電影《大寒》（*The Big Chill*）提供了戲劇性張力；而在二〇二二年，來自二〇〇七年的文化竟感覺熟悉，令人失望。許多對當代文化感到厭倦的人陷入「復古狂熱」（retromania），沉迷於發掘過去。與此同時，Z世代似乎已經放棄了先前幾個世代對激進藝術創新的堅持，轉而追求悠閒的業餘主義。

文化停滯並非微不足道：我們透過文化生產的豐富性與深度來衡量文明的健康。我們依賴風格的變化來界定我們在時空中的特定時刻。我們也將在本書中更深入瞭解地位如何與文化互動，以尋找答案。

• • •

當然，這本書似乎一次觸及了太多主題：社會階層、慣例、訊號傳達、象徵、身分、階級、次文化、藝術、時尚、大眾媒體、歷史、科技。但唯有檢視這些現象的交互關聯，我們才能充分理解地位和文化如何形成一個系統來運作。為了證明地位和文化背後原則的普遍性，我們將檢視歷史上各種現實生活的例子，從髮型和服裝到寵物、飲料、小吃、流行與古典音樂、名人與騙局、迷因、小說、繪畫和夜生活。（但可能的例子絕非**只有**這些。）同樣地，我們必須超越學科的界線，發掘並**綜合**社會學、人類學、經濟學、哲學、語言學、符號學、文化理論、文學理論、藝術史、媒體研究和神經科學的智慧。以這個規模進行有明顯的缺點：遺漏細微的差異、忽視邊緣案例、非常可能疏忽出錯。儘管存在這些擔憂，但我們需要一個關於地位和文化的基本概念架構，一旦建立起來，我們就能進一步輕鬆地予以加強、擴展和修正。

讀者可能已經熟悉許多引導文化的原則，譬如時尚趨勢的「涓滴效應」，以及過時風格的可預測性回歸，也就是「復古」。某些受到採用的學術理論，無論是皮耶・布赫迪厄（Pierre Bourdieu）對「品味」的解構，還是艾佛瑞特・羅傑斯（Everett Rogers）的「創新」擴散模型，都已經在學術界之外變得廣為人知。但這些文化定律經常與我們的個人生活經驗有所差異，導致人們對其預測能力產生固有的懷疑。因此，挑戰不僅在於統整關於文化機制的集體知識，而且要證明為什麼這些社會現象是個人自私行為帶來的結果。若要小心進行這項工作，必須從多少較明顯的觀察開始，然後逐步推演出更值得注意的結論。我們最終將看到，地位如何企圖塑造我們最深層的個人欲望，揮霍支出為何符合邏輯，地位在鼓勵激進藝術創新上有何重要性，時尚如何在沒有時尚工業的情況下存在，菁英如何影響我們的記憶，後現代政治如何讓我們對品味感到羞愧，以及為何追求「原創」的道德義務可能只是貴族習俗的民主化。

我們將提出這些結論，作為解開文化大謎團的途徑之一。我們將文化大謎團分為三個部分：

第一部分：個人為什麼會集體效法任意性行為，並從中汲取深層意義？

為了回答這個問題，我們將檢視地位的基本原則，這些原則如何促使個人採行傳統行為，以及我們如何使用慣例來構成我們的身分。

第二部分：不同的風格、慣例與感知是如何出現的？

地位鬥爭在三個重要領域助長文化創意：社經階級之間的競爭、次文化和反文化的形成，以及藝術家之間的內鬥。

第三部分：我們為什麼會隨著時間改變行為，以及為什麼有些行為會持續存在？

地位的內部機制導致長久的流行週期，而高地位團體往往決定了什麼成為「歷史」，什麼被遺忘。

一旦我們理解個人對於地位的追求如何創造更廣泛的社會運動，就會清楚為什麼披頭四頂著拖把頭，為什麼有那麼多人對此感到憤怒，以及為什麼這種造型最終風靡一時，成為「經典」。在第四部分，我們將把地位和文化的原則應用於網際網路時代，以瞭解我們當今所謂的停滯現象。

對地位的解釋，特別是概述品味的高深規則，大多數聽起來都像是贊同之言。這並不是我們的意圖。我們在這裡是為了解構地位，而非讚美地位。人類偏好階層結構的傾向，尤其是種族主義、性別主義和其他偏見，長期以來都成為實現真正民主社會的有害障礙。但如果我們希望追求平等而不是階層，鼓勵文化創意與實驗，就必須理解文化與地位如何協力運作的完整涵義。

雖然對地位的渴望可能是人類的本性，但許多讀者或許很容易得出這樣的結論：「是的，**其他人**遵循這些原則，但我沒有。」政治學家羅素・哈丁（Russell Hardin）曾經寫道，「社會理論最大的難處」是讀者

「否認我們的陳述與他們的行為和動機有關」。[33]這一點對於地位來說尤其真確，因為地位不是某些人選擇參與的一種「遊戲」，[34]而是支撐整體個人行為與社會組織的一股無形力量。[35]作為個人，我們將自己的品味和喜好視為個人表達，而不是對社會階層位置的機械式反應。我們相信自己擁有自由意志，並努力建立獨特的身分。我們希望偉大的藝術和經久不衰的美麗源於內在價值，而不是來自它們與菁英的關聯。在閱讀本書的過程中，肯定會有某些時候，有某一項原則可能不適用於你身上。但重要的是要記住，**文化**，即使我們生活其中，絕對不是對每個個人行為的客觀衡量標準——它是一種抽象且**經過詮釋**的近似值。最好的比喻可能是化學：並非每個分子都以完全相同的方式運動，但我們仍然可以推論出氣體的特性。[36]

地位極有可能深深形塑你的行為，就像它影響了披頭四，從油頭變成拖把頭一樣。只有當我們成為地位的專家時，我們才能努力追求自己渴望的社會。

第一部

地位與個人

Status and the Individual

第一章

基礎地位學

The Basics of Status

◆ **MAIN POINTS**

透過農場牧羊犬與全國冠軍犬分身、詹姆斯．鮑德溫與鴻運香菸、時尚「女王」卑微的出身，以及傑克．凱魯亞克對瘋狂的頌揚，瞭解社會分層化的邏輯。◆

地位是什麼？

不論「地位」一詞有多麼含糊不清，[1]我們都可以從經典美國電視影集《靈犬萊西》（*Lassie*）的其中一集中學到它的基本原則。

在〈雙重困擾〉（Double Trouble）這一集中，年輕的主角提米帶著他的農場牧羊犬萊西參加州首府的年度狗展。[2]在那裡，萊西被誤認成全國冠軍牧羊犬國王萊西（King's Royal Lassie）。當狗展工作人員幫萊西拍攝官方宣傳照時，他們告訴提米：「在這樣的展覽上，有像牠聲望這麼高的動物來站臺，意義非凡。」非常大方的狗展主席隨後提供活動的貴賓通行證，安排提米和他的監護人入住鄉村俱樂部飯店最豪華的套房，而且包含免費客房服務。「大家對我們真的太好了。」提米心裡想。然而到了這一集的結尾，他才發覺出了大烏龍。他為自己接受了原本應該頒發給傑出動物的獎勵道歉。但由於萊西在狗展上的英勇行為，主席原諒了他們。提米回家告訴母親，他的口袋裡還有沒花掉的一美元零用錢：「我度過了這輩子最美好的時光。」

這一集揭示了有關地位的四個關鍵要點。首先，地位代表在**社會階層**中所處的位置，其根據是敬重以及人們所認知的重要性。最受敬重的個體位於階層的頂端，例如國王萊西；像萊西這樣的普通成員位於中間；而最不重要和最不受重視者則處於底部。在中世紀的社會中，這種階層清楚明確：國王和王后高居頂點，然後是貴族，再來是資產階級，最後是農民。但隨著資本主義和民主使個人能夠爭取自己的名聲，地位高低的定義就變得沒那麼清楚。在動畫影集《凱斯：城市守護者》（*Neo Yokio*）獨具風格的科幻世界中，有一面「單身公告牌」以數字明白顯示城市中最搶手未婚男子的官方排名。在現實生活中，我們並沒有一個類似的權威地位計分表，告訴我們馬利克位於第四萬一千八百七十九名，而珍妮特最近攀升至第五萬六千五百七十八名。

實際上，對於地位，最佳的說法是：各**層級**之內的成員從高到低堆疊起來。我們可能不知道國王萊西在整個階層中的確切位置，但牠的「狗展優勝者」層級高於萊西的「家庭犬」層級。這些層級往往反映了某些**類別**和**分級**：高層級包括有頭銜的貴族、創投家和獲獎的參展狗，低層級則為乞丐、罪犯和患有殘疾的雜種狗。作為個人，我們的地位與我們在這些類別中的身分密不可分，但在同一個層級之中，我們的排名可能根據進一步的成就和特點而起起伏伏。國王萊西位於犬類的上層，但牠每年都必須在巡迴賽上與其他冠軍狗競爭，爭奪最終的榮耀。

從《靈犬萊西》學到的第二個要點是，每個地位都伴隨著特定的權利和義務，最令人嚮往的利益歸於那些位於頂端的人。任何團體中的絕大多數人都擁有**普通地位**，他們只獲得一般的對待和基本的權利，但沒有特殊待遇。要是沒有被誤認為獲獎犬，萊西就只擁有普通地位：牠可以參加狗展，但不會得到貴賓通行證，也不會獲贈免費的飯店房間。**地位低**的人必須做最辛苦的工作，頂多再加上少得可憐的好處。**地位超低**的那些人，譬如遊民或敵對團體的成員，則會被視為賤民。如果萊西感染狂犬病且表現粗暴，就會被逐出狗展。

相比之下，**高地位**帶來特殊待遇和專屬利益。美國的航空公司為了禮遇軍隊，允許軍人在其他乘客之前優先登機。此外，擁有**超高地位**的重要人物，如名人、運動員、億萬富豪、國王萊西，則獲得彰顯於外的尊重，受到免費的優越服務，享有專屬地點的特殊出入權，並可能免於一些社會規範的約束。在古代，高地位通常伴隨著更多的責任，但在較為自由的二十一世紀，知名和富有的人可以在不承擔太多社會責任的情況下，獲得驚人的好處。

社會地位和社會利益密不可分，因為豪華飯店套房、頭等艙和前排座位等特權是限量供應的。如果每個人都可以進入貴賓室，那麼它就不是貴賓室。組織根據階層分配獎勵以激勵成員，這代表每一項好處都會有一個分界點：在分界線以上的人可以獲得，分界線以下的人則否。在紐約高級夜店五四俱樂部（Studio 54）的全盛時期，超高地位的藝術家和電影明星不必等候就能進場，外表迷人的那些人必須排隊，但最終也能進入，而一般人則謝絕進場。[3] 一九八〇年代初期在紐約的藝術與設計中學（High School of Art and Design），先驅塗鴉藝術家粉紅女神（Lady Pink）必須與其他人競爭，才能在自助餐廳找到座位：「我們有一張專門的塗鴉藝術家桌。所以多年以來，最厲害的人就自動獲得最好的桌子。任何有資格的人都會坐著，其他不夠格的人就只能站在一邊。」[4] 這種階層和利益之間的關聯，有兩個重要效應：我們非常關心自己的排名，因為它決定了我們獲得的好處；同時，將我們的好處與他人做比較，我們隨時都能推斷自己在階層中的位置。

從《靈犬萊西》學到的第三個要點是，地位是**由他人賜予的**。[5] 地位純粹是一個社會現象，顯現在個人之間的互動中。萊西只有在狗展主辦者給牠更多尊重時，才能擁有國王萊西的優越地位。像魯賓遜那樣漂流到荒島上的人沒有地位。只有在脫逃的囚犯星期五（Friday）出現在島上、成為他的僕人時，他才獲得地位。有了星期五在身邊，魯賓遜可以悠閒地坐著，而他地位低下的僕人則要屠宰山羊、煮燉肉、掩埋入侵敵人的屍體，並抵擋野熊。如果，被沖到島上的是喬治王而不是星期五，我們預期國王會維持他的尊王地位，而魯賓遜則得負責烹煮羊肉。見微知著，**總體**的地位總是反映在我們與他人的**個體**日常互動中。

這引領我們來到最後一個要點。我們的地位高低始終是**有脈絡**的，取決於我們在特定時間和地點所受到的對待。萊西在牠的家鄉可能是一隻備受寵愛的狗，但在州首府的高級地區可能不受人關注。巴布．狄倫（Bob Dylan）的〈瘦人之歌〉（Ballad of a Thin Man）嘲諷中產階級記者瓊斯先生，他闖入底層社會後被視為地位低的「怪胎」，因而感到憤怒。我們的地位高低總是視情況而定，可能隨時間而改變。傑克．尼克遜（Jack Nicholson）是七〇年代美國電影中最受喜愛的演員之一，卻在八〇年代的新鼠黨① 青少年電影興盛期失去了地位。在看完一九八六年的喜劇《蹺課天才》（*Ferris Bueller's Day Off*）後，他不吐不快：「嗯，那部電影讓我感覺自己跟觀眾想看的東西毫不相干，彷彿我已經一百一十九歲了……我走出那裡時真的覺得自己來日不多了。這些人想要把我幹掉。」[6]

生活在他人之間，我們總是有一個所處的地位，而這個地位決定了我們日常生活的品質。這一項事實不僅僅對於在晚期資本主義中掙扎求生的現代人如此，而且對整個歷史上的所有人都是正確的。先驅社會學家皮特林．索羅金（Pitirim Sorokin）指出：「任何有組織的社會團體，都是一個層級分明的社會體。從來沒有、也不存在任何永久的『扁平』社會團體，也就是所有成員一律平等。沒有層級、成員真正平等的社會，是一個人類歷史上從未實現的神話。」[7]

社會學家西西莉亞・里奇威（Cecilia L. Ridgeway）解釋，地位結構之所以發展是因為階層「是人類為了管理社會情境的一項發明」。[8]每個團體都有目標，總是有成員可以做出較大的貢獻。他們罕見且寶貴的才能，譬如在大草原上殺死獅子或在學習小組中解決數學難題的能力，會使其他人對他們產生敬意。為了激勵表現亮眼者繼續交出佳績，團體提供不成比例的利益作為獎勵。這種自然機制意味著每當人們共同努力想達成任務時，就會形成一個地位階層。人類學家維克多・特納（Victor Turner）寫道：「在一根挖掘棒插入土裡、一匹小馬被馴服、一群狼被趕走，或是一個敵人遭到拘捕的那一刻，我們就有了社會結構的種子。」[9]

由於地位是一種普遍現象，地球上的每個人都有特定的地位——既在他們當地的社群中，也屬於「地球村」的一員。對於這個位置的認知，對我們的生活是不可或缺的。人類學家艾德蒙・李區（Edmund Leach）寫道：「所有人類都有一種深層的心理需求，那就是因為明白自己所處的位置而產生的安全感。但『知道你在哪裡』是認知到社會位置，以及地域位置。」[10]當我們思考自己在階層中的位置時，有一件事就變得非常清楚：**更高**的地位是極度令人渴望的。

---

① 譯注：新鼠黨（Brat Pack）一詞衍伸自活躍於五〇至六〇年代以亨佛萊・鮑嘉（Humphrey Bogart）為首的「鼠黨」（Rat Pack），是一九八五年《紐約客》記者借用鼠黨一詞，以新鼠黨來形容當年代以一連串青少年電影（比如《早餐俱樂部》〔*The Breakfast Club*〕和《七個畢業生》〔*St.Elmo's Fire*〕）於好萊塢快速竄紅的新生代偶像演員。

我們對地位的根本渴望

在詹姆斯・鮑德溫（James Baldwin）的小說《山巔宏音》（*Go Tell It on the Mountain*）中，年輕的黑人主人翁約翰・格林姆斯（John Grimes）是「班上個頭最小的男孩……沒有朋友」。[11] 他夢想成為一個「美麗、高大又受歡迎」的詩人、大學校長，或是喝「昂貴的威士忌」、抽「綠色包裝鴻運香菸（Lucky Strike）」的電影明星。在理想的未來中，「人們會不顧一切想要見到約翰・格林姆斯」。面對種族歧視和家庭失能的困境，年輕的格林姆斯渴望從事一種備受敬重且能提供舒適、富裕生活方式的職業。他的救贖來自更高的地位。

如今，人們的志向或許不再表現在特定品牌的香菸上，但對於幸運和不幸的人來說，確保獲得一個舒適的社會地位，都是一種幾近全面性的渴望。在個人可以隨著時間改善自己地位的地位階層中，大多數人都寧願向上提升。哲學家貝特杭・羅素（Bertrand Russell）寫道：「即使所有演員的薪水都相同，一個人寧可扮演哈姆雷特、而不是第一水手的角色。」[12] 在令人難以忍受的勢利者、低階公務員和開保時捷的避險基金經理人之間，追求地位這件事就很明顯，但要激發這種野心，資本主義和複雜的官僚體系都不是必要條件。在新幾內亞高地，海螺殼被當成貨幣，男人在家畜數量上較勁，有權勢的「大人物」（Big Men）公開承認地位象徵支配了他們身邊的一切。其中一位表示：「我生命中唯一在乎的，就是我的豬、我的太太們、我的貝殼錢和我的番薯。」[13]

越來越多的實證研究顯示，地位是人類的一種根本欲望。普通地位固然不錯，但長期的幸福需要一種更高的地位感。例如，研究受試者「在階層組當中比在平等組裡感覺更好，因為在階層組中只有他們能夠獲得高度的尊重和敬重，而在平等組中所有成員都能夠獲得高（且相等）程度的尊重和敬重」。[14]這就是為什麼我們比較關心的是更高的**相對**收入，而不是絕對收入。有一項研究發現，七成的研究對象願意放棄默默加薪，而接受一個更令人印象深刻的職銜。[15]這些發現不僅適用於後工業經濟。在全世界各地，「當個人的收入在自己的地理區域比其他人更高時，他們就會感受到社會幸福感提升」。[16]如果經濟上的成功僅僅關乎達到舒適生活，那麼我們就會滿足於特定的收入水準，確保基本的生活需求。然而，我們卻想要更多的金錢來提升地位。

為什麼我們如此渴望地位？許多人指向一種演化上的「地位本能」，[17]它也出現在我們於動物王國中看到的權力階層。動物學家戴斯蒙德・莫里斯（Desmond Morris）寫道：「在任何有組織的哺乳動物群落中，無論彼此間如何互相合作，總是有一場爭奪社會支配地位的鬥爭。」[18]一項可能的證據是，地位會影響我們的腦部化學作用和身體功能。較高的地位會導致更多血清素產生，[19]而地位較高者出現時，我們的血壓會上升。[20]然而，這種思維可能會變得太極端：右翼心理學家喬丹・彼得森（Jordan Peterson）指出，龍蝦群落中的階層證明，人類演化出一種「難以形容的原始計算機，深藏在你內心，在你腦部的根基，思想和感覺底下的深處，精確監測著你在社會中的位置」。[21]如此將動物世界中的優勢階層和人類地位結構拿來類比，實在過於簡化。小學的霸凌可能類似動物的啄序（pecking order）②，但地位階層往往是基於敬重，而不是粗暴的權力。西西莉亞・里奇威主張，地位更近似語言：「是一種經由文化與社會深度學習的社會形式。」[22]我們

② 譯注：群居動物透過鬥爭來爭奪地位。

不是「地位猴」，正如我們不是「鳴禽」。[23]

關於地位本能的整個論戰可能沒有實質意義。高地位的好處十分明顯，因此，就算一個人天生沒有追求地位的動機，仍然會出於純粹的理性盤算而追求更高的地位。普通地位給人社會認可、常見的禮貌和客套，以及與他人輕鬆溝通的機會。這與低地位相比是一大進展，因為後者不斷令人想起與生俱來的劣勢、對微小錯誤的譴責、邊緣化和潛在的社會放逐。高地位進一步擴大了普通地位的利益，並提供防止淪落低地位的保護力。擁有更高地位的**地位利益**多不勝數，而想瞭解地位欲望的根源，最好的方法就是仔細研究它們。

敬重是地位階層的支柱，而這種形式的社會認可本身就是一種利益。我們喜歡被人喜歡的感覺。美國總統約翰·亞當斯（John Adams）在晚年有一個心得：「渴望得到他人的敬重就像飢餓，是一種真實的想望；而遭受世界的忽視和輕蔑就像痛風或結石，是一種嚴重的疼痛。」[24]社會認可讓我們感覺到自己的才能獲得認同，因而導致自尊提高。西西莉亞·里奇威寫道：「在生活中『成為一號人物』的熟悉渴望，不盡然是關於金錢和權力，更多的是希望公開被社群看到，讓人承認自己值得尊重且有價值。」[25]雖然我們可能會因直接追求地位而感到丟臉，但大多數人對於因重大成就而獲得認可感到自在。詩人追求他們的理想職業，儘管不見得能獲得金錢上的回報；他們當然至少應該獲得名譽與榮耀。

然而，正如經濟哲學家傑佛瑞·布倫南（Geoffrey Brennan）和菲利普·佩蒂特（Philip Pettit）所寫的，敬重只是「一種態度，而非行動」，它「不見得會表現在讚美或批評上」。[26]要分辨是否受到敬重，我們需要具體的證據，例如友好的言辭、愉快的面部表情、謹慎的身體動作，以及自發性的好意。想像《靈犬萊西》那一集的情節出現轉折，真正的國王萊西意外現身，而狗展主席以毫無生氣的單調聲音說「我們非常尊敬你」，卻不提供貴賓通行證或飯店套房？國王萊西將很難感受到敬重。

因此，即使我們尋求的是敬重而不是優越的待遇，我們仍需要某種形式的優越待遇來感知到敬重。所以，對有形地位利益的需求，無法與對尊敬的渴望分隔開來。這就是為什麼官僚機構總是為在階層中爬升的員工，提供更多福利的原因。在一九五〇年代的泛世通輪胎橡膠公司（Firestone Tire and Rubber Company），每次升遷都代表辦公室更大，使用木質而非玻璃隔間，以及更靠近公司董事長。[27]

敬重可以透過各種實質的利益來表現。地位高於平均的人，會體驗到**受偏愛的互動**——「問候、邀請、讚美和細微的服務」。冠軍高爾夫球手李．屈維諾（Lee Trevino）表示：「當我是菜鳥時，講笑話都沒有人笑。開始贏得比賽後，我講同樣的笑話，人們突然覺得它們很好笑。」[28]這種正面的關注不僅轉化為更高的自尊——生活也變得更輕鬆，尤其是在緊急的情況下。作家艾莉森．盧瑞（Alison Lurie）寫道：「在倫敦或曼哈頓中心的街頭，一位穿著整潔、熨燙得體的男人跌倒，很可能比一個衣服髒亂的男人更快被扶起來。」[29]人們會特地去幫助一位王子，卻不會如此對待窮人。

高地位還意味著在進行與低地位者相同的工作時，獲得**更多的關注**和**獎勵**。經濟學家亞當．斯密（Adam Smith）指出：「地位崇高且卓越的人會受到全世界的關注……他的一言一行都不會完全被忽視。」[30]經濟社會學家喬爾．波多尼（Joel M. Podolny）在他的研究中也看到了這項原則：「地位較高的行為者在執行特定任務並達到一定水準時，會獲得較多的認可和獎勵，地位較低的行為者相對之下較少。」[31]因此，比起不知名的科學家，知名的科學家更容易獲得研究經費，而在合力撰寫研究論文時，即使貢獻極小，他們也獲得大部分的功勞。這種關注也使他們對團體行為具有較大的影響力。[32]

另一種受偏愛的互動是**恭敬**——有權按照自己的意願和節奏行事，鮮少遭人干預或中斷。在古羅馬社會中，菁英在用餐時躺臥，兒童坐著，奴隸則站著。[33]在非常高的層級，恭敬可能等於免於一般準則和規範的約束。美國的舊富家族長期賒欠雜貨店和雜工，只有在後者經過數週的苦苦懇求後才支付帳單。[34]文學評論家黛安娜・特里林（Diana Trilling）表示，人們想成為作家，「不僅是因為渴望成為名人，也是因為藝術家的生活可能擁有自己制定規則的自由」。[35]流行文化讚揚重金屬歌手奧茲・奧斯朋（Ozzy Osbourne）大量吸食不健康的物質，包括一列活螞蟻——[36]這種享樂主義行為肯定會扼殺一個保險公司中階經理的職業生涯。

地位還有一個好處是**可獲得稀有的資源**。正如我們之前所看到的，對頂尖人士不成比例的獎賞，是希望激勵他們做出進一步的貢獻。副總裁的薪水比初級雇員高。名人坐在餐廳最好的桌子，享用菜單上沒有的隱藏版特別料理，而且全部免費。地位使人能夠獲得活動、俱樂部和社交場合的專屬出入權，而這些正是其他高地位者見面與交流的地方。

地位的最後一個好處是**支配**——迫使他人違背自身意願行事的能力。理論上，地位發揮影響力的途徑主要是敬重，而非恐懼。但在必要時，地位可以當作權力來行使。在一九六九年的《電子之聲》（*Electronic Sound*）專輯中，披頭四的喬治・哈里遜錄下了音樂家伯尼・克勞斯（Bernie Krause）演奏穆格合成器的音樂，當成自己的作品發行。當克勞斯提出抗議時，哈里遜勃然大怒。「你一副自己是吉米・罕醉克斯（Jimi Hendrix）③的樣子。拉維・香卡（Ravi Shankar）④來我家時，他可是很謙虛的。」[37]克勞斯從未提起訴訟。披頭四等級的地位讓哈里遜完全逃脫了剽竊之罪。

更高的地位是獲得權力和榮耀的可靠途徑——但同時也提供了防衛機制，以對抗失去地位的威脅。研究顯示，高地位使人快樂健康，而低地位則導致憤怒、憂鬱、焦慮和疾病。在任何組織中，「低地位的成員較有可能感受到像悲傷這樣的負面情緒，而且團體中出現問題時，還會產生內疚或羞愧等自我責備的情緒」。[38]社會流行病學家麥可・馬穆（Michael Marmot）發明「地位症候群」（status syndrome）一詞，用來描述地位階層底部人士健康不良的狀況。[39]正如心理學家戴爾・米勒（Dale T. Miller）所表示的，不敬「普遍被視為一個常見、也許是最常見的憤怒來源」。[40]如果低地位惡化為完全排斥，它可能導致「心理死亡」。[41]這解釋了地位恐慌、地位緊張或地位焦慮等常見的心理不適。

然而，這些對更高敬重的需求，在本質上都會引發社會衝突：地位是一種相對的排序，因此不是每個人都能同時達到高地位。地位**是**零和遊戲。每當有一個人升高，就代表必定有人下降。當我們在獲得成就後，地位未能往上提升，或在其他人成功後地位下降，結果就可能讓人感到不公平。如果認知偏見使我們高估自己的能力，這種不滿會進一步加劇。有一家公司發現，超過四成的工程師聲稱自己的能力高居全體排名的前百分之五，而在大學教授中，有九成聲稱自己「優於平均」。[42]這些輕微的自大妄想，讓我們感覺自己應該得到更高的地位，強化了我們對它的渴望。但也許我們是對的：只有**我們**徹底瞭解自己的成就和才能。又或者我們錯了：我們受到稟賦效應（endowment effect）⑤的影響，高估了自己碰巧擁有的資產。

儘管人們普遍渴望地位，但個人希望爬到多高的層級一向各不相同。北美原住民培布羅族（Pueblo）社會反對個人主義，導致男性絕不主動追求領導地位，只在遭受長時間的強迫後才接下重任。[43]較高的地位往往伴隨著惱人的責任增加——必須為團體做出困難的決策，行為也必須為人榜樣。獎勵可能不見得多過義務。對於某些人來說，義務則帶來了一種優越感；歌德（Goethe）在他的詩中傳達了「貴族義務」（noblesse

③ 譯注：美國搖滾樂手，有吉他之神之稱。
④ 譯注：印度音樂家，對英美流行音樂帶來深遠的影響。
⑤ 譯注：心理學名詞。當我們擁有一樣物品或資產時，對它的評價會比沒有時來得高。

oblige）的概念：「活得如意是平民，高尚的人追求秩序和法律。」[44]相較之下，二十一世紀的流行巨星、超級運動員和億萬富豪，往往是在過去被視為兒戲的事情上發跡致富，面對的社會義務極少，而且往往享有任意犯下各種罪行的特權。[45]即使是最可惡、對配偶施暴的樂手，也會在電影中受到大力吹捧。聚光燈打在名人的特權上，鮮少關注他們日益減少的責任，他們因而鼓舞了一般人去嚮往高地位，不去思考潛在的負擔。

基於我們所看到的種種原因，達到高地位可能無法壓抑想追求更多的渴望。金錢和權力的邊際效用或許逐漸遞減，但是實現地位會使我們想要更多。當安迪・沃荷（Andy Warhol）終於獲邀參加楚門・卡波提（Truman Capote）著名的化妝舞會時，他只是想到：「人生中有那麼一刻，你真的受邀參加派對之王——全世界的人都拚命希望獲邀參加的那場派對——但那依舊不能保證你不會覺得自己根本像個廢物！」[46]當我們仰望地位比我們高的人之際，他們也在仰望自己的英雄。麥可・喬丹在職業生涯初期橫掃美國職籃的各大頂尖獎項，從最有價值球員到最高得分手，他甚至還有自己的Nike簽名運動鞋。[47]但在贏得自己的全國冠軍之前，他仍感覺比不上傳奇球星大鳥伯德（Larry Bird）和魔術強森（Magic Johnson）。其他菁英追求地位，是因為他們擔心可能像伊卡洛斯（Icarus）⑥一樣墜落。在他的專輯《開始放》（*Play*）賣出一千兩百萬張之後，電子音樂家魔比（Moby）卻變得更加迷戀地位：「我曾經是一位邊緣音樂家，卻突然之間獲得了這麼多的關注。我一方面想要更多的關注，所以開始思考名聲和公共人物的地位。我根本不是想試圖賺更多的錢——我想繼續受邀參加派對。」[48]地位帶來的好處會令人上癮。

我們現在瞭解了渴望更高地位和害怕低地位的實際原因。那麼接下來的問題是，我們該如何獲得它？

地位標準

對於她的員工來說，時尚設計師嘉柏麗・可可・香奈兒（Gabrielle "Coco" Chanel）是女王。到了第一次世界大戰期間，香奈兒在巴黎的生活就像一位王室成員，坐在由司機開的勞斯萊斯轎車後座四處遊走，為超級富豪定義「時髦」，並與傳奇藝術家巴布羅・畢卡索（Pablo Picasso）和伊果・史特拉汶斯基（Igor Stravinsky）一起尋歡作樂。但與真正的女王不同，香奈兒出生於社會底層。她在法國偏遠的奧維涅（Auvergne）地區長大，是一個名聲不佳的家庭所遺棄的女兒，以慈善學生的身分在修道院受教育，即使成年後也幾乎無法書寫正確的法文。那麼，香奈兒是如何攀上他人眼中宛如貴族的地位呢？香奈兒後來對她的傳記作者表示：「是透過工作達成的，沒有天降甘露。我用自己的雙手打造它……這種成功的祕訣在於我非常努力工作。」[49] 儘管香奈兒絕對不是女英雄，[50] 但她人生中擁有的高地位（而且至今仍透過她的同名產品線持續享有）不是繼承而來，而是**努力達成**的。

地位階層將個人按照敬重和外人認為的重要性來排名。但個人獲得這種敬重和重要性，是因為別人相信他們擁有罕見且有價值的才能。可可・香奈兒成為一個打破藩籬的成功時尚設計師，交出富有女性渴望的獨特設計，因而獲得她的高地位。因此，想必有一個達到高地位的公式——我們必須在某些**地位標準**（status criteria）上勝過他人。[51]

---

⑥譯注：在希臘神話中，伊卡洛斯貪戀飛行，越飛越高，最終墜海而亡。

然而，在理解當代世界中地位的根源之前，我們首先必須承認像可可．香奈兒這樣的案例僅在現代才有可能發生。哲學家查爾斯．泰勒（Charles Taylor）寫道，在人類歷史上大部分的時間，「人們通常被固定在一個特定的地方，一個屬於他們的適切角色和身分，要偏離它幾乎是不可想像的」。[52]古老社會根據**先賦地位**（ascribed status）建立他們的階層，個人依照預定的標準，如年齡、種族、職業和性別，獲得他們的社會等級。[53]培布羅部落根據出生順序決定其地位階層，最年長者地位較高，年輕人地位較低。[54]在封建時期的英格蘭，血統和職業決定等級：「國王、貴族、騎士、自耕農、隸農（封建佃戶）、商人、勞動者、工匠，各種地位的人都在社會階層中占據明確且法律上固定的位置。」[55]而且，這個制度被理解為上帝的計畫，不能改變。[56]

在封建時代，商業大亨會困在較低的地位，直到他們能夠請求王室授予貴族頭銜（他們為此支付大筆金錢）。即使在革命後的十九世紀法國，社會僵固性仍隱約存在。馬塞爾．普魯斯特（Marcel Proust）寫道：「那個時代，中產階級的人對社會抱持一種近乎印度教的觀點，認為社會由涇渭分明的等級組成，每個人在出生時，就發現自己被召喚到父母已經占據的那個身分，除非意外出現優異的事業或一場『好』婚姻，否則什麼都無法讓你脫離這個地位、轉換到更高的等級。」[57]也就是說，如果是在一個以先賦地位為基礎的社會中，可可．香奈兒注定會維持無名小卒的身分。

先賦地位與個人應該開創自己人生的道路、隨後獲得回報這個現代信念相抵觸。儘管有民主理想和「自由」市場，各類先賦地位仍然存在於社會中。血統仍然強大：無論是貴族王子還是可悲的敗家子，高地位家庭的子女在還不會於地上爬之前，就位居社會階梯的頂端。種族主義是一種有害的先賦地位形式，將社會地位與膚色綁在一起。在《種姓》（*Caste*）一書中，作者伊莎貝爾．威爾克森（Isabel Wilkerson）認為，在美國對非裔人士的歧視儼然寫入法典且具有懲罰性，彷彿印度社會的種姓制度再現。從奴隸制度、吉姆・克勞法（Jim Crow）⑦到今天日常生活中的互動，「下等階級」的美國黑人被剝奪了「尊重、地位、榮譽、關注、特權、資源、公平機會和人類良善」。[58]籃球員勒布朗・詹姆斯（LeBron James）年復一年獲選為美國最受敬重的人之一，他告訴記者：「無論你在人生中變得多偉大，無論你變得有多富有，人們如何崇拜你，你做了什麼，如果你是一個美國的非裔男性或非裔女性，你就永遠是那樣。」[59]

這些先賦地位的信念，存在於所有主要的人口統計族群中，如年齡、性別認同和性取向。我們現代的詞彙中，充滿了涉及這些偏見的文字：例如，「男性特權」是將較高的地位授予男性，因為他們是男性；「白人特權」是將較高的地位授予淺膚色的人。社會學家將出生於先賦地位較高族群的人形容為**地位優勢者**（status advantaged），[60]而出生在這些族群之外的人則被形容為**地位劣勢者**（status disadvantaged）。後者必須找到補充或替代的地位來源，才能趕上他們的優勢同儕。在最嚴重的歧視案例中，某些族群被剝奪了所有**尊嚴**的可能——而尊嚴是被視為可能具有普通地位者的基本權利。

當代自由社會認為，封建制度或種族主義等先賦地位體系具有潛在的危害。現代的理想是，將社會組織成一個**自致地位**（achieved status）的體系，較高地位的根基是個人成就，而非不可變的特性。對先賦地位的第一次挑戰，隨著資本主義的出現而來，因為商人可以只要累積財富就能贏得敬重和地位的利益。貴族的概念，從由君主授予的頭銜，轉變為透過自己的高尚行為創造出來的榮譽。後來封建等級制度瓦解，最終為

⑦譯注：美國在一八七六至一九六五年實施種族隔離制度的法律。

可可．香奈兒這樣的個人開啟了大門，使他們能夠離開家鄉和出生階級，自我改造。許多年來，地位重生的希望，是移民至新世界的一大賣點。作家范斯．帕卡德（Vance Packard）寫道：「美國意識形態強力支持一種觀念，亦即美國是世界上獨一無二的地方，一個窮男孩可以白手起家，成為一個偉大的工業領袖。」[61]（唉，他只提到了男孩——又是先賦地位留下的殘跡。）

然而，這引發了一個問題：到底什麼才有資格被視為「成就」？每個團體和社會都相信某些地位標準——使個人占據較高地位的那些資產、特質、才能和物品。這些標準表面上符合讓社會發揮最佳功能所需的能力。因此，標準會因時代、地理和情境挑戰而有所不同。但無論情況如何，最高的成就必須展現罕見且有價值的才能。法國社會學家蓋布瑞．塔德（Gabriel Tarde）指出，在原始時代，地位標準是「體力和技能、身體上的英勇」，但幾個世紀後變為「戰爭技能和議會上的口才」，後來又變成是「美學想像力、工業獨創力、科學天賦」。[62]

如今，成就通常體現在特定形式的**資本**中。過去，**政治資本**——取得權力的機會——至高無上。這可能以部落領導、宗教權威或政府職位的形式來表現。在一個更世俗和民主的世界中，這種資本的價值已經降低。隨著菁英領導成為一種理想共識，新形式的資本已然出現。**教育資本**——大學學位和證書——已經成為一條重要的途徑，用來衡量能否擔任重要社會職位的潛在人才。在頂尖大學的優異學業表現，被認為能夠預測個人的知識和批判性思考能力，以及獲得優越就業機會的潛力。**職業資本**是備受敬重的重要工作所帶來的後續名望，例如醫生、律師或教授。[63]這種尊敬不盡然與薪水有關。打牌高手儘管收入較高，地位層級卻比學者低。

在資本主義社會中，**經濟資本**——現金、財富和資產——成為達到高地位最明顯、最有力的因素。累積大量金錢本身就可以是值得注意的成就，但金錢也能作為其他長處的顯著象徵，例如智慧和努力工作。（或者，金錢可以象徵出生在富裕家庭的先賦地位榮耀。）作為一種資產，金錢非常靈活，可以透過企業所有權、政治關係、捐贈和賄賂，輕鬆轉換成掌控其他人的權力。富人還可以使用他們的現金，來獲取原本可能被剝奪的最高地位利益。藝術評論家約翰・伯格（John Berger）寫道：「金錢就是生活，因為金錢是每一種人類能力的象徵和入門磚。花錢的權力就是生活的權力。根據名人的說法，缺乏花錢權力的那些人實際上會變得毫無個性。擁有這種權力的人就會變可愛。」[64] 女演員兼交際花卡羅琳娜・奧特羅（Carolina Otero）說得更簡潔有力：「有辦法在卡地亞（Cartier）賒帳的人，絕對不可能被當成醜八怪。」[65]

其他形式的資本也提供了進一步提升地位的途徑。**社會資本**——與菁英之間的廣泛人際關係網絡——代表一個人在高地位團體中受到平等的對待。我們的關係決定了我們的聲譽。在高地位客戶使她草創的服裝店成為一流的時尚中心之後，可可・香奈兒便躍升到更高的地位。當然，還有**名望**——為許多人所知。在本書第一部當中，我們將觸及從地位體系內部邏輯中產生的其他地位標準：那就是文化資本、淡漠、原創性和真實性。

除了資本之外，我們還有**個人長處**，它們可能改善我們與他人的互動。透過智慧、外貌吸引力（姣好外表與出色打扮）、行為和談吐魅力（外向、討人喜歡的個性、善良、幽默感、對身體和情緒的掌控、沉著冷靜，以及社交手腕），以及個人正直（勇敢、誠實、真誠、謙遜），我們可以在社群中獲得敬重。在極高的層次上，外貌吸引力可以作為**身體資本**；[66] 例如，時尚模特兒僅憑其外貌就可以免費進入夜店，並受邀到提供瓶裝酒服務的貴賓包廂區。儘管個人長處可以創造機會，建立更可靠的資本形式（在很大程度上源於貴族習俗），[67] 但其本身並不是特別罕見或有價值。在社會的各個階層中，都有許多具吸引力、充滿魅力的人。

全球性地位階層從來不會圍繞著最機智的俏皮話和最清新的口氣打轉。模特兒可能與億萬富豪打交道，但鮮少僅透過這種往來就成為億萬富豪。[68]

資本決定了我們在團體中的成員資格，而這些成員資格又決定了我們的地位。社會學家喬治．齊美爾（Georg Simmel）寫道：「為了瞭解一個人，我們不是單純看他的個人特徵，也會看他屬於哪個類別，使他地位上升或下降。」[69]個人長處可以是資本的象徵——例如，舉止和魅力是「良好」教養的代表——但成為「名人」、「外科醫生」或「教授」則需要特定形式的資本。可可．香奈兒利用她的美貌、魅力和音樂才華，從慈善學生變成表演藝人，再躍升為高級交際花。但她是在事業有成而獲得名望和安全感之後，才達到了「女王」層級。

在當今的世界中，「成為一號人物」需要累積大量資本，而且往往必須符合諸多標準。[70]頂尖大學的畢業生（教育資本）與未來的領袖建立友誼（社會資本），展開出色的職業生涯（職業資本），賺大錢（經濟資本）。這種類聚現象稱為**地位一致性**（status congruence），[71]有助於穩定地位等級。個人在某個領域的小小成就，可能不會使其地位大幅躍升，而是需要多方面努力才能證明自己更重要。儘管有自致地位的相關說法，地位一致性卻顯示不平等如何隨著時間變得根深柢固。沒錯，許多鼓舞人心的人實現了不可能的地位大躍進；放克音樂先驅詹姆斯．布朗（James Brown）自幼失怙，在妓院長大，少年時被送入監獄，最終卻達到全球性的名聲和財務成功。但是，長期的天賦地位結構以及地位一致性的存在，意味著富人及其後代將永遠比出生在無資本家庭的人，更容易獲得與維持高地位。

與此同時，社會流動始終**看似**不無可能，使我們感覺要對自己的地位負責。民間智慧認為，藉由把自己梳理整齊、重返學校、待人更友善、找到更好的工作、努力加班，以及練習、練習再練習，我們的生活就能大幅改善。我們得知優點會帶來更多資本的累積。因此，我們不太可能感覺自己注定停留在某個特定時刻的地位層級。就算是地位最高的人，往往也希望達到更多成就。那些擁有高教育資本的人想要經濟資本，擁有高經濟資本的人想要社會資本和政治資本。在一九六〇年代，許多來自舊富家庭的年輕人，像是伊迪・塞奇威克（Edie Sedgwick）⑧，他們擁有「繼承的財富、繼承的美貌和繼承的聰明才智」，[72] 但還是紛紛湧向紐約市，只為獲得他們缺少的一樣東西：名聲。

我們還必須思考自致地位的最後一個影響：我們會憎惡那些擁有或獲得高地位、但不符合必要地位標準的人。貝特杭・羅素寫道：「成功應該盡可能成為某種真正價值的回報，而不是獎勵奉承或狡猾。」[73] 當個人認為其他擁有相似或較低地位資本的人以不公平的方式獲得較大的利益，常見的**嫉妒**情緒便油然而生。[74] 任何階層體系的正當性都取決於**地位正直性**（status integrity）——這種集體信念認為，個人的等級是公平的，他們會因為正當理由而獲得更大的利益。敬重永遠不應該白白給予。當追求地位的個人要求比他們「應得」待遇更大的利益時，就違反了地位正直性的原則。結果，我們以社會責難來對待對地位的不正當主張，違反者的社會地位也可能因而降低。當提米發覺萊西被誤認為優秀的國王萊西時，他感到不安：「我們遇到麻煩了。大麻煩。」將地位正直性納入考量，我們得出地位欲望的一項核心原則：**個人追求更高地位——只要這種追求不會危及他們目前的地位水準**。

地位標準說明了為什麼可可・香奈兒能夠攀升到更高的地位。（然後在她晚年與納粹合作後失去了不少

⑧譯注：一九六〇年代紅極一時的美國演員兼模特兒，曾擔任藝術家安迪・沃荷多部短片的女主角。

地位。）儘管人類經驗的普遍性導致全球性地位標準頗為類似，但每個社會和團體面臨著不同的目標，也頌揚不同的價值。在形成地位階層的適切標準上出現歧見時，群體就會分裂。

地位團體

「在我心中，只有瘋狂渴望的人才是人。」傑克．凱魯亞克（Jack Kerouac）在《在路上》（*On the Road*）中寫道。「那些渴望生活、渴望交談、渴望被拯救，同時渴望一切的人，他們永遠不打呵欠也不說陳腔濫調，而是像令人驚嘆的黃色羅馬煙火筒一樣不斷燃燒，宛如群星之間的蜘蛛。」[75] 身處於一九五〇年代的美國，那個崇尚一致性、職業成功和物質擁有的時代，凱魯亞克和他的朋友們卻讚頌藝術才華、非正統的道德觀和四處遊蕩的生活方式。[76] 一個由小說家和詩人組成的小型社群共同崇尚這些不凡的價值，建立了堅固的情誼，此後就被稱為「垮掉的一代」（Beats）。

凱魯亞克和他的垮掉世代朋友就是**地位團體**（status group）的一個例子。[77] 這些團體的成員對某些地位標準的價值具有共同的**地位信念**（status beliefs）。[78] 這些信念的力量在團體成員之間形成凝聚力，而當這些信念與其他團體不同時，就會激起他們與局外人的緊張關係。垮掉的一代沒有忽視其成員的「反社會」行為，例如用藥和流動的性取向——他們稱讚其為超然之舉。

主流社會就是一個龐大的地位團體，其核心的地位信念集中在前一節概述的各種資本上。**另類地位團體**（alternative status groups）則相信傳統資本之外的標準。哥特人、龐克搖滾樂手或南北戰爭歷史重演表演者根據罕見的標準給人地位，例如最陰沉的妝容、打理得最高的莫霍克髮型，和最像安布羅斯．伯恩賽德（Ambrose Burnside）⑨的鬍鬚。在少年幫派中，力量和勇氣決定社會秩序。一九五〇年代的一名英國不良少女解釋：「在我們這樣的幫派中，所有的女生都喜歡老大。我們叫他大吉姆。他真的很勇猛，可以追到任何女孩子……我的男朋友也算勇猛，但沒有大吉姆那麼猛。」[79]

雖然這些小型社群乍看之下比主流社會來得公平（畢竟是由志同道合者自願組成的），但團體地位信念的特異性往往使階層結構更加顯著。對衝浪手來說，唯一要緊的標準只有一個：衝浪的能力。最優秀的衝浪手擁有最高的地位，而最差勁的衝浪手則地位最低——無關他們的退休金和豪宅。事實上，當有錢的週末衝浪手炫耀昂貴裝備卻沒有足以匹配的技巧時，他們常常被人笑為「怪咖」。[80]

在每個人都信奉相同地位信念的團體中，會有強烈的地位正直性。成員認為階層是自然的，因而也是正當的。他們自動對菁英表現恭敬的態度，而地位較低的成員為了團體的利益，會投入他們的時間、精力和支持給地位高的人。貝特杭．羅素寫道：「當人們樂意追隨一位領袖，是為了使他指揮的團體獲得權力，他們覺得他的勝利就是他們的勝利。」[81]如果最有價值球員在終場哨聲響起時投進一顆致勝球，籃球隊員們樂意給予額外的地位。

儘管我們可能最認同某一個地位團體，但大家同時都是諸多團體的成員：家庭、學校、工作場所、俱樂部。由於團體之間的地位標準和信念可能有所不同，我們會依據情境表現出不同的行為。克魯亞克在娶了

⑨ 譯注：南北戰爭中北方聯邦軍的將軍，以獨具特色的鬍鬚著稱。

同居女友後，在家庭中的地位有所改善，但只有當他離家上路時，他才讓他的垮掉世代朋友和粉絲感到佩服。[82]在極端的情況下，為了因應不同團體之間相互衝突的需求而進行的這種**符碼轉換**（code switching），可能會使我們分裂成多個人格。[83]

現代的社會流動性使個人能更自由地選擇他們的主要地位團體。那麼，如何決定加入哪些團體呢？我們都出生於某個地位團體，許多人就永遠留在那裡。傑克．凱魯亞克決定離開拘謹的大學足球世界，與幾個無政府主義詩人一起寫實驗小說。我們偏愛跟自己一樣的人相處，尤其是那些理念相同的人。但如果要追求地位，理性的策略就是加入一個正好欣賞我們所擁有的長處和資產的地位團體。新聞記者暨小說家湯姆．伍爾夫多年來學到，「無論是知識分子還是改裝車賽車手，多數人傾向於強調會使他們成為特別的人的價值，如果那些是最好的價值」。[84]實證研究也證實了這一點：「人們比較會受到自己在當中地位合理的那些關係、團體和社群所吸引，而不是自己地位較低的地方。」對於缺乏大多數資本形式的那些人來說，犯罪和邊緣次文化成為良好的歸屬，因為它們獎勵成員**拒絕**主流價值。邊緣團體顛覆傳統，重視對傳統美德的極度否定。對於正統社會的清教徒工作倫理，垮掉世代的反應是「所有的努力都不酷，很麻煩」。[85]

從這個角度來看，加入另類地位團體對於受壓迫和屈居劣勢的個人來說，似乎是一種聰明的策略，可以最大程度地提高他們的地位。但這種方法有一個明顯的缺陷：與我們最直接相關的社群只能提供**近距地位**（local status）——在小團體之內的排名。研究顯示，對於個人的幸福，近距地位比全球地位更重要，尤其是對於自尊而言。生活在具有同理心的同儕之間，人生會比較輕鬆。但即使躲在一個另類地位團體中，我們也逃脫不掉**全球地位**（global status）——在更廣大社會中的一般排名。對於大多數人來說，高近距地位無法轉化為高全球地位，而後者是獲得最佳利益的必要條件。一個衝浪手在其他衝浪手之間可能是一個偉大的英雄，但在岸上只是一個「海灘客」。[86]我們在地位團體內與外面「現實世界」所感受到的敬重差距越大，就越可能感到自慚形穢。而富人則在他們的高收入地位團體中享有高近距地位，並**同時享有**高全球地位。[87]

為了獲得更多社會利益，邊緣地位團體必須找到一種在全球階層中攀升的方法。這使得社會變成各地位團體之間的戰場。人類學家丹尼爾・米勒（Daniel Miller）解釋：「每個團體都試圖將其利益、其『資本』闡述為社會聲望與地位的適當來源。」[88]垮掉世代詩人利用文學評論家對他們的好評和年輕讀者產生的共鳴，說服許多美國人相信，相對於墨守成規，「瘋狂」本身就較為優越。在克魯亞克寫出《在路上》十年後，數百萬上層中產階級的大學生效法書中的精神，湧向後來被稱為嬉皮的另類地位團體。在地位戰爭中，垮掉世代為他們的信念贏得一席之地，而克魯亞克離世時已然是偶像，而非異端分子。

在地位團體的戰爭中，每個贏家背後必然也有輸家。先驅社會學家馬克斯・韋伯（Max Weber）發現，從地位階層滾落而下的優勢團體會發展出特別強烈的憤恨：「他們越感到受威脅，怨恨就越深。」[89]在多民族國家中，地位嫉妒是常見的衝突來源。當斯里蘭卡信奉佛教的主要族群僧伽羅人（Sinhalese）失去政治權力的壟斷地位，政府又開始提供坦米爾人（Tamils）工作機會時，僧伽羅人就引發暴動。[90]美國最近的政治動盪似乎也像是地位嫉妒。政治學家皮帕・諾里斯（Pippa Norris）和羅納德・英格哈特（Ronald Inglehart）寫道：「屬於兩次世界大戰之間世代、未受大學教育的白人男性，直到近期都是西方文化中的政治和社會優勢團體，如今他們已經過了一個臨界點，其霸權地位、權力和特權正在逐漸消退。」[91]支持川普的選民繼續擁抱著根植於先賦種族、性別和宗教階層的老舊地位信念，而這些信念在較多元的社會中逐漸失去了影響力。[92]隨著長期處於劣勢的團體地位提升，這群選民抱怨自己的尊嚴降低。密西根州鮑德溫市一名支持川普的店主兼護理師告訴民調人員：「沒有人尊重只想做對事情的平凡人。」[93]

因此，地位不僅牽涉到個人，也具有政治性。丹尼爾．米勒寫道：「社會不能以一個簡單的階層體系來瞭解，而是要將它當作一場對於不同階層組成的階層結構所進行的持續鬥爭。」[94]地位是一種序列排名，因此即使經濟大餅擴大，社會中多數人的物質利益增加，也不會使社會中的地位平等。事實上，整體財富增加，只會**提高**獲得地位所需資本的門檻。[95]另類地位團體使地位處於劣勢的人找到新的地位來源，但其成員仍然可能擔心他們的全球排名。地位團體之間的持續鬥爭在人類經驗中扮演著重要角色——正如我們稍後將看到的，這樣的鬥爭也會助長新文化的創造。

•••

地位是人類的根本欲望。生活品質會隨著地位提高而改善。儘管沒有社會是完全屬於菁英領導的，但比起過去，現代人在決定自己的地位上扮演了更重要的角色。高地位等待著那些能夠在關鍵的地位標準上表現傑出的人，這些標準就是財富、人脈、教育、事業和名聲。與此同時，遭排斥的個人可以在更重視他們特別貢獻的小型地位團體中，尋找替代的敬重來源。但是，任何人如果試圖獲取超出他們應得等級的地位，就可能受到懲罰。

地位階層的內在邏輯中出現四個重要原則：

一、**地位最大化**：我們渴望高地位，並害怕低地位。

二、**地位達成**：我們可以透過才能、貢獻、資產和個人長處來改變地位。

三、**地位正直性**：我們不獲取超出我們應得等級的地位。

四、地位流動性：我們可以選擇轉移到更重視我們的才能、貢獻、資產和個人長處的新社會脈絡。

根本上，地位是描述我們作為個人在他人網絡中的特定位置，以及我們在該位置上所受到的待遇。當我們給人留下良好印象，獲得的待遇就會改善。但直到現在，我們一直忽略了地位更基本的一個決定因素。要成為任何團體中的優秀成員，就需要遵循特定的規則。這正是地位和文化首次產生交集的地方。

第二章 慣例與地位價值
Conventions and Status Value

◆ **MAIN POINTS**

對地位的追求促使我們做出某些任意性的選擇，這一點展現在高級奢華舞會上的正式禮服、通用汽車品牌的排名，以及文青看似虛偽的行為上。◆

慣例的力量

惠特・史蒂曼（Whit Stillman）在一九九〇年執導的電影《大都會》（*Metropolitan*）中描寫普林斯頓大學學生湯姆・湯森（Tom Townsend）的故事，他是烏托邦社會主義者，對弱勢者的困境關心過度，因而不願花時間參加奢華的派對。[1] 然而，就在寒假開始感到無聊時，湯姆租了一套禮服參加一場高級奢華舞會——他想親眼目睹他所反對的事物。由於未能按時歸還禮服，他穿著它參加另一場舞會，這次是為了補救有人「缺男伴」的問題。湯姆最終加入了一個新的社交團體，與「高級布爾喬亞」的男女們往來。一購買了自己的晚禮服後，湯姆就獲准參加長達一週的專屬活動，在那裡他可以與上流社會往來，欣賞免費娛樂，並享用營養的熱食。

在前一章，我們看到團體如何將高地位授予擁有罕見才能、豐富資本和個人長處的特定個人。但《大都會》提醒我們，獲得地位還有一個更基本的要求：**遵循團體規範**。每個地位團體和層級都期望內部成員遵守特定的行為。穿上正式服裝這個簡單的行為，就使湯姆能夠擴展他的社交網絡，並獲得更多物質利益。但正式禮服是一項**任意性**（arbitrary）的標準。在高級奢華舞會上，沒有任何活動需要禮服，不像長達一小時的水下派對需要水肺裝備。這顯示了地位和文化之間的第一個主要交集：要獲得社會認可，不僅需要對團體目標做出具體貢獻，還必須遵從一套特別的任意性做法。

為什麼說「任意」？[2] 我們常將它用來作為隨機、不公平或膚淺的同義詞，但在語言與文化的研究中，「任意」表示另有替代方案能達成相同目的的選擇。在口語中，字詞是基於符徵（signifier，我們發出的聲音）和符旨（signified，意義）之間的一種任意性關係。在英語中，用嘴唇、舌頭和聲帶發出「狗」（/dɒg/）音的動作是任意性的，因為另一個聲音也能表示「狗」的概念。就好像，法語使用*chien*這個字同樣能夠完美表達狗的意思。[3]

所有對文化的討論，都聚焦於人類行為的任意面向。為了生存，人類需要食物、住所和衣物，但正如人類學家馬歇爾・薩林斯（Marshall Sahlins）所寫的：「人不僅僅『生存』。他們以一種明確的方式生存。」[4] 令人醉醺醺的飲料都具有一種普遍功能；但在俄羅斯人倒出伏特加、墨西哥人猛灌龍舌蘭酒，以及蒙古人啜飲發酵的馬奶時，「文化」差異就出現了。儘管這些選擇可能是在特別的地理和農業條件下發展出來的，但從人類飲用上述任何一種都能喝醉這點來看，它們是任意而多變的。全球供應鏈已經證明了這一點：蒙古人現在喝蘭姆酒，俄羅斯人喜歡喝蘇格蘭威士忌。

任意性是人類經驗至關重要的一部分，因為我們可以用幾乎無止盡的方式吃、喝、穿、唱歌、跳舞、玩耍和思考。然而，一旦確定了某一種特定的行為，我們就不再視這些決定是任意的。經濟學家強・艾爾斯特（Jon Elster）指出：「人類有一種非常強烈的渴望，想為自己的行為找到理由，而且很難接受不確定性。」[5]我們的腦為我們的任意行為提供了事後的合理化。我們常常假設，一定有演化的本能可充分解釋我們的習慣性行為。我們推斷停車號誌必須是紅色的，因為血液的顏色代表危險。然而，兩個世紀以來的人類學研究和數千年的歷史提供了充足的證據，顯示人類行為不一定是理性思考或未經篩選的生物反應的結果。儘管紅色暗示「危險」，但在許多文化中，這種顏色也代表無拘無束的歡樂。[6]在中國的文化大革命期間，狂熱的毛派青年要求更改交通號誌，好讓愛國的共產主義紅色可以代表「前進」的意思。[7]

我們變得對自己文化實踐的非任意性特別執著。幾個世紀前，經濟學家亞當・斯密曾經想過，我們的習俗「儘管無疑極為合適，但為什麼是唯一符合期望的形式，又或者為什麼不應該有其他五百種形式，畢竟它們在習俗確立之前同樣符合期望」。[8]每逢十月啤酒節（Oktoberfest），巴伐利亞的男士穿上皮革短褲，女士穿上緊腰連衣裙，一邊聽著用翁巴低音號（oompah tuba）演奏的音樂，一邊暢飲超大杯啤酒。難道他們不能也穿著牛仔褲歡享節慶嗎？不行，一個穿著緊腰連衣裙的年輕巴伐利亞女子解釋：「當你在啤酒帳棚裡，站在長凳上，每個人都唱著同樣的歌，你真的會感覺到自己是其中的一分子。穿牛仔褲就無法以同樣的方式融入其中。」[9]對巴伐利亞人來說，皮革短褲和緊腰連衣裙不是「任意」的服裝：它們傳達了身為巴伐利亞人的本質。

在有其他選擇的情況下，我們為什麼如此執著於社群的任意性做法？答案是**慣例**（conventions）——眾所周知、常規性的、為人所接受的社會行為，個人遵從並期望其他人也遵從。[10] 要闡明地位和文化之間的關係，我們必須成為慣例的專家。它們是文化化學中的「分子」——構成整體文化的集體行為單位。披頭四的拖把頭是一種慣例，正式禮服、狗展，以及焦躁青少年閱讀凱魯亞克的《在路上》也是慣例。任意性對慣例至關重要。人類不需要慣例才能呼吸，沙漠居民也不需要慣例才能從唯一可用的水井中汲水。慣例協助人類協調某些選擇。每當我們看到人們重複一個特定的做法、拒絕同樣看似合理的替代方案時，當中可能就有一項慣例迫使大家做出相同的選擇。

一旦知道如何辨別慣例，我們就會發現慣例無所不在。它們表現出來就是**習俗**，即社群中彼此心照不宣的規則。在團體內部，習俗可能根本無從察覺，以至於我們只有在遇到不同的生活方式時，才會注意到它們。「應該有來自內華達州的年輕人，」記者卡爾文・崔林（Calvin Trillin）寫道，「他們在受徵召、派到外州的陸軍營地之後，才發覺所有的自助洗衣店都沒裝吃角子老虎機。」[11] 當慣例以**規範**和**禮儀**的形式出現時，我們比較會注意到它們，因為我們可能不情願遵從它們。與此同時，像皮革短褲和緊腰連衣裙之類的**傳統**，則是植根於歷史先例的慣例，作為社群的明確象徵。**信念**也可能具有慣例的元素。這一點以迷信為例來說就很清楚：美國人害怕數字十三，義大利人卻認為它是幸運數字。

慣例會隨時間改變。在十九世紀末，美國的菁英男性蓄著濃密的鬍鬚。一九六〇年代初，儘管擁有相同的毛髮天賦，幾乎所有哈佛商學院的學生都把鬍鬚刮得乾乾淨淨，只有百分之四的人留著小鬍子。[12] 現代生活充滿了我們稱為**跟風式流行**（fad）的短期慣例，例如呼啦圈和阿特金斯飲食法（Atkins diet）。[13] **時尚**（fashion）是出現在生活中裝飾領域的慣例，會定期改變。「慣例」通常被當成「無聊」的同義詞，但不合群的異類、不良少年和流氓也有他們自己的慣例。小偷說行話來溝通，龐克族在衣服別上安全別針，流浪漢全國大會（Hobo National Convention）在一八八九年還起草了一份正式的道德守則。就連濫用藥物也可能是慣例：在厄內斯特・海明威（Ernest Hemingway）和傑克・凱魯亞克等文學名家將大量飲酒譽為他們寫作過程的核心之後，酗酒成了「美國作家之病」。[14]

所有的**風格**（style）都是慣例，會以獨特的表達樣式呈現出來。九〇年代的嘻哈時尚是一種眾所周知、心照不宣的協議，要穿上「尺寸過大的衣著，展現修長的輪廓」。[15] **藝術**依賴慣例來創造美學體驗。有一些廣為接受的指導原則形塑了藝術品的創作與消費——好萊塢電影的三幕劇結構和圓滿結局，流行歌曲中重複的副歌，搖滾演唱會上的樂迷可以跟著唱、但在古典音樂會則不行，非文學書籍的副標題採用「引人注目的短語：**某個東西**如何做**某件事**」的格式。近期的好萊塢電影在後期製作中使用「黃色濾鏡」的慣例，讓描寫中美洲和印度的片段看起來更加骯髒與險惡。[16] 正如我們稍後將瞭解到的，藝術家會運用慣例——尊重某些慣例以吸引觀眾，以及打破某些慣例以創造驚喜。

慣例不僅僅是構成文化的漂浮分子，也以三個重要的方式對人類發揮顯著的影響力：（一）它們管制我們的行為；（二）它們內化為習慣；以及（三）它們改變我們對世界的認知。那麼慣例是從何處獲得力量的呢？**地位**。我們最終遵從慣例，是為了獲得社會認可、避免社會的非難，而在這個過程中，慣例會改變我們的行為，整理我們從感官中蒐集到的資料。

在檢視這個過程之前，首先我們必須瞭解慣例是如何出現的。許多慣例之所以形成，都是作為公共問題的明確解決方案。有一個經典的例子是道路交通的方向。汽車可以行駛在道路左側或右側——這是一個任意的選擇——但在所選的方向上必須達成共識，才能避免車輛迎面相撞。在這個案例中，政府發布靠左側或右側行駛的**法令**，其獲得的回應就形成慣例，每部車都行駛在同一側，即使道路上沒有其他車輛時也一樣。[17]

慣例也可能自然而然地產生。美國政府從未發布過「正式禮服公告」[18]——「第一條：男士必須穿戴腰封。」高地位的美國男性維持正式場合的服裝標準，因為穿著相似、非典型的服裝代表這些活動是特殊場合。有多年時間，他們都穿英式白領結燕尾服。但是在一八八六年，一名菸草大亨的叛逆子弟格里斯沃德·羅瑞拉德（Griswold Lorillard）穿上較短的黑色外套，參加在他父親的無尾禮服俱樂部舉行的專屬活動。這種比較休閒的造型被命名為「無尾禮服」，並一路流行到二十世紀，因為美國社會變得更加放鬆。二戰後，燕尾服差不多消失了，無尾禮服確立為晚禮服的新標準。一旦無尾禮服成為慣例，參加高級奢華舞會和其他正式場合的人便紛紛採用，好跟別人穿著一致。

為了讓一項慣例在社群中生根並成為「常規」行為，它必須成為**共識**的一部分[19]——個人知道某件事，知道其他人知道它，知道其他人知道他們知道它，也知道其他人知道他們知道他們知道它，如此無限循環下去。男士穿無尾禮服參加邀請函上注明「黑領結」（black tie）的高級奢華舞會，這要歸功於對於何謂黑領結以及何時穿它，人們普遍具有共識。[20]讓一群人轉而採行一項新慣例，需要建立新的共識。在沖繩，從美國管控回歸日本統治的過程中，這個島鏈需要進行協調，讓車輛從美式右側行駛改為日式左側行駛。[21]政府選擇了一九七八年七月三十日作為左側行駛的第一天，並展開一項耗費數百萬美元的「七月三十日」廣告宣傳活動，以提高對這項政策改變的認知。結果計畫成功：除了幾件公車事故之外，駕駛人有信心從七月三十日開始，其他車輛也會改成行駛於道路左側。

避免死亡是遵守道路交通慣例的絕佳動機，但為什麼人類如此在乎遵從拖把頭和無尾禮服這些膚淺的慣例呢？當你嘗試與他人協調行為時，慣例提供了一個「解決方案」：披頭四團員都希望有個與眾不同的統一造型，因此接受了拖把頭。一旦建立之後，慣例就從對期望的情緒反應中，汲取了額外的力量。我們的腦偏愛別人滿足我們的期望，因為這意味著我們不必耗費額外的心力去思考替代方案。當別人未能滿足我們的期望時，我們會變得沮喪和憤怒——即使原本的行為對我們沒有實質影響。而後，我們將這些情緒反應，無論是正面的還是負面的，轉化為我們感受的外在表達方式。滿足期望會引發微笑和歡呼。社會學家喬治·荷曼斯（George Homans）寫道，當期望未能獲得滿足時，一個人「實際上是被剝奪了獎勵，而他會以敵意回應損失」。[22]這也就是為什麼，在披頭四選擇剪拖把頭之前，他們對於史都·沙克里夫拋棄他們原本同意的油頭造型感到十分憤怒。

因堅守慣例而獲得社會認可，以及因違反慣例而遭致社會非難，對我們的地位會產生明顯的影響。為了維持普通地位，我們必須符合團體的期望，如果做不到，我們的地位就可能降低。因此，遵循慣例是作為合格成員的關鍵。湯姆·湯森或許厭惡高級奢華舞會，但是為了能夠入場，他也知道自己必須堅守穿著正式禮服的慣例。

隨著時間過去，地位團體中的個人對於應該展現什麼樣的外表和行為，會發展出相互的期望。馬克斯·韋伯認為：「地位團體尤其要為所有的『慣例』負起責任：所有生活方式的『風格化』，無論如何表現，都源自一個地位團體，或由它來維持。」[23]由於每個人在某種程度上都遵從這些規則，其顯現出來的就是與那些團體相關的可觀察行為模式。如果上流社會都穿著無尾禮服，我們就知道無尾禮服是一種「高貴」的上流社會服裝形式。在地位團體中，個人為了符合慣例而調整他們的行為，會使這些慣例轉變為**社會規範**（social norm）。

剛開始，慣例是在意識層次上管控我們的行為，但隨著時間過去，慣例會透過**內化**獲得第二股力量。[24]當我們隸屬於一個社群——尤其是在小時候——我們會吸收團體的主要慣例。人類學家露絲·潘乃德（Ruth

Benedict）解釋：「個人的生活史首先最重要的，是去適應其社群傳統上所流傳下來的模式和標準。」[25]我們透過**變色龍效應**（chameleon effect）從家人和朋友那裡學習慣例，在身體動作和言語上無意識地模仿我們的同儕。[26]我們學到這些行為與某些意義和價值有關：什麼是對的，什麼是錯的，什麼與什麼相配。這個過程將慣例轉化為**習慣**。有很多方式能描述神祕的飛行碟狀物體，但今天，說英語的人不必想像會飛行的餐具，就會自動說出「飛碟」（flying saucer）一詞。

這種內化意味著，大多數慣例的起源常常淹沒在歲月裡。我們學到這些規則時，就當它們是「既成事實」。在十八世紀的法國，馬車行駛於道路左側，但法國大革命的領導人將交通方向改到右側，作為對舊政權的「民主式」拒絕。[27]如今，法國人在道路右側行駛是出於習慣，而非反君主制的情緒。背景故事越是被遺忘，慣例似乎就越是世界的「自然」秩序。因此違反慣例就是「不自然」，需要懲處。

慣例一旦內化之後，我們是否仍應該稱之為「慣例」呢？在這些案例中，我們的行為是出於習慣，而不是刻意與他人協調，或者作為避免社會非難的方法。話雖如此，地位和習慣之間仍然存在著強烈的關聯：具體而言，社會階層會影響我們內化**某些**慣例。我們較有可能模仿社群中高地位成員所實行的「正確」慣例。我們可能不加思考就模仿某些行為。十九世紀的法國社會學家蓋布瑞・塔德寫道，即使是「最傲慢的鄉紳」也無法「使自己的口音、舉止和觀點和他的僕人與佃農完全不同」。[28]但是當我們做出低地位的行徑時，別人很可能會催促我們回歸適當的高地位做法。反之亦然：心理學家布魯斯・胡德（Bruce Hood）指出：「如果社會團體以外的人模仿我們，我們會更不喜歡他們。」[29]當不識相的低地位局外人模仿我們，我們會意識到自己內化的慣例，結果可能改為執行較沒受到「汙染」的替代方案。

我們的地位需求也會引導我們前往特定的環境，在那裡我們可能會模仿同儕。洋蔥新聞網（*The Onion*）

有一電視片段是「數千名女孩的條件與失蹤的姊妹會女生相符」，其搞笑說到俄亥俄州警方遍尋不著一名失蹤女子，因為她「染金髮，穿著Ugg雪靴，塗紫色指甲油，戴著超大的太陽眼鏡」的特徵，幾乎符合該州的每一個姊妹會成員。[30]許多姊妹會女生可能在無意中打扮成相同的風格——不過是在一開始基於地位需求而決定加入該團體之後。此外，新成員往往會模仿地位較高的資深成員。作家史蒂芬妮・塔爾馬奇（Stephanie Talmadge）過去加入姊妹會時，對上級學生留下深刻印象：她們「化妝更濃更專業，搭配看來更昂貴的洋裝和相配的飾品」。她們不僅制定標準，還強制執行：「我們會將自己穿洋裝、從幾個不同角度拍攝的照片交給招生主席審核。」[31]

內化解鎖了慣例的最後一股力量：建立我們觀察世界的感知架構。[32]我們的感官能蒐集資訊，但這些資訊隨後會透過慣例性習慣、信念和知識的篩選，來進行詮釋。[33]根據文化背景，我們以不同的方式聽、看、記住和關注事物。例如，對時間的感知就是一種慣例。[34]日本人將約定的會面時間視為應當抵達的最後一刻，而中東人則將其視為非常粗略的指引原則。對顏色的感知也是慣例性的。[35]即使色覺標準的人可以區分七百五十萬到一千萬種不同的顏色，我們的慣例還是會決定我們如何將這個色譜劃分為特定的色度單位。俄語就將美國的藍色分為兩種不同的色調：淺藍色（*goluboy*）和深藍色（*siniy*）。[36]慣例也會改變我們如何聽音樂。神經學家兼音樂學者丹尼爾・列維廷（Daniel Levitin）解釋，音階是「理論上數量無限的音高的子集合，每個文化都是基於歷史傳統或多少有點任意地選擇這些音高」。[37]至於大和弦聽起來「快樂」以及小和弦聽起來「悲傷」的觀念呢？那是一種慣例。[38]在聽到一段「莊嚴」的印度音樂時，作家阿道斯・赫胥黎（Aldous Huxley）承認：「儘管仔細聆聽，我卻無法聽到當中任何特別悲傷或嚴肅的感覺，也沒有特別暗示自我犧牲的東西。對我的西方耳朵來說，它聽起來比隨後的舞曲更愉快。」[39]

這些內化的慣例在社會學中稱為**慣習**（habitus），其指導我們的言談、行走、穿著、思考，以及我們如何判斷什麼是好的、正確的、有趣的和美麗的。這個名詞最容易讓人聯想到法國社會學家皮耶·布赫迪厄，他寫道：「慣習的機制……之所以具有特定的功效，是因為它們在意識和語言的層次底下發揮作用，超越內省的審視或意志的控制。」[40] 一種慣例一旦經過社會重複而成為我們的慣習，這件事感覺起來就會像出於本能，而非任意為之。從這裡開始，文化塑造了基本生理需求的表達。文化人類學家克萊德·克羅孔（Clyde Kluckhohn）指出：「即使是看似生物過程的打噴嚏、行走、睡覺和做愛，也都經過風格化。」[41] 演化生物學家經常聲稱，健康對於選擇潛在的性伴侶至關重要。[42] 然而，一個時代的主流美學慣例可能會使男性受外表明顯「不健康」的女性吸引。一九九〇年代的時尚廣告使用削瘦的模特兒，推廣「海洛因時尚」。[43] 今天，潔白牙齒是健康的象徵；在許多個世紀以前，亞洲的菁英階層卻偏愛牙齒變黑的女性。[44] 大多數人對壞死的氣味感到噁心，那是細菌正在吞噬人體的死細胞，但在中國的纏足時代，高地位男性覺得婦女裹小腳所散發出來的腐爛氣味有種性愛的吸引力。[45]

內化說明了我們對團體行為的強烈依戀。人類變得很容易受到「**實然／應然上的謬誤**」（is-ought fallacy）影響——政治學家羅素·哈丁將其定義為「人們非常普遍的一種傾向，由於十分想判定什麼是對的或好的，就從**是**什麼轉移到**應該是**什麼。」[46] 起初，慣例是協調問題的解決方案，但時間一久卻呈現出道德面。與我們自己不同的習俗不僅不自然，而且不道德。當米蘭冒險家吉羅拉莫·本佐尼（Girolamo Benzoni）第一次在新世界品嘗巧克力飲料時，他認為它「比較像是給豬喝的，不是給人類喝的飲料」。[47] 在奇努瓦·阿契貝（Chinua Achebe）的小說《分崩離析》（*Things Fall Apart*）中，奈及利亞的部落成員抱怨敵對村莊道德敗壞：「他們所有的習俗都顛倒了。他們不像我們一樣用棍子來決定新娘的價格。他們像在市場上買山羊或牛一樣討價還價。」[48]

人類學家馬歇爾．薩林斯寫道，文化乃由「有意義的人事物秩序」構成。[49]慣例不僅說明為什麼某些人做某些**事情**，還解釋了集體**意義**和**秩序**的起源。遵從與另一個人相同的任意性規則，就是成為同一個「總體」的一部分。[50]由於團體共享某些事物，這些事物就形成了社會連結。穿皮革短褲和緊腰連衣裙的慣例，界定了巴伐利亞人是一個民族。對於富有的白人新教徒女性來說，高級奢華舞會是一種成年禮。俄羅斯人不僅把伏特加當成烈酒喝——它也是這個國家的生命之源。[51]

每個地位團體都有許多獨特的慣例，而這些慣例都透過一個強大的內在邏輯相互連結起來。新娘穿白紗的習俗在邏輯上就類似寡婦穿黑衣的習俗。在檢視個別慣例時，我們可以發現有更廣大的總體慣例作為其所遵從的「地平線」。[52]**典範**（paradigm）指的就是這些總體慣例[53]——一個團體的基本信念，設定受容許的行動該遵守的整體規則，在不確定的時候提供指引，並建立瞭解與解釋的架構。在歐洲的封建典範中，所有個別的習俗和傳統最終都是為了維護社會以君主和教會為中心的這個觀念。在現代典範中，慣例根植於「個人乃社會的基本單位」這一信念。一九六四年之後的流行音樂遵從「披頭四典範」；樂評家伊恩．麥克唐納（Ian Mac-Donald）寫道：「披頭四的行事方式改變了音樂的做法，因而也改變了我們對音樂應該怎麼做的期望。」[54]典範在一般層面上也可能是任意的——不同的社會圍繞著不同的典範運作——但一旦這些典範成為基礎，多數的微小慣例都會源於典範的首要概念。

儘管慣例具有相互期望和集體性的基礎，但慣例未必公平或民主。如果普通地位有賴於遵守心照不宣的規則，那麼對建立慣例的人和維護慣例的人來說總是有政治上的層面。「偏袒規範」（norms of partiality）對一組人有利，對另一組則否。[55]多數人通常會推動對自己有利的社會規範，不在乎少數族群，而在內化這些偏頗的慣例時，到頭來就連處於劣勢者也可能接受它們。社會學家凱倫・卡拉漢（Karen Callaghan）寫道，女性主義對於女性美貌標準的批評認為，「努力達成一種審美觀念的女性不是為了自我實現或成就，而是為了男性的認可」。[56]這些標準不僅具壓迫性，而且致命。在十九世紀，僵硬的襯裙使裙子蓬鬆到離譜的地步，便宜的材料經常擦到明火而著火。[57]這種服裝的任意性慣例導致三千名婦女被活活燒死。與此同時，男性卻穿著既防火又合身的羊毛西裝。

即使慣例往往明顯不公平或與公共原則相衝突，挑戰者也會因為選擇替代方案而面臨社會非難。某一天出門用餐時，激進行動主義者愛瑪・高德曼（Emma Goldman）跟一場小型性別平權活動的男性夥伴們點燃一根香菸，結果被趕出餐廳。[58]當高德曼堅持宣揚不受歡迎的無政府主義思想時，美國把她驅逐出境。儘管明顯面臨逆境，但高德曼對變革的追求證明了經濟學家安東尼・希斯（Anthony Heath）的論點：「社會規範存在並不……自然意味著它將被遵守。每個人都有自己的價碼：遵從規範的好處必須與在其他地方獲得的利益進行比較，而且肯定會有某種程度的替代利益成功引誘個人走偏。」[59]

慣例、社會認可和地位之間的緊密關係，支持了人類學家克利弗德・紀爾茲（Clifford Geertz）對文化的描述，也就是「最好不要將文化看作具體行為模式——習俗、用法、傳統、習慣群集——的綜合體」，而是「一套用來管理行為的控制機制——計畫、方法、規則、指示」。[60]透過社會認可的棒子和社會非難的棍子，慣例創造出習慣和行為模式。由於文化是基於任意性行為，個人始終可以在不同的做法之間漫無目的地遊走。慣例，無論是有意識的還是內化的，解釋了為什麼人們反而會聚集在相同的模式周圍。而地位就糾纏在整個過程當中。

文學學者雷蒙・威廉斯（Raymond Williams）稱文化為「英文當中最複雜的兩、三個字詞之一」。[61]確實如此：光是一九五二年的《文化：概念和定義之批判性評論》（*Culture: A Critical Review of Concepts and Definitions*）這本書就提供了一百五十個定義。[62]就算在口語用法中，它還是模糊不清：文化是一種生活方式、藝術、流行文化，還是組織規範？雖然在這裡可能根本無法敲定一個定義，但我們至少知道文化是由什麼「構成」的：**慣例是文化的個別單位**。我們指為「文化」的一切——習俗、傳統、時尚與跟風式流行——都以慣例的形式出現。將文化視為慣例，我們就已經能夠解釋一部分的文化大謎團：為什麼人們不斷選擇任意性做法，而非有效的替代方案。

正如人類學家A・L・克羅伯（A. L. Kroeber）所言，就像沒有無地位的社會一樣，「我們沒有無文化人類社會的紀錄」。[63]每個社會都有一個地位結構，每個社會也都有一個文化——現在，透過慣例，我們首次瞭解到地位和文化如何連結起來。慣例揭露了團體成員形成特定做法的過程，而這些做法後來會定義地位和文化。但並非所有的地位團體都是平等的，這顯示慣例也會具有獨特的價值。

等級慣例與地位價值

一九〇六年，後來的美國總統伍德羅・威爾遜（Woodrow Wilson）在普林斯頓大學的名望講壇上告誡聽眾：「在這個國家，沒有什麼比汽車更能傳播社會主義情感。對鄉下人來說，汽車十足代表獨立與快活，是財富傲慢的象徵。」[64]當時，美國人的平均年收入為四百五十美元；最便宜的汽車為六百美元起跳，價格還可能達到十倍以上。[65]因為這樣的價格，汽車僅限富人擁有，[66]而威爾遜想說的是，大眾將魯莽駕駛的行為與上層階級聯想在一起。但接下來的五十年平息了威爾遜對社會主義革命的擔憂。不，富人並沒有學會安全駕駛；汽車擁有權只是變得更加普遍。曾經僅限於社會頂層的獨立和快活，變成美國生活的共同經驗。

然而，汽車擁有權擴大並未緩解社會的分裂。實際上，「富人開汽車」這個簡單慣例擴大成多種慣例，品牌屬性符合特定的社會地位層級。到了一九五〇年代，低中產階級駕駛福特（Ford）、雪佛蘭（Chevrolet）和普利茅斯（Plymouth），而中產階級駕駛龐蒂亞克（Pontiac）、道奇（Dodge）、賓士（Mercury）和斯圖德貝克（Studebaker）。[67]高級管理階層偏好別克（Buick）、奧茲摩比（Oldsmobile）和克萊斯勒（Chrysler）。企業執行長擁有帝國（Imperial）、林肯（Lincoln）和凱迪拉克（Cadillac）。（董事長選擇特殊的「佛利伍」〔Fleetwood〕凱迪拉克。）[68]行銷活動使這些地位關聯變得相當明確。作家E．B．懷特（E. B. White）當時指出：「看汽車廣告，你會以為汽車在美國的主要功能，是先讓它的擁有者進入更高的社會階層。」[69]

由於必須有可觀察的方式來標示等級差異，因此按地位層級劃分的慣例差異是不可避免的。地位的優越性應該反映在利益的優越性上。儘管各組織常巧妙設計這些差異，但差異也可能自然發生。階層決定了我們所處的社會空間，我們的家庭和最親密的朋友往往也位於相似的地位層級。[70]在同一個社群度過一段時間後，我們開始擁有相同的慣習和生活方式慣例。這會表現在財產的花費、品質和設計上；說話模式（使用禮貌語言還是俚語）；謀生手段；自我呈現（穿著、髮型、化妝、健康）；住所的位置和品質；以及雇用的服務（我們的草坪是自己除草還是付錢請別人做？）。馬克斯．韋伯指出：「社會地位最主要的表現方式，通常是將一種特別規範的生活方式，歸因於每個渴望屬於那個圈子的人。」[71]換句話說，生活方式既是社會等級的必要條件，也是其表達出來的方式。

在以先賦地位為基礎的過往社會中，正式的規則和宣言管控著生活方式慣例。禁奢法規定哪些階級可以穿哪種服裝。阿茲特克戰士透過刺繡的棉質斗篷、唇板、綠松石與黃金耳環，以及鮮豔的羽毛，表明其地位——而這一切都禁止平民穿戴。[72]不同地位層級的人，也有不同的正義標準。歐洲貴族藉由手槍決鬥來解決爭端。無論有多高的致命危險，退出決鬥被視為不光榮之舉。然而，只有上層階級才有權進行決鬥。當平民作家伏爾泰（Voltaire）提出挑戰，要與貴族羅漢騎士（Chevalier de Rohan）進行決鬥時，騎士勃然大怒，因而雇用粗漢毆打伏爾泰，他則在馬車上開心地冷眼旁觀。[73]

孤立的社群也可以發展出獨特的慣例。居住在烏克蘭和波蘭東南部糖廠附近的加里西亞猶太人（Galician Jews）偏愛比較甜的食物。另一方面，沒有甜菜糖的立陶宛猶太人則吃比較鹹的菜餚。[74]儘管擁有共同的語言和血緣，但他們之間的料理區分卻變成慣例、習慣，並充滿了意義與規範。時至今日，加里西亞人的後裔仍然愛吃甜的魚餅凍，而美國出生的立陶宛祖母們則抱怨**那些加里西亞人**在所有食物中都加糖。[75]

隨著自致地位的發展，我們已經放棄了禁奢法，蒙住正義女神的雙眼。但以地位層級為基礎的慣例仍然存在，雖然較為模糊。拿鐵咖啡已然成為老掉牙的菁英飲品，儘管有數百萬名低收入美國人每天都在喝。正如所謂的奢侈品以專門保留給富豪的裝飾品之姿來銷售，各大歐洲品牌也從中產階級顧客口袋中賺取龐大的利潤。

即使大眾媒體使地理孤立的影響降至最低，社會階層的差異仍然造成一些孤立的慣例。在洛杉磯機場，名人支付高昂費用，通過一棟名為PS的特殊私人航廈登機，遠離大眾視線，而且會有一輛BMW 7系列轎車送他們到停機坪。[76]在這些航廈和私人飛機旅行興起之間，過去步行穿越公共機場的普遍做法已經變成中產階級的慣例。

接著就來到本章最重要的一點：不是所有的慣例都是平等的。洛杉磯機場的私人航廈並不只是一**般**的航廈——人們認為它是**比較好**的航廈。正式禮服比街頭服裝來得華麗，而凱迪拉克比雪佛蘭更具名望。每個慣例都可以放在兩個層次上：（一）在單一地位團體**之內**的層次；以及（二）在全球地位排名上各團體**之間**的位置。在洛杉磯機場，財富和地位創造了不同的登機慣例，但在全球的層次上，在機場辦理登機的動作本身仍然是一項高地位活動。

因此，每個慣例都有一個獨特的**地位價值**，反映了遵守它之後可以獲得多少地位。[77] 一個較高地位團體專屬的慣例具有高地位價值，而與較低地位團體相關的慣例具有負地位價值。廣泛為人所接受的習俗則具有中性的地位價值。

地位價值隱而不顯——我們無法像估計商品價格那樣衡量它。我們常常在慣例中感受到它，卻看不見它與高地位團體的直接關聯。由於地位禁忌，我們很少直接口頭說出地位價值的存在，但它絕非想像。當你對人說「祝福你」時，他們可能不會因神奇的魔力而痊癒，但這種說法具有中性的地位價值。對鄰居說這句慣例性的話會獲得社會認可；什麼都不說或者暗示鄰居可能染上了傳染病，則會受到社會的非難。遵循具有高地位價值的慣例時，我們就提高了從高地位團體得到普通地位的機會，進而獲取更多社會利益。如果我們選擇參與具有低地位價值的慣例，就有失去那些利益的風險。

為了滿足我們對地位的根本欲望，在權衡一種任意性做法及其替代方案時，考量地位價值是合理的。也許一個高中產階級紐約客會發現，平價可躺式沙發椅比附腳凳的名牌休閒椅更舒適，但只有名牌休閒椅符合她高地位社群的室內設計慣例。這會改變購買的計算方式：平價可躺式沙發椅帶來的即時舒適，是否值得地位損失造成的長期不適？一種任意性做法與其替代方案相比，可能沒有實際價值，但一旦鞏固在慣例中，該做法就提供了地位價值，可以改善我們的生活。這在純實用性和社會認可之間不斷造成一種權衡妥協。當收音機和煤油等實用的西方產品開始出現在巴布亞紐幾內亞時，當地人仍然偏好將錢花在儀式用豬隻上，透過精心籌備的饗宴來贏得別人的欽佩。[78]

然而，正如我們會內化慣例一樣，地位價值也在我們腦中的潛意識層次發揮作用。具有高地位價值的慣例，在我們看來就像是夢想生活的美好元素，而具有低地位價值的慣例則顯得令人不安、有害或不道德。我們經常認為自己是受到其他價值吸引，如使用價值（實用性）、交換價值（成本）、情感價值（回憶）或特殊的個人偏好，藉以將地位價值的誘惑合理化。實證研究開始發現證據顯示，諸如地位價值等外來資訊

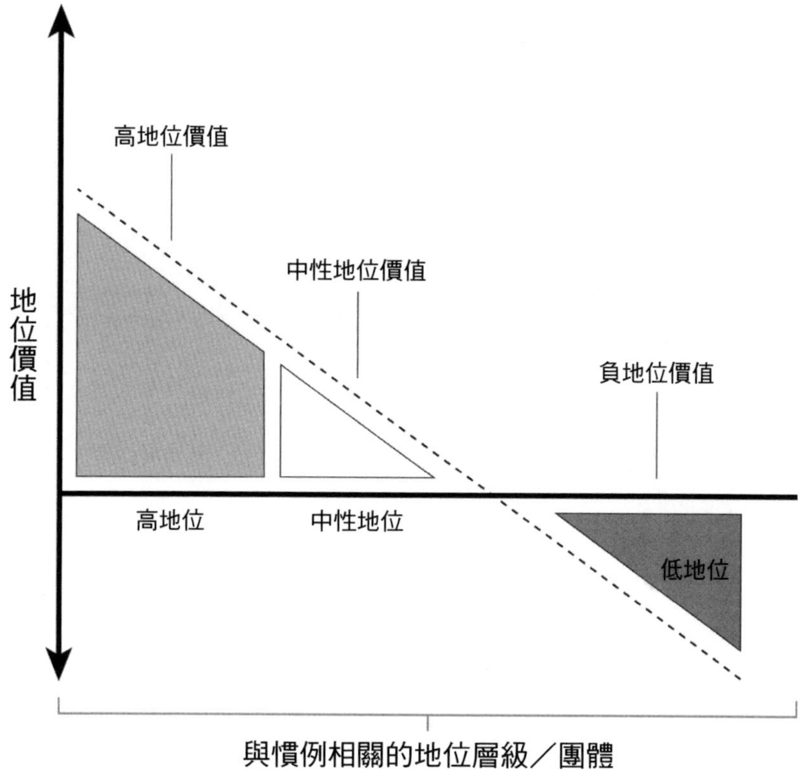

不僅激發我們的選擇，甚至會改變我們體驗愉悅的方式。最近的一項神經科學實驗發現，在不知道價格的情況下，受試者比較喜歡便宜的葡萄酒，一旦揭露價格，他們就偏愛昂貴葡萄酒的滋味。更有趣的是，受試者的腦部活動路徑隨著他們偏好的變化而改變。[79]

既然地位是相對的，地位價值也是相對的。社會學家皮耶．布赫迪厄寫道，對於社會的每一個階層來說，「在較早或較低階層的那些人眼中，稀有且難以企及的奢侈品或荒謬幻想，會變得平凡而普通」。[80]這在湯姆．沃爾夫一九八七年的小說《走夜路的男人》（*The Bonfire of the Vanities*）中最著名的一個段落獲得展現；主人翁薛曼．麥考伊（Sherman McCoy）「每年所得高達一百萬美元，仍瀕臨破產」，[81]因為他債券交易的收入不足以維持紐約上流社會的生活。為了跟上同儕，他必須為俱樂部會員費、奢華服裝、設計師家具、頂級私立學校學費，還有附設遊樂設施的子女生日派對支付巨額費用。布赫迪厄解釋麥考伊這樣的困境：「擁有一百萬並不能使人過著百萬富翁的生活，而新貴階級通常需要很長時間才能瞭解，在他們新生活中的罪惡揮霍行為，實際上是基本必需品的支出。」[82]

在地位階層上逐步攀升之際，我們也必須採行地位價值更高的慣例。這主要涉及購買更昂貴的商品。富人可以花更多錢，他們購買的昂貴物品就在他們的地位層級中變成標準。「在單一階級的郊區中，地位是無法往上攀升的，」文化歷史學家羅素．林恩斯（Russell Lynes）在談論房屋所有權的標準時寫道，「人們會搬出去——搬到另一個郊區，房子和草坪更大、樹木更老更高，洋溢著穩定持久、而非短暫過客的生活氛圍」。[83]即使不曾生活在地位更高的人之中，我們還是可以從印刷精美的時尚雜誌上獲悉正確的慣例，這正是此類刊物存在的目的。《哈潑時尚》（*Harper's Bazaar*）就對一九一五年的讀者諄諄教誨：「至少一件香奈兒的東西都沒有的女人毫無成功的機會。」[84]

瞭解和參與高地位的生活方式慣例——甚至包括問候、難以察覺的喜好和非言語的溝通——是獲得與維持高地位的關鍵環節。這種特別的知識稱為**文化資本**，社會學家米雪．拉蒙特（Michele Lamont）和安妮特．拉蘿（Annette Lareau）將之定義為「廣泛共有的高地位文化信號（態度、喜好、正式知識、行為、物品和資格），用於社會和文化排斥」。[85]要獲得文化資本，最容易的方法是長年理解高地位人士的品味、語言、行為和喜好。對於出身富裕的人來說，文化資本是具體而無意識的。新貴階級必須從零開始獲取這種知識，任何尷尬或錯誤都可能暴露他們的局外人出身。在某些情況下，文化資本本身可能是有用的——布里乳酪搭配上對的葡萄酒就會非常美味——但這種知識最大的價值，在於作為在高地位世界中獲得認可的手段。在一九五〇年代，作家范斯．帕卡德訪問一家顧問公司的主管，對方提出的結論是「比起加入對的俱樂部，更重要的是能夠一加入就表現得毫不生澀」。[86]

在過去的一個世紀裡，隨著邁向高地位的途徑擴大，已經沒有單一的文化資本體系。好萊塢娛樂大亨攀上高地位的途徑，與德州石油巨擘不同。但在每個地位團體裡，成員依然必須遵循特定的慣例才能維持他們的地位。經濟學家托爾斯坦．范伯倫寫道：「消費無法達到應有的數量和品質，變成低等和缺點的代表。」[87]或者如《走夜路的男人》中的薛曼．麥考伊所認為的：「一旦你住過紐約公園大道價值兩百六十萬美元的公寓——就不可能去住一百萬美元的公寓了！」[88]

作為地位正直性的延伸，地位團體的成員往往認為，每個層級的個人都應該按照他們**適當的水準**消費。富人不應該過得像窮人，窮人也不應該假裝有錢。羅馬皇帝尼祿曾面臨一次刺殺危機——不是因為他謀殺了母親、殺死懷孕的妻子，或活活燒死基督徒，而是他竟敢自貶地位，公開在音樂會上彈奏西塔拉琴。[89]在低地位團體當中，對奢侈的酸葡萄心理或輕蔑，可能會產生對高地位價值慣例的不滿。在一八五二年的《鄉村建築》（*Rural Architecture*）一書中，作家劉易斯・艾倫（Lewis F. Allen）建議農民別理會高級設計原則：「將這一切虛榮留給城市人，他們沒有更好的東西讓自己開心——或者至少是，他們認為自己有。」[90]正如遵循相同的慣例會產生團結感一樣，慣例的差異也會引發衝突。在《麥田捕手》（*The Catcher in the Rye*）中，霍爾頓・考菲爾德（Holden Caulfield）認為：「如果你的行李箱比別人的好很多——如果你的真的很好，而他們的不好——那麼要當他們的室友真的很難。你以為如果他們聰明什麼的，而且很有幽默感，那就不會在乎誰的行李箱比較好，但他們在乎。他們真的在乎。」[91]

在整體經濟增長的時期，低地位層級能夠突然有辦法參與更高地位的慣例。如此一來會提高整個社會的標準。每個人都覺得他們也必須以更高的水準消費，以維持普通地位——也就是和身邊的人比排場。一旦汽車變得連中產階級都可負擔，那麼身為中產階級就必須擁有一輛汽車。面對面的互動往往是個人建立這些支出規範的最重要參考。這說明了為什麼樂透得主的**鄰居**最後也會買更豪華的汽車。[92]但是，大眾媒體可以藉由重新設定「正常」生活方式條件的期望，在全國引發這種現象。一九五六年，印尼總統蘇卡諾抨擊好萊塢高層，抱怨該國的中產階級在看了美國電影之後，對生活產生新的不滿，因為那些電影中的一般家庭都擁有汽車和電器等奢侈品。[93]

到目前為止，我們已經看到地位需要遵從某些任意性的做法，現在我們也瞭解到由此產生的慣例具有地位價值。接下來，我們將把這一理解應用在我們自己的個人行為上——以及我們地位的具體壓力如何促使我們變得既相似，也有所不同。

模仿與區分[94]

「文青咖啡師」的迷因哏圖顯示一個留著鬍鬚、身上有刺青的白人男子，穿著深V領T恤、戴著方形眼鏡，圍著黑色圍巾——他雙臂交叉，露出厭惡的表情。[95]根據網路迷因資料庫「瞭解你的迷因」（Know Your Meme）的說明，文青咖啡師的典型標題會操弄「『文青』愛批判又虛偽的常見刻板印象」。有一個例子就寫著：「幫這些企業資本主義豬頭煮咖啡讓我覺得噁心」，底下的哏寫著：「——發自我的iPad2的推文」。

在他的文章〈什麼是文青？〉（What Was the Hipster?）中，馬克·格雷夫（Mark Greif）指出，「文青」一詞「主要是一個貶義詞——一種羞辱，跟**裝腔作勢者**、**假掰鬼**、**冒牌貨**、**流行狂粉**以及**盲從族**等名詞，都屬於同一掛」。[96]每個人都討厭文青，就連文青自己也是如此。[97]正如「文青咖啡師」迷因所顯示的，文青負面形象的主要來源，是他們抱怨主流社會的模仿行為，**卻又**參與模仿行為。數學家兼神經科學家強納森·杜布樂（Jonathan Touboul）在二〇一四年發表一篇研究論文，探討腦部神經元的行為會為了與周遭神經元不同而改變，他稱之為「文青效應」（Hipster Effect）：「努力讓自己變得不一樣，最終常常會導致文青不斷做出相同的決定，換句話說就是看起來都一樣。」[98]

但是在這一點上，我們應該為文青辯護。同時模仿又做出區分不是虛偽——這是普遍存在的人類行為。正如我們之前所瞭解的，普通地位必須遵循某些慣例。這意味著**模仿**我們的同儕，同時將自己與低地位團體及競爭對手的行為**區分**開來。與此同時，達到更高地位則需要**區分**自己與目前的地位層級，並**模仿**上層者的做法。最終的結果是，模仿和區分會對我們生活方式的選擇產生互補的磁力，促使我們靠近認知中的上層者，遠離我們認為的低等者。而這些力量背後的動力就是地位。

在做日常選擇時，我們似乎擁有自由意志——吃什麼、喝什麼、穿什麼、買什麼。我們可以選擇當下最能解渴的康普茶或運動飲料口味。然而，無論我們有什麼想做自己的根本欲望，都必須與我們對地位的根本欲望一致。普通地位需要**模仿**團體規範。這可能非常容易。人類具有模仿的本能，會吸收學習我們社群的行為。在內化了預期規範的情況下，我們會「為自己」做出與外部期望相符的選擇。曾獲獎肯定的美洲原住民首飾藝術家凱莉・阿陶姆比（Keri Ataumbi）創作的作品融入了原住民圖案——這固然是一種藝術上的選擇，但對她也是一項熟悉的選擇，因為她在風河印第安保留區（Wind River Reservation）長大，從母親身上學到部落傳統。[99]

模仿最常變成有意識行為的情況，就是日後我們加入新的團體，想尋求其他成員的認可。超現實主義電影導演路易斯・布紐爾（Luis Bunuel）從鄉下搬到馬德里時，因為自己的「鄉巴佬氣質」而「不知所措」，整天「試圖模仿人們的穿著和行為」。[100]無論面臨任何困境，模仿通常是最理性的解決方法。經濟學家羅伯・法蘭克（Robert H. Frank）寫道：「當有人不確定到底該做什麼，而他發現別人似乎知道該做什麼、也正在做，經常就會出現模仿行為。」[101]

想在一個團體中獲得普通地位，就需要模仿，但此外還有一項額外要求：我們必須證實自己與對手團體的**差異**。人類學家露絲・潘乃德指出：「人類最早的區分之一，是『我自己』的封閉團體與局外人之間的差異。」[102]英國上層階級的譴責用語包括「NLU」（not like us，不像我們）和「NLO」（not like one，不像自己人）。[103]慣例差異對於團體劃分至關重要，而且團體會強調劃下這些明確界線的顯著慣例。用人類學家瑪麗・道格拉斯（Mary Douglas）的話來說，模仿會創造「橋梁」以連結同夥，而區分則豎起「籬笆」以阻擋競爭對手。[104]但在差異出現的地方，每一個有意義的模仿行為也同時兼具區分的作用。每一座橋梁也都是一道籬笆。在音樂劇《火爆浪子》（*Grease*）中，女生幫「粉紅淑女」（Pink Ladies）穿著顏色相同的粉紅色緞面外套，[105]作為彼此之間的橋梁，但這樣做的同時也在她們與其他學生之間築起了一道籬笆。

對於刻意與競爭對手區分，最佳的形容是**抵銷模仿**（counterimitation）。在最明顯的情況中，抵銷模仿可能讓人感覺不經思考和任意：僅僅是為了反制而反制。一個在一九六〇年代初離開爵士樂界的年輕樂手抱怨道：「有太多儀式性和公式性的垃圾。他們非得用一種特殊的語言說話，做不同打扮，戴不同類型的眼鏡。而那毫無意義，只不過代表『我們與眾不同』。」[106]然而，由於這種實然／應然上的謬誤和內化，我們往往對競爭對手的行為深感不滿。當一位通用汽車的粉絲在他的皮卡車貼上凱文①尿在福特汽車標誌上的轉印貼紙時，他是在表達自己對福特卡車價值低劣的真誠信念。

在一個團體中獲得普通地位，同時需要模仿以及抵銷模仿。另一方面，更高的地位需要透過罕見的才能和有價值的資產，立於他人之上。較高的位置當然需要**個人區分**。但個人區分還涉及打破規範，而如此一來卻可能受到制裁。個人如何解決這些互相衝突的壓力呢？許多人追求最沒有爭議的個人區分形式：亦即依據團體認同的地位標準，取得卓越的表現。籃球隊的普通隊員從來不會抱怨每場比賽的最有價值球員拿下顯著高分。只要區分符合團體的集體信念，個人就更有餘裕擺脫規範。

另一種低風險的個人區分形式是**仿效**（emulation）——透過模仿高地位慣例來追求地位價值。[107]如果中產階級社區的每個人都擁有一輛豐田冠美麗（Camry），那麼只要購買一輛富人之間常見的賓士車，就能輕

① 譯注：指漫畫《凱文的幻虎世界》（*Calvin and Hobbes*）中的小男孩主角凱文。

鬆達成個人區分的目的。這並不是一種特別聰明的區分形式，只是對知名不凡做法的衍生性模仿。然而，仿效是大多數個人抱負和欲望的泉源。美國經濟學家托爾斯坦・范伯倫寫道：「每個階級都會羨慕並仿效其社會等級上方的那個階級。」[108]仿效是一項安全的賭注，但並非萬無一失。在團體嚴格執行地位正直性的情況下，仿效會失敗。如果缺少為人所接受的資本水準，參與更高地位慣例的個人會被指責為冒牌貨。但胸懷大志者對仿效總是有一個不變的藉口：[109]高地位的人是成功的，所以他們的生活方式選擇，無論是瑜伽、古馳（Gucci）樂福鞋或原始人飲食（paleo diet）②，一定是**正確的生活方式**。地位比我們高的人擁有更多金錢和資訊，以及更好的能力，這使得他們的選擇成為參考模範。當強盜大亨（robber barons）③在十九世紀末成為美國第一批超級富豪時，對如何建造宏偉的住宅沒有明確的指引，因此只能複製富裕歐洲家族的建築風格。[110]

在本質上，仿效只是模仿的一種形式。真正的個人區分需要放棄慣例，發現新的獨特行為。在過去幾個世紀的西方社會中，人們不僅有更多選擇生活方式的自由，還有一種日益增長的道義責任，也就是我們要成為「實現自我」的獨特人類。一種「對個人的崇拜」已然滲透到文化、藝術、文學、媒體和廣告中。[111]哲學家查爾斯・泰勒總結道：「有一種身為人的方式是**我的**方式。我要求自己以這種方式生活，而不是模仿任何人的方式。」[112]因此，現代社會中的高地位，需要額外滿足一項地位標準：要獨特。盲目模仿成為一種低地位行為。哲學家勒內・古拉爾（René Girard）表示：「我們不甘心承認在模仿自己欽佩和羨慕的人時，是在表達我們的欲望。我們把這視為一件可恥的事情。」[113]因此，時尚指南總是建議打破常規。一九二二年，禮儀專欄作家艾蜜莉・波斯特（Emily Post）寫道，「時髦的女人總是有點與眾不同」，與她們形成對比的是「老愛穿最新服裝的女人，她們就像綿羊一樣，盲目遵從每個最新的時尚潮流，毫無距離或方向感」。[114]

雖然這種對個人區分的著迷可能有哲學上的根源，但這些需求也符合地位結構的內在邏輯。仿效需要模仿在你之上的團體，但對於在階層頂端的人來說，不應該有模仿對象存在。因此，擁有超高地位的有效指標，就是能夠擺脫區分行為。自我實現的道德責任，實際上是一項地位責任：**高居階層頂端的個人，必須追求獨特行為與具區分性的選擇**。埃及前領袖胡斯尼·穆巴拉克（Hosni Mubarak）的西裝不僅使用訂製羊毛，還有細條紋拼出他的阿拉伯文名。[115]

理論上，做到這件事應該比模仿更容易。我們可以隨心所欲，做任何想做的事，不管別人怎麼想。或者更棒的是，我們可以做一些驚世駭俗的事，像是把夾鏈袋當鞋穿，頭上戴著一個超市牛皮紙袋，上面用紫色的麥克筆寫「並列酸黃瓜惱怒」。世界上有無盡的潛在怪癖可以發揮。

唉，可是非慣例行為只有已擁有高地位的人才能獲得容忍。社會學家喬治·荷曼斯解釋：「為了維持高地位，一個人必須為其他人提供稀少和有價值的服務，但只要他做到了這一點，其他成員就可能在次要事務上給予他一些寬限空間。他甚至能隨意利用這種餘裕。盲目遵從任何老舊規範，就可能使他回到普通人的行列，而不是讓他與他們保持距離。」[116]因此，我們的地位越高，我們就越**可以**具有獨特性，也**必須**更具獨特性。根據相同的邏輯，中等地位的人往往比較保守。語言學家魯迪·凱勒（Rudi Keller）寫道：「低中產階級的客廳表現出比高中產階級更高的一致性，而高中產階級的客廳又不比上層階級的客廳來得有個性。」[117]如果低地位的個人已經處於社會認可的範圍之外，可能也會過著比較自由的生活，因為他們已經沒有什麼可以

② 譯注：仿效原始人，只食用純天然食材的飲食法。

③ 譯注：指當時以剝削手段致富的商人，就像強盜靠搶劫成為貴族。

損失。但是低地位的獨特性僅只被解釋為違規。受尊敬的獨特是一種菁英特權。

個人的獨特性是有風險的——而且當每個人都在追求相同目標時，通常不可能實現。我們都面臨一項額外的挑戰，即**多數無知**（pluralistic ignorance）：[118]我們都是在不知道他人下一步行動的情況下，做出「不同」的選擇。老派運動鞋收藏家雷・賈西亞（Ray Garcia）坦言：「我不想看到別人有和我一樣的運動鞋。一個都不想看到。」[119]但要達成這個目標，不僅要選擇獨特的款式，還要保證它們將來同樣會保持獨特性。在現代社會，當我們都有相同的自我定義類別時，像是衣服、房屋、汽車、飲料等，個人獨特性就很難達成。多數無知便意味著，即使是最大膽的個人獨特行為，可能最終看起來也像模仿。

地位的壓力給每個人帶來一組相互矛盾的需求：模仿團體規範、抵銷模仿競爭對手、仿效地位高者但不要太明顯、獨特但不要太獨特。總之，我們必須區分自己，為了獲得更高的地位而展現個人差異，同時模仿我們所屬團體的慣例，以維持普通地位。對於這些相互矛盾的要求，沒有可靠的解決方法，只有風險管理的策略。我們必須在純個體性（高風險，高回報，打破所有已知慣例）和完全服從（低風險，低回報，密切遵循所有既定慣例）之間的光譜上，選擇一個位置。但根據目前所瞭解到的，我們在這道光譜上的位置，應該與我們的地位水準相關。高地位的人會潛入獨特的深處，而不安的普通地位層成員則堅守低淺的模仿端。在判定我們於模仿與獨特之間光譜上所處的位置時，先賦地位類別也發揮作用。對於具地位劣勢的人來說，提升地位最有效的方法是清楚且大膽的仿效。相較之下，地位優勢者可以追求更隱而不顯的個人獨特性。這種地位高低和獨特性之間的連結，變得對後續的討論很重要，因為我們將看到地位如何影響**創新性**——採納新行為的傾向。地位非常高或非常低的人更有可能嘗試新事物。

社會心理學家瑪麗蓮・布魯爾（Marilynn Brewer）認為，大多數人選擇一種「最佳獨特性」策略，位於光譜的正中間，做出符合團體總體慣例的個別選擇。[120]作家約翰・西布魯克（John Seabrook）用通俗的方式解釋這項策略：「你希望被認為是原創的，但不至於原創到超出輿論市場的範圍。」[121]在一九九〇年代的電視劇《甜蜜芳心》（*My So-Called Life*）中，害羞的主角安潔拉・蔡斯（Angela Chase）將頭髮染成「緋紅光芒」色，跟她的書呆子同儕區分開來。[122]這個鮮紅色頭髮的構想不是她發明的，而是仿效反文化青少年之間已確立的一項慣例。但這使安潔拉得以脫離她的書呆子同儕團體，加入一個地位更高的族群。如果她追求真正的個人獨特性——例如剃光部分頭髮，效法印度教奎師那教派（Hare Krishnas）的飾嘉（śikha）髮型——她可能會使每個人疏遠她，甚至包括反叛的邊緣人。

人類天生有模仿的傾向，但在現代，我們必須將這個傾向與追求獨特的道德責任加以調和。所以為了獲得地位，我們必須平衡模仿和區分的四項具體要求：

一、為了確保普通地位，我們必須**模仿**團體慣例。
二、為了避免低地位，我們必須**抵銷模仿**競爭對手的慣例。
三、為了提升地位，我們必須**仿效**具有高地位價值的慣例。
四、為了達到最高地位，我們必須透過獨特的行為來追求**個人獨特性**。

沒有個人能夠同時追求這四項要求。實際上，我們可能會選擇一項最符合我們地位的特定風險緩和策略。這並非微不足道的想法：模仿與區分的特定平衡會決定我們的行為，而且正如我們接下來將看到的，也會決定我們是誰。

• • •

當斯里蘭卡首次供應冰塊時，漁民終於能夠在城市的市場上出售漁獲。隨著收入增加，許多漁民決定效仿地位較高的中產階級，購買電視。他們自豪地將新的電視機擺放在小屋的正中央——而村子裡卻沒有電。123

要解開人類行為的奧祕，生物人類學家指向本能。心理學家提出原因在於狂熱、恐懼和疾患。經濟學家則認為重點在於理性。但斯里蘭卡漁民的行為，最適合透過「慣例」來解釋——亦即為追求地位價值而採取的行動。語言學家魯迪．凱勒認為，慣例思維可說是「最奇妙且無疑最具決定性的人類能力」。124 整個語言和文化的系統之所以存在，就是因為我們能夠非常輕鬆地協調任意性選擇。

但是，這讓我們看到一個令人不安的事實。如果地位指導我們的行為，我們會基於**非理性**的原因做出許多選擇。這會引起對地位價值是否為真實價值的質疑。地位價值瞬息萬變，超出我們個人所能控制。它始終取決於一項慣例在社會結構中的位置。在我們為了地位價值做出選擇時，我們的大腦會混淆原因，告訴我們自己渴望的是更為理性的東西。但是，儘管我們多麼不喜歡和不信任地位價值，地位價值**確實**對我們的生活造成實質影響。為了達到更高的地位，我們必須採取具有地位價值的做法。

慣例解釋了地位如何促使我們遵循某些任意性行為。但要以這樣的行為獲得地位，我們不能私下遵循慣例：我們必須在別人面前進行這些行為。慣例向來不僅止於核心的行為。它們同時也可作為**訊號**（signs）。

第三章　訊號傳達與地位象徵

Signaling and Status Symbols

◆ **MAIN POINTS**

地位必須經過傳達，貝克神祕的「失敗者」年代、穀物圓筒倉的凱迪拉克、《凱恩艦譁變》中的義大利歌劇，還有安娜．德爾維詐騙案都是例證。◆

地位宣告與地位評估

一九九四年初始，一個看來傻氣、留著長髮的創作歌手貝克（Beck）橫空出世，以慵懶的饒舌歌〈失敗者〉（Loser）迅速走紅。似乎沒有人太認識貝克，甚至連他姓什麼都不知道。當時只有屈指可數的生平資訊：他來自洛杉磯，兼職幫人清理落葉，而在與主流唱片公司DGC簽約之前，他的音樂是由名稱有點惡搞的小型獨立公司「大麻菸斗唱片」（Bong Load Records）發行。〈失敗者〉更進一步增添這種謎樣的感覺，它是一首難以歸類的歌曲，融合了超自然的流行直覺和荒謬歌詞：「而我的時間就像一塊掉在白蟻上的蠟／

牠正好嗆到了碎屑（And my time is a piece of wax falling on a termite / That's choking on the splinters）。」貝克是從洛杉磯貧民區冒出來的白癡型天才民謠歌手，還是假裝成白癡型天才民謠歌手的神祕音樂天才呢？

這個問題在一九九四年二月二十日獲得解答，那是貝克在MTV頻道的另類音樂節目《一百二十分鐘》（*120 Minutes*）首次亮相的日子。同樣來自DGC唱片，音速青春樂團（Sonic Youth）的瑟斯頓．摩爾（Thurston Moore）擔任訪問者。摩爾在唱片行聽過〈失敗者〉，他也認為貝克是「一個謎」。[1]但在現實生活中見面時，貝克告訴摩爾，他的祖父是一九六〇年代的前衛激浪派①藝術家艾爾．韓森（Al Hansen）。接著，兩人共謀將《一百二十分鐘》的訪問設計成一場六〇年代風格的即興演出，貝克將以奇怪的方式閃躲摩爾的問題。[2]擁有一首熱門歌曲有什麼感覺？貝克回答：「在一片油汙中衝浪。」他本姓什麼？貝克將自己的Timberland靴子扔到布景後面。在「回答」後面的一個問題時，貝克拿出一台小型錄音機，以極快的倒轉速度播放對話。對在家裡的觀眾來說，那個白癡型民謠歌手的理論看起來很有道理。

然而，到了第四個問題，貝克給了觀眾瞭解他真實性格的第一條線索。當被問到「你買的第一張唱片是什麼」時，貝克毫不猶豫地回答：「應該是一張灰野的唱片。也可能是《仙娜杜的狂熱》。」摩爾面無表情地說：「哇，我相信所有的觀眾都非常熟悉這些唱片，而且與你有同感。」解讀一下這個神祕的回答：「灰野」指的是日本實驗噪音吉他手灰野敬二（Keiji Haino），而《仙娜杜的狂熱》（*Xanadu*）則是奧莉薇亞．紐頓強（Olivia Newton-John）於一九八〇年主演的滑輪溜冰迪斯可電影，票房悽慘，在訪問當時已經成為被遺忘的庸俗遺跡。以他購買的**第一批**唱片來看，提到難以理解的吉他噪音和一張備受嫌棄的迪斯可專輯，顯示貝克對各種少數行家才瞭解的音樂有不凡的認識。貝克是在**傳達訊號**：暗示他擁有深厚的知識，表明他在音樂上的功力遠遠超出推出新奇單曲的能力。

「訊號傳達」（signaling）一詞，在經濟學和動物學中均被用來描述個體透過特定線索來表達自身的高品質，以便被另一方選中。在野外，雄鳥以炫耀華麗的羽毛來傳達其適合交配的訊息。[3]在職場上，求職者藉由指出大學學位來表達他們具有符合職缺所需的條件。[4]

訊號傳達也可以解釋獲取地位的過程。正如社會學家休・達爾齊爾・鄧肯（Hugh Dalziel Duncan）提醒我們的：「地位頒布總是一**種懇求**，一種請願，因為地位是被**賦予**的，絕非被奪取。」[5]我們必須確定陌生人的地位水準，才能適當地對待他們，而且只有當自己的地位被認可時，我們才能獲得社會利益。訊號傳達是一種溝透過程。透過傳達特定的訊號，我們向別人提出**地位宣告**（status claim），接著其他人藉由解讀那些訊號來進行**地位評估**（status appraisal）。

當然，地位的宣告與評估不見得是有意識的行為。我們每天都透過我們的行為、所有物、言語和知識默默傳達訊號，也將別人的行為當成訊號來解讀。這代表我們所採取的每個行動——在遵循慣例之時——超越了行動本身，變成一個**訊號**。[6]貝克對日本噪音音樂的偏好，不僅僅是在享受扭曲的不和諧，在公開之後也成了瞭解貝克這個樂手的一條線索。他提到激浪派、日本噪音和庸俗的迪斯可，贏得地位較高的瑟斯頓・摩爾肯定。後來他們成為頻繁合作的音樂夥伴，在二〇一一年，貝克還製作了摩爾的個人專輯《崩壞的思維》（*Demolished Thoughts*）。[7]

地位宣告與評估無所不在，將人類、甚至是小孩子，變成非常有效的社會地位計算者。心理學家卡麥

① 譯注：激浪派（Fluxus）是在一九六〇年代興起的前衛運動，其特色在於融合了多元的藝術媒介，並將藝術與日常生活緊密相連。該派人士強調藝術的包容性，堅信藝術不該只有菁英可以欣賞，而是所有人皆能參與。

隆·安德森（Cameron Anderson）及其同事寫道：「即使是給兄弟姊妹柳橙汁分配量的微小差別、一個人辦公室的裝飾，或是服裝中微不足道的差異，這些看似不重要的象徵都可能成為關注的對象，因為它們被解讀為地位的標記。」[8]普林斯頓大學的研究人員發現，我們能夠在短短一百三十毫秒內，透過個人的服裝來判斷富有程度，[9]這證明了可可·香奈兒的名言：「如果你想做生意，首要之務就是看起來要有錢。」[10]

我們不必向每個人傳達訊號——只需要在資訊不對稱時這樣做。我們的朋友、家人和鄰居很瞭解我們，對我們的地位高低早有定論。多數公眾人物的**聲望**，都是奠基於過去的行為和互動。（名聲使這些聲望極大化，大眾媒體會向數百萬人宣傳名人的高地位。）但是在現代——人類學家查爾斯·林霍姆（Charles Lindholm）將這個時代定義為「生活在陌生人之間的狀態」[11]——我們大多數人需要在與未知的人互動時，不斷宣告自己的地位。在一個自致地位的世界裡，我們可能也需要向熟人傳達近期地位提升的訊號。

為什麼訊號傳達是地位宣告的主要表達方式呢？當然，我們可以更坦誠直接：「對不起，女士，我是一個地位高、非常重要的人，因此，我期望受到殷勤有禮的對待，獲得豐厚的物質利益。」可惜，由於地位禁忌，這種方式是行不通的。當我們聽到渴望關注的名人對不夠恭敬的低地位者大吼：「**你知道我是誰嗎？**」我們會感到尷尬。更重要的是，直接的地位宣告會弄巧成拙。經濟學家強·艾爾斯特表示：「沒有什麼比刻意要給人留下印象的行為更令人不屑的了。」[12]我們往往會忽略那些明顯存在誇大動機的資訊；正如人家說的，廣告中沒有真相。[13]這種邏輯也適用於地位宣告：地位最高的人應該擁有足夠強大的聲望，能降低積極傳達訊號的必要性。因此，自吹自擂成了低地位的隱含訊號。在這裡，我們就要提到**淡漠原則**（principle of detachment）：地位非常高的個人，應該顯得像是沒有積極爭取地位的企圖。事實上，最成功的地位宣告永遠都不該**像是**地位宣告。

淡漠防止我們直接呼喊「給我地位！」這種驚人之語。因此，或許有一條替代途徑可以公然展示我們的地位資產。我們可以打開一只裝滿金條的手提箱，或者亮出加密貨幣錢包的營收數字，炫耀自己的財富。但這種方式也不太可能奏效。在社交互動中，幾乎沒有時間進行複雜的表演，或者對金融投資組合做進一步的稽核。此外，這樣過於誇張和不自然的地位宣告也違反淡漠原則。一個人四處炫耀裝滿貨幣的手提箱，感覺令人討厭。

考慮到這些限制，訊號傳達成為最實際的解決方案。與其直接提出地位宣告，我們可以運用微妙的訊號。我們的**舉止**——「禮儀、服裝、姿態、手勢、語調、行話、詞彙、微小的身體動作，以及自發地對生活的本質和細節表達評價」[14]——能提供高地位的證據或象徵，卻不會讓我們看起來像是在做地位宣告。經濟學家將訊號定義為「歸屬於個人的可觀察特徵，可由個人進行操縱」。[15]將這一項知識與我們對模仿和區分的理解相結合，我們的訊號就會利用我們**有意**選擇遵從或不遵從的慣例。比如，一九七〇年代的籃球明星華特・佛瑞澤（Walt Frazier）在曼哈頓駕駛勞斯萊斯，展示他的成功。[16]為了顯露他對音樂的深刻瞭解，貝克提起不太知名的專輯。

同時，我們的舉止還包含了一些**提示**（cues）——不自覺且難以掩飾的特徵，如體型、步態、說話方式和冷靜程度。提示是我們慣習、教養和社群關係的可觀察表現，由於無法輕易控制，它們比訊號能更有效地用來判斷地位高低。任何人都可以藉由獲得奢侈品及其他高地位訊號來強化他們的地位宣告。另一方面，提示則是無意識或長期制約的發展結果。就像《大亨小傳》（*The Great Gatsby*）中傑・蓋茲比（Jay Gatsby）口中形容的黛西・布坎南（Daisy Buchanan）：「她的聲音裡充滿了金錢」[17]——這種音色、腔調和抑揚頓挫只有在上層階級生活了一輩子才可能形成。將個人歸屬於某些階級成員的提示，也稱為**社會暗語**（social shibboleth）。[18]最典型的例子就是，英國的工人階級會省略字裡的h音，這種特徵在他們試圖發出正確的發音，卻將h放回錯誤的位置而變得更加明顯，成為一種標記。[19]（因此才有《窈窕淑女》（*My Fair Lady*）中，伊萊莎·杜立德（Eliza Doolittle）的那句著名臺詞：「在厄特福、厄瑞福和安普夏，玉風西乎烏曾書現！」）②

提示既可以增強訊號，也可能洩漏訊號，這使得提示對於希望窺見「真實」個人的評估者來說很有價值。貝克在他的首張專輯中呈現了一個怪異慵懶的形象，但隨著時間過去，來自他行為和音樂才華的提示，使人進一步懷疑他清理落葉出身的特殊故事是否真實。比較合理的是，貝克不僅是一位前衛藝術家的孫子，更是大衛·坎貝爾（David Campbell）的兒子；坎貝爾是傳奇的音樂製作人和編曲家，參與了四百五十張金唱片和白金唱片。[20]訊號和提示之間的交互作用，對我們的行為有著重大的影響。地位優越的人通常能僅以他們的提示就展現地位，降低傳達訊號的必要性。而地位處於劣勢的人則需要更有價值的訊號來壓制他們的低地位提示。哲學家西蒙·波娃（Simone de Beauvoir）認為，女性比男性更注重打扮，是因為男性可以依靠他的職業來宣告地位，而「任何事情都不能**做**的女性覺得要」透過裝扮「來表達她**是**什麼樣的人」。[21]

除了訊號和提示，在進行地位評估時，還會使用重要的第三類資訊：**顯著缺乏**（significant absences）。[22]評價者也會關注遺漏了什麼。缺乏可以是拒絕參與一種慣例，或者參與一種與期望不同的慣例。在商人打領帶的社會中，**不**打領帶提供了有用的資訊，藉以瞭解一個人的職業。[23]這可能導致模稜兩可的狀況：不打領帶在藍領勞工中很常見，但創意產業的員工亦是如此。不過，在進行地位評估時，「**不做**某些事情」本身仍發揮作用，代表沒有人可以選擇不做地位宣告。我們所做、所說，以及所擁有的一切——或者選擇不做、不說、不擁有的一切——都成為一個訊號。由於知道這一點，我們會隱藏自己可能妨礙地位宣告的那些部分。

在一九九〇年代初，貝克認為比起使用父親或外祖父的姓氏，沒有姓氏比較適合他慵懶民謠歌手的形象。

整體而言，訊號傳達顯露出地位必須透過一種微妙的溝通行為來贏得陌生人的認可。我們在地位宣告上扮演了積極的角色，選擇呈現以及隱藏哪些訊號。邏輯上來說，為了提升地位，我們會選擇具有較高地位價值的特定物品和行為。

地位象徵

在一九七〇年代，由藏青色玻璃和鋼製成的豐儲（Harvestore）是富有美國農民首選的穀物圓筒倉，價格是普通混凝土穀物圓筒倉的兩倍，因而有穀物圓筒倉的「凱迪拉克」之稱。[24]一名農民回憶道：「豐儲有一個好處就是能當作地標。當有人問我們住在哪裡時，我們就說找找三個藍色的圓筒倉。」[25]光是有興趣購買豐儲，就足以吸引農民進入一個類似鄉村俱樂部的社交場景：業務員在研討會郵輪上請顧客吃吃喝喝，招待他們到拉斯維加斯度週末。[26]到了一九八〇年代初，這些「威斯康辛摩天大樓」屹立在美國心臟地帶最興旺的農場上。[27]豐儲不是最具成本效益的圓筒倉，甚至也不是最實用的（農民聲稱它們存在黴菌的問題，[28]還發生過自燃的案例）[29]，但豐儲作為**地位象徵**——有助於個人宣告地位的可觀察物品及行為——的功能非常出

---

② 譯注：「In 'ertford, 'ereford and 'ampshire, 'urricanes 'ardly hever 'appen!」這句英文中大部分的字都缺了h音，原意應為「在赫特福、赫瑞福和漢普夏，颶風幾乎不曾出現！」

色。比起擁有一般圓筒倉的農民，有一、兩座豐儲的農民可以向外界展現較高的地位。

正如我們剛才瞭解到的，地位評估者會在我們的舉止和物品當中，尋找線索來評估地位，因此展現高社會地位最明顯的方式，就是炫耀某些具有高地位價值的物品，或從事有高地位價值的行為。這要從家裡做起。西蒙・波娃寫道：「家不僅僅是一對夫妻與外界隔絕的內部空間，它也在表現這對夫妻的生活水準、財務地位、品味，因此家必然需要向其他人展示。」[30]農民同樣透過豐儲圓筒倉等農業設備炫耀他們的財務成功。但如今，由於現代社會要求不斷向陌生人傳達訊號，最有效的地位象徵都是可攜帶或可運輸的：豪華汽車、服飾、珠寶、配件和香水。為了讓「短暫的觀察者」留下深刻印象，經濟學家托爾斯坦・范伯倫建議：「一個人的財力簽署應該用那些奔跑中的人都能讀懂的字寫下來。」[31]一個愛馬仕（Hermes）手提包就可以在行進中宣揚地位。

在符號學中，「象徵」（symbol）這個名詞是指需要用既存知識才能解釋的符號。[32]二十世紀初的歐洲婦女使用山茶花作為象徵，表達她們希望被誘惑的願望。[33]追求者必須知道這個符碼，才能將這朵花解讀為一項邀請。但花也是花，是用來裝飾的東西。將象徵意義「傳遞」出來的物品或行為稱為**符號載體**（sign-vehicle）。[34]既然我們應該避免吹噓社會地位，成功的地位象徵就有賴於在我們日常生活中自然地扮演某個角色的符號載體。一個價值百萬美元的鐵塊可能是財富的證據，但它不會成為地位象徵，因為一般人不會擁有原始的工業材料。[35]話說回來，豐儲的功能是穀物圓筒倉，因此成為了理想的地位象徵。碧昂絲（Beyoncé）和傑斯（JAY-Z）的女兒布魯・艾薇・卡特（Blue Ivy Carter）拿路易威登（Louis Vuitton，後簡稱LV）的Alma BB包，因為她需要一個包包來攜帶她的書和玩具。[36]

淡漠原則意味著所有地位象徵都需要**藉口**（alibi）——除了追求地位之外，另外採用理由。貝克聽前衛噪音是因為它的美學魅力，而不只是為了炫耀自己有欣賞獨立音樂的品味。豪華汽車總是大肆宣傳令人嚮往的特點；一九五〇年代末凱迪拉克頂級的艾爾多拉多布拉姆（Eldorado Brougham）車款，配有「防俯衝控制裝置、外伸撐座、無柱設計、砲彈形的鷗翼式保險桿，以及外置排氣口」。[37]缺乏可信藉口的地位象徵往往會失敗：二十世紀初，腳踝錶廣受歡迎，但它並不是一種實用的報時配件。[38]從LV到蒂芙尼（Tiffany）、勞力士（Rolex）和香檳王唐培里儂（Dom Perignon），生產奢侈品的公司都明白需要合理的藉口，他們的行銷素材提供了對出色工藝、稀有材料、無與倫比的舒適性和最高水準品管的詳細解說。然而，奢侈品若純粹以功能為基礎是絕對行不通的。它們還必須具有地位價值。哲學家尚・布希亞（Jean Baudrillard）寫道：「物品的功能性隨後出現，自行調整，將這些根本結構機制合理化，同時對其進行壓制。」[39]這一點最好的證明在於，最初僅供一小群人獨享的奢侈品，例如肉豆蔻或空調，一旦普及後就不再是奢侈品——儘管它們的品質隨著時間不斷提高。[40]

即使有合理的藉口，有些地位象徵就是比其他的更加引人注目。在富裕社群裡，最有效的地位象徵可能十分低調，看起來就像無意識的提示。在過去，只有昂貴的訂製西裝外套才在袖口上有可用的鈕釦，所以富有的男人會「不小心」留一個鈕釦未扣，以炫耀這個細節。湯姆・伍爾夫解釋：「世界上只有兩類男人，一類是西裝上的鈕釦只是縫在袖子上，作為某種廉價的裝飾，或者——是的！——可以在手腕處解開袖口鈕釦的男人，因為他們的袖子上有真的鈕眼，可以真的扣上。」[41]熟悉這種慣例的富有男士能夠解讀敞開袖釦的訊號，評估穿戴者具有高地位。

我們如何選擇使用哪些地位象徵呢？社會心理學家戴爾・米勒和黛博拉・普倫蒂斯（Deborah A. Prentice）在他們的研究中發現，「個人通常試圖以最有利的方式呈現自己」。[42]在傳達訊號時，這會轉化為大肆揮舞與最高地位團體及層級相關的符號。正如我們在第二章中所見，個人瞭解一個社會階層中某些慣例的位置，因此可以將某些物品和做法詮釋為地位高低的標記。在十八世紀，經濟學家亞當・斯密提出**關聯性原則**（principle of associativity）：「當兩個物品經常一起出現時，想像力需要我們有從一個物品輕鬆移轉到另一個的習慣。如果第一個出現，我們就預期第二個會接著出現。」[43]地位象徵便有賴這些關聯性。豐儲成為農業成功的象徵，因為最成功的農民擁有它們。打壁球就表明與那些打球的高地位人士有關係。

因此，地位象徵必須與高地位團體有明顯的關聯。較窮的農民為豐儲圓筒倉支付雙倍價格，因為透過它們可望被人評估為富有。貝克提到噪音藝術家灰野敬二，因為最博學多聞的獨立音樂迷喜歡他的音樂。我們使用一個具體的詞來代表這些高地位的關聯：**威望**（cachet）。這個術語來自**封印密函**（*lettre de cachet*），法國中世紀的皇家通信方式，上面有國王的正式封印。君主是「榮譽泉源」，賦予聲望給任何與他有關的事物。因此，威望不是來自信函的內容，而是「信函乃由國王發送」的這項事實。威望說明了為什麼捷豹（Jaguar）在機械方面的可靠性有時可能比豐田或日產差，但聲望卻較高。[44]高地位的關聯可以將任何東西變成高級品項。在一九七〇年代末，默默無名的香港服裝製造商梅真尼（Murjani）在標籤放上社交名媛葛羅麗亞・范德比爾特（Gloria Vanderbilt）的名字，將普通的五口袋丹寧褲變成高價的「設計師牛仔褲」。[45]威望塑造往往難以捉摸的「酷」的概念；如果沒有與特定的高地位團體，即樂手、名人和青少年偶像等有所關聯，就根本稱不上酷。

威望透過與特定個人和團體的關聯而產生，這意味著它可以在關聯「鏈」之間傳播。當歐洲菁英在二十世紀初愛上俄羅斯芭蕾舞，俄羅斯的所有事物都變得具有威望，包括俄羅斯獵狼犬在內。[46]地位象徵在與菁英有所關聯時獲得價值，但一旦與低地位團體產生關聯，也可能會失去這種價值。亞當・斯密寫道，地位象徵在非菁英之間使用過多，就代表「失去了它之前看似擁有的所有恩寵，而現在只被劣等人使用似乎就具有了他們的低劣與尷尬」。[47]一九五〇年代末，英國搖滾歌手克里夫・李察（Cliff Richard）曾短暫使黑襯衫搭配白領帶風行一時；後來黑幫和低層人士很快就接受，導致這種搭配成為低社會地位的鮮明標記。[48]

為了維持威望，慣例必須專屬於高地位團體。富人喝水，但喝水的行為並不具威望，因為每個人都喝水。必須藉由障礙來防止模仿，保護明顯的差異。在經濟學中，這些稱為**訊號傳達成本**（signaling costs）——個人獲得某個訊號所付出的成本。[49]一枚寫著「我超有錢」的徽章沒有說服力，因為它的創造及擁有並不需要支付顯著的成本。另一方面，法拉利812 Superfast超跑就比較具說服力，因為它三十五萬美元的價格使人難以模仿。成功宣告高地位，不僅需要展示支付訊號傳達成本的能力，還要能夠**輕鬆**支付那些成本。

威望與訊號傳達成本是不同的特質，但彼此相關。訊號傳達成本是用來創造和維護威望所需的排外性。這通常是自然而然發生的：菁英偏好訊號傳達成本高的慣例，這使得他們昂貴的選擇具有威望。十八世紀貴族最喜歡的水果是鳳梨，不僅因為它美味，也是因為在歐洲打造溫暖的生長氣候，會讓每顆鳳梨的價格相當於現代的一萬美元左右。[50]但光是訊號傳達成本並不能創造地位象徵。一輛垃圾車的購買價格比大多數藍寶堅尼（Lamborghini）都要高，但沒有人會認為垃圾車是豪華汽車，因為富人不開垃圾車。

訊號傳達成本有五種常見的版本。第一種、也最明顯的，是**金錢**。由於在資本主義社會中，財富與地位高低有關，大多數地位象徵都很昂貴。英式騎馬之所以具有地位價值，是因為學習這項技能所費不貲。第二種成本是**時間**。博士學位代表經驗，因為它需要多年的教育以及優秀教授的認可。這就是為什麼傳統社會賦予年長者高地位：他們寶貴的智慧只能透過數十年的生活來累積。

第三種成本是**專屬資格**。高地位的人獲准進入限制區域，參加特別活動。在那裡，他們獲得其他人無法獲得的東西。在划船界，劍橋大學划船社（Cambridge University Boat Club）的薄荷藍色倫敦塔衛兵T恤非常有威望，因為合法取得它的唯一方法是為劍橋大學划船，或者在賽後與他們交換隊服。[51]第四種成本是**文化資本**——花時間與高地位人士相處而獲得的慣例知識。例如，關於哈佛大學學院新生宿舍柴爾樓（Thayer）和侯渥斯樓（Holworthy）的相對優點，僅限該校校友和現在的學生所表達的詳細意見才是可信的。[52]

最後一種成本是**規範破壞**。正如我們在上一章中所瞭解的，打破慣例會引起社會非難。菁英可以較輕鬆地支付社會非難的成本，因為他們能利用自己的餘裕來表現不同。比如，可可．香奈兒的富有情人亞瑟．卡培（Arthur Capel）在優雅的餐廳用餐時穿著休閒運動外套，而不是正式的晚宴禮服，「因為他喜歡給人一種強壯和粗魯的印象」。[53]

訊號傳達成本的起伏，會對地位價值產生影響。當鳳梨在每家超市都能以幾美元的價格購得時，它就再也無法代表地位。菁英有時會選擇訊號傳達成本低的物品，但其威望往往迅速稀釋。十九世紀初，由於與非洲戰役中獲勝的法國士兵有關聯，苦艾酒成為一種高地位飲料。但任何人都可以點一杯苦艾酒。短短幾年內，「苦艾酒就變成一種與癲癇、罹患癲癇的後代、肺結核、遭忽視的兒童，以及將伙食費花在喝酒上有關的無產階級惡習。」[54]

每個地位團體都相信其偏好的地位標準是最好的，而這會影響該團體成員最關心哪些訊號傳達成本。新富階級主要關注財務成本。專屬資格與知識會造成次文化蓬勃發展。這意味著，只要具有威望和高訊號傳達成本，**任何東西**都能成為地位象徵。可可．香奈兒讓假的人造珠寶比寶石更時髦。[55]對於經濟學家蓋瑞．貝克（Gary Becker）來說，史蒂芬．霍金（Stephen Hawking）的《時間簡史》（*A Brief History of Time*）不僅是一本艱澀的理論物理學書籍，還是一樣用來展示「在咖啡桌上的東西，以及在宴會對話中驕傲的來源」。[56]

金錢可能是最常見的訊號傳達成本，但在擁有千百萬富裕人口的世界中，最可信的地位象徵需要樹立價格之外的障礙。愛馬仕柏金包（Birkin）長久以來一直被視為最令人垂涎的手提包，不僅因為它昂貴，也是因為該品牌的工作人員獲得指示，只出售給已建立關係的熟客。鮮少有人負擔得起，能建立長期關係而可購買的人更少。從父母那裡接收一個柏金包可能讓你搶到新款式，因為它增加了時間訊號傳達成本：「噢，我母親擁有幾個這種包包已經好久了。」

在需要傳達高地位時，我們會運用讓人聯想到菁英團體的專屬物品或行為。然而，依賴這些地位象徵會使訊號傳達過程出現漏洞：如果我們透過象徵宣告地位，而非揭示實際狀況，總是會有誤解和刻意的欺騙。

訊號傳達問題與欺騙

在赫爾曼．沃克（Herman Wouk）一九五一年的小說《凱恩艦譁變》（*The Caine Mutiny*）中，常春藤聯盟畢業生威利．基恩（Willie Keith）瞥見夜總會歌手梅．溫恩（May Wynn）完美演唱義大利語歌劇。威利將梅「以理解之心演唱莫札特詠嘆調」的能力，解釋為明顯的「高貴教養特徵」。[57]他瞬間陷入了愛河——並且鬆了一口氣。經過多年的尋覓之後，威利終於找到一位美麗、才華洋溢且有教養的女性，是他嚴格的上流白人新教徒母親會喜歡的。但他很快就得知梅是義大利移民的女兒。這項額外的資訊使她的卓越才能變成「只是一個低等社會團體的種族怪癖」，而不是接受多年高等教育的象徵。受到自己種族偏見的束縛，威利發現梅的義大利歌劇演唱「失去了它的威望」。

在使用象徵時，地位宣告與評估可能面臨所有傳播過程中固有的問題——也就是地位評估者可能無法**察覺**訊號，也不能將其**詮釋**為適當的地位等級分類。[58]威利・基思將梅・溫恩的義大利語能力誤解為高貴教養的象徵，而不是母語流利，導致他後來感到失望。

由於訊號必須隱而不顯，我們的評估者可能不會注意到它。這就是**可察覺性**的問題。在一九八〇年代，塗鴉藝術家傑西・亞特（Jazzy Art）透過購買稀有的巴塔（Bata）運動鞋，加入了重度運動鞋收藏家的「祕密社團」。[59]但是那些鞋子並不知名，籃球場上的陌生人還笑他穿著「淘汰品」。菁英和狂熱者通常利用**不可察覺性**來取得優勢，接受那些不起眼到只有團體內的其他成員才會注意到的象徵。但大多數人都希望能因為他們辛苦贏得的地位象徵獲得認可。這就是為什麼郊區家庭就算擁有車庫，還是會把新車停在街上的原因。看不到的汽車，就無法評估。

即使評估者能夠察覺到象徵的存在，他們還必須知道如何以符合預期的方式解讀。這就是**可解釋性**的問題。象徵可能有許多含義，但就地位而言，評估者必須知道一個非常具體的意義：與地位階層上某個特定位置的關聯。問題在於，從來沒有象徵具有穩定、永恆的意義，尤其是在不同的國家、文化和時代之間。這一項事實為電影《回到未來》（*Back to the Future*）提供了一個反覆出現的笑話：片中，每個人一直把主角馬蒂・麥佛萊（Marty McFly）的學院風紅色羽絨背心解讀為海上救生衣：「嘿，小子！你做了什麼，跳船嗎？」我們發覺回到過去的時間旅行有一個主要問題，那就是我們無法使用尚未出現的風格慣例來傳達訊號。另一個問題是，評估者對我們的地位象徵總是有其個人聯想。一瓶優雅的高價香水，也可能是一個令人遺憾的前任對象最喜愛的氣味。

語言學家會談到**語義漂移**（semantic drift）：字詞的意義隨時間緩慢變化。[60]這項原則也適用於文化象徵，這些象徵經常會變成完全相反的意義。許多美國人為男嬰穿上藍色的衣服，為女嬰穿上粉紅色，但在二戰之前，情況剛好相反。[61]象徵的威望會根據相關個人和團體的地位而改變。當嘻哈樂先驅酷海克（DJ Kool Herc）在一九七〇年代從牙買加搬到紐約時，他的新鄰居嘲笑他的家鄉是加勒比海的落後島嶼。有人警告海克：「別往那邊走，他們會把牙買加人扔進垃圾桶。」[62]但在雷鬼歌手巴布·馬利（Bob Marley）成為全球名人後，牙買加的一切都獲得了新的威望，海克可以讚頌他的祖國。威望也可能輕易下降。在二〇一〇年代，像饒舌歌手麥可莫（Macklemore）等名人把頭頂的頭髮留長，兩側則剃光。但後來，同情法西斯的另類右派人物，如理查·史賓塞（Richard Spencer）也採用相同的造型，可能是向希特勒青年團致敬。[63]這種髮型後來被稱為「法西」（fashy）③，導致左傾的文青只好放棄。

在大眾媒體時代，人們為了自己的目的，努力且積極塑造象徵的意義。企業依賴廣告和行銷活動賦予產品威望。奢侈品牌將它們香水的抽象氣味與特定名人聯繫在一起：綺拉·奈特莉（Keira Knightley）代言香奈兒摩登Coco魅惑印記香水（Coco Mademoiselle Eau de Parfum Intense），娜塔莉·波曼（Natalie Portman）代言迪奧小姐（Miss Dior）。愛迪達超級巨星（Adidas Superstar）剛開始是一款高級籃球鞋，但饒舌團體Run-DMC將其納入他們制服的一部分之後，愛迪達便與該團體簽署代言合約，徹底翻轉它的形象，成為紐約嘻哈樂壇一個強大而持久的象徵。[64]

當不同的團體使用相同的象徵時，就可能出現眾多意義。在一九八〇年代，保守、支持企業的法國年輕

③譯注：由「法西斯」（fascist）一字演變而來。

人穿上古板的流蘇樂福鞋，作為對社會黨政府的沉默抗議。[65]但法國左翼青年也開始穿這些鞋子，好在高級餐廳獲得更好的座位。如此一來便降低了樂福鞋的政治意涵。由於需要可解釋性，象徵在意義變得模糊時，往往力量也會削弱。而且在大多數情況下，競爭對手反正都不喜歡共用相同的象徵。保守派部落客麥克・瑟諾維奇（Mike Cernovich）在推特上寫道：「買一雙克拉克（Clark）的沙漠靴，你絕對不會輸。」時尚作家德瑞克・蓋伊（Derek Guy）在幾分鐘之內就宣告：「安息吧，克拉克沙漠靴。」[66]

為了避免在可察覺性、可解釋性和模糊性方面出現問題，我們會採用某些技巧來確保符號的成功。第一個技巧是為我們的評估者**選擇最適合的地位象徵**。與另一半的父母上高級餐廳或共進晚餐時，我們會穿上最好的衣服，因為我們知道這將符合他們的期望。第二個技巧是**根據回饋來調整**。Nike創辦人菲爾・奈特（Phil Knight）在職業生涯早期戴著黑色的圓頂紳士帽，以更顯成熟，但他很快就發覺「它讓我看起來像瘋子。根本一看就是瘋了。好像我從馬格利特（René Magritte）畫作中的維多利亞時期精神病院逃了出來」。[67]

最後且最重要的技巧是**過量**，確保我們的訊號和提示通力合作，訴說一個統一的高地位故事。一個暴發戶不僅會開保時捷，還會住在豪華公寓裡，讓孩子上頂尖的私立學校。希望以叛逆的摩托車生活贏得地位的摩托車手，可以擁有摩托車、穿摩托車夾克、隨身攜帶摩托車安全帽、身上有哈雷的刺青，並在筆記型電腦上貼一張寫著「我的另一台機器是哈雷」的貼紙。但正如我們在這裡看到的，太過量的訊號可能顯得太刻意——而且無聊。我們還必須進行**過量管理**，在清晰和過於熱切之間取得完美的平衡。[68]

然而，這些傳達問題都不大，與整個地位訊號傳達過程中更大的漏洞，即**欺騙**相比，顯得微不足道。正如知名的符號學家安伯托・艾可（Umberto Eco）所解釋：「每次出現意義的時候，就存在將其用來撒謊的可能性。」[69]想想詐欺犯安娜・索羅金（Anna Sorokin）——又名安娜・德爾維（Anna Delvey）——她讓紐約的菁英們相信她是一筆德國太陽能資產的繼承人，那是因為她穿著賽琳（Celine）、王大仁（Alexander Wang）和巴黎世家（Balenciaga）的昂貴服裝，每天狂撒百元美鈔給飯店工作人員和計程車司機。藉著使用各種對的財富訊號，索羅金享受到真正繼承人的地位。記者潔西卡・普萊斯勒（Jessica Pressler）寫道：「安娜看著紐約的靈魂，意識到如果你用閃亮的東西、大量的現金、財富的標記來分散人們的注意力，如果你向他們展示金錢，他們就幾乎無法看到其他東西。」[70]在執法人員介入之前，索羅金的欺騙手段發揮了神奇的效果。

在一個等級嚴明又普遍貧窮的封建社會中，出身低的人想假裝出身名門，程度上有無法克服的極限。如今，由於經濟相對繁榮，又容易申請消費信貸，中產階級的個人能夠擴張其薪水，購買既有的上層階級地位象徵，如設計師包包和歐洲跑車。如果奢侈品集團酩悅軒尼詩－路易威登（LVMH）堅持LV行李箱和酩悅香檳（Moët & Chandon）只賣給頂尖的百分之一顧客，那麼集團董事長兼執行長貝爾納・阿爾諾（Bernard Arnault）就不會成為世界上最富有的人之一。LVMH投資世界各地機場和購物中心的免稅店網絡，使得奢侈品更容易購買和負擔。[71]現代經濟有一大部分就是以進行輕微的象徵性欺騙為基礎。

我們都會仿效，但是地位正直性的原則要求我們尋找、厭惡、甚至懲罰最明目張膽的欺騙者。安娜・索羅金帶來的擔憂，超過了她被指控的罪行。「在克羅（Crow）部落中，對戰爭榮譽的虛假主張是罪大惡極的，」人類學家露絲・潘乃德寫道，「一般人不斷重申，他們認為欺騙者代表不負責任和無能。」[72]在一個地位團體中，普通成員不希望看到地位同等的人因虛假理由而向上攀升，而那些處於頂層的人也不希望騙子漂移到他們之間。因此，團體會將欺騙者驅逐到地位的最底層。

話雖如此，欺騙也有程度之分，就像在報稅單上捏造幾個數字並不同於大規模的金融詐欺。某些形式的詐欺已經變得司空見慣。在一個「紳士偏愛金髮美女」的世界裡，褐髮女性染成金髮，並不會被視為德爾維等級的騙子。何況，我們總是可以將仿效行為藏在理直氣壯的藉口後面：例如，豪華轎車可靠的德國工藝、奢侈手提包堅固而柔軟的皮革。我們怕被當成騙子的恐懼，使我們較有可能從比自己高一階的地位層級借用地位象徵，而不是向更高的層級借用。在考慮能夠支付多少訊號傳達成本時，我們通常能一次跳一階，而非一口氣爬完整段階梯。如果不是那麼好高騖遠，安娜．索羅金原本或許可以繼續是安娜．德爾維。

既然大多數人都相信自己應該擁有更高的地位，那麼是否有理由因參與小小的欺騙行為而感到內疚？如果我們對未來的成功充滿信心，何不趁現在就動手奪取利益呢？韓國電影《寄生上流》（*Parasite*）的年輕主人翁金基宇為了謀得一份家教工作，使用假的大學文憑，他自我辯解說：「我不認為這是偽造或犯罪。我明年就會上大學，現在只是提前把文件列印出來而已。」[73] 事實上，這種虛張聲勢的行為——假裝直到成功為止——現在已經為人所接受，而且被讚許為生活中的成功之道。訊號傳達詐騙甚至可以提高地位宣告者的自信心。經濟學家羅伯．法蘭克解釋：「一個穿著優雅西裝的人，可能在認知上根本不能真的愚弄任何人，讓人以為他的能力比實際上高。然而，這套西裝仍可能以非常微妙、非認知的方式影響重要的判斷和行為。」[74] 因此，欺騙可以將我們帶到更高的社會層級，屆時我們可以證明自己值得留在那裡。對於那些無法或不願透過教育、訓練或辛勤工作提升自己的人來說，欺騙或許是改善地位的唯一手段。（研究顯示，低收入者相信「大局遭人操縱」，而且可能已經對「努力工作是生活成功的關鍵」產生懷疑。）[75]

由於受到透過象徵來進行欺騙的誘惑，我們也意識到每個人都可能利用象徵來欺騙。這使我們在評估地位時更為警惕。偵測偽裝的最佳方法，是**三角測量**（triangulation）——將所有訊號、提示和顯著缺乏一起納入考慮。三角測量迫使我們不僅關注單一的地位象徵，還要看整體的象徵組合。社會學家亞尼斯．蓋布瑞爾（Yiannis Gabriel）和提姆．朗恩（Tim Lang）指出：「物品不會個別發表宣告，而是與其他物品一起傳達訊息，就像菜單或盤子上的單一品項是因為其他品項才獲得其重要性一樣。」[76]在一九七〇年代的日本，擁有一個LV包包是很好的地位象徵，因為人們只有到巴黎度假才能購得。[77]隨著該品牌在一九九〇年代大規模擴展零售網絡，LV包包突然無所不在，高中產階級家庭的年輕女性和勞工階級的「歌廳女侍」都能拿。任何想評估女性地位的人再也無法僅透過那個包包來判斷她的位置，而只能在女性的妝容、髮型、服裝選擇和語言使用的脈絡下進行評估。在這些情況下，提示變得對於揭露偽裝者特別有效，因為提示很難受到操縱。負面社會暗語的重要性甚至可能超過最好的地位象徵。

• • •

在上一章，我們看到個人根據他們遵循和忽視的慣例而獲得或失去地位。現在我們看到，對陌生人宣告地位的需求，使得這些慣例行為成為將被人詮釋的象徵。因此，文化根本上是一種**溝通**活動，我們所做的一切都成為我們社會地位的象徵。

但只要我們依賴象徵，欺騙就將不可避免，而這使得評估從個人地位象徵移開，轉到整個訊號、提示和顯著缺乏的組合上。然後，我們決定使用哪些訊號、避免哪些訊號，同時設法看起來與整個過程無關。當我們知道自己給出有害的提示時，就會將其隱藏起來。隨著時間過去，我們為實現地位目標所做的這些選擇，不僅形成我們的訊號傳達策略，還構成我們的品味和身分。

第四章 品味、真實性與身分

Taste, Authenticity, and Identity

◆ **MAIN POINTS**

我們的選擇會變成我們，就像約翰·華特斯的好的壞品味、瓦尼拉·艾斯的垮臺，以及比莉·哈樂黛的虛構身分。◆

品味

二〇一八年，法國政府頒發藝術與文學勳章（*Ordre des Arts et des Lettres*）給美國電影導演約翰·華特斯（John Waters），稱他為「電影界最重要的人物之一」，因為他挑戰藝術界限，推廣法國電影，勇於面對「複雜的性別、性和階級議題」。[1] 在華特斯的故鄉馬里蘭州巴爾的摩，當地藝術博物館的歐洲藝廊中有一個圓形大廳以他為名，[2] 該市的旅遊網站還提供一個「約翰·華特斯巴爾的摩之旅」的行程。[3] 二〇二一年十月，華特斯登上《城鄉》（*Town & Country*）雜誌的封面，[4] 這是以高收入家庭為訴求、美國歷史最悠久的生活風格雜誌之一。這些來自崇高機構的讚譽，對於這位「嘔吐王子」（Prince of Puke）來說，是一個出乎意料的結果——畢竟他是以拍出電影史上最令人反感的某些時刻而聞名的導演。華特斯在八〇年代初寫道：「如果有人在看我的電影時嘔吐，那就像是觀眾起立致敬。」[5]然而，他深入探索墮落壞品味，卻贏得了好品味大祭司們的讚譽。也許這一切都在計畫之中。「你必須記住，」華特斯寫道，「有好的壞品味和壞的壞品味這種東西。」[6]

就像「地位」和「文化」一樣，「品味」是另一個模糊到令人沮喪的爭議詞，而華特斯在「好」的壞品味上的成就，只是使該詞更令人困惑。究竟我們所說的「好品味」和「壞品味」是什麼意思？許多個世紀以來，西方菁英都遵照哲學家伊曼努埃．康德（Immanuel Kant）清晰而權威的定義：品味是「評估美的能力」。[7]具有好品味的人可以適切而良善地辨識出美的事物。在那個年代，美出現在複雜的古典音樂作品、博物館裡受尊崇的藝術品，以及熟練工匠的精湛工藝中。[8]另一方面，品味差的人受到粗俗、虛假和低劣的事物所吸引。伏爾泰認為，壞品味是一種「心靈的疾病」。[9]

使用品味一詞，在本質上是一種隱喻——將我們做出適切美學判斷的能力，等同於根深柢固的辨識味道能力。健康的味覺能發現咖啡的苦和糖果的甜，同樣地，心智正常的人會將最優雅的藝術、風格和時尚視為「好」，將劣質的版本視為「壞」。儘管約翰．華特斯的作品逾越道德界限，但他支持這種較古老的菁英主義品味概念；他知道腐敗的美學可能像腐敗的肉一樣令人反胃。

然而，現代的文化多元主義時代排除了好品味的單一權威標準。在羅馬時代，拉丁格言「*de gustibus non est disputandum*」（「在品味上，不可能有爭論」）代表不應該有爭論，因為好品味根本是不證自明的。如今這句話已經翻轉，成為自由開放的口號：不要為審美觀而爭論，因為情人眼裡出西施。[10]因此，品味的定義已從「對美的適切辨識」，轉變成較為中性的「對某些生活方式選擇的傾向」。前蘋果公司工業設計師強尼・艾夫（Jony Ive）穿克拉克的Wallabee袋鼠鞋，聽大聲的鐵克諾（techno）音樂，開白色的賓利車。[11]約翰・華特斯喜愛一九五〇年代B級片、拖車公園，以及連環殺手和左翼恐怖團體的紀念品。[12]我們可以斷定，他們擁有「不同」的品味，無須判斷其中一組是否比另一組更好。

由於約翰・華特斯透過讚頌壞品味而躍上好品味的最高層級，我們可以完全放棄過去認為品味是先天生物偏好或普遍美學標準的觀念。品味的標準始終與時代和社會的主流慣例有關，因此理解品味的唯一方法，是將其視為一種社會機制來分析。這並不是把整個品味的概念當成歐洲民族中心主義的遺物。哲學家漢娜・鄂蘭（Hannah Arendt）稱品味為「主要的文化活動」，[13]因為個人對某些美學選擇的傾向，有助於形成我們稱之為文化的模式。選擇將我們界定為個人。正如評論家羅傑・史庫頓（Roger Scruton）寫道：「就跟風格一樣，品味如其人。」[14]

對我們來說，品味是至關重要的概念，提供了尋求地位和形成個人身分之間的直接連結。品味涉及選擇——從我們目前所學得知，我們是在地位的脈絡之中做出美學選擇。我們特有的品味可能具有遺傳和心理因素，但只在社會活動中展現出來。我們的慣習會形成無意識的慣例，決定我們覺得什麼是愉悅的。我們的團體成員身分促使我們進行對的模仿、反模仿和仿效，表現出來就是訊號、提示和顯著缺乏。在任何時候，地位價值都會扭曲我們的喜好，使某些物品和慣例比其他東西更具吸引力。因此，品味確實可作為一項有用的衡量標準，評估我們是誰：我們的過去、現在和未來。

品味專注於「表面」美學而非實際行動，這是有原因的。來自不同背景的人會使用相同的螺絲起子、汽車潤滑油和貓砂。非功能性的選擇，如陶瓷、照片和地毯，比較能揭露一個人的內在喜好，因為我們可以假設人們的選擇反映了他們最深層的偏好。在一九七〇年代，約翰・華特斯熱愛八卦小報對於知名殺人犯查爾斯・曼森（Charles Manson）的狂熱報導，因此花了大量時間前往旁聽曼森家族的審判。要是對此不感興趣，他就會從事別的嗜好。

在地位評估中，品味首先協助一項簡單的任務：過濾一個陌生人是不是「我們自己人」。社會學家皮耶・布赫迪厄寫道，品味是「媒人」——是將「事物」和「相配的人」湊在一起的一股力量。[15] 在《辛普森家庭》（*The Simpsons*）的〈兩個壞鄰居〉（Two Bad Neighbors）這一集中，荷馬對貴族前總統老布希開戰，但卻又立即因為對美式足球、墨西哥玉米片和啤酒的共同喜好而認同前總統傑拉德・福特。[16] 共同的興趣會激發彼此對「好品味」的判斷，產生社會認可；不合拍的喜好則會引起不贊同和社交疏遠。正如英國哲學家大衛・休謨（David Hume）所寫：「我們很容易把與自己品味和理解相差甚遠的事物稱為野蠻——但很快就發現，這種指責的形容詞，也被反過來套用在我們身上。」[17]

儘管前一章討論到不少個人訊號，但在地位評估中，品味比考慮單一地位象徵要來得重要許多。藉由三角測量所有訊號、提示和缺乏，我們會將某人的品味視為一個整體來理解。我們可以稱之為一種**感知**（sensibility）——各個選擇所表達的基本「感覺」。[18] 特定的團體有特定的感知，但與無數的訊號相比，感知相對較為有限：例如，基本的、典雅的、上流白人新教徒的、波西米亞風格的。舉例來說，華特斯的個人美學源於敢曝（camp）感知；他自己對品味的看法呼應了蘇珊・桑塔格（Susan Sontag）著名的一句話：「敢曝主張好品味不僅是好品味；實際上，還存在一種對壞品味的好品味。」[19] 毀滅、反叛和憤怒的龐克感知，在品味上表現出來就是莫霍克髮型、破爛的衣物、激進音樂和無政府主義標語口號。溫和的「主流」感知偏好賣座動作片、流行歌曲排行榜廣播、實境秀電視節目、知名運動員和名人、休閒服裝，以及實用的汽車。

我們使用「古怪」一詞來形容那些選擇方向難以捉摸的人，就像十九世紀的法國劇作家阿爾弗雷德·雅里（Alfred Jarry），他戴著粉紅色的頭巾，頭髮染成綠色，說話聲音如機械般斷斷續續，以血手印裝飾他的公寓，還備好手槍打算用來射擊蟋蟀。[20]

感知與特定社會團體的契合，導致每個社會中的**品味世界**數量是有限的。[21]身處特定品味世界的人會有相同的廣泛審美觀，在汽車、服裝、音樂、飲料等方面做出類似的選擇。直到一九五〇年代，美國文化都包含三個品味世界：富裕菁英和知識分子組成的高雅族群（古典音樂、抽象藝術、嚴肅文學），上層中產階級組成的中庸族群（具有知識內涵的文雅流行文化），以及下層中產階級組成的庸俗族群（煽情歌曲、通俗電影）。在一九七〇年代，《紐約客》（*The New Yorker*）雜誌的中庸族群讀者會打網球，到健康美食餐廳用餐，而《讀者文摘》（*Reader's Digest*）的庸俗族群讀者則打保齡球，吃家常料理。就連宗教教義都與這些品味世界相符：上層階級的聖公會教徒比其他教派信徒更喜歡比較「有學問」的講道。[22]在過去的五十年裡，美國品味世界的數量大幅擴張，特別是少數族裔和移民社群形成了自己具有獨特慣例的地位團體。

品味世界與社會地位之間的這種明確關聯，使得品味成為地位評估中非常有用的分類標準。[23]但如果我們回到康德的定義——評估美的**能力**——那麼品味也涉及技能。擁有好品味代表能做出比別人更好的選擇。奧列格·卡西尼（Oleg Cassini）設計了美國第一夫人賈桂琳·甘迺迪（Jacqueline Kennedy）的優雅服裝，但他重視她選擇合適服裝的能力：「賈姬在選擇她的服裝上扮演了非常積極的角色。她的時尚感非常精準；她會對我送給她的設計草圖提出編輯意見。她總是確切知道自己要什麼，品味相當出眾。」[24]對品味的判斷不僅僅是分類，還要衡量個人的優點和才華。學者大衛·伯格（David Berger）寫道，當一個人無法區分昂貴的高品質手工製吉他和廉價的大量生產吉他時，「我們不會說他們在樂器上有『不同的品味』。我們會說他們是對樂器『判斷力差』。」[25]品味有著技能層面意味著，品味不僅僅表達我們的無意識慣習，也可以透過有意識的選擇來塑造。好品味可以反映高貴的出身——也可以是自我提升的結果。

擁有好品味可以讓我們達到普通地位，但我們能透過培養**卓越的**品味來追求更高的地位。我們可以隨著長時間「培養」自己，做出更高級的選擇，贏得更多尊重。想發展對於葡萄酒的不凡品味，品酒行家艾倫・西謝爾（Allan Sichel）表示，學生首先應該「相信自己的味覺」。[26]但在此之後，你必須有一種有意識的渴望，想要學習更多。接著，「隨著經驗增長，以及洞察力變得更加敏銳，他的品味肯定會改變，最初讓人喜歡的葡萄酒此時可能會變得乏味或讓人相當不滿」。藉由卓越的品味獲得地位，牽涉到三個屬性的進步：深厚的知識、一致性，以及有界限的原創性。卓越的品味首先需要對潛在選擇具有深厚的知識。對約翰・華特斯而言，「要理解壞品味，就必須擁有非常好的品味」。[27]熟悉齊本德爾（Chippendale）家具——或者，知道桌椅彎腳和直腳之間的差別則更好——是文化資本的明確證明。深厚的知識還會開啟對提升品味十分重要的新美學體驗。事實上，文化資本最佳的展現方式，不僅是知道「較高」的藝術形式，還要**欣賞**它。喜歡相同藝術的兩個人，必定對相同慣例有類似的接觸經驗，因此屬於同一個群體。

對於康德來說，瞭解美代表超越當下的感官愉悅，享受精緻的「沉思」美學形式。正如人類學家丹尼爾・米勒所寫的，「康德美學」是「一種拒絕，放棄感官和明顯的即時愉悅，轉而透過理解來進行高雅與抽象的挪用」。[28]還有一種反康德美學，我們可以稱之為「即時」：[29]享受雲霄飛車的刺激感、動聽的排行榜熱門歌曲和冰淇淋聖代，不需要具備慣例的特別知識。康德式的品味要求我們在需要花時間和精力來欣賞的事物中找到愉悅，像是古典音樂、前衛藝術、後現代小說和精緻美食。如果觀眾有知識來適當地思考長時間的重複音樂和急促舞蹈動作，而且不介意沒有太多的情節或對話，那麼欣賞菲利普・格拉斯（Philip Glass）長達五小時的歌劇《沙灘上的愛因斯坦》（*Einstein on the Beach*）會比較容易。由於深厚的知識開啟了更廣泛的欣賞範圍，我們可以看到菁英品味如何與較艱澀的藝術形式產生交集——以及教育資本為什麼經常與文化資本有關。

然而，更廣泛的知識並不足以提升品味的層次。生活方式的選擇還必須展現一**致性**——符合目標感知的內在一致性。[30]每天，我們在一長串的類別上選擇物品、風格和行為，包括服裝、食物、汽車、房屋和家具。這些東西會互相「搭配」。一致性意味著，所有的個人選擇和諧地共同發揮作用。這需要知曉物品和行為之間的適當關係和關聯，因此，一致性本身也反映了深厚的知識。我們透過專業組合學會品味的一致性：在家具店中發現的室內設計建議、家電廣告中的廚房布置，以及時尚雜誌上推薦的風格。這些已建立好的產品組合稱為**系列**（constellations），每個品味世界都包含獨特的組合。[31]品味的一致性意味著複製這些系列，或者針對預定的公式進行均衡妥善的調整。要在布魯克林公寓中設置一個讓人讚許的家庭酒吧，需要擁有合適的玻璃杯、雪克杯、量酒杯、冰桶、單一酒倉裸麥威士忌、精釀琴酒和單一村莊梅茲卡爾酒。阿拉巴馬大學的姊妹會可能在儲備草莓伏特加、水蜜桃利口酒和馬利布椰子蘭姆酒的情況下，實踐品味的一致性。

不一致代表壞品味——例如，在十九世紀英式莊園前停放一輛粉紅色凱迪拉克、將香奈兒短外套搭在Juicy Couture運動服上、在米其林星級餐廳的主菜淋上塔巴斯科（Tabasco）辣椒醬。地位象徵的成敗繫於其脈絡：一個古董齊本德爾櫃適合擺在老宅的書房裡，但放在散落著免洗塑膠杯和髒衣服的混凝土宿舍房間中就顯得荒謬。缺乏一致性，就不會有成功的仿效。如果我們在平淡無奇的外表中加入一個高地位象徵，比如獨特的眼鏡或浮誇的汽車，該象徵可能顯得格格不入，無法給我們的地位評估者留下深刻印象。要展現好品味，就是必須知道如果一個訊號與其他所有東西都不搭，就**不要**畫蛇添足。

深厚的知識打開邁向更好品味的大門，一致性則顯示了我們對高地位感知的投入。但卓越品味最真實的標記，是**有界限的原創性**。正如我們之前所學到的，地位最高的個人不能模仿階層較低的任何人，因此必須做出獨特的選擇。卓越品味需要獨特性。此外，抄襲他人的選擇並沒有**技能**可言。康德美學學者大衛・伯格寫道：「喜歡自己『應該』喜歡的東西，並**不是**在展現品味。」[32]這個觀點適用於大多數的品味世界。對於運動鞋收藏家威廉・史崔克蘭（Will Strickland）來說，「公然抄襲（模仿）別人的球鞋，然後以完全相同的方式秀出來是很差勁的」。[33]要展現卓越品味，就不能只是重複高地位的陳腔濫調。選擇應該表達個人不凡的特質。它必須讓人驚訝與欣喜。這種對原創性的要求，說明了菁英對時尚的蔑視，因為時尚經常被視為追隨他人看法的表現。康德憤怒地表示：「時尚屬於**虛榮**之列，因為在其意圖中沒有內在價值；而且亦屬於**愚蠢**之列，因為在時尚中仍然有一種強制性，讓我們自己被社會中許多人給我們的範例牽著鼻子走。」[34]如果品味是映照我們靈魂的一面鏡子，它就不應該看起來像是從康泰納仕（Condé Nast）集團旗下的雜誌頁面上成批抄襲來的。

之所以需要**有界限的**原創性，是因為所有的選擇仍然必須符合某種感知，並確保一致性。哲學家路德維希・維根斯坦（Ludwig Wittgenstein）寫道：「品味的能力不能創造新的結構，它只能對已經存在的結構進行調整。品味能轉鬆和拴緊螺絲，卻無法建造一部新的機器。」[35]當個人已經熟悉高地位感知，並享有高地位特權時，原創性的效果最好。大眾媒體譴責弱勢族群為嬰兒發明罕見的名字，[36]警告這種名字會損害孩子未來的前景，[37]卻忽視了名字獨特的高爾・維多（Gore Vidal）①和麥喬治・邦迪（McGeorge Bundy）②也擁有成功的人生。

原創性在擁有精細的知識及專業技能的情況下更容易達成，因為知道什麼是獨特的，就需要知道什麼是平凡的。那些想提升品味的人總是可以更深入瞭解各種選擇、每個選擇的意義，以及它們過去和現在的地位價值。這讓個人有信心超越眾所周知的範疇，探索令人興奮的新方向，甚至可能在平凡的物品中發現意想不到的樂趣。著名的美食評論家安東尼・波登（Anthony Bourdain）之所以晉升美食家殿堂，不是因為他讚頌高級料理，而是他支持遭忽視的美食，譬如日本便利商店的蛋沙拉三明治。[38] 成功的藝術家以新的方式結合現有的工藝品和慣例，創造獨特的感知。導演昆汀・塔倫提諾（Quentin Tarantino）的電影直接向老電影致敬，然而在二〇一八年，牛津英文字典認定「塔倫提諾風格」（Tarantinoesque）是描述一種獨特電影風格的術語。[39]

然而，關於原創性的一個關鍵重點是，選擇永遠不需要在絕對、普遍的規模上是原創的。它只需要在社群之中是令人驚喜的即可。展現卓越品味的一個捷徑是**套利**（arbitrage），亦即在一個地方找到容易獲得的東西，然後將其調配到它變得罕見的其他地方。在一九七〇年代，紐約市布朗克斯區的時髦青少年會避免在附近的福德漢姆路購物，因為大家都在那裡買衣服，他們會搭地鐵到曼哈頓下城的德蘭西街購買在上城買不到的、「好看又新穎」的衣服。[40]

由於品味會透露我們個人的感受，傳達我們的提示和訊號，並提供自我改進的展示機會，品味於是不可避免地在地位宣告和評估中扮演一個角色。正如約翰・華特斯的作品所顯現的，品味發自內心：我們根據別人的選擇和賞識而受他們吸引或厭惡他們。共同的品味會創造社會聯繫並確保普通地位，相反的品味則會引發衝突。

然而，完美的品味不僅需要做出滿足某些標準的選擇，還必須證明我們的選擇對於我們特定的人生故事是適當和自然的。

---

① 譯注：美國小說家，著有小說《城市與樑柱》（*The City and the Pillar*），是美國第一部明確反映同性戀生活面貌的小說。

② 譯注：曾任甘迺迪政府的國家安全顧問。

真實性

根據目前所學到的一切，我們可以想像某個擁有高地位的人——他以新的音樂類型登上告示牌（Billboard）流行榜榜首，首張專輯就暢銷數百萬張，被譽為「流行樂的當紅性感偶像」，[41]與瑪丹娜（Madonna）約會，[42]與可口可樂簽下優渥的代言合約，並主演自己的好萊塢電影。是的，在一九九一年初，瓦尼拉・艾斯（Vanilla Ice）確實擁有了一切。

但接著情況急轉直下。「每個人似乎都討厭瓦尼拉・艾斯。」[43]一九九一年初《紐約時報》在他的人物側寫中的第一句話寫道。他首先面臨樂評人指控他的音樂剽竊：〈冰冰寶貝〉（Ice Ice Baby）偷用皇后合唱團（Queen）和大衛・鮑伊（David Bowie）的〈壓力之下〉（Under Pressure）的低音部分，以及非裔美國人兄弟會阿法菲阿法（Alpha Phi Alpha）的「冰冰寶貝／太冷」（Ice ice baby / too cold）吟唱曲。[44]而在艾斯的公開傳記中出現了不一致的地方之後，真正的麻煩才開始。在早期，當他的本名仍然是一個「嚴格保密的祕密」時，[45]艾斯向《紐約時報》吹噓他出身邁阿密貧民窟的背景，不但曾涉足「幫派活動」，五度遭刺傷卻大難不死，並贏得多次摩托車錦標賽。事實上，艾斯的本名是勞勃・馬修・范溫科（Robert Matthew Van Winkle），來自達拉斯的富裕郊區。[46]他以艾瑞克B與雷金（Eric B. & Rakim）的一句歌詞搪塞這些批評：「重點不在出身，而是現在的狀態。」[47]但到了此時，瓦尼拉・艾斯已然殞落：他後續的專輯和電影《他酷得像冰》（*Cool as Ice*）慘遭滑鐵盧，他也成為美國社會的長期笑柄。

在地位標準方面，瓦尼拉・艾斯在在宣告著他擁有高地位：金錢、名望、姣好外貌、性感魅力、才華、奮鬥精神，甚至還有白人男性特權的先賦地位優勢。不像當時其他遭斥責的樂手，例如米利瓦尼利（Milli

Vanilli）和街頭頑童（New Kids on the Block），艾斯自己寫歌並編排自己的舞蹈動作。他連做出好音樂的渴望都可能是很真誠的。[48]（事後回想起來，樂評人傑夫・懷斯〔Jeff Weiss〕承認：「〈冰冰寶貝〉依舊是一首完美的首支饒舌單曲。」）[49]但這些都不夠。有一個重要的元類別必須與地位宣告綁在一起，而瓦尼拉・艾斯失敗了：那就是**真實性**（authenticity）。無論他所有的訊號多麼有價值，那些訊號都與真實的他不一致。

在有形物品的領域，真實性是一項明顯的優點。東西應該就是它們原本該有的樣子。十九世紀的一本室內設計指南指出：「松木桌確實是一件物品，但假裝成黑胡桃木的松木桌則是令人厭惡的東西。」[50]真實的事物是真正的事物。真相符合我們的期望，偽造則讓人失望。康德指出，當我們相信一種奇怪的鳥鳴是「大自然的傑作」，[51]它就很美，如果我們發覺它是木頭鳥的叫聲，就不那麼美麗了。真實性在現代變得尤其重要，因為製造商可以輕鬆地大量生產理想物品的仿製品。藝術評論家丹・福克斯（Dan Fox）寫道：「真實性提供了一張通往真相的門票。商店、餐廳、房地產和各種休閒活動都承諾提供真實、真正的真品。」[52]可口可樂標榜自己是「真實的東西」（the real thing）。[53]另外，在調查報導揭露其每磅售價八百五十四美元的巧克力，其實只是重新包裝過的法國巧克力糖之後，高級巧克力品牌諾卡（NōKA）就停業倒閉。[54]

這些真實物品的標準現在也適用於人類。哲學家查爾斯・泰勒解釋，想要真實，就需要發現與瞭解一個人的「原創性」。[55]真實的自我會體現出正面的優點，如誠實和自信。根據心理學家亞伯拉罕・馬斯洛（Abraham Maslow）的說法，自我實現的個性「特點是簡單與自然，沒有人為或刻意曲解」。[56]真誠的人也比較可靠，因為我們可以期望他們長時間維持一致。真實性的衡量標準不僅適用於行為，也適用於欲望。理論家勒內・古拉爾寫道：「『不真實』的人是那些遵從他人指示的人，而『真實』的人是自主產生想望的人。」[57]套句霍爾頓・考菲爾德的話，那些為了得到他人讚同而行事的人是「騙子」。[58]裝模作樣的人普遍受到蔑視，這些人被發現刻意營造過於精心設計的人格面具（persona）。對嘻哈樂評人來說，瓦尼拉·艾斯始終是個「裝模作樣的白人」，[59]大多數美國人最終也同意這個評價。不真實不僅是狡猾欺騙的行為，還意味著缺乏抵抗外力的自信——那些人最後總是追隨潮流。偽裝是這種個人缺陷的另一種表現：表現得比自己的教育和社會地位所應有的程度更博學多聞。

如果評估者願意基於我們的品味提供高地位，他們就必須小心那些品味是否為合法獲得的。真實的品味應該根植於個人特有的生活歷程。對哲學家華特·班雅明（Walter Benjamin）來說，一樣事物的真實性需要「證明它所經歷的歷史」。[60]在所有東西都可以購買的世界裡，個人隨時都能特地為了獲得地位而發展品味。冒充者層出不窮。在理想情況下，所有訊號都應該是**行為的殘餘**（behavioral residue）[61]——反映我們如何生活，而不是為了宣告地位才獲得的東西。真實的品味是「自然」的品味——內在自我與原創故事輕鬆自如的延伸，而不是一套精心計算、靠借用與獲取而來的結果。就像音樂家們對於藍調的看法，「你要麼喜愛它，不然就沒興趣」。[62]

要被判斷為真實，我們必須提供證明我們品味來源的資訊。訊號、提示和顯著缺乏，都要與我們的固有特徵和人口特徵細節進行比較，如年齡、性別、種族、性取向和母語。整組資訊應該講述一個一致的故事。正如社會學家厄文·高夫曼（Erving Goffman）所寫的：「一個人明示或暗示自己具有某些社會特徵，那麼他事實上就應該是自己所聲稱的那個人。」[63]理想的品味應該「忠於自己的根源」。瓦尼拉·艾斯的才華和品味，根植於在黑人社群中創造出來的藝術形式。為了避免這些嘻哈慣例與他的上流白人背景不一致，他創造了一個虛構的邁阿密黑幫人格面具。與安娜·索羅金／德爾維不同的是，勞勃·馬修·范溫科在創造名為瓦尼拉·艾斯的這個角色時並沒有犯罪，但他倒是在這個以真實為最高美德的世界中犯了不真實的文化之罪。

真實性的前身是過去對**適當性**（suitability）的強調，也就是做出最符合我們特定生活方式與感知的選擇。艾希・德沃夫（Elsie de Wolfe）可能是二十世紀初最著名的家飾品味仲裁者，她毫不客氣地寫道：「我的職責是向你們宣揚適當性的美。適當性！**適當性！適當性！！**」[64]在成為小說家之前，伊迪絲・華頓（Edith Wharton）出版過一本有關居家設計的著作，她建議美國人避免「完全獨立於結構之外的膚淺裝飾」，而是選擇「房間的建築構造成為其裝飾」的設計。[65]

適當性意味著符合某些標準，而這裡我們可以稍微看到真實性如何變成一種囚牢。儘管生活中有無窮的選擇，但我們只「獲准」公開與「適合」我們固定特徵和背景的選擇聯繫在一起。品味應該是長期習慣的產物。這使得時間成為評估真實性的一項重要因素，而當品味的起源是在久遠的過去時，品味看起來就更加「自然」。當可可・香奈兒讓五號香水上市時，她不誠實地聲稱自己是很久以前在某個早已忘記的地方偶然發現這種香味，而不承認它是從頭開始調製的。[66]

由此延伸，當人格面具包含幾個「錯誤」時——亦即馬虎的行為、低地位的習慣——看起來就更加真實。完美的品味顯得努力過度。卓越的品味應該看起來自然才對。在男性時尚中，終極的風格舉措是*sprezzatura*③，恣意呈現刻意的錯誤，如鈕釦沒扣好和領帶打歪。[67]飛雅特（Fiat）的負責人吉亞尼・阿涅利（Gianni Agnelli）就將手錶戴在襯衫袖子**上面**。[68]十六世紀的義大利朝臣巴爾達薩雷・伽斯底里奧內（Baldassare Castiglione）將*sprezzatura*的概念解釋得最好，他認為對於「優雅與魅力」變成「一種輕浮和虛

③ 譯注：義大利文，意指刻意顯得不費功夫，現在形容若無其事的隨興風格。

榮，甚至怯懦」的時代，*sprezzatura*是一種重要抗衡。[69]對那些已經擁有高地位的人來說，刻意的業餘風格有時具有吸引力。在二十一世紀初的紐約，時髦的畸形（Misshapes）④派對禁止「對拍」（beat matching），即不著痕跡地從一首歌換成另一首的專業DJ技能。[70]較笨拙的轉換過程比較真實，因此也更酷。

這一切引導我們繼續探討真實性的中心悖論：我們應該聽從自己的心聲，「發現和表達自己的身分」[71]——然而，只有**別人**才能判斷我們是否真實。評估者比對我們的品味與我們的人口特徵資料，如果有可疑的不符之處，他們就會否定我們的地位。

這源自一項事實，那就是遵循慣例並不會使我們自動成為該團體的成員。在電影《火爆浪子》中，即使有人穿著相同的緞布外套，粉紅淑女幫也不見得接受她成為粉紅淑女。如此一來，真實性也成為排外的工具。長期以來，舊富家族一直利用文化資本將新富階級從他們的社交環境中驅逐出去。在過去的一個世紀，真實性已經成為地位劣勢社群的強大堡壘，而這些社群創造了令人嚮往的文化風格和工藝品。人類學家查爾斯．林霍姆寫道：「尋求控制有價值藝術生產的邊緣團體，現在經常聲稱只有那些經證明是該團體系譜成員的人（定義可能為部落、民族、種族或族裔），才擁有製作其特有藝術形式的權利和先天才能。」[72]**文化挪用**（cultural appropriation）是指多數族群非法使用少數族群慣例的現象，特別是作為地位象徵。貓王挪用了黑人的節奏藍調，成為所謂的搖滾之王。嘻哈界則建構了較強大的防禦措施；強調以黑人經驗出發的真實敘事作為音樂的核心優點，較多的經濟獲利因而流向黑人饒舌歌手和製作人，如傑斯和德瑞博士（Dr. Dre）。

因此，最強大的真實性形式仍然是**視源頭而定的真實性**：這項原則就是，制定慣例的團體最擅長複製它。[73]蘇格蘭威士忌必須在蘇格蘭生產，而波本威士忌則必須在美國肯塔基州製造。然而，全球化已經使這項標準更難執行。二〇一〇年，來自臺灣的噶瑪蘭威士忌，就在蘇格蘭利斯的伯恩斯之夜（Burns Night）比賽中，擊敗三款蘇格蘭本土的威士忌。[74] 在當代流行文化中，慣例頻繁隨著時間變化，以至於其起源點變得模糊不清。披薩雖然來自義大利，卻是在美國大放異彩。我們的標準正逐漸轉向**視內容而定的真實性**：這項原則就是，最好的東西是依照原始方法製造的那些（亦即「重點不在出身，而是現在的狀態」）。牛仔褲雖然是一種「美國」服飾，但日本紡織廠更完整保留早期的美國生產技術，例如在窄幅織布機上織造的天然靛藍色竹節紗布料。[75] 宣稱「真實性是我們的第一優先」的獨立美國丹寧品牌Prps，透過率先大量採用日本丹寧布而贏得了全球聲望。[76]

這種從重視源頭到重視內容的演變，證明了即使在一個日益不真實的世界，我們仍然著迷於保持真實。真實的物品仍然比獨家物品更有價值。個人的品味必須與他們的背景故事相匹配。冒充者和裝模作樣者將受到懲罰。這會產生一種整體效應，使我們在選擇訊號時趨於保守。我們最好的策略，是選擇接近我們固有特徵、並符合我們起源故事的訊號。這樣具有明顯的政治影響：儘管邊緣社群可以管控真實性，更妥善地保護他們的創作，但對自然與否的整體關注，還是掌握在出身高貴的人手裡。[77] 社會學家喬治・荷曼斯寫道，高地位的個人「有餘裕放鬆，成為一個自然的人」。[78] 底層的奮鬥者則必須獲得地位象徵，並建立在他們的起源故事之上。真實性可能又是另一種菁英特權。

真實性給我們最重要的教訓或許是，我們的地位評估者永遠不會僅根據單一訊號、提示或顯著缺乏來評斷我們：他們會比對我們的品味與我們的人口特徵，以瞭解**我們是誰**。

---

④ 譯注：The Misshapes是當時在紐約紅極一時的ＤＪ雙人組，常在時髦派對上演出。

人格面具、身分與自我

在理解地位對個人行為的影響上，我們已經來到現代生活最重要的一個關注點：**我是誰？**我們現在瞭解找到清楚答案時面對的種種困難。我們談論的是哪一個「我」？看起來有三個：人格面具、身分和自我。在傳達訊號時，我們會建立**人格面具**[79]——可觀察的整體組合，包含訊號、品味、感知、固定特徵，以及我們從成長和背景中吸收的提示。別人利用這個人格面具，來判斷我們的**身分**。同時，在我們的心中有一個只有我們知道的**自我**。人格面具、身分和自我絕對是不盡相同的。為了地位而進行的種種增添、刪減和修改，可能使我們的人格面具感覺像是自我的替代、消毒和人形立牌版本。如果別人根據這個經過大幅編修的人格面具將我們歸類，我們的公開身分可能會與「真實的我」相去甚遠。[80]

在宇宙的層次上，我們都享有一個**絕對身分**——一個具有區別性差異的龐大集合，包括獨特的DNA序列和一連串不可重複的生活經驗。地球上的每個人都是不同的。因此，當我們問「我是誰？」時，這個問題其實就是別人是否實際承認我們存在的獨特性。在現代之前，個人身分僅是一個角色和地位：某個宗族、部落和種姓的成員資格，以及在該社群中的具體位置。我們現在追求一種超越人口統計類別和分類的個人身分。如果我們僅能透過刻板印象、類別和階級來簡單地概述，那麼我們就是失敗者。無論我們與那些擁有相同固定特徵和生活方式的人是否感到團結一心，我們仍然希望自己不只是由種族、性別、性取向、身心障礙、年齡、家鄉和職業來定義。

流行文化常常將這些存在主義問題，呈現為個人與社會之間的鬥爭。根據我們迄今所學，問題主要並不是社會本身，而是對地位的具體考量——我們的排名和評價，以及地位如何改善或阻礙我們的日常生活。

每個人有意識和無意識的慣例、對向上流動的需求程度，以及獨特性的程度，都與地位團體、層級、位置和資產相關。因此，身分無法存在於社會階層之外，因為地位影響我們自我定義的每一個部分，無論是人格面具、身分還是自我。

地位的影響在人格面具——即我們在社交互動中塑造的公開形象——上表現得最為明顯。我們對於自己在社會中首次出現的方式幾乎束手無策：我們有固定不變的特徵，並且會在無意識當中洩漏從我們社群中吸收到的提示。但我們從來不會受制於自己的起源故事。尚—保羅・沙特（Jean-Paul Sartre）認為：「人不過是自己塑造出來的東西。」[81]對此，哲學家米歇爾・傅柯（Michel Foucault）則提高賭注：「我們必須將自己創造成一件藝術品。」[82]愛蓮諾拉・法根（Eleanora Fagan）出生於一九一五年，非裔美國女性，身高五英尺五英寸，是母親在少女時期就懷孕生下的，她還經歷了一段痛苦的童年。[83]不斷寄住在不同親戚家之後，她最終在十幾歲時與母親落腳於哈林區的一家妓院，兩人都曾因賣淫被捕。但法根展現了出色的爵士歌手才華，在採用藝名並塑造一個新的人格面具之後，她以比莉・哈樂黛（Billie Holiday）之名成為美國的傳奇人物。愛蓮諾拉・法根創造了哈樂黛，而且至今仍以此名為人所懷念。

儘管像比莉・哈樂黛、大衛・鮑伊和女神卡卡（Lady Gaga）這樣的名人提供了極端的案例，展現個人如何創造近乎傳奇的人格面具，但地位的壓力也意味著每個人都會在某種程度上創造自己的公開形象。無論我們內心的喜好如何，為了獲得認可和避免非難，我們都會模仿社群的任意性做法，忽視同樣有效的替代方案。為了在地位階梯上攀升，我們會朝著共同的目標邁進，比如累積資本、精進才能、改善個人優點，以及獲得更令人印象深刻的地位象徵。當有需要脫穎而出時，我們會迅速仿效，模仿更高地位層級的既有慣例。對大多數人來說，自我表達的形式就是設法將自己歸類在令人嚮往的社群：例如，「我屬於哥德搖滾」或者

「我是企業家」。當我們嘗試採取更獨特的選擇時，我們會確保這些選擇符合淡漠、一致和真實性的標準。無論我們在打造人格面具上有多少自由，地位價值都會使某些選擇更具吸引力。我們總是可以做出不尋常的選擇、打破慣例，或者頑固地忽視社會壓力，但社會的懲罰可能強大到足以使我們回歸常態。

在達成所有地位的要求之後，最後形成的人格面具幾乎就像是**文化DNA**——像是在我們生活中獲得的一連串選擇、行為和經驗。或許它會像是這樣（如下圖）：

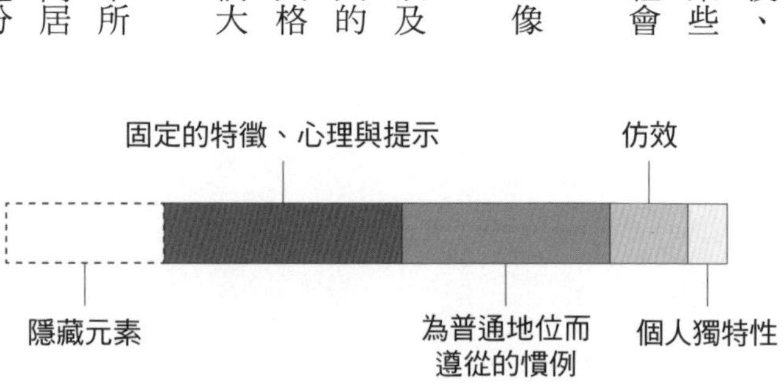

與生理DNA不同，每個人都能夠編修這個序列的輪廓：構成元素的比例，以及展現什麼和隱藏什麼。然而，文化DNA序列有一大部分是我們無法控制的。個人的獨特性僅適用於非常邊緣之處。某些人善於做出大膽的選擇，以至於他們的整個人格面具顯得「原創」，但地位的壓力又使得**完全的**差異幾乎不可能。地位決定了我們大部分的人格面具，促使我們做出與我們社群中其他人相同的選擇。

現實中，地位的影響甚至超出了只是提供身分內容的範圍。正如我們在第二章所看到的，社會階層中的位置決定了個人追求差異——以及**被允許**追求差異的程度。高居頂端的菁英必須追求極端的區分，而他們享有足夠的尊重來打破慣例。因此，個人區分在他們的人格面具中扮演著較大的角色。另一方面，處於中等地位的個人往往比較保守，更密切遵從慣例。底層的人們也可能出於對社會規範的輕視而做出獨特的選擇，但他們的區分則被視為令人遺憾的違規行為。

因此，原創性是一種貴族特權。在《善惡的彼岸》（*Beyond Good and Evil*）中，尼采（Friedrich Nietzsche）解釋：「普通人……**等待**外人對自己的看法，然後本能性地屈服於它」，而「創造價值是**主人的**

固有權利」。[84]在我們的現代世界中，這種地位邏輯已經轉變為一種被廣泛接受的美德：**每個人都應該將個人差異最大化**。哲學家查爾斯・泰勒寫道，從浪漫主義時代開始，就有一種基本的社會信仰認為，「每個人都是不同且獨特的，這種獨特性決定了他或她應該如何生活」。[85]無論這種精神是源於哲學信仰還是原始的地位邏輯，它都牢固地嵌入了現代生活——從皮卡車廣告的標語到艾薇兒（Avril Lavigne）的〈滑板少年〉（Sk8er Boi）歌詞都是。[86]我們都應該「追隨自己的內心」，不論後果如何，一定要避免成為一隻羊、複製人或裝模作樣者。現代性使得貴族傾向平民化，往個人區分的方向改變。但對於那些位於社會頂端的人來說，獨特性仍然是一種比較容易實現的行為，而這意味著，要解決追求獨特和順從社會之間的緊張關係，最簡單的方法就是獲得高地位。

在高地位層次上獲得的自由，並不是地位階層對我們人格面具塑造所造成的唯一影響：先賦地位結構的固有偏見，會迫使受歧視的個人更加努力打造自己的人格面具，以獲得普通地位。地位優越的人在不自覺的情況下，就能獲得高地位提示，因而可以在**不**獲得地位象徵或隱藏習俗的情況下，成功做出地位宣告。舊富階級的漠不關心、語言模式和身體動作**都是**地位象徵。法國詩人泰奧菲爾・高提耶（Théophile Gautier）寫道，小說家古斯塔夫・福樓拜（Gustave Flaubert）「比我們聰明……他有智慧，帶著金錢來到這個世界」。[87]

因此，在一個仍然存有偏見的世界中，推廣每個人「做自己」成了一項不公平的廣泛訴求：不是每個人都生來擁有一套特權屬性和行為。要求在地位過程中保持「淡漠」，是對菁英階層的獎勵，對非菁英階層的懲罰。在地位處於劣勢的個人能夠做自己之前，他們必須團結起來，開闢一條通往向上流動的道路。這就是**身分政治**（identity politics）背後的邏輯，也就是具有相同人口特徵的個人團結起來，提升與其決定性特徵相關的地位水準。但在每個固定特徵都受到尊重之前，人格面具的塑造依然是實現地位平等的重要工具。比莉・哈樂黛是否有道義責任維持「真實」的愛蓮諾拉・法根，不創造新的人格面具呢？她同為歌手的朋友卡門・麥克蕾（Carmen McRae）為哈樂黛解釋：「她唯一感到自在與平靜的時候就是唱歌。」[88] 比起維持「愛蓮諾拉・法根」的身分，哈樂黛在扮演她精心塑造的舞臺人格面具時顯得更快樂。因此，將人格面具塑造汙名化，就是在支持當今存在的地位階梯。

此外，強調做自己，還忽略了自我定義是一個持續不斷的過程這項事實。我們正在為別人寫一部身分小說，而人格面具只是最新的草稿。[89] 無論我們是誰，未來總是有沒明確說出來的修訂機會。在一個象徵意義不斷變化的世界中，我們肯定不得不進行改變，無論我們是否願意。

鑑於這些考量，人格面具僅僅是一種「應用」。獲得一個身分需要經由他人辨識。**為什麼**別人要辨識我們？他們會注意到我們，最直接的原因是地位評估。為了與陌生人進行適當的互動，我們必須知道他們的地位。所有的身分辨識都涉及將個人分類，根據品味和固有特徵將他們歸入各個團體與層級。在這些辨識中，一切都是公平競爭的。從社會科學研究中，我們知道即使是微不足道的個人瑣事，譬如姿態、口音、服裝選擇、家具安排，都可以提供有關地位的線索。同時，評估者透過**他們**認為重要的訊號、提示和顯著缺乏來辨識我們。我們也許能控制別人觀察到的東西，但卻無法控制他們如何將我們分類。[90] 他們也一樣：他們察覺與辨識我們的方式，是基於他們的慣習。因此，實際上，身分問題與地位息息相關。人格面具是地位宣告的手段，而身分是地位評估的結果。

因此，每個身分辨識都變成一種**評價**。高地位展犬國王萊西的身分，比中地位的農場牧羊犬萊西更有價值。當國王萊西與他人互動時，牠獲得了其他狗沒有的好處。這一項原則也出現在冒充名人的現象中。電影《大白鯊》（*Jaws*）在一九七五年獲得成功之後，有兩個蠢蛋假冒導演史蒂芬・史匹柏（Steven Spielberg）和男主角李察・德瑞佛斯（Richard Dreyfuss），在美國各地招搖撞騙。[91]光是與名人外貌相似並不會獲得多少好處；話說回來，**成為**他們卻帶來了各種社會利益。在大多數的情況下，我們對身分的焦慮是對評價的擔憂。我們不僅想要一個獨特的身分——還要一個**高地位**的獨特身分。

一個有價值的身分能讓人感覺良好，即使在我們獨處時亦然。當自尊與社會尊重相符時，它會更加可信。道德哲學家長久以來都認為，我們絕對不應該依賴他人來決定我們的價值。尚－雅克・盧梭（Jean-Jacques Rousseau）抱怨過可怕的「社會人」（social man），他「只知道如何在別人的看法下生活，可以說，他自己的存在感只來自於他們的評斷」。[92]因此，我們現代人面臨兩種相互抵觸的個人區分觀念：貴族的**受尊重**差異原則，以及真實自我表達、無視尊重的道德理想。[93]然而，只要我們渴望地位，前者就是比較好的目標，因為它容許我們在生活中擁有自由，以及**社會認可**。在談到他創辦一家鞋公司的欲望時，Nike創辦人菲爾・奈特寫道：「我想要的就是每個人都想要的。整天專心做我自己。」[94]奈特固然可以整天做自己，成為一個貧窮的無名小卒。但他的自我實現之路，卻是建立一家受到全球尊敬、營收超過兩千億美元的鞋公司。只要對地位的渴望是根本的，獨特性就只有在它屬於更大的地位策略的一部分時，才能發揮最大的作用。

然而，對社會認可的任何追求，都可能與我們內在自我反覆無常的欲望產生衝突。這些選擇和欲望對我們來說總是感覺比較真實，因為它們直接源於我們的意識。查爾斯・泰勒寫道，我們「往往認為我們擁有自我，就像我們擁有心臟和肝臟那樣」，「我們的想法、觀念或感覺都在我們『內心』」。[95]不過，我們現在瞭解，這些欲望至少在某種程度上是源於社群慣例，它們已深深內化，以至於變得與本能難以區分。我們的信念發展自社會規範，我們的志向借自高地位的生活方式。《山巔宏音》中的約翰・格林姆斯希望有朝一日能抽鴻運香菸，因為在他生活的世界裡，那種香菸已是一個具有威望的品牌。

自我的需求通常十分符合社會規範，以至於我們在實現渴望時絲毫不感到緊張。自我在我們的熱情與社會規則發生衝突時表現得最為明顯。這種熱情帶來的麻煩正是使其感覺「真實」的原因。然而在過去的一百五十年裡，心理學家和神經科學家警告我們不要賦予自己的想法過多的真實性。我們的大腦總是在忙著**理性化**：把來自我們潛意識的原始需求，塑造成理由充足、合乎邏輯的請求。[96]心理學家布魯斯・胡德進一步解釋：「即使你在頭腦中仔細考慮一個想法，把它在你的意識中翻來覆去，也只是在拖延從各方面來看都已塵埃落定的最終決定。」[97]後來，「當眼前出現一個決定時，我們會把它理解為好像是我們自己的」。我們腦中大量遮蔽真相的機制使得胡德相信，自我是一種「幻覺」。無論這是不是最佳的解釋，我們絕對都應該放棄自我是一個不受任何社會影響的「真我」的這種觀念。

然而，由於希望否認地位的影響，我們的腦會使用可接受的藉口來合理化地位價值的吸引力，譬如追求高品質和美感。如此一來，我們將不真實的外在欲望解釋為來自我們內心的真實需求。然後，我們驕傲地將這些藉口說成自己最深層的想法。由於每個人都掩飾他們對地位的渴望，導致我們缺乏對地位追求的公開討論，因而進一步傳播了地位禁忌，使我們對追求地位感到羞愧。

社會學家艾佛瑞特・羅傑斯畢生研究創新如何在社會中傳播，他發現「受訪者可能不願承認他們採用一個新的構想是為了獲得地位」。[98]正如他所言，當研究人員在二〇〇〇年代初詢問iPod擁有者為什麼購買這款裝置時，大多數買家都提到「實用性的理由，如體積小或記憶體容量大，以及欣賞時髦優美的設計」。[99]根據這些擁有者的說法，iPod之所以成功，原因與其作為地位象徵無關。但如果功能如此重要，為什麼微軟相應的Zune音樂播放器最終成為那十年最常被人嘲笑的產品呢？知名的3C產品評論家大衛・波格（David Pogue）稱它比iPod「更實用」——螢幕更大、電池壽命更適合看影片，無線網路連接也比其他裝置優越。然而卻很少有人想要一台——或敢購買一台。[100]

因此，就人格面具、身分或自我而言，地位大致上決定了我們是誰。我們的人格面具會迎合普通和高地位的要求，我們的地位決定了我們對地位象徵的需求，以及我們對獨特性的渴望程度。身分似乎是地位評估的結果。而自我會在無意識層面吸收與地位相關的欲望，並將這些欲望合理化為真實的個人想法。這並不是說人類是地位的**受害者**——只是說，我們是天生的社會生物，正如社會學家喬治・齊美爾所言，「是由與他人的互動所**構成**的」[101]（強調部分為作者所加）。在現代，個人身分的問題最好置於地位的脈絡中考量。

所以，我們應該放棄追求能超越地位的身分的幻想。即使是那些退出社會、過著苦行僧般孤立生活的人，最後也有地位。而且拜淡漠原則之賜，退出往往成為通往更高社會地位的有效途徑。社會學家湯瑪斯・法蘭克（Thomas Frank）寫道：「如今幾乎沒有什麼比文化叛逆者的形象，那種抵抗機械文明權威的個人主義者，更受到大眾媒體青睞。」[102]人們也非常尊敬那些致力於正直、救贖與宇宙和諧，認真投入且自律的人。至上的幸福帶來榮耀，榮耀帶來地位。

瞭解了這一切之後，我們就應該降低對達成純粹原創性的強烈自我期望。即使是最獨特的個人，也會與其他人有許多共同之處。我們所能期望的，頂多就是在我們人格面具邊緣所創造的**相對**原創性。同時，並非每個人都需要為了與眾不同而與眾不同。對那些高居頂端的人來說，追求獨特性對於獲得更高的地位很重要。但將獨特性的要求強加在每個人身上，是不必要、不自然，而且往往是殘酷的。如果我們允許每個人都做自己，應該也提供能與他人一模一樣的自由。

至少我們可以感謝自由社會擴大了邁向有價值身分的策略數量。與我們的祖先相比，我們在選擇最合適的生活方式方面擁有更大的彈性，因偏離習俗而遭受的處罰也少之又少。對於另類地位團體的成員，無論是裸體主義社群還是防彈少年團粉絲（BTS ARMY）⑤，社會都有廣大的包容。在一個國際交流頻繁的世界中，我們可以盡情地打造自己的人格面具。同時，這使得塑造人格面具的競爭更激烈，在判定那些人格面具成功與否時，永遠都會涉及個人的能力因素。[103]但承認人格面具塑造——以及地位在這個過程中扮演的角色——普遍存在，會開始讓這場競爭更平等。每個人都應該知道如何取得勝利：如何贏得尊重、品味如何提升、人格面具如何受到評斷，以及如何平衡淡漠、一致性、原創性和真實性。我們都在爭奪地位，無論我們是否喜歡。至少，我們可以更清楚地解釋這些規則，使這場競爭變得更加公平。

• • •

在本書第一部當中，我們瞭解了地位、慣例、訊號傳達和品味的基本知識，現在我們知道的已經足以解答文化大謎團的第一個部分：**個人為什麼會集體效法任意性行為，並從中汲取深層意義？**這種現象之所以出現，是因為個人在追求地位的過程中，必須公開傳達某些慣例，以作為成為特定團體成員的證據。每個頂著拖把頭、穿上香奈兒服裝或購買豐儲圓筒倉的人都做到了這一點，因為這些集體選擇提供了比其他選項更高的地位價值。而且，無論這些人在個體層次上有多獨特，參與相同的慣例在總體層次上聚合起來就構成了模式。最終，個人對地位的自私追求導致神祕的行為共通性，我們將之詮釋為文化。

現在，這些原則帶領我們進入大謎團的下一個部分：**獨特的風格、慣例和感知是如何出現的？**我們將在第二部探討的答案，與個人及團體爭取地位的努力有關。雖然不是每個人都追求相同的地位水準，或將追求相同的資產，但我們現在看到有幾項策略：

地位策略一：表現得比地位標準更佳——並在訊號中揭露。

努力用功，進入知名大學，找到好工作，賺錢，培養才能，遵從高地位慣例——並在整個過程中的每一次進步都傳達訊號。這說起來比做容易，對於來自弱勢背景的人來說尤其如此。經濟學家羅伯特・法蘭克寫道：「當人們說他們的相對地位很重要時，大多數人的意思其實是，擁有相對高地位固然很好，但他們不希望大幅改變他們的行為。」[104]追求地位就像減重一樣：我們很想不必調整飲食和上健身房就能瘦下來。此外，透過成就獲得地位僅對少數成就卓越的人有用。如果所有人都達到相同的卓越成就，那這種成就便不再卓越了。

地位策略二：假裝成高地位的人。

掌握訊號傳達過程——不是菁英階層成員卻仿效高地位的品味——可以欺騙許多地位評估者，並在特定的環境或時刻獲得高地位的待遇。接著，冒充者可以將他們暫時提高的地位當作跳板，為未來的成就獲得更多讚譽，而這轉而又可能創造出實際的高地位。這項策略對那些野心超過才能的人相當有效。但正如瓦尼拉・艾斯和安娜・德爾維所學到的，有一個低地位的危險陷阱在等著那些被逮到的人。

地位策略三：將地位標準改成對你有利。

我們可以藉由說服社會重視**我們的**特別地位標準和信念來獲得地位。藝術家、先知和哲學家，都成功地

---

⑤ 譯注：ARMY是Adorable Representative M.C for Youth的縮寫，代表「值得人們景仰的青年代表」，是防彈少年團粉絲的正式名稱。

將社會對金錢和權力的自然關注，擴展到較智識性的特質，例如創造力。新的標準也可以作為一種防禦手段。正如經濟學家強・艾爾斯特所寫的：「超越他人的正統方式，是改進自己的表現。簡單的方法則是絆倒競爭對手。」[105] 然而，改變地位標準從來都不容易，而且這項策略往往對那些已經有地位的人來說最為成功。

地位策略四：組成新的地位團體。命中注定低地位的人可以離開主要的地位團體，在較小的分支團體中尋求安慰。在龐克音樂界不受尊重的斑鳩琴手，可以轉戰迪克西蘭（Dixieland）爵士樂圈子⑥。這種策略能給人近距地位——自尊的主要來源——但會捨棄隨著全球地位而來的最理想物質利益。這就是為什麼另類地位團體傾向於把這種方法與地位策略三結合。迪克西蘭爵士樂圈子將試圖說服世界，他們的音樂是美國音樂傳統中最重要的。在二十世紀，我們看到個人逃到次文化和反文化中，最終影響了主流地位標準，其實就是這種現象。

為了追求更高的地位，我們會選擇這四種策略中的一種或多種，如此一來，我們就會加入社會競爭。個人會試圖在他們的同儕中脫穎而出，部屬會竊取長官的地位象徵，菁英階層會抵禦新貴和作弊者，而另類地位團體會挑戰既有的地位信念。我們接下來將看到，地位爭奪戰中所產生的摩擦，會成為創造力和發明至關重要的引擎。

⑥ 譯注：源於美國紐奧良的爵士樂風格。

第二部

地位與創意

Status and Creativity

第五章 階級與感知

Classes and Sensibilities

MAIN POINTS

珠寶商雅各、黑色卡地亞坦克錶的虛假古舊感、薄酒萊新酒的老掉牙雅痞風，以及Super PRO-Keds帆布鞋……全都是集體訊號傳達策略如何創造美學與工藝品的範例。

新富階級

二〇〇三年，饒舌歌手納斯（Nas）向《紐約郵報》（*New York Post*）解釋：「每當我需要令人驚豔的東西，我就去找雅各。」[1]他指的是雅各・阿拉波（Jacob Arabo），人稱珠寶商雅各（Jacob the Jeweler），這位定居在紐約的烏茲別克裔美國人，實際上可說是嘻哈圈的首飾大臣。納斯是他早期的客戶，然後納斯又將這位珠寶商介紹給下一代的饒舌歌手新秀。肯伊・威斯特（Kanye West）在二〇〇二年獲得首筆唱片預付款時，為母親購買了一只勞力士，[2]然後如同在他的歌曲〈觸摸天空〉（Touch the Sky）中留下永恆的紀錄那樣，他拿到錢的一小時後就「去找雅各」，因為他「只是想閃閃發亮」。此後，威斯特從雅各那裡購買了成箱的大批珠寶，包括一個鑲有寶石的「耶穌墜飾」，[3]使用海藍寶石代表藍眼睛，紅寶石代表血。

除了樂透之外，唱片業提前支付版稅，一直是背景平凡的人快速致富的少數合法途徑之一。這些突如其來的財富，使得原本毫無地位可言的人一夕之間變成一號人物。幸運的收受者會成為一個非正式團體的成員，這個團體最能體現資本主義對個人轉變的承諾：新富階級（New Money），也被稱為暴發戶和新貴。[4]對於他們來說，人類對地位的根本欲望預示著什麼呢？在社會階層中向上提升最合理的方式，是將原始財富轉化為與更高社會地位生活方式相關的地位象徵。這就是**炫耀性消費**（conspicuous consumption）的目的——刻意購買昂貴的商品，以展示充裕的財富。這種方法的簡單性，使得炫耀性消費在新富階級中幾乎無所不在，無論是哪個年代、語言或地理位置。[5]當芝加哥的黑幫分子艾爾·卡彭（Al Capone）在一九二〇年代末購置一處富麗堂皇的邁阿密豪宅時，他的太太梅（Mae）採用奢華風格進行裝飾：路易十四家具的複製品、鑲金餐具、用真象牙製作的微型模型，以及四頭金屬大象。[6]

新富階級對炫耀的熱愛，帶領我們進入本章的主題：品味背後的感知，絕不是奇特與非理性思維帶來的隨機及獨立結果。社會經濟階級的成員擁有相似的地位資產，因而導致相似的訊號傳達策略。隨著這些個人以相同方式傳達訊號，他們的行為變成社群的慣例，長期下來企業就會提供特定的商品——即文化產品——以迎合他們的品味。在這個過程中，一個品味世界於焉形成。新富階級將他們豐厚的資金投入奢侈品，以迅速提升其地位。他們的公開生活方式和所有相關配備不僅體現他們的感知，也正如我們在珠寶商雅各身上看到的，為流行文化提供了許多最突出以及最令人嚮往的元素。

社會經濟階級僅僅是文化產品、風格、價值與感知的來源之一。為了解開文化大謎團的第二個部分——

獨特的風格、慣例與感知是如何形成的？——我們將檢視從三個地位團體類別中崛起的創意：階級、次文化和前衛藝術家。[7]人類或許天生具有創造性的本能，但對於地位相關的差異化的需求，也促使個人去追求反直覺、奇異且驚人的發明。這些新構想形成小型社群的共同文化，然後這些團體的全球地位又決定了它們影響廣泛社會品味的程度。

根據這個標準，社會經濟階級提供了最清晰的例子，說明地位如何影響品味。我們所謂的**階級**是指什麼？暫且不論學術界長期針對這個問題的辯論，階級是指擁有共同資本水準、具有相似價值和信念的各個族群。經濟學家約瑟夫・熊彼得（Joseph Schumpeter）寫道，一個階級的成員「以相同的眼光、相同的觀點、朝著同一個方向看待世界的同一個部分」。[8]出生於特定社會經濟階級的個人共同擁有一套基本的無意識慣例，即相同的慣習。這表現在共同的信念、具體的生活方式差異和獨特的品味世界上。歷史學家保羅・福塞爾（Paul Fussell）指出，對於美國人來說，階級決定了「你居住的地方、你的外表、你車道的形狀和表面、你家前廊和客廳的物品、你飲料的甜度、你吃晚餐的時間、你從郵購目錄購買的東西、你就讀的學校與你對它的尊敬程度，以及你閱讀的素材」。[9]

每個階級的成員遵循相似的慣例，並反對競爭對手的替代方案。然而，這並不意味著階級會像經過協調的倡議團體一樣運作。馬克斯・韋伯警告：「一個階級本身不是一個社群。」[10]階級的個別成員是為了**他們自己**才追求相同的目標，不一定是為了團體。品味在一個階級內出現，是因為擁有相同地位資產的個人，對強調這些資產重要性的共有價值感到認同。

最常見的階級定義將社會劃分為上層（資本擁有者）、中層（受薪白領勞工）和下層（藍領勞工）三個部分，但為了更清楚理解地位和文化之間的關係，我們將根據地位資產的**數量**和**種類**，將個人分成四組。[11]

在第一章中，我們看到資本的來源往往會聚集，因此我們可以透過僅僅兩種特定類型來進行有用的區分：經濟和文化。經濟資本包括金錢、資產和財富，而文化資本則是從既有高地位團體成員那裡獲得普通地位所需的高地位慣例知識。

個人藉由他們擁有且認為最有價值的資產來傳達訊號，這也形成了他們品味背後的感知。新富階級單純透過財富傳達訊號，這再轉化為一種基於炫耀性消費的奢侈感知。舊富階級透過較為低調的代碼傳達訊號，強調的是文化資本。當這些階級選擇與那些品味相配的特定物品時，產生的工藝品和慣例就成為該團體的文化。珠寶商雅各及其創作（甚至是有關那個世界的電影，如《原鑽》〔*Uncut Gems*〕）在美國流行文化中占據了顯著的位置，因為新富階級需要將這些物品當作其訊號傳達策略的一環。

如果回到我們的地位策略，新富階級的個人已經在地位策略一方面取得成功——表現得比地位標準更出色。透過運氣或能力，他們累積龐大的經濟資本，並要求一個與他們成就相符的更高地位。這需要將他們的原始財富轉化為公開的地位象徵，讓其他人知道他們已經抵達。[12] 史考特・費茲傑羅（F. Scott Fitzgerald）的《大亨小傳》（*The Great Gatsby*）英文書名上的主人翁出生在北達科他州，是一個叫詹姆斯・蓋茲（James Gatz）的無名小卒，但透過走私酒類獲利的事業，他搖身一變成為傳奇人物傑・蓋茲比（Jay Gatsby）。[13] 他原本可以用他的財富為一間隱蔽的宅邸購買低調的家用物品，或將錢存入債券市場，為未來可能的幾十個蓋茲比後代帶來穩定的收入流。但出於對地位的根本渴望（和贏回失去的愛情），蓋茲比用他的錢告訴世界他是一號人物，蒐集無數的絲綢

階級名稱	經濟資本	文化資本
新富階級	極高	低
舊富階級	高	高
專業階級	中	中
無資本階級	低	低

襯衫，居住在一間龐大豪宅中，為紐約的所有人舉辦傳說中的狂歡盛宴。

今天，人們有很多可以成為百萬富豪的合法途徑：金融、法律、醫學、體育、娛樂和創業只是其中幾項。由此產生的巨額財富讓人能支出龐大開銷。英國實業家伯納德・多克爵士（Sir Bernard Docker）和妻子在古板的戰後英格蘭因為「金色斑馬」而成為傳奇人物——那是一輛奢華的戴姆勒轎車，用真金代替鍍鉻，搭配象牙儀表板，以及斑馬皮座椅（因為「貂皮太熱，沒辦法坐」）。[14]近年，加拿大藝人德瑞克（Drake）在多倫多興建了一棟名為「大使館」、占地五萬平方英尺的住宅，擁有一座兩噸重的黑色大理石浴缸、由兩萬塊手工切割的施華洛世奇水晶製成的吊燈，以及一座位於金字塔形天窗底下的標準尺寸籃球場。[15]他高達兩層樓的更衣室裡收藏了數量龐大的愛馬仕柏金包，準備獻給未來的太太，其中包括在拍賣會上以三十八萬兩千美元成交的喜馬拉雅柏金包。德瑞克向《建築文摘》（*Architectural Digest*）雜誌解釋，這棟房屋的概念是「壓倒性的高級奢華」。

「壓倒性」是這裡的關鍵詞。炫耀性消費是一種通用語言：它是明顯可見的財富**證據**。[16]解讀它的代碼無需文化資本。地球上任何地區的任何一個沒受教育的貧窮孩子都能夠評估德瑞克的財富規模。（或者如約翰・華特斯電影中的明星蒂凡（Divine）所說：「你總是可以透過人們的垃圾量來判斷他們多有錢。」）[17]因此，新富階級的地位象徵具有非常低的象徵複雜性：作為訊號，這些地位象徵對每個人來說都有道理，包括暴發戶出生的低地位社群的成員。

低象徵複雜性這種固有的實用性，說明了為什麼在高度分層、教育水準低的社會中，炫耀性消費如此普遍，而在這種社會中，貧困人口是由少數菁英統治。在經濟不發達的獨裁國家和富有的石油輸出國家，獨裁者和政商巨頭可以靠擁有其臣民永遠無法擁有的物品來展示地位。辛巴威獨裁者羅伯特・穆加比（Robert

Mugabe）擁有一系列豪奢汽車，其中包括一輛全球僅生產十八輛的勞斯萊斯Phantom IV。[18] 他的太太因為熱愛歐洲奢侈品而有古馳葛麗絲（Gucci Grace）之稱。[19] 在這些國家，大多數人會渴望擁有相同的明顯奢侈品，因為擁有這些物品會使他們站在社會「對的一邊」。西方的美學家常常斥責「第三世界獨裁者」的品味，[20] 但美國在十九世紀末的「強盜大亨」時期 ① 也經歷了這種模式的變化。歷史學家羅素・林恩斯寫道：「富人變得非常富有，以至於一堵財富的高牆將他們的品味與其他人的品味隔開。他們可能差一點就生活在不同的世界中。」[21]

在消費社會出現之前，用財富壓倒別人的主要方法，是托爾斯坦・范伯倫所稱的**炫耀性浪費**（conspicuous waste）：浮誇賣弄的支出，以展示自己擁有無窮的資源。[22] 十三世紀的義大利貴族賈科莫・達・桑特安德烈（Giacomo da Sant'Andrea）曾經燒毀自己的別墅，只為了讓賓客瞠目結舌。[23] 在誇富宴（potlatch）儀式中，北美洲西北太平洋地區的原住民部落將驚人的財物贈送給對手，以獲得地位；正如法國哲學家兼小說家喬治・巴塔耶（Georges Bataille）所分析的，其目的是「羞辱、挑戰和迫使」那些難以禮尚往來的對手。[24] 如今，超級富豪之間仍然普遍存在著令人咋舌的揮霍財物行為。當演員強尼・戴普（Johnny Depp）被問及其每個月過度消費葡萄酒的傳聞時，他告訴《滾石》（*Rolling Stone*）雜誌：「說我在葡萄酒上花了三萬美元很侮辱人，因為金額遠遠不止於此。」[25]

在工業社會中，富人還可以透過**炫耀性休閒**（conspicuous leisure）來展示財富——當其他人都在辛勤工作時，公開從事娛樂活動。中產階級學生追求更高的教育以獲得職業生涯所需的實用技能，但富人子弟可以花同樣的時間學習古希臘文和拉丁文。然而，炫耀性休閒在現代已經是一種效果較差的訊號。「在小型社會中，每個人都認識每個人，休閒是一種獲得榮譽的方式。」[26] 社會學家彼得・柯睿耿（Peter Corrigan）寫道，但在「大型的陌生人社會」中，休閒的意義不再那麼重要。此外，時間就是金錢；在後資本主義時代，超級富豪的工作時間甚至比窮人還要長。[27]

在快速成長與匿名化的現代經濟中，炫耀性消費成為最有效的訊號傳達手段。當范伯倫在十九世紀末分析此一現象時，奢華的購買聚焦在奢侈的「地毯和掛毯、銀製餐具、侍者服務、絲質帽、漿硬亞麻布、許多珠寶和服裝」。[28]如今，新富階級將目標轉向滑雪小屋、超級跑車和灣流飛機——這些奢侈支出已經成為他們封閉社群中的標準配備。這在高收入階層之間創造了只購買特定價格商品的慣例。范伯倫稱這種慣例為「金錢品味準則」。[29]因此，大多數炫耀性消費只是仿效這些準則。肯伊・威斯特知道要去找雅各，因為他心目中的英雄納斯和傑斯已經讓雅各的珠寶成為嘻哈菁英的標配。

但是，富裕的個人總是可以藉由**更多**的支出來突破這些準則：車子更稀有，房屋更大，避暑別墅的數量更多。柏金包非常昂貴，但德瑞克砸大錢購買喜馬拉雅柏金包。超級遊艇、賽馬馬廄和豪華莊園作為投資標的時成效不彰，但在區分功能上卻相當出色。當對於如何進一步裝飾自己的生活到了腸枯思竭的地步時，富人總是可以沉溺於**替代性消費**（vicarious consumption）[30]——為家人和僕人提供高檔的服飾和配件。一旦蓋茲比擁有了足夠的絲綢襯衫，他就將多餘的錢用來招待整個紐約。

由於願意接受以昂貴的新產品來展示財富，新貴通常會受到**新奇事物**吸引——最新最潮的風格、小型裝置和時尚。[31]在一九五〇年代，舊富階級的女性仍然按照古板的英國傳統打扮，而新富階級則追隨巴黎伸

---

① 譯注：在美國鍍金時代（1878-1889），工業的成長導致許多人獲得大量的財富，比如約翰・洛克菲勒（John D. Rockfeller）就因為石油致富。

展臺的快速節奏。[32]一九六〇年代末，在加州馬林郡的一名毒販家裡，每個房間都有彩色電視和音響，此外還提供雷射燈光秀和旋轉床。[33]對於新富階級來說，時尚的可拋棄性是一種特色，而不是缺陷：不斷替換物品以獲得最新的流行品項，成了另一條炫耀性浪費的途徑。此外，新奇事物符合新富階級的核心信念，也就是當代奢侈品是可信的地位象徵。日本電子商務創業家前澤友作（Yusaku Maezawa）也許無法在歐洲的莊園中擺滿湯瑪斯・根茲巴羅（Thomas Gainsborough）和皮耶—奧古斯特・雷諾瓦（Pierre-Auguste Renoir）的畫作，但他可以支付六百九十萬美元購買一件傑夫・昆斯（Jeff Koons）的雕塑。[34]

炫耀性消費不見得都能作為一種有效的訊號傳達策略。在大蕭條和第二次世界大戰期間，奢侈的生活方式與強調共同犧牲的精神互相抵觸。[35]即使在承平時期，炫耀性消費也違反淡漠原則。新富階級的訊號缺乏合理推諉的能力（plausible deniability），這些訊號太沒有想像力。當炫耀性購買超越了可信的生活方式需求時，這種購物方式也會感覺不真實：為了一個不存在的人生伴侶而擁有一個擺滿未使用奢侈包包的更衣室，有任何**實際**原因嗎？

炫耀性消費的最終缺陷在於，這些產品（例如遊艇、豪宅和奢侈品牌商品）本身不可避免地會與新富階級聯繫在一起——一個地位比舊富階級低的團體。法文的「新富」（*nouveau riche*）是一個貶義詞；很少有人想因為**最近**獲得的財富而出名。在一九八〇年代，音樂圈高層主管艾倫・格魯曼（Allen Grubman）購買了一輛勞斯萊斯來慶祝他在音樂界的成功，但發覺這輛車「就像一塊在我額頭上閃閃發光的霓虹燈看板：暴發戶」時，[36]他就賣掉了這輛車。許多新富階級的品味也常常被判定為下層階級慣習的不協調過度延伸——例如運動休旅禮車、電影院大小的電視機和鑽石狗項圈。

但是，炫耀性消費背後的策略實在非常合乎邏輯。我們應該預期未來的新富階級階層將繼續購買昂貴的東西，就**因為**這些東西很昂貴。經濟學家稱之為「范伯倫效應」（Veblen effect）：物品的價格更高，就變得更令人嚮往。[37]在過去的一個世紀中，一個龐大的奢侈品行業已然崛起，以滿足這些需求，生產獨家的服裝、珠寶、配件和飲料，同時透過廣告和行銷建立關於物品威望的共同認知。這些公司不僅為所有可以想像的東西提供「高品質」版本，而且不斷推出更稀有和昂貴的版本，為地位競賽的最後一哩路加油。當約翰走路黑牌（Johnnie Walker Black）在一九九〇年代初變得太受歡迎而無法吸引新的企業菁英時，該酒廠推出約翰走路藍牌（Johnnie Walker Blue）；當藍牌在富人之間變得太普遍時，就有了藍牌喬治五世（Blue Label King George）。[38]單純的有錢人有勞斯萊斯轎車，而瑞士公司Eurocash AG則為一名中東菁英商人打造一輛「鍍金、全副武裝、價格驚人」的勞斯萊斯幻影EWB。[39]

整體而言，新富階級在全球文化上留下了顯著的印記。先驅經濟學家維爾納・桑巴特（Werner Sombart）相信，資本主義本身起源於歐洲貴族對進口奢侈品的無止境渴望。[40]他回溯特定的美學感知，如哥德、文藝復興、巴洛克和洛可可，認為它們與「表達統治集團意志的風格」有直接關聯。今天，新富階級對於以財富為基礎的地位象徵的堅定需求，繼續推動著特定的美學，亦即一種過度的奢華感知。知道珠寶商雅各的人，比買得起他商品的人多。當今蓬勃的資本主義經濟確保永遠都會有新富階級出現，他們將把其財富轉換成專為展現地位而製作的地位象徵。在較不複雜的經濟體系中，由此產生的「俗氣」奢侈品會為好品味樹立標準。然而在先進經濟中，新富階級的地位宣告會面臨來自其他階級的嚴重反對——首先是既有富裕階層的強大反擊。

舊富階級

傑瑞米・奇索姆（H. Jeremy Chisholm）曾就讀羅賓中學（Le Rosey），這所昂貴的瑞士寄宿學校校友包括洛克斐勒（Rockefeller）和羅斯柴爾德（Rothschild）家族的成員，以及多名歐洲君主。[41]他的父親是新英格蘭造紙業財富的繼承人，母親則是一名超現實主義畫家，也是霸菱（Baring）銀行家族社交名媛薇拉・貝特・倫巴迪（Vera Bate Lombardi）的女兒。奇索姆的外曾祖母羅莎・佛德芮卡・霸菱（Rosa Frederica Baring）在舊富階級的地位十分崇高，因此在與他的外曾祖父離婚後，嫁進了英國王室。

在一九七〇年代末，身為傳統舊富階級的奇索姆，對於新富階級開始佩戴卡地亞坦克錶[42]感到惱火。[43]先前，卡地亞這款獨特的方形腕錶，只銷售給更尊貴的客戶群：像設計師伊夫・聖羅蘭（Yves Saint Laurent）和賈姬・甘迺迪（Jackie Kennedy）這樣的名人。在一九六〇年之前，它每年的生產量不超過一百只。但隨著卡地亞增加生產，富有的銀行家、律師和企業家紛紛買來作為地位的象徵。為了對這種粗俗化現象表達立場，奇索姆支付原價購買一只新的坦克錶，並請冶金師將金色外殼改成暗淡的黑色。當他在棕櫚灘的新富階級友人吹噓他們閃亮的新卡地亞手錶時，奇索姆想要佩戴一只看似經過長時間使用、呈現出低劣深色光澤的坦克錶。但不幸的是，珠寶商從未找到適合的反冶金方法來破壞外殼，所以奇索姆把這只閃亮的金錶硬賣給他的繼子，而後者很快就弄丟了它。

奇索姆的計謀僅僅是一個惡作劇，但它顯露了新富階級和舊富階級品味之間的關鍵差異：新富階級渴望最新、最大和最亮眼的東西，而舊富階級則追求質樸、古老和低調。就像炫耀性消費在新富階級中普遍存在一樣，美國、英國、法國和日本的世襲富人之間，都擁有「隨興、馬虎、冷漠、漫不經心、輕鬆、不做作、自然、不費力」的舊富階級感知。[44] 威爾斯親王查爾斯穿著老舊的夾克和帶有明顯補丁的鞋子。[45] 新英格蘭的女繼承人駕駛破舊的旅行車。[46] 十九世紀初期的富有東京商人力求「*iki*」[47]——這個字代表「淡然」、「文雅」和「彬彬有禮」，因此他們偏愛素雅而非花俏的和服。在最富有的人之間，這種低調破舊的外觀對於門外漢來說可能顯得不合邏輯，特別是那些新富階級。但正如我們將瞭解到的，陳舊的舊富階級美學與新富階級充滿銅臭味的炫富一樣，都是理性的訊號傳達策略。

在一八九九年的著作《有閒階級論》（*Theory of the Leisure Class*）中，托爾斯坦・范伯倫預言新富階級和舊富階級之間的感知最終會分道揚鑣：一旦有閒階級內部需要區分，「喧囂的裝扮」就會被視為「冒犯」，並被「較不易察覺的支出跡象」所取代。[48] 這是個人以他們最獨特的資產來宣示地位時的明顯結果。新富階級以經濟資本發出訊號。另一方面，舊富階級則在他們地位優越性的**持久性**上具有優勢，這可以透過社會資本（與其他富裕家庭的緊密關係）和文化資本（知道在社會的頂層如何行事）來證明。傑瑞米・奇索姆的家族網絡橫跨英國王室和銀行家族，還擴及可可・香奈兒和現代藝術界。他在任何上流社會場合都怡然自得，無論是邁阿密的鄉村俱樂部，還是聖保羅的校友餐會。他在上流社會環境中的生活經驗，提供了構成他好品味與重要身分的提示和訊號。

在大部分歷史中，特別是在封建社會，世襲財富比新財富更受尊重。在一七六〇年，想獲准晉見法國國王，申請者必須證明其貴族族譜可以回溯到三個世紀以前。[49] 即使在十九世紀的法國，經歷了一連串革命及共和國之後，社會學家蓋布瑞・塔德寫道，「祖先的名望仍然遠遠超過近期創新……的名望，」[50] 因此，「擁有真正名望的階級或人，是那些在近期內始終擁有權力和財富的階級」。[51] 我們對貴族持續著迷的背後，可能帶有虛幻的性質；哲學家貝特杭・羅素畫出一條線，從「酋長的魔法特性、穿過國王的神性，到騎士精神和有著高貴血統的貴族」。[52]但從地位完整性的角度來看，舊富階級的跨世代財富更能可靠地預測未來的地位。新富階級可能是一代的偶然。[53]在《大亨小傳》結尾，舊富階級湯姆．布坎南還活著，而英文書名上的那個走私酒商則死在游泳池裡。

正如那部小說中的特殊敵對關係所反映的，舊富階級憎恨新富階級。他們對於新富階級品味中所體現的低地位慣習，有一種無意識的反感。舊富階級還對既有社會階層體系的任何挑戰感到憤怒。他們認為，新富階級試圖靠花錢迅速進入高地位生活方式，而不必經歷幾個世代建立名望的過程。此外，建制派家族擔心新富階級的積極炫耀性消費，可能會重新界定構成富裕生活方式的標準。由於他們的資產受到託管，以維持跨世代財富，舊富階級並沒有新近崛起的百萬富豪和億萬富豪那樣的現金流。

在一個僅透過財富來決定地位的世界中，新富階級會升至階層頂端。對這種結果的擔憂促使舊富階級根據品味來建立新的圍籬。因此，舊富階級追求地位策略三：**將地位標準改成對你有利**。正如社會學家西西莉亞．里奇威所解釋：「高地位團體的成員可能利用他們的影響力和所受的尊重，引導團體朝著有助於維護自己高地位的方向發展，進一步鞏固階層體系。」[54]為了中和新富階級的訊號傳達力量，舊富階級拒絕赤裸裸展示他們的財富。他們強調質樸和淡漠，並在需要傳達訊號時，運用強調富有的時間長度、而非財富多寡的地位象徵。從這個角度來看，舊富階級的品味可能比新富階級品味更加迂迴，但它同樣是機械性的。

這些品味上的差異，為舊富階級提供了一種輕鬆地貶低新富階級的方式。法國貴族稱新富階級的品味為*petit gout*，即「微不足道的品味」。[55]由於最引人注目的炫耀性消費行為已經與新富階級掛勾，舊富階級可以直接拒絕這種奢侈行為，進一步將自己與那種做法隔絕開來。他們不奢侈浪費，而是追求「斯巴達式財富」[56]——乍看之下可能並不奢華的樸素選擇。在經濟學中，這種技巧被稱為**反訊號傳達**

（countersignaling）。[57]這不是**不**傳達訊號，只是「反對」基於純財富的任何訊號。透過避免購買保時捷和新的卡地亞坦克錶那樣的奢侈品，舊富階級有效地凸顯出新富階級的過度消費，顯示他們急於傳達訊號——強調他們違反了淡漠原則。

但是，反訊號傳達不是阻礙了舊富階級利用他們自己的龐大財富來傳達訊號嗎？是的，但原本舊富階級通常就不需要傳達訊號。世襲富豪在他們的社群中享有強大的聲望。此外，他們只關心從舊富階級同儕那裡獲得地位，後者會注意到他們不易察覺的提示。[58]社會學家彼得·柯睿耿寫道：「十九世紀富有階層的增長導致富人的數量夠多，以及彼此相遇的頻率充足，不再需要關注下層階級的想法。」[59]這就是倫斯代爾伯爵（Earl of Lonsdale）為自己破舊外表辯護的方式：「在倫敦，沒有人知道我是誰，所以這無關緊要。在昆布蘭，每個人都知道我是誰，所以這無關緊要。」[60]

正如訊號傳達的邏輯吸引新富階級追求奢華，反訊號傳達也引導舊富階級的品味走向**質樸**。如果一輛時髦的新賓士汽車在一九七〇年代是「高雅的象徵，是比佛利山莊牙醫擁有的那種車」，[61]那麼美國舊富階級更喜歡「略顯陳舊」的雪佛蘭、福特、普利茅斯或道奇汽車，或者「老舊而破爛」的捷豹或寶馬。[62]

這種衝動同樣推動了舊富階級的**簡約**風氣。時裝設計師保羅·普瓦烈（Paul Poiret）認為，「賦予女人氣質的不是她穿了什麼，而是她沒穿什麼」。[63]現代男裝風格奠定者鮑·布魯梅爾（Beau Brummell）追求隱形：「如果英國人轉過頭來看你，那麼你就是穿得不好；要不是太拘謹、太緊，就是太時尚。」[64]這就是為什麼在薩維爾街（Savile Row）製作的經典西裝——長期以來被認為是世界上最豪華的西裝——沒有明顯的褶飾。時尚學者昆汀·貝爾（Quentin Bell）解釋：「優秀的薩維爾街裁縫師……透過缺乏浮誇實現了昂貴的效果；他的完美剪裁展現在極度的節制之中。」[65]

與質樸同時，是對**功能性**的追求勝過炫耀。流行於一九八〇年代的美國舊富階級品味指南《預科生官方手冊》（*The Official Preppy Handbook*）指出，「對一件衣服的最高讚譽是『實用』」。[66]因此，當南斯拉夫的提托元帥（Josip Broz Tito）在國宴上稱讚英國菲利普親王的金盤時，菲利普解釋說：「我太太，」——也就是伊莉莎白二世女王——「發現它比較不會破損。」[67]

雖然質樸和功能性解釋了產品的選擇，但它們作為訊號的呈現也應該帶有一種**漫不經心**的感覺。這與貴族階級的一項信念相關，那就是辛勤工作適合低等階級。舊富階級的品味不是透過個人學習而達成——他們是**體現**好品味。《舊富階級》（*Old Money*）作者小尼爾森・奧德里奇（Nelson Aldrich Jr.）認為，舊富階級的美德是「一種超越學習、遠遠超越購買的東西。它是一種自然的祕密，就像木頭中的紋理一樣」。[68]漫不經心使品味看起來像是慣習的必然產物——透過舊富階級的教養吸收，而不是在有意識的模仿中習得。這種技巧也有助於舊富階級對抗新富階級中最狡猾的類型，也就是刻意學習高地位品味的人。知名的室內設計師馬克・漢普頓（Mark Hampton）嘲笑新富階級客戶的教學方法：「你幾乎可以聽到這個可憐的生物在心裡翻閱《建築文摘》和《住宅與花園》（*House and Garden*）雜誌。」[69]

然而，質樸本身並非無訊號傳達。正如尚・布希亞所指出的，消費不足「僅代表進一步的奢侈，是附加的一個炫耀元素，它轉化為它的相反，因此是一種**更不易察覺的差異**」。[70]但只有舊富階級可以獲得這些聲望優勢，因為評估者不太可能將「低調」解讀為真正的缺乏資源。

貶損炫耀性消費後，舊富階級接著可以引入更不易察覺的訊號，而這類訊號是基於一項競爭的訊號傳達成本：時間。舊富階級的品味專注於人類學家葛蘭特・麥奎肯（Grant McCracken）所謂的「古舊感」（patina），證明財物年代的視覺證據。[71]例如，一個失去光澤的銀盤意味著該物品已經傳承了好幾代。男裝作家布魯斯・波耶（G. Bruce Boyer）曾問費城的一位家族大老，他的無尾禮服是在哪裡購買的，卻遭到斥責：「我不**購買**晚禮服。我**擁有**晚禮服。」[72]破舊的鄉村莊園和城堡、古老名畫大師的作品集、陳年的葡萄酒窖，以及稍有凹損的名匠家具，在在都顯示一個家族已經在幾個世紀之間累積了一套可觀的財產。

古舊感也解釋了舊富階級美學的樸素特質。人們常說他們的房間看起來「有人住過」，[73]充滿互不搭配的小擺飾，硬木地板上鋪了「東方地毯，已經幾乎磨得破爛，顯示是從源遠流長的過去繼承而來」。[74]溫徹斯特伯爵曾經是世界上最富有的人，他避免穿上看起來像新近剛購買的衣服。[75]在一九五〇年代的耶魯大學，「鞋」這個字成為上流社會的俚語，指的是他們穿到破損的白色麂皮鞋。領取獎學金的學生可以在紐約買到預先弄髒的白色麂皮鞋，「免得看起來好像你不是一直擁有它們」。[76]

與新富階級對時尚的熱愛相比，舊富階級追求具永久價值的物品，並拒絕新奇的東西。在美國，舊富階級青睞穩定的「傳統風格」，並採用最優質的天然材料如羊毛、棉和亞麻，而非合成聚酯纖維。這樣的選擇對被稱為「學院風服裝」的文化產品和慣例至關重要，小尼爾森・奧德里奇列舉如下：

> LL Bean 靴子，Top-Sider 莫卡辛豆豆鞋，流蘇樂福鞋；純羊毛襪，黑色絲襪，或不穿襪子；寬鬆卡其褲，寬鬆磚紅色、萊姆色、黃色、粉紅色或花卉圖案褲，寬鬆的布魯克斯兄弟（Brooks Brothers）褲，寬鬆的四角內褲；藍色、粉紅色、黃色或條紋牛津襯衫，有時有鈕釦領，有的配有領針，通常來自布魯克斯兄弟、J. Press或城鎮或大學商店；粗花呢、燈芯絨、府綢、泡泡紗夾克，無墊肩，腰部寬鬆，（如果是粗花呢）有泥濘色圖案；形狀不定的泥濘花紋粗花呢長大衣，領子歪斜地卷在一邊耳朵下，由於多年使用而褪色、形狀不固定且無法擋雨的米色雨衣；不戴帽子，越野滑雪帽，非常老舊的軟帽沿毛氈帽，或是非

常老舊的網球帽。[77]

這些物品大多數不是歐洲設計師品牌，而是對新英格蘭生活方式的天氣條件（冬天多雪，夏天濕熱）的實際應對。但在搭上舊富階級的威望之後，這些功能性的物品晉升為永久好品味的典範。

古舊感還鼓勵**古風**（archaism），偏好古老風格更勝於其他當代的選項。[78]舊富階級看不起各種科技裝置，從電視到鑲有珠寶的智慧手機。評論家史蒂芬・貝利（Stephen Bayley）寫道：「某個特定階級的英國人，大多寧願住在一棟粗製濫造、熱效率低、不安全的古典建築仿冒品中，也不願意在城市裡建造一棟新房子。」[79]在波士頓的高級地段燈塔山（Beacon Hill），商店長期以來始終珍藏著櫥窗裡有缺陷的紫色玻璃「薰衣草」，因為那樣的玻璃能證明店鋪建立於十九世紀中葉。[80]

晦澀的訊號在舊富階級社群中運作得很好，因為該社群是一個封閉的世界，裡面有高級社區、寄宿學校和社交俱樂部。鮮少有人有機會學習圈內人笑話、祕密的握手方式和正確的閒聊節奏。套句小尼爾森・奧德里奇的話，學習這些慣例是舊富階級的「課程」。[81]社會學家米雪・拉蒙特和安妮特・拉蘿寫道，在學術環境中，暴發戶的孩子也許能夠「獲得上層中產階級和中產階級的社會、語言和文化能力」，但是「他們永遠無法達到那些出生就是這些階級的人的那種自然熟悉感，而且會……因此受到懲罰」。[82]在二十世紀初的英國，喝酒前說「乾杯」顯然是非上流階級做的事[83]——這是花了很多時間在高地位環境中社交，才能知道的事情。

強調不易察覺的代碼、而不是所有權，這使舊富階級的地位評估聚焦在微小細節，而不是宏大的整體上。正如《預科生官方手冊》所建議的，「牛津布襯衫中有少量聚酯纖維或翻領寬了四分之一英寸，都可能讓情況徹底翻轉。」[84]這些代碼不僅衡量一個人生活在高地位環境中的深度和長短，還提供外人看不見的細微區分。英國語言學家艾倫．羅斯（Alan S. C. Ross）寫道：「在這些事情上，上流語言使用者有耳朵能聽，因此一個發音、字詞或片語，就足以將一位看似上流語言使用者的人列為非上流階級人士。」[85]

直到最近，對高級文化的欣賞也是舊富階級之間很重要的區分，因為對古典音樂、歌劇、現代藝術和文學的深度欣賞，僅在經過長時間的正式教育和非正式接觸後才可能實現。富人有較多的閒暇時間來獲取這種知識，這使他們能夠欣賞更具挑戰性的藝術。在《區判》（*Distinction*）一書中，社會學家皮耶．布赫迪厄指責沉思式康德美學是一種強調排他性文化資本的詭計。布赫迪厄寫道：「藝術品僅對擁有文化能力的人具有意義和興趣，也就是能解讀藝術符碼的能力。」[86]這代表「大致上從藝術品和高級文化獲得啟發的能力，在階級之間的分布並不平等」。[87]在以前的年代，舊富階級成為交響樂和芭蕾舞的固定觀眾，最傑出的人還擔任博物館的董事會成員。高級文化的知識從未構成文化資本的全部，但在這裡，我們看到藝術和娛樂如何獲得超越其美學價值的地位價值。

因此，為了在地位宣告上勝過新富階級，舊富階級創造一種獨特的柔和感知，支持特定領域的社會活動，如藝術界和高檔的獨立服裝精品店。舊富階級對於古舊感的渴望，也使得舊物得以在文化中流通：傳世的文物受到珍視，古老的房屋被翻新而不是拆除。但這個階級也是造成許多行為和規範成為我們所知的「美德」的原因。[88]這反過來又證明了，舊富階級認為其選擇較為優越是有道理的。小尼爾森．奧德里奇寫道，從這些高高在上的地方，「他們為其他人樹立榜樣，因此，或者說他們希望，影響全國的品味」。[89]因此，舊富階級美學不僅在社會頂層運作，還在更大的受眾之中引起模仿——明確來說就是，那些也渴望尋找新富階級粗俗品味的替代品、受過教育的中產階級。

專業階級

「我再也無法心安理得地購買進口起司，或是最新款的靴子。我甚至不能買一瓶辛辣的薄酒萊葡萄酒。」一名三十多歲的企業行銷專員在一九八五年抱怨道。[90]就在一年之前，《雅痞手冊》（*The Yuppie Handbook*）出現在書店貨架上，既嘲諷又褒揚美國「年輕都會專業人士」的消費習慣。在雅痞風潮之後，現實的年輕都會專業人士和這一種刻板形象保持距離。正如前述的那位雅痞所總結的那樣：「現在當雅痞隱約有種令人作嘔的感覺。」

儘管《雅痞手冊》充滿了諷刺，但它確實指出了美國社會結構的一項變化。從一九七〇年代開始，金融、法律、醫學和大企業等領域裡充滿野心且受過高等教育的專業人士，開始賺得比他們父母還要多得多。相較於早期企業文化的嚴格一致性——例如，IBM曾要求男性員工穿吊襪帶[91]——雅痞們追求豐富多采且國際化的高雅生活。他們將所得投入美國慢跑鞋、進口的法國氣泡水、英國Burberry大衣、日本隨身聽，以及義大利的古馳公事包及樂福鞋。[92]

就像我們在新富階級與舊富階級的案例中所看到的，雅痞品味所體現的感知遵循的是專業階級訊號傳達需求的邏輯。美國的上層中產階級受過菁英大學教育，並在大城市裡從事高薪工作。在職涯展開幾年後，他們已經累積了經濟、社會和文化資本的平衡組合。他們不像新富階級那樣富有，而且他們的文化資本是**學習而來**，並非自然體現。但在教育和企業生涯獲得成功之後，他們已經磨練出批判性思維，並累積相當豐富的人情世故經驗。想在後現代資訊經濟中取得成功，需要消化、擷取和處理大量資訊，而專業階級認為，他們在這些領域的能力是更高地位的理想標準。所以，他們最有價值的訊號，不是基於金錢或富有的時間長短，而是**優勢資訊**的專屬擁有權。因此，專業階級感知主要集中在智慧、高品質和不尋常的選擇上——對品味本身的強烈信念。正如《吹牛王的英國階級指南》（*The Bluffer's Guide to British Class*）搞笑說道：「品味完全是中產階級在意的東西。底層階級沒有，上層階級不需要。」[93]專業階級透過消費者選擇互相競爭，因為文化資本——對特定慣例的知識——能夠使他們在世界中更上層樓，更勝於未來可能獲得巨大財富的機會。藉由品味上的競爭，他們可以在同僚中勝過對手、給舊富階級留下深刻印象，並使新富階級感到丟臉。

在這個累積文化資本的努力過程中，專業人士經常由仿效舊富階級的美學開始。一九四三年出生在上層中產階級的美國文化評論家喬治·特羅（George W. S. Trow）寫道：「我的父母教導我，如果將高等布爾喬亞階級的傳統禮儀掌握得宜，我就會被賦予一定的尊嚴，保護我免受於丟臉。」[94]在過去的一個世紀裡，諸如常春藤聯盟大學等曾經封閉的機構向菁英成就者開放。學生在那裡學習欣賞「艱澀」藝術、文學、電影和音樂所需的慣例。但他們也接受了菁英的休閒文化。《預科生官方手冊》戲謔地說道，一九八〇年代常春藤聯盟大學的清寒背景學生忘記了「雪佛蘭科爾維特跑車、**真正的**大學美式足球（密西根大學對俄亥俄州立大學），以及在狂歡時保持清醒」，學會「青睞ＢＭＷ、假的大學美式足球（威廉斯學院對阿默斯特學院），並沉浸在莫爾森、貝克和海尼根（淡啤或黑啤）的白泡沫啤酒海之中」。[95]因此，即使專業階級的有志之士不能被視為真正的舊富階級，但他們擁有足夠的分析能力，能夠解讀文化符碼，融入上流社會。

二十世紀中葉，隨著大學生人數增加，這種感知滲透到中產階級文化中。一九八〇年，那些對菲利普斯學院（Phillips Andover）或菲利普斯埃克塞特學院（Phillips Exeter）毫無第一手經驗的美國人使《預科生官方手冊》成為《紐約時報》暢銷書。在隨後的學院風狂潮中，像Polo Ralph Lauren、L.L.Bean和Sperry這些以舊富階級為靈感的品牌成為家喻戶曉的名字。在小尼爾森·奧德里奇看來，學院風造型是一種舊富階級的口味「包裝」，銷售目標瞄準年輕專業人士：「若無其事連同『自然剪裁』西裝一起銷售，高尚寬大隨著每份L.L.Bean目錄寄來，每輛富豪（Volvo）旅行車的保固單中都包含了一種公平競爭感。」[96] 舊富階級品味也更符合專業階級的薪水。大多數白領中產階級經理人，可能會對租用法拉利跑車或帶著LV行李箱搭頭等艙飛往波拉波拉島（Bora Bora）嚇到臉色發白，但卻會覺得購買高品質、耐用的產品，自信滿滿地蔑視炫耀性消費是明智的。

作為這種感知的典範，富豪汽車成為美國專業階級最喜歡的汽車品牌之一。[97] 富豪汽車使仿效舊富階級美學成為可能：一款功能齊全、樸素的國外進口車，使消費者能夠跳過整個美國新富階級和下層中產階級的汽車地位階層。這種瑞典進口車的外形方正，被宣傳為一款超安全、超實用的汽車，適合那些不願購買品質不佳、過一段時間就會遭淘汰的車子的人。六〇年代末，有一則廣告自豪地宣稱富豪汽車「變化不大」，而且「對一九六八年而言並不新鮮刺激」代表「對一九六九年而言並不會老舊怪異」。

隨著一九八〇年代經濟蓬勃發展，假的貴族預科生們長大成為世故的雅痞。到了二十世紀末，這群人再次轉變，成為專欄作家大衛．布魯克斯（David Brooks）所稱的「布波族」（Bobos，中產階級波西米亞人），品味融合了國際化雅痞消費主義和質樸嬉皮感知的一群人。他將布波族的品味歸納成這些嘲諷的規則：[98]

規則一：只有粗俗的人會在奢侈品上花費巨額金錢。有教養的人只會在必需品上花大錢。

規則二：只要是「專業品質」的東西，即使與你的專業無關，花大錢都是完全可以接受的。

規則三：你必須追求小事的完美。

規則四：質感永遠可以更好。

規則五：受過教育的菁英應該實踐「低人一等」。

規則六：受過教育的菁英應該在以前曾經便宜的事物上花大錢。

規則七：受過教育的菁英偏好那些提供比他們可能想要的產品還要更多選擇的商店，但不著眼於價格這樣粗俗的事情。

社會學家道格拉斯・霍爾特（Douglas Holt）在對「高文化資本」美國人的學術研究中，發現了這些搞笑規則在現實世界實際發生的證據：「他們至少同樣願意進行物質採購，通常因此花費大量金錢，只要這些採購可以被合理解釋為實現渴望體驗的手段。」[99] 高檔超市全食超市（Whole Foods）絕大多數的顧客擁有大學學歷，平均程度為研究所學歷。[100]

在全球化及其推動多元文化多樣性的過程中，專業階級得以超越次等的舊富階級美學，建立自己資訊豐富的文化資本。為了在上層中產階級中保持普通地位，專業人士必須跟上音樂、藝術、時尚、設計和娛樂的最新趨勢，而且都在深厚歷史知識的脈絡下理解。在一九八〇年代，當下層階級看《讀者文摘》、《電視指南》（*TV Guide*）和《國家詢問報》（*National Enquirer*）時，上層中產階級則深入閱讀《紐約客》、《哈潑》（*Harper's*）和《大西洋月刊》（*The Atlantic*）等刊物的嚴肅文章，瞭解最新的文化評論。[101] 在專業階級裡較偏愛藝術的族群中，對高級文化的消費非常強勁，社交生活中充滿歌劇和交響樂演出、藝廊開幕式，以及博物館展覽。

迎合這個階級的媒體公司創造了中層階級娛樂：高雅但容易消化的內容，希望透過巧妙參照他們擁有的知識，來獎勵受過教育的觀眾。其中最好的例子可能是《辛普森家庭》（*The Simpsons*）——該劇結合卡通般的超暴力與犀利的社會諷刺，還不經意提到奧地利哲學家路德維希．維根斯坦。[102]在主角荷馬飆罵他立志就讀常春藤名校的女兒花枝時，專業階級是所有美國人中最有可能發現其中幽默之處的人——「我對你對瓦薩學院的批評快要忍無可忍了，小姐。」

專業階級依賴媒體和高檔零售商來瞭解該買什麼，以及如何結合產品以達到最大的品味一致性。這些指導以實際建議的形式呈現，希望以最大程度提升生活的樂趣：影評、瑜伽靜修營的指導、經典風格的圖片書。康泰納仕雜誌帝國——從《Vogue》和《GQ》到《紐約客》——就是建立在向專業階級傳授最新高地位慣例的基礎上，其中許多人不住在紐約，無法親自觀察這些趨勢。這種源源不斷新資訊的輸入、對評論文化的偏愛，以及願意嘗試未知或晦澀的形式，塑造了專業階級的品味——使其身分遠離被視為太明顯或太直接的大眾文化。有很長一段時間，對大眾文化的任何沉迷都必須被解釋為一種「帶有罪惡的愉悅」。（正如我們將在第十章中看到的，這已被「我不相信帶有罪惡的愉悅這個想法」所取代。）

在過去的三十年中，專業階級已經分裂為兩個不同的陣營。在投資銀行、私募股權、管理諮詢和專業醫學及法律等領域工作的人，通常能夠實現與新富階級中的低階人士相當的財富。一旦他們擁有了透過純粹財富傳達訊號的資源，他們的品味就會更趨向於炫耀性消費。另一個陣營是**創意階級**（creative class），這是社會學家理查．佛羅里達（Richard Florida）所創的名詞，用來描述那些透過「創意」職業獲得穩定中產階級收入的人，如作家、記者、雜誌編輯、平面設計師、攝影師、時尚採購員和室內設計師。[103]在接近名人和高地位的環境中，創意階級工作提供較多的是地位，而非財務報酬。當一名默默無聞的小說家，並不能獲得足以達到成功的收入，但可能帶來尊重和其他物質利益。劇作家麗蓮．赫爾門（Lillian Hellman）表示：「霍瑞斯．里夫萊特（Horace Liveright）可能是第一個明白作家不太在乎金錢，而更在乎受到關注的出版商。」[104]

這些人不僅喜歡前衛文化，並用它來傳達訊號，而且他們的職業生涯有賴於跟上最新潮流。在尼克・宏比（Nick Hornby）的小說《失戀排行榜》（*High Fidelity*）中，獨立音樂商店冠軍黑膠（Championship Vinyl）的店員們整天孜孜不倦地討論最佳專輯和音樂收藏的道德準則；不管有多麼沉悶，這些辯論可說是這份工作的核心。[105]

在創意階級的底層，較低的收入就意味著參與高雅生活方式的冒牌版。年輕的創意人士不是存錢購買高檔前衛設計師的衣服，而是在二手商店採購。同時，正如我們將在後續章節中看到的，創意階級率先接納那些表面上地位較低的團體的新風格，如此一來，他們在宣揚文化變遷上便處於領先地位。

與舊富階層一樣，專業階級鼓勵文化創新，將社會競爭聚焦於資訊、創新和符碼，而不是財富的明顯展示。對於富人來說，文化成為一個傳達其金錢優勢象徵的領域；另一方面，專業階級的成員則藉由**操縱**文化來表達他們的優越性。由於資訊是免費的，專業人士將這種高地位傳達的形式，視為最具菁英領導特性的地位競爭手段。只要努力，任何人都可以擁有好品味。但是，專業階級的先進美學選擇永遠不會完全主宰文化——因為在地位階梯底部的人嚮往更加簡單、更加大膽的表達方式。

無資本訊號傳達

「我有一雙Super PRO-Keds藍色帆布鞋。我永遠不會忘記那種感覺。那是成年的象徵。」[106] 巴比托・賈西亞（Bobbito Garcia）對運動鞋的終身迷戀於焉展開。身為波多黎各移民之子，並在曼哈頓上城的簡陋社區長大，賈西亞和他的朋友沒有錢炫耀汽車、奢侈包包或古董家具。但他們可以賺錢、乞討，或懇求父母資助他們購買新運動鞋。起初，運動員尋找這些鞋是為了在籃球場上取得優勢，但很快，最稀有的運動鞋本身成為強而有力的地位象徵。當賈西亞取得Super PRO-Keds時，他感到「光榮」。但光榮逐漸淡去：「我看到我的朋友有一雙我從未見過的PRO-Ked 69er。我大吃一驚。我以為我很酷，但他更酷。他走在我前面。」

托爾斯坦・范伯倫瞭解，「社會中沒有一個階級會放棄所有習慣的炫耀性消費，即便是最悲慘的窮人也是如此」[107]——這個原則在運動鞋消費和其他半奢侈品行業中都適用。在俄羅斯，「有長排的Range Rover和BMW Gran Turismo汽車」停在逐漸衰敗的蘇聯時期公寓大樓外。[108]在較貧窮的社群內獲得地位，炫耀性消費可能**更**有用。經濟學家克溫・科菲・查爾斯（Kerwin Kofi Charles）及同事，在二〇〇七年的論文〈炫耀性消費與種族〉（Conspicuous Consumption and Race）中指出，非裔美國人和西班牙裔在汽車和服裝等「有形物品」上的支出，比相同經濟背景的白人高出百分之三十。[109]他們得出結論認為，這源於兩個因素：（一）少數族裔將自己的種族集團視為主要參照團體；（二）在較不富裕的參照團體中，傳達更高地位的成本比在較富裕種族團體中低。這意味著對於較貧窮社群的成員來說，炫耀性消費提供了較佳的成本效益。

但是當個人缺乏大量的經濟、社會、教育或菁英文化資本時，訊號傳達是什麼樣子呢？專業階級建議窮人將精力和金錢投入教育和事業，而不是購買身分象徵。但並非每個人都有耐心延後地位宣告，也不是每個人都有潛力成為高成就者。對許多人來說，提升社會地位最快的途徑，是採用地位策略二：**假裝成高地位的人**。在假裝時，他們會模仿誰呢？新富階級堪稱最佳偶像，因為奢華是一種通用語言。一個古馳包包就是一個古馳包包，一輛法拉利就是一輛法拉利。正如哲學家勒內・古拉爾所表示的：「在欲望方面，階級差異已經不存在——這意味著在現代社會中，任何外部調解都已經瓦解。社會最低層的人渴望擁有社會最高層所擁有的東西。」[110]

對於那些缺乏資本的人來說，訊號傳達通常是將新富階級炫耀性消費的邏輯應用在較小規模的購買上。在一九七〇年代，當大多數青少年都穿便宜普通的帆布運動鞋，昂貴的品牌運動鞋成為身分象徵。富裕和貧窮社群都有品味的標準。[111]巴比托．賈西亞購買PRO-Keds的原因，就像他的朋友林肯．帕克（Lincoln Parker）所回憶的那樣：「即使在那個時候，也有如果你擁有某些產品，就會被接受的觀念。PRO-Keds就是其中之一。」[112]每個區域都有自己的運動鞋慣例：Nike在曼哈頓上城、愛迪達在皇后區、FILA在布魯克林很受歡迎。[113]但正如任何團體，遵循基本慣例只能獲得普通地位。要超越他人，就需要原創性和真實性。賈西亞解釋：「模仿是不受歡迎的。無論是在球場上創造一個新的腳部動作，還是新的街舞地板暫停動作，球員和嘻哈愛好者總是不斷追求創意的極限。」[114]

但即使品味的地位邏輯在各個階級都成立，缺乏資本仍會導致階層底部和頂部的訊號傳達之間出現差異。這些限制產生了兩種獨特的感知：**媚俗**（kitsch）與**炫耀**（flash）。

基於大多數文化評論中固有的菁英主義，「媚俗」是一個貶義詞。[115]但我們應該以一種價值中立的方式來思考媚俗——將其視為一種特定類型的商品，複製高級文化的格式（書籍、音樂、電影、服裝、家飾品），但去除其藝術抱負。[116]媚俗的象徵複雜性並不高：極少諷刺，鮮有模糊的情感，缺乏政治態度。媚俗運用一成不變的情感來迎合消費者的期望，因不需要特別知識即可理解。媚俗可能是假藝術，但它向每個人提供藝術體驗。它取悅、安撫，並將觀眾與他人連結起來。媚俗最著名的例子，包括罐頭音樂、煽情歌曲、天鵝絨貓王畫像、草坪上的粉紅火鶴、大理石半身像的迷你塑膠複製品、蘇聯寫實主義藝術，以及整個拉斯維加斯。但大部分流行文化都遵從媚俗的原則。熱門的好萊塢電影運用刺激的性愛和暴力場面，然後將一切都包裹在一個不挑戰傳統信念的快樂結局裡。

為了瞭解媚俗的吸引力，我們必須再次回到皮耶・布赫迪厄的看法，也就是對高級藝術的潛在鑑賞力在社會中是分布不均的。即使大學畢業率日益提高，位於社會底層的人依然較缺乏教育機會。這可能使高級文化成為一種疏離的經驗。布赫迪厄寫道：「如果對前衛戲劇、抽象繪畫，或者僅是古典音樂的形式探索，對工人階級的人來說顯得困窘，部分原因在於他們覺得無法理解這些事物應該代表什麼，因為它們只是符號。」[117] 每個人（除了最自虐的勢利者之外）都可以享受基本的感官愉悅，但所謂的康德式「沉思」美學，對擁有豐富教育資本的人才較具意義。媚俗讓人立即感覺良好，而前衛藝術則故意打破提供愉悅體驗的那些慣例。對於一個沒學過正確慣例的人來說，阿諾・荀貝格（Arnold Schoenberg）刺耳的十二音列樂曲聽起來不過是不和諧的噪音。

對於那些擁有正確知識的人，像是舊富階級和專業階級，媚俗是令人厭惡的。這些團體抱怨它缺乏藝術性（同時可能在潛意識層面苦惱其低地位價值）。從包浩斯（Bauhaus）到瑞典的宜家家居（IKEA）和日本的無印良品，許多創作者和製造商都試圖透過提供價格低廉、大量生產，並展現極簡主義「好品味」的物品來對抗媚俗。但這些商品可能羞辱到沒有資本的人。藝術哲學家湯瑪斯・庫卡（Tomáš Kulka）寫道：「媚俗的消費者不是因為物品是媚俗的而購買它；他們購買它，是因為他們將其視為藝術。」[118] 這點常常導致專業階級品味和廣受歡迎之間出現一種反向關係。在留聲機發明之後，湯瑪斯・愛迪生（Thomas Edison）被要求批准要銷售的唱片：「聽過這些唱片後，我會標註『好』、『普通』或『爛』，為同業對唱片進行分級。『爛』唱片總是在大眾之間獲得成功。現在我只要譴責一段音樂，工廠就會加班滿足需求。」[119]

媚俗雖然令人愉悅，但其無所不在的特性，也代表它並不能提供任何提升地位的功能。想在訊號傳達時取得優勢，需要脫穎而出。這鼓勵了一種**炫耀**感知：亮眼與招搖的美學，通常經由購買低層次的奢侈品來達成。[120]透過個人外表脫穎而出，對於那些缺乏機會來展示教育成就、職涯發展和房屋擁有權的人來說很重要。在沒有真正向上流動的希望時，有一種「瞬息文化」[121]——「來得容易，去得快」[122]——一種及時行樂的傾向。

炫耀表現在消費風格醒目的商品上。在這裡，我們發現財富所造成的普遍美學差異的根源。在一九五〇年代，芝加哥色彩研究院（Color Research Institute of Chicago）發現，收入和教育程度最高的階層較喜歡「柔和而精緻的顏色」，而較低階層則喜歡「鮮豔的色調和大量使用」。[123]早期移民到英國的牙買加人穿著「彩虹馬海毛西裝和圖案領帶」，還有「有著整齊印花的連衣裙和漆皮鞋」，那對於英國白人來說「太喧鬧和花俏」。[124]富有的創意階級可以大玩過時和衰退的服飾，以作為一種淡漠的手段，但這些商品只會強化那些缺乏資本者的貧窮汙名。極簡主義總是一種特權；在傳達訊號時，窮人負擔不起看起來普通的外觀。他們的目標便改為進行最大程度的裝飾，即使是用最便宜的物品。今天的俄羅斯人會花費數千美元將狐猴、懶洋洋的北極熊、小小兵（Minions）和查克・羅禮士（Chuck Norris）的圖像噴在他們的汽車上。[125]

想讓訊號傳達獲得最佳成本效益，引人注目的物品對於資源有限的人來說就是合理的選擇，如衣物上的大型商標和品牌名稱。在英國，被妖魔化的「低俗」（chav）工人階級次文化，熱愛容易辨認的Burberry方格花紋圖案。[126]在一個充斥著媒體的世界中，幾乎每個人都熟悉大型奢侈品牌。傑斯不必向他的粉絲解釋為什麼他擁有保時捷、法拉利和多輛邁巴赫（Maybach）。[127]仿冒者鎖定較貧窮的消費者，複製奢侈品牌最著名、以商標為主的風格商品，而不是較不明顯的款式。[128]因此，新富階級的奢侈和較低地位的炫耀之間，有一個重要的重疊之處：兩者都要大大的商標。但是，只有新富階級可以輕鬆購買正品。

低地位者對奢侈品的嚮往，在樂透得主的行為中一覽無遺；後者通常不會模仿舊富階級的生活方式，將錢交付信託或贊助前衛藝術家。一九六一年，英國卡索福德（Castleford）的工廠工人薇薇安・尼科森（Vivian Nicholson）贏得相當於三百萬英鎊的足球彩券獎金。[129] 她因為「拚命花錢」的生活方式，大肆採購珠寶、哈洛德百貨（Harrods）的衣服、跨洲旅行和一輛粉紅色卡迪拉克，而在全國聲名大噪。儘管這場狂歡最終以財務破產告終，但尼科森的生活仍然是英格蘭工人階級中眾所皆知的奢華生活標竿。四十五年後，名為珍妮佛・薩瑟爾（Jennifer Southall）的女性在全國樂透中贏得八百四十萬英鎊，她就宣布打算模仿「薇薇安・尼科森」。[130]

現代消費市場有個重要部分涉及大規模銷售媚俗和炫耀。主流流行文化的創作者和消費者絕對不會稱這些產品為「媚俗」，但正如我們將在第八章看到的，有一種以傳統公式、明顯情感和安全的政治意涵，來滿足現有觀眾期望的不成文默契。與此同時，奢侈品牌在市場上自我定位為為富人提供頂級商品的供應者，但實際上，他們每年都靠以低層次炫耀性消費為目標的入門商品，賺取數十億美元。運動鞋品牌開發新技術以提高運動表現，然後花費數百萬美元的行銷費用，使商品在貧窮社群中具有地位價值。[131] 這並不代表沒有資本就沒有創新：大眾文化的創作者可以、也確實會運用藝術慣例。（在下一章中，我們將看到次文化為何對文化變遷而言特別重要。）但對於企業來說，媚俗和炫耀是更好的獲利手段，因為市場上的大多數人都有保守、不服輸的品味，與社會地位梯階低至中層的人一致。對於明顯的地位象徵和即時愉悅，需求總是存在的。

在傳達訊號時，個人會炫耀他們最獨特且最強大的地位資產。這些訊號傳達需求隨後在擁有相同資本的人之間形成一種共同的感知。企業則為那些階級的地位策略生產特定的商品，作為地位象徵。最終的結果是，社會的文化產品和風格慣例大部分——至少在訊號傳達中最具炫耀性的那些——在很大程度上是用來滿足階級區分的需求。具體而言：

一、新富階級在訊號傳達時，使用經濟資本會刺激昂貴奢侈品的產生，如跑車、豪華轎車、豪宅、遊艇、避暑別墅、設計師服裝和家具。

二、舊富階級的反訊號傳達，以及對於古舊感與文化資本的重視，激勵企業製造具有實用吸引力的經典、質樸商品。

三、專業階級透過資訊進行訊號傳達，為中庸的大眾媒體／消費者指南、功能性商品、工藝品，以及舊富階級生活方式的複製品，創造了一個市場。

四、弱勢者想參與文化和超越同儕的渴望，促使企業提供媚俗和炫耀的入門奢侈品。

在決定哪些物品繼續流通上，階級也扮演重要角色。新富階級會在幾年後購買最新的新奇物品和升級。大多數媚俗商品都是為了單次使用，文化產業則不斷推陳出新來取而代之。然而，舊富階級需要具有古舊感的物品來傳遞訊號，因此這些家族往往會重視並保護老舊的物品和美學。透過堅持經典風格，他們幫助自己的慣例維持價值，成為「傳統」。評論家羅素・林恩斯在探討美國的古董熱潮時指出：「家庭買得起瓷器時，就會從閣樓或舊櫥櫃裡拿出先前收起來的白鑞器皿，當他們買得起黃銅或白銀時，就拿出早被遺忘的釉彩燭臺，自豪地展示，並以令人滿意的價格賣給熱心的收藏家。」[132] 沒有功能性需求會使這些物品重新流行，但古董之所以存在，是因為它們在傳達訊號時提供了地位價值。在遵循舊富階級美學邏輯的同時，專業階級通常最積極參與這些潮流，正如我們將在第九章中看到的，創意階級在不斷尋找流行文化的新形式時，也會讓較舊的媚俗風格以復古姿態重新流行。

階級對消費者選擇的這些影響，挑戰了「品味可能是基於美的普世標準」的這項觀點。尤其，經常受到讚揚的「簡約優雅」並不是人類固有的偏好，而是源自一種反訊號傳達策略。在由一個統一且永久的菁英階級統治全體人口的社群中，好品味比較傾向於明顯的炫耀性消費，而不是質樸。

我們在流行文化中所讚頌的很多東西，都是為滿足階級對於品味區分的需求而創造的。但正如我們稍後即將學到的，**逃脫**階級體系也是新美學感知的創意動力。

第六章 次文化與反文化

Subcultures and Countercultures

◆ **MAIN POINTS**

另類地位團體，從穿著斗篷的不良分子，到日本的山巫，以及反帝國主義的牙買加公社，都創造了激進風格，從而影響大眾文化。◆

形成另類地位團體

一九五四年底，英格蘭盧頓（Lutton）的喬治飯店舞廳在窗戶上張貼了一張告示：穿著愛德華時代服裝的年輕人，不得入場參加飯店舞會。[1]這對愛德華時代造型來說是一次毀滅性的命運逆轉。[2]六年前，倫敦薩維爾街的高級裁縫師復興了這種二十世紀初的風格，包括無腰身垂墜長外套、優雅的圖案背心和修身長褲[3]——既是為了喚起大英帝國的黃金歲月，也為了慶祝戰時的節儉時期結束。但或許這種風格太華麗了，愛德華時代造型被嚴肅的商人所摒棄，除了菁英軍官和牛津劍橋的花花公子之外，吸引到的人少之又少。[4]

愛德華時代風格最終確實找到了一大批狂熱粉絲：不良少年。倫敦工人階級社區的青少年請求當地的裁縫師複製薩維爾街造型，同時將長外套延長到誇張的阻特裝（zoot-suit）長度，並將褲子剪裁成極窄的排水管形狀。這些青少年穿著這種大膽的西裝上街，頭上梳著油膩的鴨屁股飛機頭，腳上踩著厚膠底鞋。

在二戰結束後，英國當局曾擔心青少年犯罪和社會混亂加劇，而此時青年幫派確實在全國各地流竄，身穿華麗的愛德華風格西裝，犯下轟動社會的罪行。一陣道德恐慌隨即出現。[5] 報紙緊張兮兮地報導一連串彷彿來自愛德華時代的惡行：幫派鬥毆、破壞財物、縱火、虐待動物。[6] 但是，正是青少年凶殺案審判鞏固了愛德華風格服裝與不法行為之間的關聯——並讓這些青年幫派聲名大噪。在二十歲的愛德華風格青年邁可·戴維斯（Michael Davies）的審判中，他被指控刺死一名少年，小報《每日快報》（*Daily Express*）的一名記者聽到年輕女性稱他們衣著講究的流氓男友為「泰迪男孩」（teddy boys）——「愛德華」的暱稱。[7] 從此以後，基督教神職人員抨擊泰迪男孩造型為「魔鬼的服裝」，[8] 社工則宣稱它是「醜陋的暴力徽章」。[9] 這促使第一波時髦的愛德華風格者放棄他們的西裝；一名王室禁衛兵向《每日鏡報》（*Daily Mirror*）抱怨，泰迪男孩的出現代表「整個衣櫃**立即**變得**無衣可穿**」。[10]

英國成功抵擋了泰迪男孩的襲擊，但這個團體在我們的集體記憶中，仍然是戰後**次文化**的鮮明案例。[11] 次文化一詞最初是指「主流文化」的較小分支，[12] 但一九七〇年代，社會學將次文化的分析聚焦在年輕工人階級邊緣人團體上，他們組織鬆散，採取非傳統的風格和行為。次文化也是本書第一章所介紹的另類地位團體的明確例子：[13] 由於缺乏全球地位，這些個人形成了新的階層，其共同點是地位信念，而非資本和主流優點。在泰迪男孩的圈子裡，比起得體的禮貌和研究所學位，華麗風格和「大膽」更受尊重。例如，在伯明罕的泰迪男孩圈中，地位提升意味著不是「卡士達」。① 當所有孩子都只是打破牛奶瓶時，真正泰迪女英雄會挺身而出，拿鞋子砸破商店櫥窗。[14]

胡亂破壞不僅為泰迪男孩和女孩提供週末的樂趣。像幫派和邪教這樣的社群，也為不受尊重的人提供一個機會，讓他們獲得重生，成為受愛戴和受歡迎的同伴。臭名往往比匿名更可取。對於那些已經處於地位階梯底部、並對他們向上流動的前景感到懷疑的人來說，最具吸引力的前進路徑，是採取地位策略四：**組成新的地位團體**。社會學家喬治・荷曼斯寫道：「在一個團體中，地位低下的成員特別傾向於不遵守規範。由於從團體中獲得的獎勵極少，他們也特別傾向於完全離開團體——如果他們有地方可去的話。」[15]次文化提供了一個目的地，使離開變得更容易。

但正如我們在第一章中所學到的，這項地位策略有一個重大缺點：次文化中的個人只能獲得近距地位。而且，如果團體的基本地位標準與主流相去太遠，加入次文化將造成全球地位的重大損失。即使在全國性的道德恐慌之前，泰迪男孩就因為服裝在街頭遭受言辭羞辱；研究泰迪男孩的歷史學家麥可・馬奇維（Michael Macilwee）解釋：「對於第一批先鋒來說，必須鼓起勇氣才能打扮得像上流社會花花公子在他們的工人階級社區走動，而其他大多數年輕人都穿著他們老爸的『退伍軍人』西裝或寬大的法蘭絨褲。」[16]媒體的炒作進一步提高了社會成本。泰迪男孩失去了工作機會，被他們最喜愛的舞廳、電影院和酒吧拒於門外。這種算計——為了獲得近距地位而忍受龐大的全球地位損失——只對那些特別弱勢的青少年有意義，畢竟他們渴望新的尊重來源，**而且**可以失去的事物少之又少。

① 譯注：custard，俚語，指討人厭的混蛋。

從遊民到扒手幫，次文化存在已久。重大的改變來自消費主義，它將次文化生活提升到了輕罪和神祕黑話之外，擴及極端的服裝風格、狂野的音樂類型、奇異的社會儀式和娛樂性用藥。作家湯姆．伍爾夫解釋：「在人類歷史上，年輕人第一次擁有金錢、個人自由和空閒時間，能建造符合自己品味的紀念碑和休閒宮殿。」[17]泰迪男孩充分利用不斷上漲的藍領工資，每週末展示他們的偽貴族西裝和完美的飛機頭，而他們拘謹的同輩則穿著單調的服裝、面對學校和工作上的苦差事。消費主義使得次文化可以沉溺於公開享樂中，作為對主流社會的反模仿。泰迪男孩從未在炫耀性消費和炫耀性休閒中獲得全球高地位，但華麗的服裝、狂野的行為、每週的派對和不停跳舞，讓他們每個星期六晚上都能假裝擁有菁英地位。

隨著先進經濟體的物質條件改善，戰後繁榮在世界各地催生出一連串不斷湧現的次文化。在英國，泰迪男孩之後，是騎著偉士牌（Vespa）摩托車的都會潮流，這項流行而後又演變為工人風格光頭。[18]其他地方也出現了類似的邊緣人團體：美國的嬉皮、油頭飛車黨和不法機車幫；澳洲的粗野少男少女（bodgies and widgies）；南非的鴨尾頭幫（ducktails）；法國的札祖族（zazou）和黑夾克族（blousons noir）；瑞典的皮衣騎士（skinnknuttar）和雷加汽車幫（raggare）；日本的暴走族機車幫。[19]一旦生活水準超過一定門檻，引人注目的次文化就可能在任何地方出現：例如，剛果穿粉紅和黃色西裝的花花公子團體薩普協會（La Sape），以及在塞爾維亞，戴金項鍊、穿卡帕（Kappa）運動服的迪賽男孩（Dizelaši）。[20]

弱勢的少數族裔也會形成他們自己的另類地位團體——打造音樂、時尚和休閒的文化綠洲，以逃避結構性歧視。社會學家迪克．何柏第（Dick Hebdige）寫道：「黑人文化，尤其是黑人音樂，提供了最強大的生存手段之一——一種團結的祕密語言，一種表達壓迫的方式，一種文化反抗的手段，一聲希望的呼喊。」[21]在一九六〇年代，移民到英格蘭的牙買加年輕人被稱為粗魯男孩（rude boys），他們穿著花俏的馬海毛西裝，頭戴豬肉派帽。[22]在加州，奇卡諾人（Chicanos）②創造自己的低底盤汽車文化。[23]在一九七〇年代的南布朗克斯末日廢墟中，③非裔美國少年透過唱饒舌、跳霹靂舞、當DJ，以及塗鴉，來建立感情，因而結合成更廣泛的嘻哈運動。[24]

一九六〇年代，中產階級青年感受到自己的反叛精神，[25]放棄了父母墨守成規的習慣，[26]形成被稱為**反文化**（countercultures）的另類地位團體。與次文化相比，反文化往往支持明確的意識形態，成員也認為這些意識形態優於傳統規範。[27]泰迪男孩只是為了好玩，反文化的垮掉世代則擁護極端的自發性、性自由和意識擴展，作為對五〇年代美國沉悶一致的「灰色法蘭絨」的精神解藥。十年後，嬉皮擁抱迷幻藥物，拒絕技術官僚思維，開始激發熱情、內向探索、脫離體制。到了七〇年代初，許多公社和新時代（New Age）邪教尋求另類的生活方式，以取代資本主義思維和中產階級道德觀。

另類地位團體有一種較不極端的中產階級版本是**愛好者團體**（hobbyist group）：基於共同興趣的個人，建立互相尊重的人際網絡。[28]從《星際迷航》粉絲（Trekkies）到駭客、南北戰爭再現演員和獸迷（furries），④愛好者在主流社會中常常因為被視為怪胎而受到嘲笑。就像青少年加入次文化的情況，某些愛好者團體的開放成員資格可能導致低全球地位。可是一旦加入，成員就可以享有同儕的社會認可。在科

② 譯注：指墨西哥裔美國人。
③ 譯注：當時失業、貧窮與犯罪問題嚴重，警局與消防隊因預算問題而縮編。不少房東為領取保險金而縱火燒毀自己的房產，使南布朗克斯淪為鬼城。
④ 譯注：喜歡擬人化動物的粉絲。

林・麥基尼斯（Colin MacInnes）一九五九年的英國小說《初生之犢》（*Absolute Beginners*）中，少年敘述者解釋了爵士樂的局外人魅力：「完全沒有人在意你的階級、種族、收入是多少，或者你是男孩還是女孩，是同性戀還是雙性戀，或者你是什麼——只要你喜歡這個地方，能夠守規矩，而且你走進爵士俱樂部的大門時，把所有鳥事都拋在腦後。」[29]加入一個愛好者團體比為了過公社生活而放棄後工業社會更容易。兼職成員可以在職場和學校隱藏他們的狂熱。同事不需要瞭解會計部的菲爾著迷於《彩虹小馬》（*My Little Pony*）的任何細節。

然而，如果次文化形成是為了彌補地位劣勢，為什麼富有的中產階級孩子會創建他們自己的另類地位團體呢？對大多數郊區青少年而言，最佳的長期地位策略應該是努力用功、遵守規則，而不是穿著奇怪的服裝，使自己與權威者疏遠。首先，愛好者團體一向是青少年排解無聊的有效方法。但即使是最富裕的青少年，在感到被邊緣化和壓迫，自由受到宵禁、禁足和經濟依賴的限制時，也能受益於額外的尊重。不管他們未來的地位如何，他們可能在校園裡受到霸凌和地位低下之苦。評論家卡爾・威爾遜（Carl Wilson）在談到他對音樂的熱情時解釋：「身為一個曾經受到霸凌的孩子，我總覺得那是從被排斥開始。如果尊重或者簡單的公平被剝奪了，你會以自己能在惡霸勢力範圍以外搜羅到的東西，建立精采的生活（最好的報復），擺脫獲得大多數人認同的渴望。」[30]許多中產階級的年輕人也真誠地接受了反文化團體的激進信念。嬉皮文化承諾給人一種更純淨、更和平的自由民主形式。在繁榮時期，消費文化的人為性可能激起對更原始的生活型態和民間傳統的欲望——即「對泥巴的懷念」。[31]

理論上，加入另類地位團體並沒有年齡限制。然而，最知名的次文化與反文化都是**青年文化**。從一九五〇年代開始，隨著汽車、擴大的消費市場，以及以年輕人為主的大眾媒體出現，青少年藉由躲進自己的獨特社群，來解決他們的地位焦慮。青少年利用奇怪的服裝風格、流行的舞蹈和俚語（「時髦」〔groovy〕、「大麻捲菸」〔doobie〕、「過氣」〔cheugy〕）在年輕人和老人之間劃下清晰的界限。記者尼克・科恩（Nik Cohn）在談到英國戰後青年文化時寫道：「這是有史以來，孩子不想看起來跟他們的父親一樣。事實上，無論他們的父親如何，他們都希望自己看起來與之完全相反。」[32]青年文化使青少年能夠翻轉劇本，創造使他們比古板父母更優秀的標準。作為社會中最新的成員，他們認為父母的規範反正也是任意性的。

儘管另類地位團體提出了一種逃避階級結構的途徑，但個別成員的品味仍然與他們的慣習息息相關。泰迪男孩保留了其工人階級社群的父權性別價值觀、地域性和排外心理。[33]（最值得一提的是，他們是一九五八年倫敦諾丁丘〔Notting Hill〕反西印度移民種族暴動的核心發動者。）在相似的脈絡下，工人階級次文化鮮少將他們的社會反抗導向明確的政治或精神信念。一九七〇年代的日本藍領摩托車騎士，以右翼準軍事制服，配上帝國主義口號，嚇壞了當局——儘管他們對實際的右翼意識形態幾乎沒什麼興趣。[34]相比之下，大學校園中的上層中產階級嬉皮則用偽哲學和文謅謅的語言，來表達他們反建制的態度。

然而，隨著時間過去，次文化與反文化之間的區分變得模糊，特別是當反文化從次文化的「真實性」中獲得靈感時。受過常春藤聯盟教育的垮掉世代詩人，從工人階級的白人文青那裡抄襲異常的生活方式，而垮掉世代書籍隨後在大學校園中激起了一場中產階級的嬉皮運動。[35]反文化也可能滲透到次文化中。當大眾媒體報導知識分子的舊金山迷幻運動時，美國各地的離家者湧入加州，形成一個街頭無產階級。一九六七年，披頭四的喬治・哈里遜造訪舊金山的海特艾許伯里地區（Haight-Ashbury），對其惡化覺得反感：「我以為那裡是一個出色的地方，有時髦的吉普賽人在小工作坊裡創作藝術品、畫畫和雕刻。但那裡充滿了可怕、三教九流、嗑藥的年輕人。」[36]

不意外的是，主流社會對另類地位團體出現感到憤怒，因為這些團體的存在冒犯了主流的地位信念。祝福、甚至容忍次文化的違法行為，等於承認主流規範的任意性是危險的。因此，次文化與反文化往往被描繪成現代的民間惡魔。媒體編造犯罪猖獗、濫用藥物和性道德沉淪的荒誕故事，經常以半真半假的聳動內容加以渲染。為了打擊一九七〇年代的藥物濫用，教育單位和出版商仰賴一本虛構的日記《去問愛麗絲》（*Go Ask Alice*），書中講述一個女孩意外服用搖腳丸（LSD）而淪入成癮、性工作和無家可歸的悲慘生活。[37]次文化生活的真相通常更平凡無奇。正如一名曾經的泰迪男孩事後解釋：「我們自稱為泰迪男孩，想要盡可能聰明。我們過了一段快樂的時光，其他的都是宣傳。」[38]

當然，主流社會和另類地位團體之間的敵意是有來有往的。次文化發明了貶義詞來形容主流文化：「普通人」（normies）、[39]「追潮流人」（trendies）、[40]「雪倫」（Sharons）、「冰沙」（smoothies）、「隨便仔」（casuals）、[41]「基本款」（basics）等。每個另類地位團體都創造了凸顯自己特殊標準的二元性。諾曼・梅勒（Norman Mailer）在他引起爭議的文章〈白色黑人〉（The White Negro）中，針對美國次文化寫過一段著名的話：「人不是時髦就是古板，不是叛逆就是順從，不是美國夜生活的西部拓荒者，就是機器裡的小螺絲釘，困在美國社會的極權組織中，如果想要成功，就注定只能無奈地順從。」[42]

然而，儘管次文化與反文化在流行文化上取得成功，它們從未推翻過現有的地位體系。另類地位團體主要是臨時性的解決方案。穿著愛德華時代服裝無法解決結構性問題，包括「失業、教育劣勢、強制性的錯誤教育、沒有前途的工作、勞力的例行化和專門化、低工資，以及技能喪失」。[43]當次文化青少年長大成人後，參與次文化的社會成本開始超過其好處。在某個年齡，「出賣」成為獲取更高地位的較佳方式。最初的泰迪男孩在結婚或服兵役後，便高掛他們的無腰身垂墜外套。許多希望藉由加入反文化來逃避地位階梯的嬉皮失望地發現，他們的新社群中仍有權力階層和沙文主義。如果一九七〇年代的公社奏效，他們的人數就不會大幅減少。

在次文化與反文化的黃金時期，兩種文化共同努力，創建替代的地位來源，成效卓著。和所有的地位團體一樣，成員必須符合一定的慣例來獲得普通地位。不同之處在於，在次文化與反文化中，遵循的慣例不僅獨特——而且令人震驚。

極端風格

「美白」（*bihaku*）長期以來一直是日本女性美的理想標準。[44]但在一九九〇年代初，來自東京菁英高中的女孩開始將皮膚曬成金褐色，將頭髮染成淺栗色。[45]這不是對美白的意識形態反叛：古銅色皮膚也模擬了度完昂貴夏威夷海灘假期之後的成果。深色的皮膚還幫助女孩們看起來更成熟，以便偷溜進夜店。保鑣開始稱這些女孩為「辣妹」（*kogyaru*），在風格近似的沖繩歌手安室奈美惠成為該國最紅的流行歌手之後，數百萬中產階級中學生也把髮色染淡，到日曬沙龍曬黑皮膚。到了一九九〇年代中期，大多數年輕的日本女性多屬辣妹，不走美白路線。

辣妹風格最終變得實在太受歡迎，以至於來自鄉村的高中不良分子，曾經加入全女子機車幫的那一類人，也開始曬黑並在東京出沒。但為了適應自己的社會需求，她們將略帶淫穢感的古銅色外表，轉變為一種稱為「黑臉」（*ganguro*）的激進化妝風格——極深的膚色、大量的白色眼妝、用麥克筆畫的眉毛，以及瞳孔放大片。男性小報對「辣妹」情有獨鍾，卻討厭「黑臉」，將她們塑造成睡在垃圾滿地的小巷中、不肯洗澡或更換內衣褲，以及從事性工作維持生計的街頭流浪者。[46] 到了一九九〇年代末，黑臉取代了辣妹運動，她們的時尚雜誌歌頌最激進的女性，被暱稱為「山姥」（*yamamba*）——「山巫婆」——她們將外表加強到完整的部落妝、彩虹色髮片、惡魔般的彩色隱形眼鏡和臉部穿洞。最初辣妹的造型是年輕富裕女性稍微偏離主流美妝趨勢，但一旦被工人階級次文化採用，這些慣例就升級為一種更接近日本民間傳說怪物的風格，甚至超越該國著名前衛時尚中最怪異的例子。

黑臉風格的發展，說明了另類地位團體的一項重要原則：次文化與反文化不是圍繞著微小的風格差異而形成，而是基於**極端**差異的慣例。富有的「辣妹」曬黑皮膚和染髮，以顯示其欣賞陽光充足地區的女性外貌。「黑臉」將這些風格方向誇大成一種與社會疏離的裝扮。正如我們在第二章中所學到的，地位團體依賴獨特做法來自我定義。次文化與反文化需要特別高的隔離圍欄，以顯示它們刻意與傳統社會的標準階級體系有所區分。這需要超出可接受差異的範疇。泰迪男孩需要誇大愛德華時代風格，加上一個油亮的鴨尾頭，才能避免與穿著相似的劍橋大學生有任何重疊之處。正如我們將看到的，這些團體的社會動態，往往會促使它們的風格隨著時間過去變得更加狂野。在創造新慣例上，次文化與反文化是創意的重要來源。

要區分次文化，最簡單的方法是從其對標準慣例的**否定**：故意與主流相反。如果保守的商人留短髮，嬉皮就留長髮。如果中產階級嬉皮留長髮，工人階級光頭黨就留平頭。這些否定可以採取拒絕、顛倒、誇大或扭曲現有外貌的形式。變黑的皮膚和白色的妝，不僅將黑臉與一般女性區分開來，還與第一波的富裕辣妹不同。六〇年代的摩德風（mod style）——修身西裝，搭配額外鈕釦、口袋翻蓋和超深開衩等細節——「明顯接近傳統世界」，但「仍然難以理解」。[47]

次文化與反文化如何確定特定的叛逆方向？為什麼泰迪男孩採用愛德華時期風格，而黑臉將臉弄黑？非正式團體很少有正式的會議來商議其古怪之處。慣例則是在一個自然的過程中隨著時間形成的。成員隨意提出激進的想法，最令人印象深刻的想法就會一直存在。摩德族的修身西裝和蘭美達（Lambretta）摩托車之所以廣為流行，是因為它們直接迎合了當時工人階級青少年的渴望。在一九六〇年代的倫敦發現摩德風時，一位後來追隨這種風格的人回憶道：「我在遠處聽到一輛義大利摩托車獨特的活塞爆破聲……車手看起來很出色，頭髮中分，修剪得像法國人一樣。我只是呆呆地站在那裡，對那個情景感到難以置信，因為老實說，那輛摩托車看起來像一輛羅馬戰車……我會願意付出一切，只要看起來和那天晚上那傢伙一樣好看。」[48]他第二天出門就成了摩德族。

青年次文化很少是集體藝術或設計，這代表其風格創新往往是改編、扭曲和融合既有的造型和商品，而不是從頭開始創造新風貌。泰迪男孩就從薩維爾街偷來他們的招牌造型。因此，大多數次文化與反文化的創新都始於**拼貼**（bricolage）——混合與搭配現有的風格和物品，賦予它們新的意義。[49]由於青少年受限於特定的地理空間和有限的零用錢，他們必須重新運用一般物品來建構獨特的造型。最早的英國次文化著重在訂製西裝，因為訂製是當時的標準。摩德族騎乘摩托車，因為他們買不起汽車。日本早期的暴走族騎士穿的毛領防寒工裝外套則來自建築和清潔工作。[50]

拼貼在於到處取得靈感——模仿和反模仿，壞品味和好品味。任何東西都可以加入混搭——套句社會學家迪克·何柏第的話，只要最終結果「**明顯**是拼裝而成的」即可。[51]壞品味是對主流風格的拒絕，而仿效則有助於給人留下深刻印象。泰迪男孩擁抱愛德華時代西裝，而一九九〇年代的英國工人階級則把自己包裹在Burberry的方格花紋裡。在大多數情況下，最容易區分的方式是看起來嚇人、危險且盛氣凌人。性手槍樂團

（Sex Pistols）的席德・維瑟斯（Sid Vicious）穿著流氓機車幫的皮夾克和長筒靴，而為了進一步自我異化，還穿一件納粹符號T恤。[52] 值得注意的是，這個最禁忌的符號是二十世紀末次文化的最愛，從地獄天使（Hells Angels）機車幫、日本摩托車族到布朗克斯幫派的少數族裔青年都在用。

明確的區分需要高牆，必須付出高昂的訊號傳達成本來阻擋普通人。次文化與反文化風格需要花費大量的時間、金錢和聲譽。對一九五〇年代的年輕藍領工人來說，訂製泰迪男孩西裝極為昂貴，而那種精心處理、耗費時間的髮型也是一種炫耀性浪費。這兩者都讓不夠熱情的泰迪男孩打了退堂鼓。當團體具有反商業主義傾向，如龐克和嬉皮，必要條件便可能轉而專注於外表的過度改變，例如身體穿洞和莫霍克髮型。

成員自己並不認為他們的生活方式僅是反模仿，而是視其為對個人感情的直接表達。垮掉世代為對抗五〇年代沉悶的一致性，過著「地下價值觀」的生活：藉由藥物使用、性自由、流浪生活方式、拳鬥，以及實驗性寫作技巧，表達「享樂主義、對工作及侵略和暴力男性氣概觀念的鄙視」。[53] 龐克往往堅稱，「龐克不是一種時尚——它是一種態度」。[54] 固然有一種好鬥不羈的龐克「感覺」，但要表達這種情感有很多可能的方式。[55] 理論上，對時尚和商業主義的深深猜疑，可能使龐克盡可能地穿得平淡無奇。另一方面，安全別針和皮夾克則表達了他們的意識形態，同時也順便與主流社會產生明顯的區分點。

隨著時間過去，叛逆的風格最終會在另類地位團體中變成慣例，而在那時候，成員必須遵守才能獲得普通地位。作為一個賈格羅（Juggalo）——音樂團體跳樑小丑（Insane Clown Posse）的粉絲——成員被期望穿著超大號的紅色和黑色服裝，飲用大量的低價費哥（Faygo）汽水，將樂團的斧頭人（Hatchetman）標誌刺在身上，以及用「呼呼」（whoop whoop）向其他賈格羅打招呼。就像富人擁有文化資本一樣，次文化也會發展**次文化資本**。[56] 當一個賈格羅有正確的方式，就像當一名舊富階級人是有正確方式一樣。在參加賈格羅集合（Gathering of the Juggalos）音樂節時，非賈格羅作家肯特．羅素（Kent Russell）注意到斧頭人標誌無所不在：「我看到斧頭人繡在上衣、長褲、短褲、比基尼上衣、毛帽、棒球帽和鞋子上；用頭髮和胸毛呈現；被刺在塗了亮漆的肌膚上——手臂、肩膀、前臂、手背上的骨頭、頸部和屁股、乳房周圍、小腿、鎖骨和腳上。」[57]相較之下，羅素缺乏這種次文化資本：沒有斧頭人刺青，也不熟悉說「呼呼」的正確方式。他很快在賈格羅微型社會中跌落至最低地位，整天都在接受「廢物洗禮」，因為音樂節群眾不斷朝他丟垃圾。

另類地位團體可能代表著逃脫主要社會階層，但整體上並沒有逃脫地位結構。就像任何部落或社會一樣，這些團體要求遵從慣例，並給予某些成員更多獎勵。這助長了一種常見的抱怨，也就是加入次文化只不過是將一種制服換成另一種。性手槍樂團的約翰．萊頓（John Lydon，又名強尼．羅登〔Johnny Rotten〕）譴責龐克的第二代：「他們變得像複製人。現在他們完全搞錯了整個重點，也就是只著重在個人表達和個性……皮夾克、安全別針、破牛仔褲、街鬥靴、刺猬般的頭髮。」[58]然而，很少有成員將遵從次文化規範視為無腦模仿。社會學家大衛．墨格頓（David Muggleton）訪問一名年輕的龐克，對方聲稱「龐克基本上是做自己、自由、做你想做的事情、打扮成你想要的樣子」[59]——同時留著典型的龐克莫霍克髮型。

當次文化的規模開始縮小時，對成員的要求可能變得更加極端。黑臉嚇跑了美白風格的普通女孩之後，剩下的成員在東京街頭發展出自己獨特的外觀，對外人來說卻難以理解。這種現象呼應了語言學中的一項原則：小型原住民族的語言發展出比廣泛使用的語言更複雜的語法和更難的發音。[60]當次文化變成小型的異端團體時，最忠誠的成員比那些只是逢迎的人獲得更多地位，這會激勵核心成員投入訊號傳達成本更高、更極端的做法。

這通常會變本加厲，演變為更加極端的情況。[61]如果次文化擁抱的外型太離譜，其成員的全球地位會受到巨大衝擊。願意加入的人會更少，剩下的成員將更依賴次文化來獲得尊重。黑臉女孩的外表越古怪，她們就越需要其他黑臉女孩的尊重才能有地位。這往往會導致高地位的「完整」成員對「基層」成員開戰。[62]死忠的銳舞族討厭「鐵克諾崔西」（Techno Traceys），[63]搖腳丸團體歡樂搗蛋者（Merry Pranksters）最討厭的莫過於「週末文青」。[64]在整個次文化與反文化領域，「塑膠」——不正宗、變化不定——長久以來都是最嚴重的羞辱之一。[65]龐克將那些沒有顯眼刺青或不理高聳莫霍克髮型的人冠上「富貴龐克」（preppy punk）的稱號。[66]團體可能會驅逐這些反叛者和妥協者。

當然，所有的次文化與反文化都是由個體組成的，極少成員能完全符合刻板形象。最初的泰迪男孩有不少人從未擁有愛德華風格西裝，只穿他們父親傳下來的舊外套。[67]而且次文化之間的界線往往比媒體所描繪的更不明確。不過，團體變得被最極端的元素所定義，而最**新奇的**慣例就會成為界定要素。後來代表「泰迪男孩」風格的，是最精緻的愛德華風格西裝，而不是中等成員的溫和版本。

於是，次文化隨著時間過去變得在外型上越來越極端——然而，最終影響主流社會的，卻也通常是次文化最激進的創新成果。

從邊緣到主流

成立於一九四〇年的皮尼科（Pinnacle）是牙買加鄉間的公社，為其黑人居民提供擺脫英國殖民主義壓迫的「社會主義生活」。[68]創始人雷納德·豪爾（Leonard Howell）傳布一種混合基督教和東方唯靈論的非正統宗教：衣索比亞的皇帝海爾・塞拉西（Haile Selassie）被視為神聖，教皇是魔鬼，大麻則是一種神聖植物。根據《利未記》第二十一章第五節的指示，男性以一種使外人感到不安的纏結風格留頭髮，後來這種髮型被稱為「髒辮」（dreadlocks）。

牙買加當局對這個教派不滿，經常搜查皮尼科，最終將豪爾關在一家精神病院。這場鎮壓驅使豪爾的追隨者——後來稱為拉斯塔法里教徒（Rastafarians）——遍布整個牙買加，他們後來被視為民間惡魔。[69]家長告訴孩子，拉斯塔法里教徒住在排水溝裡，並隨身攜帶人類的斷肢。一九六〇年，牙買加總理警告全國：「這些人——我很高興只是他們其中的一小部分——是我們國家的邪惡敵人。」[70]

如果拉斯塔法里教在這個特別的時機消失，它在我們的記憶中就會跟其他默默無聞的現代靈性教派（如神智學〔theosophy〕、光之教會〔Church of Light〕和胡娜〔Huna〕）沒兩樣。不過拉斯塔法里教的教義得以延續，要歸功於一名極其重要的信徒：牙買加音樂家巴布・馬利。他最初從他周圍的樂手和大麻販子那裡吸收了這個團體的教義。[71]但是，當他的妻子莉塔親眼見到海爾・塞拉西——以及他手上類似聖痕的「釘印」[72]——她就成了一名真正的信徒。馬利最終接受了它的信條，而隨著他的音樂在一九七〇年代傳播到世界各地，拉斯塔法里教的慣例也跟著散播出去——從髒辮（現在被稱為「雷鬼頭」，成為一種時尚髮型），到稱呼大麻為「ganja」⑤皆是如此。利用流行音樂作為媒介，一座加勒比小島上遭輕視的宗教次文化的信條成為西方商業文化的一部分，表現出來就是成千上萬的著名音樂家受到雷鬼樂的影響、郊區孩子在音樂節

⑤譯注：借自印地語的「大麻」。

上戴著手編的「拉斯塔帽」（rastacap），以及阿姆斯特丹咖啡館和美國宿舍的牆上貼滿紅、黃、綠色的大麻葉海報。雷鬼頭如今幾乎和披頭四髮型一樣普遍，出現在小賈斯汀（Justin Bieber）、美式足球運動員、賈克羅，以及至少一名三K黨成員的頭上。[73]

拉斯塔法里教並非特例：泰迪男孩、摩德族、牙買加壞男孩（rude boys）、嬉皮、龐克、摩托車手和衝浪手的激進慣例都已融入主流。這絕對不是這些團體的初衷。個人加入次文化與反文化，是為了**拒絕**主流社會及其價值觀。他們藉由對社會規範的公然無視來建構身分。然而，在拒絕基本慣例的過程中，這些反傳統者因為獨特、原創和真實而變成傳奇。衝浪不再是一種「局外人」的活動：衝浪品牌Quiksilver的母公司Boardriders的年營業額已超過二十億美元。[74]鄉村生活英國奶油（Country Life English Butter）聘請龐克傳奇約翰・萊頓出現在電視廣告中。[75]美國最受歡迎的冰淇淋口味之一是「櫻桃賈西亞」（Cherry Garcia），以一支迷幻搖滾樂團留著鬍子的領導人物命名，他長期代表一九六〇年代反文化叛逆「激發熱情、內向探索、脫離體制」的精神。⑥ 正如次文化學者史都華・霍爾（Stuart Hall）和東尼・傑佛遜（Tony Jefferson）所指出，反叛的青年文化變成一種「純粹、簡單、憤怒的商業成功」。[76]那麼，為什麼傳統社會到頭來，會支持對自己慣例的極端否定呢？

次文化與反文化的影響力超出了它們原本的成員人數。一九五〇年代和一九六〇年代的大多數青少年從未加入過次文化。在人口五千萬的英國，泰迪男孩的人數估計從未超過三萬。[77]不論被排斥的青少年有何感受，大多數人仍不想冒著失去普通地位的風險，參與奇怪裝扮和不良行為。由於另類地位團體實際上根本無法**取代**大眾，只能透過被模仿來發揮影響力。但是，另類地位團體的激進創新是如何獲得威望的呢？有兩條關鍵途徑：創意階級和青年消費市場。

在訊號傳達的基本邏輯中，次文化慣例提供的地位價值極小，因為這些慣例與弱勢社群有關。然而，二十世紀的主要社會變革，是將少數族裔和工人階級的慣例融入主流社會規範。這個過程至少自爵士樂時代以來就一直在進行，當時富有的白人使用黑人社群的次文化資本來傳達訊號，彌補他們自己缺乏的真實性。對地位低下者的崇拜，也可以回溯到十九世紀的浪漫主義；哲學家查爾斯·泰勒寫道，許多人開始發現，「比起都市居民墮落的生活方式，鄉下人的儉樸生活更擁有健康的美德和長遠的滿足感」。[78]到了一九六〇年代末，紐約上流社會為黑豹黨（Black Panthers）那樣的馬克思主義激進分子，舉辦高檔的雞尾酒派對——湯姆·伍爾夫將這種喜好嘲諷為「激進時尚」。[79]

然而，在二十世紀大多數的情況下，創意階級成為慣例從另類地位團體打進主流的關鍵。這是一個自然的過程，因為許多創意人士是反文化的成員，或者至少對其理念表示同情。歷史學家湯瑪斯·法蘭克在《酷的征服》（*The Conquest of Cool*）中指出，迷幻藝術出現在商業影像中，並不是迎合嬉皮青年的手段，而是最初的嬉皮創意總監們的作品，他們將迷幻藥美學灌輸給大眾。因此，嬉皮廣告早於嬉皮青年，而且可以說是創造了嬉皮青年。[80]

然而，這種創意階級與反文化的連結，無法解釋來自摩德族或拉斯塔法里教徒、這類工人階級社群的次文化慣例向外傳播的現象。鮮少有來自工人階級次文化的人進入出版和廣告業。次文化與創意階級交流的主要地點，是藝術學校和地下音樂場所。尤其龐克社群的崛起，是英國工人階級和藝術及時裝學校學生之間的

⑥譯注：這個口味名稱來自死之華（Grateful Dead）樂團的傑瑞賈西亞（Jerry Garcia）。

結盟。[81]一旦這個網絡形成，龐克對雷鬼的支持，也將牙買加音樂提升到英國主流。[82]同樣地，紐約市下城的藝術圈在許多非裔美國電臺認真看待饒舌樂之前，就在支持布朗克斯的嘻哈樂。[83]

次文化風格往往能順利融入創意階級的感知。由於重視真實性，創意階級品味讚揚嬉皮、衝浪手、摩托車手和龐克等違抗團體，視之為對傳統社會「塑膠奇幻」媚俗的真誠拒絕。工人階級擁有一種沒遭到資產階級社會需求玷汙的「自然」本質。諾曼·梅勒寫道：「嘻哈成為一種特殊語言的原因，在於它其實是無法教導的。」[84]這種觀點可能有些自命不凡，但對許多中產階級青年來說，次文化風格是在強力表達嚴肅對抗共同敵人。學者迪克·何柏第寫道，雷鬼「帶著必要的信念，面臨政治上的批評，因此明顯在大部分當代白人音樂中缺席」。[85]

從爵士樂年代開始，對地下文化知識的掌握，成為上層中產階級地位的一項重要標準——那是一種要時髦、要對次文化活動有所瞭解的壓力。[86]時髦可能很有價值，因為深入次文化世界的模糊性和困難度伴隨著高昂的訊號傳達成本。一旦次文化資本成為創意階級傳達訊號的標準，少數族裔和工人階級的俚語、音樂、舞蹈及風格，就成為有價值的訊號——不論是否有基本信念。藝術學校的學生可以聽雷鬼音樂，而不必相信海爾·塞拉西的神性。對於許多發展快速的創意階級成員來說，次文化與反文化提供了去幻想刺激生活、擺脫平庸乏味的途徑。在倫敦郊區長大的藝術評論家丹·福克斯解釋：「音樂相關族群的身分提供了庇護、一種歸屬感，成為另一個人是一種幻想自己脫離小鎮狹隘心態的方式。」[87]

然而，中產階級的激進時尚，往往使最棘手的風格也變得平淡。這使得「激進」的新思想對社會的破壞性降低，開啟了次文化影響的第二條途徑：**青年消費市場**。文化產業——時尚品牌、唱片公司、電影製片——對創意階級的品味非常敏銳，一旦創意階級給予次文化或反文化認可，企業就會製作和銷售商品，運用這個新的名氣來源。起初，摩德族量身訂製他們的西裝，但這個團體日益崇高的聲譽激勵了成衣品牌，生產供大眾消費的摩德風成衣。[88]當龐克風潮在英國興起，保守的唱片公司ＥＭＩ簽下性手槍樂團（隨即又放棄他們）。由於許多文化潮流始於創意階級和少數族裔次文化，企業可能不理解這些創新，而是賭一把，認為它們對中產階級青年的吸引力將有利可圖。

在激進風格能夠以產品形式傳播之前，它們會被拆除引信[89]——也就是最逾越道德的特質會被拿掉。實驗性和叛逆的類型，透過更柔和的第二波妥協來引起全國關注。在一九九〇年代初，嘻哈終於隨著ＭＣ哈默（MC Hammer）和瓦尼拉．艾斯的「流行饒舌」登上排行榜榜首。拆除引信不僅淡化了原始創新的衝擊，還將標新立異的想法凝結成固定的慣例。一個次文化的模糊「反抗態度」，會在一套嚴格定義的物品中喪失活力。[90]嬉皮反文化演變成一個現成商品組，包括紮染Ｔ恤、墨西哥連帽罩衫、小圓眼鏡及和平徽章。大眾媒體需要向讀者解釋次文化，定義未定義的事物——並在必要時予以誇大。絲絨袖口成為泰迪男孩風格的特徵，儘管它是源自一九五七年《少年生活》（*Teen Life*）雜誌中的一張照片所發展而來的。[91]

行銷過程中，這種固有的簡化降低了隔閡和訊號傳達成本，使任何人都能透過一些商業交易成為龐克或嘻哈歌手。約翰．華特斯對垮掉的一代感興趣，不是因為任何「深刻的社會信念」，而是向他最喜歡的電視角色，《多比情事多》（*The Many Loves of Dobie Gillis*）中的梅納德．克雷布斯（Maynard G. Krebbs）「致敬」。[92]隨著更多成員加入這些團體，又出現了進一步的簡化。年輕成員比較沒錢投資於服裝、車輛和炫耀性娛樂。第二代泰迪男孩維持粗魯態度和鴨尾頭，但用牛仔褲代替愛德華風格西裝。[93]創意階級可能出於虛假心靈理由擁抱次文化與反文化，但許多年輕人只是將叛逆的風格當作對成年人的直白謾罵。嘻哈音樂團體N.W.A的歌曲〈幹譙警察〉（Fuck tha Police）表達了黑人對洛杉磯執法機構的不滿；白人郊區的青少年則用家裡的卡式錄音機播放這首歌，激怒他們的父母。[94]

然而，隨著次文化／反文化慣例在基本階級體系中開始流行，它們也喪失作為次文化規範的價值。大多數另類地位團體無法在消費市場的寄生狀態下生存，但有些團體在為時已晚之前進行反擊。一九六七年十月，一群長期參與反文化的人在舊金山街頭舉行一場「嬉皮之死」葬禮行動劇，以說服媒體停止報導他們的運動。[95]回顧六〇年代，記者尼克．科恩指出這些團體的興衰，總是遵循著類似的模式：

> 一個接一個，他們會在地下形成，制定基本前提，被抱持著極度狂熱的極少數人追隨；然後，他們會走出地下，開始從一區域擴散到另一區；接著他們會突然火紅，在全國引發迴響；然後他們會吸引一大批追隨者，被產業利用，在媒體中不斷展示；接著，失去所有的新鮮感和影響力，從此消亡。[96]

到了一九六〇年代末，摩德族最喜歡的聚會地點倫敦卡納比街（Carnaby Street）已經變成「一個旅遊陷阱，一個沒品味的笑話」，吸引「來自堪薩斯州和威斯康辛州的中年遊客」。[97]一九七〇年代初，日本的摩托車幫派做一九五〇年代的美式打扮——夏威夷襯衫、皮夾克、牛仔褲、飛機頭——但主流日本時尚圈一開始走類似的五年代復古風格，這些摩托車手就改穿裝飾著帝國主義口號的右翼準軍事制服。[98]

局外人風格的商業化引發了政治問題，特別是當企業從聲望中獲取現金，迫使地位優勢團體尋找新的對抗風格。大多數企業家從他們原本壓迫的團體的發明中獲利，這種情況顯然是不妥的。黑人藝術家發明了爵士樂、節奏藍調和放克，卻看到白人模仿、削弱並從中獲利。人稱「搖滾之王」的貓王，靠著不是他發明的慣例享盡榮華。一方面，隨後黑人藝術家努力擺脫白人粉絲的期望，反而成為創作引擎；舉例來說，爵士音樂家就展開實驗，希望疏遠他們熱情的專業階級粉絲。一名樂手在一九六〇年代初曾指出，對於他的保守觀眾來說，「如果你在一支商業樂團工作，而他們喜歡，那你就不得不演奏更多老套的音樂。如果你在一支優秀的樂團工作，而他們不喜歡，那就是一種困擾。如果你在一支優秀的樂團工作而他們喜歡，那也是一種困擾。」[99]但有組織地掠奪少數族裔慣例，這種在體制中促進創意的方式，既無法持續也不公平。

一九六〇年代末解放意識形態崛起，幫助遏制了黑人文化的大規模剽竊。製作正宗的雷鬼樂和嘻哈樂需要對種族壓迫的第一手敘述，以及對黑人社群生活的密切瞭解。白人饒舌歌手至今仍是邊緣人物，起初只能透過小丑／調皮鬼的人格面具（例如野獸男孩〔Beastie Boys〕、第三貝斯〔Third Bass〕、阿姆〔Eminem〕）來取得正當性。瓦尼拉．艾斯的失敗事業證明了正經模仿的危險性。在文化挪用被視為禁忌的年代，真實性成為次文化能掌控其慣例的強大工具。

然而，一九六〇年代最著名的團體經常以重新流行的形式再次出現，導致對次文化如何影響主流風格的任何分析都更為複雜。每年都會有一批懷抱理想主義的新摩德族青年觀賞一九七九年的電影《四重人格》（*Quadrophenia*），然後趕緊去訂製他們第一套量身定制的馬海毛西裝。然而，我們不應誤以為這些後來的追隨者是原始結構的有機延伸。[100]新的摩德族在尋找一種經過預先核准的反叛，而不是冒著社會非難的風險，引領令人震驚的新風格。一九七〇年代的新泰迪男孩採用舊風格，純粹是作為品味的展現——亦即結合了對五〇年代搖滾的懷舊情懷和對嬉皮的強烈反應。許多人甚至不知道「愛德華風格」一詞的起源。[101]

如果這些原創團體能夠如此順利地被吸納到商業市場中，那它們是否真是「次文化」呢？在當代的行銷語言中，「次文化」幾乎只代表「利基消費者區隔」。當代消費主義有一大部分建立在反文化和次文化美學上。曾經具有反社會色彩的風格，如龐克、嬉皮、衝浪手和摩托車手，如今都成了主流風格，在美國的每座購物中心銷售。企業主管吹噓著在訂製的長板上衝浪、騎哈雷重機進行公路之旅，以及在冥想靜修期間離線數週。高級時尚品牌聖羅蘭在二〇一四年推出以泰迪男孩為主題的系列，迪奧則在二〇一九年秋季以泰迪女孩為靈感。[102]如果沒有波西米亞主義，矽谷就不會有布波族雅痞，而如果沒有牙買加雷鬼樂，警察合唱團（The Police）的〈羅珊〉（Roxanne）就不會被牙科診所拿來當背景音樂播放。

然而，並非所有的次文化與反文化最終都會成為大眾市場的一部分。大多數次文化仍然處於邊緣：例如生存主義者、獸迷、號稱遭幽浮綁架者和搭訕藝術家。就像泰迪男孩一樣，賈格羅以自己驚人的音樂、風格和可疑行為冒充非法之徒——不過，音樂雜誌《攪拌器》（*Blender*）將基本的賈格羅雙人樂團跳樑小丑評為音樂史上最差的藝人。[103]基督教搖滾的相關運動也遭受類似的命運；儘管極為流行，時尚品牌極端基督教服（Extreme Christian Clothes）從未登上《GQ》。[104]由於這些特定的團體是由（白人）主流文化的元素組成，而不是反對的元素，它們並不能提供靈感給左傾創作者。下層中產階級的白人次文化，也可能代表強烈的保守觀點，而非提供逃脫的管道。早期的光頭文化影響了高級時尚，但納粹的附隨者則沒有。沒有創意階級的祝福，大型製造商就不會基於這些次文化的慣例生產新的商品，因而阻礙其傳播給更廣泛的群眾。因此，次文化的違規道德行為最好在它們成為社會主要地位結構中的訊號時就找到影響力。

• • •

伯明翰的當代文化研究中心（Centre for Contemporary Cultural Studies）針對次文化的卓越學術研究將青年團體描述成「反抗」的力量，試圖探究階級社會的「矛盾」。[105]回顧歷史，鮮少有泰迪男孩或摩德族以如此公開的政治語彙來看待自己的行動。社會學家大衛・墨格頓寫道：「事實上，英國、美國、加拿大和澳洲進行的研究發現，次文化的信仰體系既複雜又不平衡。」[106]儘管我們可能受到這些團體的「模糊反對」感啟發，但我們更著迷的，是其特定的服裝、專輯、舞蹈、行為、俚語和藥品。[107]換句話說，每個次文化與反文化往往都被簡化為一套文化藝術品，而這一切都被增添到當代文化之中。

然而，次文化最重要的貢獻是催生新的感知——為我們提供重新評價現有物品和行為的察覺架構。從十九世紀開始，同性戀次文化一直是引領**敢曝**感知的先鋒——蘇珊．桑塔格（Susan Sontag）將其描述為一種「不自然之愛：詭計與誇大的愛」，[108]包括對「老式、過時、陳舊」的強烈同情。[109]這種「附加」的標準擴大了文化資本的範圍，超越到高級文化之外，並成為對低文化的諷刺性欣賞。[110]隨著敢曝透過二十世紀的流行藝術和流行音樂傳播到社會中，富裕社會的菁英成員開始以新的方式欣賞世界。如果沒有敢曝的擴散，約翰．華特斯就不會登上《城鄉》雜誌的封面。

儘管次文化成員可能是為了逃避地位的困擾才加入其團體，但他們不可避免地以新的形式複製地位邏輯——不同的地位標準、不同的階層、不同的慣例和不同的品味。成員接受自身對任意主流慣例的武斷否定，卻也相信它們是真實的情感。如果龐克真的是約翰．萊登所宣稱的真正個性的表現，那就不可能有龐克的「制服」。

次文化反叛表現為品味的一種簡單區分，就是文化產業為何能夠如此輕易地吸收其風格的原因。如果消費者總是在尋找更聳動和更令人震驚的新產品，唱片公司和服裝品牌就可以將另類地位團體視為最狂野新點子的研發實驗室。然而，我們不應低估次文化反叛的潛在社會成本。一九四三年洛杉磯的反墨西哥騷亂被稱為阻特裝暴動（Zoot Suit Riots），因為白人襲擊少數族裔，只由於後者膽敢穿上誇張的西裝。[111]但隨著社會變得更加包容，次文化反叛與資本主義之間的摩擦已減少。局外人團體中產生的違抗符號，為商業提供了一種活力充沛的風格「更新」，[112]能在商業市場上銷售。[113]

然而，二十世紀的另類地位團體成功地改變了文化流向。在過去的嚴格階級社會中，經濟資本和權力確立了嚴格的地位階層；慣例從富人緩緩流向中產階級，再到窮人。在一個次文化資本具有威望的世界中，富人會刻意借用貧窮團體的構想。此外，拼貼不再是一種廢棄物處理式的個人風格——每個人現在都在混搭。最後，次文化團體或許是人格面具塑造的先鋒，最早採用現在的普遍做法，也就是發明和表演奇怪的角色，作為一種有效的地位區分手段。

對於各階級和另類地位團體來說，追求地位的個人最終會在無意中形成新的慣例。在這些情況下，創新通常是地位鬥爭的副產品。但個人也會**刻意**試圖提出現有慣例的替代方案。藝術家就是提供這種較為經過算計的創意的最知名例子——而他們也受到地位的激勵。

第七章 藝術
Art

◆ **MAIN POINTS**

艾德娜・希貝爾並未因高超的繪畫和素描技巧而獲得藝術家地位，然而亨利・盧梭、崔莎・布朗和約翰・凱吉則因為激進地打破傳統而成為傳奇。◆

藝術地位

一九〇八年的某一天，畢卡索在巴黎的舊貨店佩爾蘇利耶（Pere Soulier）裡翻找一堆油畫時，注意到一張女性肖像畫。老闆開了一個便宜的價格：「五法郎。你可以在背面畫畫。」[1]仔細檢查後，畢卡索發覺那張遭遺棄的畫是亨利・盧梭（Henri Rousseau）於一八九五年創作的作品，名為《海關人員》（*Le Douanier*）。盧梭當時已經六十四歲，曾擔任市政收費員，直到四十九歲才全職投入繪畫，只不過他的童稚風格畫作成為法國藝術界最知名的笑話。一八八五年，香榭麗舍沙龍展（Salon des Champs-Élysées）的參觀民眾用刀子割裂他的參展作品，後來主辦單位便將作品丟棄。幾年後，在獨立者沙龍展（Salon des Indépendants）觀賞他作品的一名評論家總結道：「盧梭先生是閉著眼睛用腳作畫。」[2]儘管不斷遭受否定、誹謗和嘲弄，盧梭堅持不懈地從事藝術創作，頭上自豪地戴著一頂畫家貝雷帽。但即使是他最親近的支持者也認為，這個老人懷抱著可悲的幻想，以為自己的作品能夠得到尊重。

畢卡索曾和他的同儕一樣對盧梭的作品不屑一顧，但在佩爾蘇利耶看到這幅畫後，他成了一個真正的信徒。他立即在自己的工作室舉辦一場表揚其創作者的派對。在那裡，盧梭經歷了一場改變一生的命運逆轉事件。他進入畢卡索的工作室，發現那裡懸掛著他名字的橫幅，現場的嘉賓包括詩人紀堯姆・阿波里奈爾（Guillaume Apollinaire）、畫家喬治・布拉克（Georges Braque），以及藝術收藏家葛楚和李奧・史坦兄妹（Gertrude and Leo Stein）。他們都以原創歌曲向他致意。從那時起，畢卡索及其歐洲各地的同代藝術家紛紛公開支持盧梭的作品。這在某種程度上是出於自私考量：推動前衛界限的藝術家希望盧梭豐富多彩的稚氣風格取得正當性之後，有助於說服觀眾也接受他們的激進作品。儘管如此，盧梭在生涯最後兩年完成的《海關人員》實現了他的最終目標：他被視為一名**藝術家**。自那時起，他的聲譽日漸高漲。如今，他的作品懸掛在世界各地的博物館，包括紐約的現代藝術博物館（Museum of Modern Art），就在距離畢卡索最傳奇的傑作僅幾公尺的地方。

「藝術家」不是一種職業，而是一個尊榮的頭銜。[3]所有人類在某種程度上都是**創作者**，無論是在做家事時吹口哨、在課堂筆記本上塗鴉，又或是把當天名人的小毛病拿來製作網路迷因。這種欲望甚至可能源於我們DNA中所謂的創意基因。但只有少數具天賦的人，能夠將他們的創意與足夠的專業知識相結合，從而創作出獲得他人讚賞的作品。在《第凡內早餐》（*Breakfast at Tiffany's*）中，無名的敘述者遇見迷人的鄰居荷莉・葛萊特利（Holly Golightly），她問道：「告訴我，你是真的作家嗎？……好吧，親愛的，有人**買**你寫的東西嗎？」[4] 然而，即使是商業需求，也只能將創作者帶到下一個較高的地位層級：**工匠**。要成為位於階層頂端的藝術家，需要更加卓越的東西。正如許多作家所表示，藝術家在當代社會的社會地位類似「牧師或巫師」[5]——具有「異想天開個性」[6]的「幻想天才」，[7]透過創造的「神奇過程」[8]達到「頓悟」。[9]先知般的藝術家擁有「預測某一時期人類實際經歷的想像力」。[10]真正天才的作品不僅裝飾房間，還能讓「人類與新事件、新奇蹟面對面」。[11]

藝術家扮演著重要的社會角色。套句哲學家亨利・柏格森（Henri Bergson）的話，他們的功能是「看到並使我們發現我們無法自然察覺到的事物」[12]——展示「那些沒有明確觸動我們的感官和意識的事物」。藝術家藉由操弄我們腦中最深層次的慣例，來達到這些效果——揭示我們的文化假設，指出我們習俗中的矛盾，創造新的符號，擴展舊符號的意義。在不同年代，印象派繪畫、極簡主義音樂、移動雕塑和荒謬劇場都提出了看待世界的新方式。由於慣例為我們提供了意義、價值和感知架構，迫使我們採納新的慣例，甚至是暫時地、確實地**改變我們的思維**。[13]在吸收和接受這些美感經驗時，我們的感受力就永遠改變了。阿波利奈爾甚至說，「我們在自然中找到的秩序」只是「一種藝術的效果」。[14]正如奧斯卡・王爾德（Oscar Wilde）所抱怨的那樣，夕陽看起來就像尚－巴蒂斯特・卡米耶・柯洛（Jean-Baptiste Camille Corot）的畫。[15]

我們尊重那些能夠娛樂我們並提供情感體驗的創作者。我們熱愛作家、作曲家、藝人和風格獨特的電影導演，他們不僅能讓我們沉浸於個人歡愉中，還能使我們與他人產生情感連結。然而，在當代社會中，受歡迎的藝術家之所以比外科醫生、壽司師傅和慈善工作者獲得更高的地位，是因為他們施展了心靈魔法：提出日後能改變世界的激進想法。

在十八世紀，哲學家康德提出至今仍具有權威性的三項藝術天才標準：（一）創造出極具原創性的作品；（二）隨著時間成為典範並被人模仿；（三）透過神祕且看似無法模仿的方法創作。[16] 亨利・盧梭滿足了這三項標準，創作出啟發人心、彷彿來自他奇異潛意識的獨特畫作。[17] 康德提出的這些條件，也符合我們這個時代最先進的地位標準：原創性、影響力、真實性與淡漠。原創藝術作品是個人主義的最高表現，漢娜・鄂蘭就認為藝術家是「大眾社會中僅存最後的個人」。[18] 正如我們所見，成為典範被人模仿代表高地位。而神祕的創作過程則顯示真實的自我表達超脫紅塵俗事。那些將作品當成一種猛烈、奔放的情感淨化的藝術家，沒有時間研擬訊號傳達策略。藝廊老闆貝蒂・帕森斯（Betty Parsons）如此稱讚畫家傑克遜・波洛克（Jackson Pollock）：「他完全沒有動機——他是絕對**純粹的**。」[19] 將這些個人優點、觀眾的敬意，以及商業成功的果實（財富、名聲和名人關係）結合在一起，獲得認可的成功藝術家就成為超高地位的當然候選者。

康德的標準也說明了為什麼大多數創作者始終無法突破較低的層級。平庸者只會複製。民俗藝術緊緊跟隨習俗。除了像盧梭這樣的例外，天真的藝術家和局外人藝術家往往缺乏影響力。商業藝術家採用眾所周知的方法為五斗米折腰。大多數拿起畫筆的人，即使是極具才華，也無法超越「畫家」這個稱號。[20]

與任何地位階層一樣，位於頂層的藝術家享有絕佳的地位利益。獲得認可的天才與大師，在任何地方都擁有廣大粉絲。在創意行業中，高層主管可以隨心所欲地雇用和解雇基層創作者，但往往容忍天才的古怪之處。製作人肯定會開除一個在錄音過程中大聲哼唱對位和聲的鋼琴手，但鋼琴家葛倫・顧爾德（Glenn Gould）每次錄製巴哈樂曲時都逃過一劫。[21] 因為擁有無拘束創意而得利的藝術家可以不守禮貌、做怪異打扮、沉溺於自我毀滅的行為，並折磨他們所愛的人。藝術家獲准錯過截止日期，因為沒有人能夠預排神聖頓悟的時間。佛洛伊德認為，藝術家是為希望「獲得榮譽、權力、財富、名聲和女人的愛」所激勵。[22]在一九七〇年代，著名製作人大衛・葛芬（David Geffen）對他所在音樂圈的樂手提出相同的觀點：「大多數藝人都在努力謀生、找人上床、試圖發現自己是誰。他們並沒有企圖改變世界。」[23]

無論可能有什麼樣的好處，藝術仍然是一條追求地位的高風險途徑。最具原創性的藝術品會違反常規，如果無法吸引評論的注意，藝術家可能會淪落到非常低的地位。盧梭有多年來都是別人的笑柄，不得不從垃圾中找回自己的畫。這就是為什麼大多數創作者對藝術採取風險較低的企業家態度：將別人的激進創新與已確立的慣例加以協調，好擴展潛在市場。在一九八〇年代，克魯小丑（Mötley Crüe）、毒藥（Poison）和白蛇（Whitesnake）等「長髮金屬」樂團，透過表演、而非改變一個流行類型（回收利用一度危險的音樂構想）的慣例，確保了巨額預付版稅、大量毒品和成千上萬自動願送上門的性伴侶。[24]然而，對於真正的藝術家來說，兩面下注是禁忌，他們必須與任何地位考量保持距離。只有平庸的人會為了金錢和權力而創作藝術。這說明了為什麼藝術家經常否認對他們的工作有任何自覺的動機——包括最初創作藝術的欲望。傑克遜・波洛克就聲稱：「在作畫時，我不知道自己在做什麼。」[25]

不過，幾乎每個藝術家都追求一種特定的地位：**藝術家地位**。除非社會認為一個創作者是「藝術家」，否則他或她的藝術品將不會受到嚴肅的關注、詮釋或評價。任何人都可以製造東西，但正如哲學家路德維希・維根斯坦所寫道：「只有藝術家才能如此呈現一樣東西，使這樣東西在我們看來就像一件藝術品。」[26]班克斯（Banksy）之名背後的視覺藝術家是匿名的，走在街上可能無法獲得地位的好處，但他的藝術品需要藝術家地位才能被人感受到是超越幼稚惡作劇的東西。二〇一八年，班克斯那幅自碎畫之所以可能在蘇富比拍賣會上進行拍賣，就是因為蘇富比首先相信班克斯的作品值得拍賣。①

許多創作者將藝術視為實現特定地位利益的交易手段，但即使是動機最單純的人，仍必須追求藝術家地位。笨手笨腳的亨利・盧梭「表現原始，但意圖上並不是」。[27]正如學者羅傑・夏塔克（Roger Shattuck）所寫：「他的**意圖**實際上就是他的**抱負**——在正式的沙龍中展出的欲望。那是他在默默無聞的艱苦生活之後所能想到的唯一回報。」

因此，藝術家地位的存在，使我們有兩種看待創作過程的方式：（一）地位邏輯在藝術世界中如何表現；以及（二）社會的特定地位結構如何改變藝術的創作和傳播。藝術可能看起來是人類生活中最自由和最富有想像力的領域，但在現代的社會結構中，創作者、觀眾和評論家的特定地位需求，對於什麼樣的藝術被製作、認可和重視，產生了深遠的影響。

藝術價值與激進創新

在她的一生中（一九一七年至二〇一四年），美國藝術家艾德娜・希貝爾（Edna Hibel）的繪畫和石版畫一直備受讚譽。一名學生讚美道：「她什麼都能畫……她真的就像是出自文藝復興時期的藝術家。」[28]一九四〇年，二十三歲的希貝爾將一幅雷諾瓦風格的畫作賣給波士頓美術館，成為作品被主要機構收藏的美國畫家中最年輕者之一。[29]希貝爾晚年的版畫和繪畫巡迴至世界各地，甚至穿越鐵幕，到蘇聯和中國展出。她的作品被呈獻給英國女王，還獲得教宗若望・保祿二世（John Paul II）頒發榮譽勳章。當希貝爾六十歲時，兩名收藏家在佛羅里達州成立了一間專門展出她所有作品的博物館。

但在撰寫本文之時，艾德娜・希貝爾的維基百科頁面尚未成立，她的名字也沒有出現在藝術史的標準文獻中。二〇一五年，艾德娜・希貝爾博物館關閉，她的許多畫作被送到威斯康辛州一間鮮為人知的大學博物館。儘管她才華出眾，受到國際知名人士的尊敬，但希貝爾從未像她的前輩喬治亞・歐姬芙（Georgia O'Keeffe）和芙烈達・卡蘿（Frida Kahlo），或者同輩的李奧諾拉・卡靈頓（Leonora Carrington）那樣獲得藝術家地位。事實上，受過良好培訓、長期受到推崇的艾德娜・希貝爾在藝術家排名中的位置遠低於「原始」的亨利・盧梭。那麼，一個才華橫溢的創作者究竟該如何超越只有創作「出色畫作」和「愉悅詩歌」，讓人承認是「真正的藝術家」呢？

答案非常簡單。要成為藝術家，創作者必須創作**藝術品**。但這只會引來現代最諧仿的反問句：**什麼是藝術？**我們沒有權威性的答案，可能也永遠不會有。哲學家諾爾・卡羅爾（Noël Carroll）檢視藝術的主要定義——藝術作為再現、藝術作為表達、藝術作為形式等等——發現一旦「藝術」必須包括二十世紀的前衛作品，例如馬塞爾・杜象（Marcel Duchamp）的現成尿斗雕塑《噴泉》（*Fountain*），大多數的定義就瓦解了。單一、全包式的藝術定義尤其難找，因為每次有定義提出時，藝術家都會突破界限。

然而，要理解地位對創意的影響，我們不必在本體論或形而上學的層面上回答這個問題。我們只需要思考，為什麼人們認為某些作品是藝術，並基於這些判斷給予創作者藝術家地位。有兩個藝術的定義，非常適

① 譯注：班克斯的作品《拿氣球的女孩》（*Girl With Balloon*）在倫敦蘇富比拍賣會上以八十六萬英鎊高價成交後，畫布突然被預先藏在畫框裡的碎紙機切碎，將近三分之二被切成細條狀露出在畫框底下，其餘僅存的部分仍在畫框裡。

用於這個較局限的任務：**機構**定義與**敘事**定義。[30]在機構定義中，藝術就是藝術界認定為藝術的任何事物。一個老舊的Eljer牌陶瓷小便斗被放在垃圾掩埋場裡時不是藝術，但杜象的《噴泉》是藝術，因為泰特現代美術館（Tate Modern）有展出（好吧，是一件複製品）。在敘事定義中，藝術就是任何使它進入藝術故事的東西。古希臘的甕、伊迪絲．華頓的小說，以及克里斯多與珍妮－克勞德（Christo and Jeanne-Claude）的包裹島嶼都是藝術，因為它們在人類文明的漫長故事中有著受到矚目的時刻。

在機構定義和敘事定義中，傑出的個人和機構（即畫廊老闆、評論家、著名藝術家和藝術史學家）賦予創作者藝術家地位。這個藝術世界決定哪些創作者是天才，並授予相應的特權。藝術家受邀參加演出與展覽，獲得大眾媒體的嚴肅評論，幸運的少數人還能出現在歷史書中。因此，達到藝術家地位最明確的短期策略，是贏得藝術界機構的讚譽。另一方面，藝術的敘事定義提供了一條額外的長期途徑：作品在身後獲追認為占據藝術故事中的重要時刻。這使得在生前遭拒絕的創作者，例如文森．梵谷（Vincent van Gogh）、法蘭茲．卡夫卡（Franz Kafka）和艾蜜莉．狄金森（Emily Dickinson），能夠在死後被封為受尊敬的藝術家。極具野心的創作者嘗試將歷史的發展弧線轉向自己，但由於無人能預測藝術的方向，因此沒有什麼技巧能夠保證未來的成功。

亨利．盧梭一生中大部分的時間都未獲得藝術家地位，但後來他滿足了機構定義和敘事定義。由於啟發了畢卡索及其同時代的人，盧梭獲得歷史重要性。知名的策展人羅傑．弗萊（Roger Fry）在一九一二年的一次後印象主義畫家展覽中納入盧梭的作品，[31]而隨著二十世紀展開，藝術文獻也越來越常引用他的作品，將其視為歐洲前衛發展的關鍵一步。

艾德娜．希貝爾則走上相反的歷程。她很早就獲得來自傑出機構的廣泛支持。但是，她最重要的支持者是一對住在波士頓、與紐約藝術界幾乎沒有關聯的基督教科學教派夫婦。無論她的畫作多麼令人愉快，但歷史學家和眼光高的評論家對她的具象作品不太有興趣——尤其，當時她較激進的同輩者正在推翻具象派藝術的基本原則。《波士頓環球報》（*The Boston Globe*）在一九四〇年稱讚希貝爾為「技巧嫻熟的繪圖者和生動的色彩運用者」[32]——但她那個年代的藝術界再也不優先考慮這些特定的才華。

在她的一生中，希貝爾的作品可能甚至比盧梭給更多人帶來了更多愉悅感受。但藝術的機構定義和敘事定義暗示，執行的品質和來自大眾觀眾的反應，在分配藝術家地位時是較不重要的元素。想瞭解這一點，我們必須確定每件藝術品中的兩項關鍵價值。藝術哲學家湯瑪斯．庫卡曾說明，有**美學價值**（提供觀眾美學體驗的能力）和**藝術價值**（藝術品對當代藝術界特定問題的解決方案）的存在。[33]藝術家地位必須達成藝術價值，而不是美學價值，無論藝術家是否打算提供解決方案，他人都可以給予這些藝術品這種價值。盧梭因提出了奇幻、夢想般的畫作而獲得藝術價值的認可，這些作品拒絕學院藝術的原則，從而確保了他的傳奇。艾德娜．希貝爾將自己局限於熟練地掌握藝術慣例，而如此一來缺乏藝術價值則成了她沒落的原因。

美學價值和藝術價值之間的差別，可以透過慣例的概念進一步說明。藝術品的美學價值衡量藝術家如何巧妙地運用和濫用現有的慣例，以引發觀眾的情感體驗。社會學家霍華．貝克（Howard Becker）寫道：「作曲家可以創造和操縱聽眾對接下來將出現什麼聲音的期望。然後，他們能延遲和破壞這些期望的滿足感，產生期望最終被滿足時的緊張和放鬆。」[34]這些美學及其相關的情緒效果，是大多數人評斷藝術的方式：**我是否正在體驗某個東西？我是否從這個經驗中獲得了什麼？**

另一方面，藝術價值衡量藝術家創作的原創性——即其提出的構想，有多大程度打破現有慣例並提出新的慣例。正如我們在機構和歷史定義上所見，藝術地位的評估者往往是受過高等教育的藝術界人士，對現有的藝術慣例非常瞭解。要讓評估者刮目相看，創作者不能僅對主流風格進行表面上的更改，而必須在根本層面挑戰已確立的藝術觀念。法國詩人夏爾・波特萊爾（Charles Baudelaire）在著名的一句話中說：「天才的主要任務正是**發明**一種陳規。」[35]（強調處為本書作者添加）。在別人的陳規架構內創作，會使創作者成為追隨者，[36]他們的作品只是「品味」。[37]

乍看之下，藝術價值似乎更適合衡量想像力，但打破慣例是高度結構化的活動。創新需要「回應」先前藝術家的作品。正如畫家兼理論家約翰・葛拉罕（John D. Graham）在一九二〇年代所寫，「一件藝術品是一個經人提出並解決的問題」，[38]在任何時間，藝術界都專注於藝術家試圖解決一組有限的共同問題。有好幾個世紀，繪畫中一個長期存在的問題，是特定技巧和慣例如何創造、逼真地再現世界。當攝影「解決」了這個問題時，十九世紀末的畫家便轉向新的關注點。在他們的立體派年代，畢卡索和布拉克探索如何在平面畫布上畫出三個維度，而義大利未來派畫家翁貝托・薄邱尼（Umberto Boccioni）和賈科莫・巴拉（Giacomo Balla）則嘗試增加第四個維度，企圖描繪運動。這四個人都因為這些新穎的手法而在他們的一生中和身後，獲得藝術地位。

「解決一個年代的問題」的這項需求，意味著藝術價值始終關乎脈絡——連結創作過程的一組因素。藝術中可能存在無數的潛在問題，但為了獲得藝術家地位，藝術家必須解決當前大家一致認定的問題。亨利・盧梭儘管在技巧和智識上有所不足，最終還是創作出了回答同儕心中問題的作品。艾德娜・希貝爾儘管技巧卓越，卻從未回應她同代人特別關心的問題。對藝術史的深入瞭解在追求創新上可能有用，因為它不僅揭示以前嘗試提出的解決方案，還有剩下需要處理的問題。這種觀點支持著西班牙超現實主義導演路易斯・布紐爾心愛的格言「不是從傳統中發展出來的就是抄襲」[39]背後的奇怪邏輯：對於文學評論家哈洛・卜倫（Harold

Bloom）來說，詩基本上是年輕詩人與前輩的一場戰爭：「不是藝術與社會之間的辯證，而是藝術與藝術之間的辯證。」[40]因此，天才的發明必須融入藝術史上問題和解決方案所構成的「綿延不絕的鏈」之中。[41]

在策劃藝術品時，創作者擁有廣泛的選擇：哪些慣例應該遵從，哪些又應該挑戰？編舞家崔莎．布朗（Trisha Brown）在一九七〇年代展開她的職業生涯時，違反了一些最基本的舞蹈慣例，為自己創造了藝術價值。[42]在古典芭蕾中，舞者往往以正式的姿勢挺立，舞臺允許觀眾在坐著的情況下觀看所有動作。但在布朗的《森林地》（*Floor of the Forest*）中，舞者們在一個豎立於眼睛水平處的水平結構上沿著繩子緩緩前進，同時試圖穿上懸掛著的衣服。觀眾必須蹲下或從上方俯瞰，才能看到舞者的動作。在《男人走過建物邊》（*Man Walking Down the Side of a Building*）中，一名男子在七層樓高的建築物側面呈九十度緩慢下降，而在《牆上行走》（*Walking on the Wall*）中，綁著安全帶和纜繩的舞者在觀眾周圍行走——在牆上。這些對舞蹈基本假設的否定，幫助布朗贏得二十世紀最著名編舞家之一的地位。只要藝術家地位來自具有歷史根基的藝術價值觀念，藝術中的創意就成為一種高度結構化的活動。

有人可能反駁，認為**偶然性**（serendipity）對創作過程的重要性，提供了擺脫前述約束要求的機會。哈洛．卜倫認為，「誤讀」詩是創意的重要來源。[43]作曲家約翰．凱吉（John Cage）著迷於法國作曲家艾瑞克．薩提（Erik Satie）樂譜上的潦草字跡，他認為那是新節奏系統的創新計算，[44]但其實，那只是薩提的購物清單。然而，藝術家從不盲目接受偶然性的成果。幸運的巧合經過與所有其他藝術選擇相同的過濾程序，而隨機發現必須與特定策略一致，否則這些發現將被淘汰。儘管畫家羅伯特．勞森伯格（Robert Rauschenberg）喜愛隨機事件，但評論家卡爾文．湯姆金斯（Calvin Tomkins）發現，「其實，在一幅畫中，他無法接受的少數意外之一是，有著與他（或其他藝術家）以前做過的某件事意外相似的事物——當這種情況發生時，他會將它塗掉」。[45]

二十世紀成功的藝術家通常為了追求藝術價值而損害了其作品的美學價值。畢卡索的激進立體派畫作《亞維農的少女》（*Les Demoiselles d'Avignon*）是紐約現代藝術博物館的鎮館展品——但可說是因為其藝術重要性，而非其美學成就。[46]畢卡索的藝術經紀人相信，這幅描繪巴塞隆納妓女的畫「未完成」，[47]而許多畢卡索的同儕則覺得它品味不佳。當俄羅斯藝術收藏家謝爾蓋・舒金（Sergei Shchukin）提前看到這幅畫時，他淚流滿面地喃喃自語：「真是法國繪畫的損失。」[48]

對藝術價值的追求使藝術家遠離舒適的慣例，而這正是重點。但文學評論家芭芭拉・史密斯（Barbara H. Smith）寫道，這種專業知識往往會引起自己的「地域主義」，在這種情況下，「我們變得越來越**不像**其他人，因此越來越難以根據我們自己的反應來預測其他人的反應」。[49]這導致專注於藝術價值的藝術家和評論家，以及要求美學價值（可能將這種體驗等同於娛樂）的廣泛觀眾之間，出現明顯分歧。一般觀眾抱怨評論家不懂得欣賞熱門作品的樂趣，從認真的比利・喬（Billy Joel）的歌曲到以電腦合成技術製作的超級英雄電影都是。大多數觀眾喜歡較小的創新，而不是對其偏好藝術形式的重大挑戰。最被廣泛接受的藝術形式是**精湛技藝**：「擁有出色地表現他人創作的能力」。[50]藝術價值對主流觀眾的吸引力較小，這說明了人們長期對抽象畫的排斥：「我家的三歲小孩也畫得出來。」[51]但如果抽象藝術家的作品旨在回答一個「相關問題」，那麼你家的三歲小孩就**辦不到**。拿幼兒園的手指畫來評論哈林文藝復興畫家博福德・迪蘭尼（Beauford Delaney）的抽象作品並不公允。

當藝術家在追求藝術價值時過分介入標準慣例，觀眾通常會拒絕這些改變。聽歌的人喜歡小驚喜，但期望這些驚喜能符合旋律、和聲與節奏的熟悉概念。然而，要達到藝術價值，就需要深刻的改變。這就是為什麼葛楚・史坦指出所有重要的藝術都是「惱人的」，[52]馬塞爾・杜象則諷刺道：「一幅不令人震驚的畫不值得畫。」[53]在現代藝術的早期，憤慨成為成功藝術的明確指標。杜象的《下樓梯的裸女》（*Nude Descending a Staircase*）於一九一三年在紐約軍械庫藝術展（Armory Show）上亮相後，這幅畫「讓許多參觀者感到困惑和憤怒」，成為「最著名的現代畫」。[54]

這使創作者面對一個運籌上的問題：在被人接受為高地位藝術家之前，違抗行為可能會面臨社會非難和低地位。理論家勒內・古拉爾提醒我們：「馬蒂斯和畢卡索在一九〇〇年被百分之九十九的人認為能力不佳。」[55]這進一步形塑了掙扎中和被誤解的藝術家的刻板形象：在追求更深刻的普世真理時，犧牲所有親近的人類關係。新進藝術家必須對社會拒絕有高度的忍受力——要有足夠的自信、洞察力、信仰或瘋狂，才能繼續在逆境中工作。對於自我中心的自戀者來說，違抗是容易的；喬治・歐威爾（George Orwell）就將「純粹的自我本位」，列為作家的主要動機。[56]精神疾病能麻痺對懲罰的恐懼，因而也改善風險承擔的計算。

因此，激進創新最自然的候選者，是認為自己地位較低的創作者。在金字塔底部，沒有什麼可以損失，又有很多可獲得。這說明了為什麼年輕人往往比成年人更激進。安迪・沃荷（Andy Warhol）相信，「年輕人很容易支持新的想法。他們以新鮮的面孔出現。他們沒有任何要捍衛或修改的立場，還沒有投入大量的時間或金錢。他們可以是頑童，想說什麼就說什麼，支持任何他們想支持的人事物，不必考慮『他們還會再邀請我共進晚餐嗎？』」[57]待遇不佳與不受尊重，也給了年輕創作者叛逆的好理由。其他憤怒的來源，還包括壓迫性的傳統、嚴格的教學、資本主義邏輯、資產階級價值體系、大眾的壞品味，以及前一代的膽怯。

所有藝術風格與標準的任意性，代表任何人都可以摒棄它們，重新開始。人類對藝術欣賞的潛能是如此廣泛，以至於沒有單一的方法可以壟斷美學體驗，也無法解決每個藝術界的問題。每種已確立的慣例，都有其缺陷和過度之處。學術規則與傳統會變得停滯與局限。過度智識性的藝術可能與人類情感脫節。普普藝術太容易融入商業主義。達達虛無主義往往與無意義的嬉鬧難以區分。在任何時候，叛逆的藝術家總是有機會：不管是誠實提供對這些問題的新解決方案，或者冷嘲熱諷地利用既定秩序的缺點來為新立場辯護。

在追求藝術價值時，藝術家地位之爭將藝術世界變成了新進與成名藝術家之間的戰場。新進藝術家提出與主流風格對立的激進主張，一旦他們成功，新一代的新進藝術家又提出與先前激進主張對立的激進風格。這就是為什麼藝術的故事往往都是**辯證性的**。藝術運動不是對方法和概念進行緩慢而漸進的改變，而是迅速從一個極端位置擺盪到另一個。社會現實主義畫派提倡，藝術應該支持革命政治的理念。接著，抽象表現派作為下一世代，則拒絕使用可能用於政治宣傳的表現形式，從而推翻了社會現實主義畫派的方法。然後，普普藝術家透過在畫布上添加商業媚俗元素，拒絕了抽象表現主義者的純淨主義。十年後，極簡主義者放棄了普普藝術的繽紛媒材手法，使最化約的藝術成為可能。

在這一節中，我們得出了一個看似荒謬的拗口結論：創作者藉由製作具有藝術價值的藝術品獲得藝術家地位。實際上，這意味著以創意作品追求高地位的個人，必須對當時藝術界的特定問題提出創新的解決方案。這說明了為什麼一個厲害的編舞家會進行實驗，讓舞者在牆上或大樓側面走動。然而，更有趣的問題可能是，大眾為什麼後來會接受這些激進的想法。是什麼讓「惱人」的藝術順利贏得更多觀眾的認可？同樣地，答案是地位。

接受激進藝術

為了創作交響樂曲《黃道帶星圖》（*Atlas Eclipticalis*），約翰・凱吉參考捷克天文學家安東寧・貝奇瓦爾（Antonín Bečvář）的星圖，將星座的排列轉變為原音和電子音的群集。由此產生的作品缺乏明顯的旋律、和聲及節奏，並有反映夜空廣闊黑暗區域的空靈時刻。一九六四年，指揮家李奧納德・伯恩斯坦（Leonard Bernstein）選擇《黃道帶星圖》作為紐約愛樂樂團在林肯中心為期四天的當代音樂展演中的曲目之一。然而，渴望聽音樂的聽眾卻難以專注於這首曲子的演出，身穿正式禮服的觀眾很快就起身離開。[58]他們發覺那段音樂太奇怪——樂手們也有同感。樂團在凱吉鞠躬時發出噓聲，甚至在最後一場演出中，許多人對著麥克風吹口哨，亂彈隨機的音階，而不是照樂譜演奏。幾名樂手甚至用腳踢壞凱吉的電子音響系統。

對於上流社會的贊助人和受過古典訓練的音樂家來說，《黃道帶星圖》打破了太多音樂慣例，而這種不悅表現出來就是醒目的社會不贊同。[59]跟任何出色的前衛藝術家一樣，凱吉對這種公開羞辱表現出淡漠的態度：「即使《黃道帶星圖》演奏得不好，聽起來仍然很有趣。」[60]而且，這種公開衝突只是增添了他的傳奇色彩。二〇二〇年《英國廣播公司音樂雜誌》（*BBC Music Magazine*）的一項調查邀請一百七十四名在世的作曲家，列出他們那個領域最偉大的作曲家——最終，約翰・凱吉在前五十名中排名第三十一，高於柴可夫斯基、百老匯音樂劇傳奇作曲人史蒂芬・桑德海姆（Stephen Sondheim）以及艾瑞克・薩提。[61]今天，有許多版本的《黃道帶星圖》錄音可供購買或串流下載，樂手們都恭敬地演奏——沒有人發出噓聲、不滿或破壞設備。

次文化證明，打破慣例的人最終可能被奉為文化偶像，而藝術家更是這種現象的良好範例。「我把小便斗扔到他們臉上，」馬塞爾・杜象談到他的挑釁作品《噴泉》時說，「現在他們都來欣賞它的美。」[62]一九六四年，富有的交響樂贊助人不僅不喜歡《黃道帶星圖》，而且認為在演出中途離席比恭敬地聆聽更符合社交禮儀。對於古典音樂觀眾和音樂家來說，公開蔑視約翰・凱吉是一種展現好品味的行為。今天，並非每個人都喜歡《黃道帶星圖》這個音樂作品，但很少有人會被它的聲音激怒。而且，提前離席會被視為粗魯的表現。在這方面，與約翰・凱吉及其作品相關的地位價值隨著時間而提高。這種從社會非難到贊同的轉變過程，與觀眾開始欣賞他的作品同步發生。要理解激進的藝術構想如何在更廣泛的社會中流行，我們應該將地位視為潛在的催化劑。

正如我們在上一節中所看到的，創作者藉由提出對藝術界來說迫切問題的原創解決方案，來獲得藝術家地位。但回到康德對天才的定義，創作者還必須成為「榜樣」，而這是由其他藝術家模仿和非藝術家的敬意來證明的。任何人都能提出令人震驚的想法，但只有天才能因此贏得聲望和正當性。藝術史學家赫伯特・里德（Herbert Read）寫道：「藝術品源於個人的意識；然而，藝術品只有在與一個民族或時期的整體文化相結合時，才獲得其完整的意義。」[63]藝術家並不是預見未來慣例，而是透過這個影響過程創造慣例。約翰・凱吉在古典音樂界面臨阻力，但他的構想激勵了其他領域的許多年輕藝術家，包括崔莎・布朗和小野洋子（Yoko Ono）。隨著這些門徒的成功，凱吉的藝術構想融入了當代藝術創作、體驗、詮釋，以及評價的基本方式。

然而，前衛的想法只有在更廣大的觀眾不再相信欣賞這些思想將帶來負面社會後果時，才能擺脫前衛社群的束縛。神經科學家兼音樂學者丹尼爾・列維廷寫道：「聆聽音樂時，我們臣服於它——我們允許自己將部分的心靈交付給作曲家和樂手。」[64]地位在這裡發揮了一定的作用：只有在我們「信任」該來源的藝術完整性時，我們才會「臣服」。在《黃道帶星圖》演出過程中離席的觀眾，實際上是拒絕臣服於凱吉。如果他們尊重他的藝術家地位，他們可能會更努力地**聆聽**這首樂曲。因此，威望打開了人的心靈，讓人們試著接受藝術的可能性，以及我們應該如何看待激進的提案。

激進藝術的影響過程向來是一場艱苦的奮鬥：作品一開始是一種深奧的**個人私語**（idiolect）——由同一個人說出及理解的符號和想法。[65]當既有慣例遭到拒絕，創作者就可能受到低地位的待遇。藝術家首次獲得的尊重通常來自當代人士，但那純粹是對於其工藝與創意的欣賞，尤其是在他們致力於解決相同的問題時。儘管未來主義和達達主義屬於有組織的學派，但大多數運動，如龐克或油漬搖滾（grunge），都是年輕藝術家因相同技術聚集而自然發展出來的。安迪．沃荷回憶道：「普普畫家了不起的一點是，當他們相遇時，他們的作畫風格已經很像了。」[66]年輕的藝術家常常因相互尊重而組成自己的另類地位團體。臉部特寫合唱團（Talking Heads）的大衛．拜恩（David Byrne）在下曼哈頓的平價酒吧CBGB發現了志同道合的同路人：「我們當中的一些人最終發覺，在其他地方我們不會感到這麼自在，而且其他地方的音樂應該會很糟糕。因此，那個聚會場所，是與社會格格不入的人分享他們對主流音樂文化的厭惡感的地方。」[67]

要獲得進一步的影響力，藝術家的個人私語就需要被廣泛理解。詩人威廉．華茲華斯（William Wordsworth）認為，「每個偉大且具原創性的作者都有一項任務，那就是創造他為人所享受的品味」。[68]在二十世紀初，藝術家經常試圖透過宣言和期刊來闡明他們的想法，以增進別人對其的理解。與此同時，藝術天才也必須保持神祕，這代表他們的作品含有模糊性。安伯托．艾可認為，這是藝術力量的核心：「一件藝術品**傳達太多**，因而**根本什麼都沒有傳達**，只是極難滲透到各種符號學方法的一道魔咒。」[69]約翰．凱吉的音樂是對寂靜的讚頌，是對在作曲中使用環境音的潛力展開探索，是去除作曲者以表達作曲家的主張，還是一項極端的形式主義實驗？[70]都是。這些模糊性激發評論者和觀眾提出互相矛盾的詮釋，幫助了影響過程。隨之而來的對話則提高了人們的認知，賦予作品分量。

正如我們在前一節所看到的，創作者獲得藝術家地位最迅速的途徑，是贏得藝術世界守門員的青睞。對大多數藝術家來說，最初的支持者來自於已建立地位的藝術家、評論家、畫廊老闆和大膽的收藏家。[71]由於這些人地位高，他們最喜歡的新激進藝術品會在創意和專業階級之間獲得威望。激進慣例很適合作為地位象徵，因為其在品味方面的訊號傳達成本高。哲學家荷西·奧德嘉·賈塞特（José Ortega y Gasset）解釋：「從社會的觀點來看，新藝術的特點在於將大眾分為兩類人：瞭解它和不瞭解它的人。」[72]畫家克勞德·莫內（Claude Monet）和保羅·高更（Paul Gauguin）收藏了保羅·塞尚（Paul Cézanne）大膽的後印象派作品，而古板的美國總統卡爾文·柯立芝（Calvin Coolidge）拒絕接受白宮獲贈的六幅塞尚畫作。[73]在這種邏輯中，震驚和困惑使藝術家地位象徵更具價值。正如湯姆·伍爾夫對現代藝術開的玩笑：「如果一件藝術品或一種新風格讓你感到不安，那它應該是好作品。如果你**討厭**它——那它應該很偉大。」[74]隨著時間過去，越來越多人開始欣賞這件作品——並在傳達訊號時表達欣賞——因此曾經激進的想法變成了社會規範。藝術史學家雷納托·波奇歐里（Renato Poggioli）寫道：「狂熱愛好者如果對某件作品或某個運動提出疑問，甚至是因充分的理由而有所保留，他們往往害怕被視為資產階級。」[75]

約翰·凱吉在視覺和表演藝術家之中找到了他最狂熱的支持者，這些聯繫鼓勵歷史學家和博物館策展人將他視為後現代藝術發展中的關鍵人物。[76]隨著他經常出現在博物館展覽、課堂講座和更大膽的音樂節中，凱吉融入了「成為一個有教養的人所需的文化知識」裡。對凱吉來說，那是一個良性循環：他的原創性、神祕和影響力，為他贏得了藝術家地位；這促使嚴肅的機構去探索他的作品；人們與他作品的頻繁互動，使凱吉在大眾之間建立了威望，而那些認真看待他作品的人地位也因此獲得提升。

一旦大多數觀眾**期望**新藝術符合如寂靜音樂等深奧的想法時，這些想法就不再激進，而只是慣例。在流行音樂那樣更商業化的領域中，這種慣例性階段會吸引野心較小的創作者，將曾經危險的創新轉化為迎合觀眾口味的作品。流行樂評論家丹・奧齊（Dan Ozzi）指出：「每當一個真正創新的藝術家定義了一種新聲音，它都會被複製至少十年，直到最後剩下的是一個令人尷尬的畸形怪物，幾乎與原始精神毫不相干。」[77] 超脫樂團（Nirvana）以向獨立樂團小妖精（Pixies）借用的風格創新登上榜首；油漬搖滾大獲成功後，模仿超脫樂團的布希合唱團（Bush）和石廟嚮導樂團（Stone Temple Pilots）推出具有明顯油漬搖滾風格的作品，總共售出一千四百萬張專輯。[78]

慣例性使某些藝術風格帶給觀眾愉快且舒服的感覺，但這樣卻扼殺了它們作為「藝術」的用途。文學評論家喬納森・卡勒（Jonathan Culler）寫道：「美學表達的目的，是傳達尚未被明確形式化的觀念、微妙性和複雜性，因此，一旦美學符碼被普遍視為符碼……那麼藝術作品往往就會超越這個符碼。」[79] 激進藝術家通常對自己特定的個人私語感到不安，擔心它被瞭解得太透徹。尚・布希亞指出，成功的藝術家「注定」要重複創作，因為觀眾會要求更多相同的作品。[80] 音樂團體The KLF警告，大多數的熱門藝術家「餘生就像在進行一場巡迴怪胎秀，販賣對那些遙遠且無憂無慮日子的懷舊情懷」。[81] 安迪・沃荷在一九六五年「退休」，認為「基本的普普藝術聲明都已經提出來了」。[82] 但不久後，他就回歸、製作更多令人渴望的名人網版畫——讓創作成為毫不掩飾的商業行為。

最野心勃勃的藝術家永遠不會放棄他們的叛逆精神，也會試圖不斷否定**自己的**慣例。為了防止「薩提學派」的出現，艾瑞克・薩提在每一個新的作曲系列都會改變自己的風格。[83] 在一九六〇年代，約翰・凱吉宣稱：「每當我發現我的作品變得討人喜歡，即使只有對一個人如此，我都會加倍努力尋找下一步。」[84]這種對創新的不懈追求，對已成名的藝術家來說通常是非常有效的。評論家伊恩・麥克唐納（Ian MacDonald）寫道，就以披頭四為例，「他們不斷探索新的方法和概念，防止了他們的音樂變得陳腐：以錯誤的音調開始和結束歌曲，運用調式、五聲音階和印度音階，結合錄音室效果和異國樂器，還有以獨特的多元性變換節奏和風格」。[85]

約翰・凱吉從未像披頭四那樣吸引主流的欣賞，但他的理念——音樂作為概念藝術，寂靜作為音樂，透過機率作曲——大大影響了更廣泛的文化，無論是後現代表演還是流行歌曲。我們現在**聽**音樂的方式不同了。美國指揮家羅伯特・史帕諾（Robert Spano）寫道：「他呼籲我們在過於迅速地將聲音歸類為美麗或醜陋之前，先質疑自己的感知，並在感知者和被感知者的相遇中發現美。」[86]然而，讓非藝術家在先鋒作品中發現美的祕訣是地位價值。當創作者獲得藝術家地位時，他們走上了一條道路，而人們在過程中對他們最大膽作品的欣賞，就會變成一種文化資本。因此，鼓勵區分的結構，可以在擴大人們對複雜美學理解的能力上，直接發揮作用。

• • •

在本書第二部中，我們已經看到階級、次文化和藝術運動內部和彼此之間的地位鬥爭如何創造新的慣例、感知與文化產物——以及由此產生的威望如何幫助這些想法影響更廣大的社會。在這裡，我們找到了文化大謎團第二部分的答案：**獨特的風格、慣例和感知是如何出現的？**階級的特定地位資產最終成為美學感知，給了我們新富階級的奢華、舊富階級的質樸、專業階級的老練，以及低收入階級的炫耀和媚俗。結合起來創造另類地位來源的同時，次文化和反文化沉溺於否定和誇大主流慣例的那些驚人行為。希望為自己和作品贏得尊重的前衛藝術家，提出藝術世界問題的激進解決方案。詩人兼評論家艾略特（T. S. Eliot）相信，「社會各部分之間的**摩擦**，對於一個社會來說至關重要」，[87] 而此前三章就揭露了地位鬥爭如何變得「具高度創意」的確切機制。[88]

然而，並非所有為社會區分而創建的慣例，都對文化生態系統同樣有利。炫耀性消費依賴非常簡單的標誌——這些標誌是作為財富的明顯證據，而非象徵。解讀大型別墅、加長豪華禮車或超大金錶的地位意義幾乎不需要多少知識。前衛藝術則屬另一個極端，有賴極具象徵複雜性的思想，在博學的盟友和毫無文化素養的庸俗者之間豎立屏障。完全瞭解這些創意可能需要教育、金錢和閒暇時間，但這種區分是在指涉其他符號的象徵領域中出現，而不僅止於直接展示購買成本。

因此，訊號傳達成本和產生慣例的符號複雜性之間就出現了清楚的關聯。這種關係可能分布在一道光譜上，從純經濟成本到純文化成本，中間是「半經濟」成本（其中，財富不是直接的訊號傳達成本，但有助於獲得譯解符號的知識）。

新富階層會運用易於說明的訊號。相較之下，經濟資本有限的團體必須依賴符號複雜的慣例，來建立有效的屏障。對於龐克迷而言，由於手頭沒有錢，他們透過激進的時尚和行為來提高屏障。這意味著地位動機在這道光譜的右端刺激較多文化創意，因為這些團體對區分的需求，產生了新的構想、感知、風格和藝術品——不

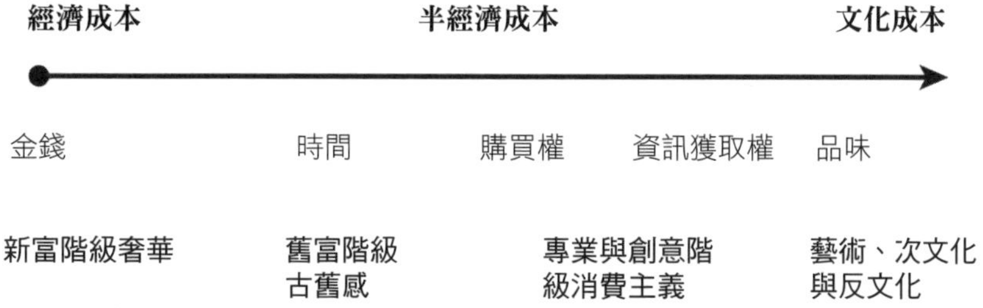

僅僅是更昂貴的物品。這可能說明了為什麼分層極端的國家，在收入差距龐大且上層和專業階級內部的鬥爭有限的情況下，產生較少的複雜發明。在這些文化體系中，地位鬥爭主要集中在炫耀性消費上，這降低了個人在複雜的符號領域中追求區分的誘因。

這並不是說所有的地位尋求者都對擴展人類意識做出重要貢獻。大多數新興藝術家透過重複別人的創新，來獲得他們所渴望的地位水準。但在那些重視原創性、影響力和神祕感的社會中，許多人會試圖創造顛覆性的想法來獲得高地位。在過去的時代，藝術家在公會或種姓的體系中享有相對較高的地位，這些職業團體強制執行某些藝術標準，而精湛的技藝是理想。[89] 在這樣的環境中，創作者畢生接受核心慣例後，往往透過小幅增加的改變來創新。在日本，傳統工藝允許一種緩慢保守的變革，稱為**守破離**（*shu ha ri*）[90]——保護慣例（守）、打破慣例（破），然後分化成一個新的慣例（離）。但在西方社會開始重視極端獨特的個人之後，地位獎勵就轉而給予激烈的藝術原創性。

地位在激發創意上扮演的角色，並不代表人類創作藝術**只是為了**地位。藝術家可以為利他主義、為上帝、為「人民」、為純粹的創作樂趣而創作。小說家卡夫卡覺得他別無選擇，只能追求他的技藝：「我是由文學組成的，不能成為其他東西。」[91] 然而，無論創作的原因是什麼，激進的提案都需要某種形式的高地位認可，才能影響別人。「局外人藝術」是超出地位體系之外的藝術。

地位鬥爭的成果擴大了文化生態系統，但這些成果是否會**改變**社會？儘管未來主義者懷抱炸毀博物館的夢想，他們的作品現在卻像聖物般被存放在現代藝術博物館。尚・布希亞抱怨，前衛藝術可以「諧仿這個世界，描繪它，模擬它，修改它」，但它「根本不會干擾秩序，這也是它所處的世界」。[92] 受地位驅使的文化創新往往是**叛逆的**，但不是**革命性的**。[93] 真正激進的藝術形式不僅會為既有菁英提供新的地位象徵，一開始還會改變哪些團體被視為菁英的標準。

至少在人類理解和符號傳達的領域中，打破激進慣例帶來了顯而易見的好處。前衛藝術對陳腔濫調和媚俗的反感，創造了一個不斷產生具區別性新文化形式的基準。超現實主義的創始人之一安德烈・布勒東（André Breton）向馬塞爾・杜象致敬，稱他為二十世紀的典範：「從來沒有一種更深刻的原創性，如此清晰地源於一個具有更堅定否定意圖的存在。」[94]在電子音樂領域，音樂家之間的地位鬥爭產生了數百種微類型，從極簡鐵克諾（minimal techno）到數位極繁主義（digital maximalism）都有。地位鬥爭不僅激勵了更多的創作和風格，還提出額外的感知，以新的方式欣賞與評估既有的事物。藝術運動達達主義和超現實主義的成功，使我們能夠喜歡荒謬喜劇團體蒙地蟒蛇（Monty Python），將他們視為「達達主義風格」和「超現實主義喜劇」。就如安迪・沃荷相信，「一旦你思考普普藝術，就再也不能以相同的眼光看待美國」。[95]

在重視激進創新的社會，最終會出現更多樣化的文化生態系統、大量的文物和多樣的感知。但有兩個缺點。首先，激進的否定往往最終會回到起點，「耗盡」自己。[96]現代主義詩人奧塔維歐・帕斯（Octavio Paz）在一九七〇年代初表示：「叛逆已經變成程序，批評變成修辭，違反變成儀式。否定不再具有創意。」[97]這導致人們對「後現代」時代的下一步相當困惑，而其中一種做法是回到前現代的想法。在一九八一年倫敦皇家藝術學院的「繪畫中的新精神」（A New Spirit in Painting）展覽上，評論家彼得・富勒（Peter Fuller）很震驚地發現，最年輕的畫家已經擁抱傳統的繪畫目標：「明顯的保守主義」現在成為「進步」的選擇。[98]

第二，對原創性的要求促使許多藝術家打破根深柢固在我們腦中的慣例，以至於這些藝術品從未吸引到大批觀眾。[99]為了追求藝術價值而拒絕美學價值的藝術往往停滯不前，成為「元藝術」（meta-art），是缺乏情感共鳴的智識運動。少了包容性的美學體驗，藝術就會困在菁英圈子之中。很少有人像欣賞貝多芬的古典和聲那樣喜歡舒伯特的十二音音樂。

在二十世紀的大部分時間裡，地位鬥爭為我們提供了目前享有的驚人文化多樣性。我們對藝術家和創作者的感激之情，反過來也培養了對各種「異類」的更多包容，而他們可能使我們未來的文化更加豐富。地位競爭和創意之間的這種直接關聯，還揭露了幾條解開文化大謎團最後一部分的線索：**我們為什麼會隨著時間改變行為，以及為什麼有些行為會持續存在？**對於藝術和次文化而言，來自菁英團體的威望讓更多人認識新風格，並說服最初的反對者接受令人厭惡和打破規範的想法。接下來在第三部，我們將更加瞭解人們是如何從一種慣例轉變為另一種——瞭解地位階層中固有的內部機制，如何成為長期文化變遷的動力。

第三部

地位與文化變遷

Status and Cultural Change

第八章 時尚循環
Fashion Cycles

◆ **MAIN POINTS**

衝浪短板、紫色布料、格倫．歐布萊恩、杯子蛋糕、〈塔迪斯博士〉、巧克力，以及來自地位相關文化變遷的無盡競賽場上的其他故事。◆

是什麼驅動了現代的文化變遷？

記者威廉．芬尼根（William Finnegan）在一九六〇年代還是個青少年時學會了衝浪，使用的是九英尺衝浪板[1]——這是該運動的傳統工具，形式上類似許多個世紀前，波里尼西亞人首次勇敢騎上浪頭時使用的東西。芬尼根花了幾個月的時間除草、拔雜草，好購買更多這樣的高大衝浪板：一款港灣騙子（Harbor Cheater），一款有白舵的訂製霧藍色賴瑞費爾科（Larry Felker）。但一切在一九六八年的某一天都變了，當時芬尼根在加州文圖拉郡林孔海灘（Rincon Beach）的岸邊看見一名澳洲職業衝浪手，以前所未有的速度做出迄今仍難以想像的動作——而且是在一個**短V形**的衝浪板上完成的。所謂的短板革命於焉展開，不到一年後，加州眾多年輕的衝浪手「集體熱切地轉向這種新信仰」。[2]

一夜之間，芬尼根珍愛的衝浪板被譏笑為低等的「長板」。即使他認為這些板子以物品來說是「美麗」的，但它們也「令人丟臉，再也無法在任何像樣的衝浪點出現」。[3]芬尼根把他那塊一塵不染的港灣騙子丟到車庫的椽子上，再也不碰它。一個將積蓄投入一款史帝夫・比格勒（Steve Bigler）簽名衝浪板的朋友，將它拋下懸崖，試圖詐領保險金來購買短板——當心愛的衝浪板墜入淒苦的岩石深淵時，他只能強忍淚水。

理論上，短板革命是一次純粹的技術轉變。像聚氨酯泡棉這類有浮力的合成材料發明出來後，製板師傅能夠製作更短、因而也更靈巧的衝浪板。[4]職業衝浪手可以使用短板更輕鬆地表現刺激的特技，如鑽管（tube riding）。但短板從來都不是長板的完全替代品：短版的學習過程較難，在較小的波浪上表現也較差。這說明了一九九〇年代長板的復甦，以及如今兩種尺寸都為人所接受的原因。（芬尼根的朋友在一九六八年丟棄的史帝夫・比格勒衝浪板，現在會以高價售出。）我們可以將衝浪板大小與同一時期滑板輪子從黏土到聚氨酯的變化拿來做對比。[5]沒有人希望回到可怕的黏土輪子時代，那時輪子只要碰到一顆小小的圓石，就能害滑板手從滑板上飛出去。

短板革命顯示，要在經濟、技術和心理等因素之間確認文化變遷的確切原因有多麼困難。我們轉向新的行為，是為了追求更高的效率？更大的樂趣？不同的思維方式？對新事物好奇和對舊事物厭倦？進步的概念總是最引人注目：我們以實用的電冰箱取代了不切實際的冰桶，用無線手機替代了原始的轉盤電話。我們也熟悉物質條件改變的下游效應。隨著汽車擁有率提高，郊區和超市應運而生；當青少年可以在房間裡用便宜的電晶體收音機聽搖滾樂時，五〇年代的青年文化崛起。當我們在文化和物質條件之間找不到明顯的關聯時，我們假定那是意識形態和精神層面的重新調整。我們相信，嬉皮男子把頭髮留長，是出於對壓迫性中產階級禮儀和道德的原則性拒絕。

然而，這些論點比較適合解釋歷時數十年和數世紀的緩慢文化變遷，而不是展現在拖把頭、普普藝術和衝浪短板上的快節奏文化變遷。知名的語言學家愛德華・沙皮爾（Edward Sapir）曾談到語言中的「漂移」，以解釋文字如何在數十年之間產生新的意義，最終分裂成方言和其他語言。[6]我們也可以將這個概念應用在文化上。學習希臘語和拉丁語曾經是通識教育的核心，但它卻隨著時間逐漸從課程中消失。但現代最值得注意的文化變遷幾乎算不上自然演變。文化創新興起後，就會在社會中迅速傳播。大多數衝浪手在一年之內改用短板——儘管很多人寧可不要改變。

人類行為當然會適應物質環境的變化，但要理解文化變遷，我們必須把它視為**文化的**變遷。[7]對於人類學家萊斯利・懷特（Leslie White）來說，「文化決定並引發文化出現；文化應該用文化來解釋」。[8]所有的文化變遷最終都是在描述一群個體放棄一種慣例，轉而接受另一種。迷你收音機並沒有直接創造青年文化——是擁有迷你收音機的青少年創造了它。要解釋文化變遷，我們必須看看為什麼個人做出轉變。而且，正如我們已經知道的，慣例本身有其重要性：以社會認可獎勵順從，以社會非難懲罰異議。

就跟所有的人類活動一樣，衝浪奠基在慣例之上。使用衝浪板可能不是任意的行為——站在海浪上需要衝浪板——但歷史顯示，衝浪運動用長板和短板都能存在並繁榮發展。兩者各有優勢和劣勢，但能夠變換，代表衝浪板的大小最終是一種任意的選擇。在一九六〇年代末，選擇短板的職業衝浪手相信短版是較優越的工具。然而，我們從芬尼根的故事中知道，單單實用性並不能在如此短的時間內讓**全體**衝浪手改用短板。

正如我們所瞭解的，我們知道所有的公開行為，包括對技術和產品的使用，都會成為地位評估的訊號。

一塊衝浪板絕不僅是一個工具，同時也是地位象徵。芬尼根的故事顯示，衝浪手對同儕的評價非常敏感，他們在考慮衝浪板大小的地位價值時，也關注是否可能提高效率或獲得更大樂趣。職業衝浪手的地位讓他們能使用任何喜歡的板子（世界冠軍凱利・史萊特〔Kelly Slater〕曾經用門板和桌板衝浪），他們迅速撲向短板陣營，是為了特定的實際優勢。但短板革命需要像芬尼根這樣的大量業餘衝浪手也跟著轉變，而其中許多人原本比較偏愛長板。

最能解釋這些迅速變化（可以廣泛描述為**時尚**）的原因，就是尋求地位。如果我們回到芬尼根的故事，他證明長板仍然具有功能性，甚至「漂亮」，但隨著地位價值下跌，長板變得毫無價值。在這些快速文化變遷的顯著案例中，地位最能解釋一種慣例的興衰。這就將我們帶到解開文化大謎團的最後一部分：**我們為什麼會隨著時間改變行為，以及為什麼有些行為會持續存在？**本章將闡述地位激勵個人和團體改變行為的具體機制。正如我們將看到的，現代的地位結構本身，會使時尚成為一個不可避免且永無休止的過程。

時尚循環在那些無法提供實際改善，以及在生活的裝飾性領域裡出現的行為中最為明顯：俚語、字型、咖啡製作風格、景觀美化、繪畫模式和特別的柑橘口味。儘管在人類生活中普遍存在，但時尚長期以來都激起一些嚴肅思想家的不滿。哲學家喬治・桑塔耶納（George Santayana）寫道，時尚是文化變遷的「野蠻」變體，「產生沒有理由的創新和沒有好處的模仿」。[9] 當過時潮流在事後看起來荒謬時，這種情況就變得更加明顯。十八世紀的哲學家孟德斯鳩（Montesquieu）表示：「女性的髮型會逐漸長高，直到一場革命又將其拉低。有一個時期，由於髮型其高無比，女人的臉位在身體的中間。在另一個時期，女人的腳處於相同的位置。」[10] 由於頭髮高低的原因不明，我們將這些波動歸因於「群眾的瘋狂」[11]——集體妄想和暫時失去理智。

當趨勢推動我們走向低效率、繁瑣甚至有害的做法時，這一點尤其真確。十九世紀奧地利皇后伊莉莎白的奢華髮型害她經常頭痛。[12]經濟學家托爾斯坦・范伯倫認為，這種固有的惡意說明了整個時尚變遷：某種趨勢的「實質無用性」最終變得「令人無法忍受」，此時「我們便躲進一種新的風格」。[13]或者，正如奧斯卡・王爾德所說，時尚是「一種令人難以忍受的醜陋形式，因此我們必須每六個月改變一次」。[14]

這些反時尚的態度，源於對個人應該理性行事、自主選擇，並擺脫地位考量的道德期望。同樣地，這就是為什麼我們使用「托辭」來解釋我們個人行為的原因。此外，社會也會避免討論追求地位在文化變遷中的角色，以免尷尬。在二十世紀初的法國，知名巴黎舞者凱莉亞西絲（Caryathis）一氣之下將頭髮剪掉，隨後掀起了一場短髮的時尚潮流。[15]當記者後來請詩人尚・考克多（Jean Cocteau）解釋可可・香奈兒的短髮造型時，他編造了一個不合理的故事，說這些女人只是為了「做公益」，將剪下來的頭髮捐給一戰的受害者。行銷活動幫助我們找到可信的否認。一九八〇年代，Nike推出一款有一道大膽紅色閃電的灰色網球鞋，其廣告標語是：「不敬。有道理。看到那個顏色了嗎？它不僅是為了發出噪音。那是我們放Durathane的地方，它是一種革命性新材料，可使鞋頭的壽命加倍。」為什麼Durathane必須是震撼的緋紅色呢？不清楚。但托辭效果很好，因為即使是**我們**也無法理解自己欲望的來源。我們的心不會在功能性、愉悅和尋求地位之間劃出清楚的界線。

由於我們偏好理性決策，套句人類學家麥可・湯普森（Michael Thompson）的話，時尚變得「輕浮、短暫、瞬息萬變、非理性」，這使得它「不是學術關注的適當對象」。[16]真是可惜——從最廣泛的角度來看，時尚說明了現代世界中最常見的文化變遷形式。並非所有人類行為都是因為地位的原因而改變，[17]也不是文化變遷的每一個例子都**以**時尚開始，但我們所認為的大多數「文化」行為，都是透過時尚循環形成的，其中個人為追求地位價值而採用新的慣例。[18]慣例圍繞著所有行為而形成——甚至是對實用技術的使用。傘顯然是在惡劣天氣時方便好用的東西，然而在英國的某個時期，敢於使用傘的男性「被認為非常惡劣，以至於會在街上受到虐待」。[19]

社會學家艾佛瑞特．羅傑斯對創新擴散的權威理論，充分證實了追求地位在文化變遷中的角色。（「發明」是一個新的想法，「創新」則描述發明的使用和廣泛應用。）原則上，理性的人類只要意識到並且負擔得起，就願意接受更有效率的技術。但羅傑斯的親身經歷卻正好相反。一九三六年，一場嚴重的乾旱使羅傑斯家的農場遭受損失，導致他們買不起耶誕禮物。[20]另一方面，他們的鄰居卻因新開發的農業技術雜交種玉米而度過危機。羅傑斯的父親知道雜交種玉米的好處，也負擔得起，但他堅持使用開放授粉的玉米種，擔心當地他最敬佩的老農夫會因為他改用新的方法而看不起他。為了避免再發生作物歉收的慘況，羅傑斯的父親終於在堅持八年後，轉而使用雜交種玉米。

因此，羅傑斯知道要將創新的擴散視為一個**社會**過程。個人會在人類互動的架構內做出採納決定。他們考慮如何、何時，以及從誰那裡獲得資訊，如何看待轉變的不確定性，以及做出轉變會在社群中受到什麼樣的批評。羅傑斯注意到，採納過程是在五個不同的團體中依序進行，他稱之為**創新者**、**早期採納者**、**早期多數者**、**晚期多數者**和**落後者**。個人根據羅傑斯所稱的**創新性**的特質，也就是「個人比社會體系中其他成員提早採納新想法的程度」，[21]分別歸在這些團體中。這種創新性的分布並不平均：創新者非常少，早期採納者只有一小批，大多數人屬於多數者團體，然後還有一小批落後者。羅傑斯的研究暗示，在創新被引進時，大多數人對採納創新並**不**特別興奮。

是什麼因素減緩大多數人採納創新的速度？他們通常在資訊的獲取上的能力不同，對技術的信任程度也不同。但地位也扮演著重要角色。根據定義，創新會對已建立的慣例構成挑戰——當每個人都使用開放授粉的玉米，使用雜交種玉米就是獨特的行為。因此，個人可能擔心轉變將導致社會非難，即使那樣做顯然有實際的好處。改變會引起焦慮。哲學家艾力克．賀佛爾（Eric Hoffer）指出：「即使是小地方，體驗新的事物也很難不引起不安的預感。」[22]正如美國大眾對拖把頭的反應，大多數人對創新的共同反應不是默默感到好奇，而是「震驚、驚愕、嘲笑或厭惡」。[23]廣泛的變遷只有在保守的多數人感覺轉變不會損害他們的地位時才會發生。由於地位的高低對我們生活品質的影響，就和實用技術的好處帶給我們的一樣大，我們會理性地思考採納這些決策對地位的影響。

在解釋文化變遷的常見模式時，我們考慮到地位也是合理的。然而，社會科學中有一個特定領域試圖表明，潮流也可能出現在所謂的「中立」模型中，不管社會地位，個人會隨機複製彼此的做法。他們聲稱，潮流是由無意識的模仿、而不是仿效中產生的。但其他研究人員已經證明，在這些模型中加入「地位」這個因素時[24]——即人們更可能模仿具有威望的行為——所得到的採納曲線，更類似我們在現實生活中觀察到的起伏。[25]

因此，時尚循環是理解當代整體文化變遷的關鍵。但它究竟是如何運作的呢？社會學家亞伯特．柯恩（Albert K. Cohen）不禁好奇：「文化中的每個參與者受到如此強烈的鼓舞，去順從已建立的事物，文化創新如何能夠出現呢？」[26]在《引爆瘋潮》（*Hit Makers*）一書中，作者德瑞克．湯普森（Derek Thompson）將這個問題概括為一個悖論：「大多數消費者既**愛好新事物**——對發現新事物感到好奇——又是極度**恐懼新事物**——害怕任何太新的東西。」[27]我們將看到，這並不是悖論：大多數人只有在地位價值變得明顯正向時，才會公開參與新的潮流。

為了理解這個過程，我們將檢視時尚循環的每個階段：菁英對獨特做法的需求、大眾媒體傳播、早期採納者的仿效、大規模生產者的簡化，以及最終達到臨界人數。循環在文化生態系統中興起，是由於特定的個人和機構之間的互動：風格指標人物、藝術家、地位團體、評論家、媒體通路、製造商、經銷商、零售商，以及與潮流脫節的落後者。與「病毒傳播」的流行理論相比，這項對時尚循環的分析證明了每個階段如何**改變**最初創新的性質。時尚循環從哪裡開始？它正是從地位原則所指出的地方展開：在地位最高的個人之間。

高地位專屬權

古代世界中最珍貴的紫色染料來自腓尼基，那裡的工匠們設法提取骨螺科（Muricidae）海洋軟體動物的乳狀分泌物。製作幾滴染料需要在巨缸中壓碎成千上萬隻小海螺，如此有限的數量使得完全染成「泰爾紫」（Tyrian purple）的衣物成為堪比黃金的珍寶。亞歷山大大帝入侵波斯時，搶奪了相當於現值六千八百萬美元的紫色布料。[28]在《自然史》（*The Natural History*）中，老普林尼（Pliny the Elder）對公元一世紀的羅馬為何如此「熱愛紫色」感到困惑，[29]因為這種特殊染料具有「刺鼻」的腐爛海螺氣味，而且其顏色「刺眼，帶綠色調，非常類似暴風雨時海洋的顏色」。尼祿十分喜愛泰爾紫，因而在公元五十四年登基時，禁止皇室之外的任何人穿戴這種顏色的服飾。[30]

在今天充斥著大量合成染料的世界中，人類不再讓紫色於可見色譜中占有獨特地位。「皇家紫」（Royal Purple）不過是一種汽車潤滑油。因此，古代的泰爾紫時尚潮流與人類對特定光波長的固有偏好關係不大，反而與威望關係較大。皇帝渴望紫色，是因為這種大膽的顏色乃作為一種專屬標記。

菁英對專屬做法的需求，象徵時尚循環的開端。正如我們在第二章所學到的，地位階層的邏輯導致最高地位層級渴望獨特的物品和做法。就像社會學家蓋布瑞・塔德所寫的：「所謂的優越個人在各方面都被模仿」，但「他似乎不會模仿在他之下的任何人」。[31] 菁英必須是**品味仲裁者**（arbiter elegantiarum）[32]——品位的創造者，而非追隨者。

創新可能在社會的任何地方出現，但想擴散得更廣就需要提升威望。在需要專屬物品和做法時，高地位的個人會受風格或技術創新吸引，原因就是，根據定義，這些創新是從一小批採納者之中出現的。這是追求地位與創新擴散首次交會的地方。創新性——嘗試新事物的意願——隨著一個人的地位從中等階層往上升高而增加。菁英有參與專屬行為的**需求**和**特權**。在十九世紀末的法國，警方會逮捕穿長褲的中產階級婦女；相較之下，知名作家喬治・桑（George Sand）和女演員莎拉・伯恩哈特（Sarah Bernhardt）卻可以毫不避諱地在巴黎的大道上穿著長褲散步。[33]

地位也解釋了為什麼創新性同樣存在於社會底層。局外人、流亡者和邊緣人不會擔心嘗試新事物的社會風險，因為他們幾乎沒有地位可以損失。然而，威望的原則代表低地位者打破慣例會被視為「偏差」，可能不會引發任何即時的模仿。另一方面，高地位者打破慣例卻會引發仿效，而且被當成高尚的創新行為。

經濟學家將對專屬物品的固有需求形容為**虛榮效應**（snob effect）：「個人透過購買獨特的服裝、食物、汽車、房屋，或者他們可能認為在某種程度上，能將自己與大眾區分開來的任何東西，以追求專屬權。」[34] 虛榮的消費主義不限於貴族和億萬富豪，而是存在於社會各層次所有地位團體的頂端。在一九八〇年代中的紐約，熱愛運動鞋的人渴望Nike Air Force 1球鞋，就因為這種鞋只能在布朗克斯的一家商店購買到。[35] 虛榮者經常因為對訊號傳遞成本的重視高於內在品質而遭到貶損。文學學者芭芭拉・史密斯回憶道：「作為一個有辨識能力的年輕虛榮鬼，我常發現任何一首詩的價值與其在選集中出現的頻率成反比。」[36]

由於最高層的菁英鮮少是手工藝者，他們必須從其他地方取得他們的地位象徵。菁英集中在能滿足他們需求的三個特定物品類別：**稀有品、新奇品和技術創新**。

稀有品是難以獲得的物品，範圍從公開市場上無法獲得的獨一無二古董與傳家寶，到需要龐大財富才負擔得起的全新奢侈品。古代貴族早在瞭解如何將青銅運用在武器上之前，就把它視為一種可作為獨特裝飾的貴金屬。[37]現代菁英對稀有品的偏好與他們的階級策略吻合：新富階級渴望具有高財務成本的明顯奢侈品，而舊富階級則渴望訊號傳達的時間成本高、難以獲得且質樸的老古董。洛克菲勒家族擁有美國獨立戰爭時期的黃銅燭臺和壁爐柴架，以及路易十四時期的法國胡桃木邊桌。[38]這種對稀有品的渴望，還提高了對真實性的需求。具有出處認證的產品——如波斯地毯、藝術品——難以獲得，人們認為它們的品質更高。對真實性的強調，還能使任何可能出現的媚俗模仿貶值。

這類地位象徵在絕對意義上不必是稀有的，而是只需要在社群內被認為稀有。這使得菁英可以透過套利的方式獲得稀有品——利用他們的特權，輕鬆地從一個領域獲得物品，並回到家中使用。在蘇聯，尼龍絲襪、進口香菸和麥克筆等平凡的外國商品，因為只有最高層官員才能出國或獲得足夠的外幣來購買，因而具有威望。[39]

稀有品往往昂貴，因此經濟資本較少的菁英可能改而從「新奇品」中尋求與他人之間的區分。新的時尚風格、唱片歌手、音樂類型或電影使用資訊作為主要的訊號傳達成本，而創意階級始終是最瞭解情況的人。只有消息靈通的菁英才知道要到納帕谷的法國洗衣店餐廳（French Laundry）用餐或前往德州的馬爾法（Marfa）旅遊。套利也適用於新奇品。很少有人記得設計師薇薇安・魏斯伍德（Vivienne Westwood）在一九八二至八三年系列中類似加拿大皇家騎警帽的阿比（Arby's）①商標帽，所以當菲董（Pharrell Williams）在二〇一四年葛萊美獎頒獎典禮戴上它時，它就成了「菲董帽」。[40] 對於創意階層的菁英來說，新奇品的一計妙招，是擁抱在美學上令人不悅的內容——奇異的藝術、不尋常的風格或令人震驚的創新——這將疏遠保守的多數人。

最後，「技術創新」也是一種稀有品，碰巧提供了實用優勢的強力托辭。iPhone 在二〇〇七年首次亮相時是新穎、昂貴且獨特的，但與之前的手機相比，它也提供了明顯的好處。新技術很適合作為區分之用，因為它們以高價進入市場，並傳達其他的地位標準，例如理性、時髦和對產品卓越的嚴格標準。高居專業領域頂端的人，會尋求能進一步提升其表現的新工具。一九七〇年代，熱衷的紐約街頭籃球員開始採用一種新的鞋帶綁法：先穿過第一個鞋眼孔上方，然後再穿過其他鞋眼孔下方。其他球員將它視為一種「更狠毒的風格」，因為他們相信較好的球員需要物品有更棒的功能。[41]

雖然技術創新意味著創造全新的裝置和方法，但文化創新也可以用來描述菁英團體賦予平凡或老舊事物聲望。菁英尋找「白板」，將他們自己的高地位關聯投射在上面。一九六〇年代中期，切爾西（Chelsea）正因為是「未知領域」而成為倫敦的時尚區域。[42] 菁英的獨特性甚至可以提升平民的層次。約翰・藍儂（John Lennon）將英國國民健保署發的工業生產鋼框「奶奶眼鏡」變成時尚配飾，因為他是約翰・藍儂。[43] 在阿根廷，探戈起初是下層階級的舞蹈，但在巴黎、倫敦和紐約受到歡迎後，地位因而提升。[44] 曬黑曾長期與整天

① 譯注：美國速食連鎖店，商標是一頂帽子。

在外工作的農民連結在一起，但隨著歐洲日間勞工的工作轉移到工廠內，窮人皮膚變得較白。這為可可．香奈兒等法國富裕菁英開創了機會，重新定義古銅色肌膚，作為在時髦的地中海度假中心花時間做「日光浴」的證據。[45]在這些案例中，原始的慣例往往會精緻化。隨著葡萄酒從一種粗俗的飲料提升為有品味的愛好，細頸大瓶、燒瓶和大瓶子被淘汰，取而代之的是細緻的葡萄酒杯、醒酒器和細長的波爾多瓶。[46]

這種現象反過來看也是正確的。當稀有品、新奇品和技術創新與低地位團體關聯過度緊密時，就無法獲得地位價值。賽格威（Segway）電動滑板車首次亮相時既新奇又昂貴，但很快就獲得負面威望，成為喜劇影集《發展受阻》（*Arrested Development*）中的高布．布魯斯（Gob Bluth）和電影《百貨戰警》（*Paul Blart: Mall Cop*）嘲諷的對象。

菁英的採納為創新添加地位價值，使得創新對低地位的個人產生吸引力。高訊號傳遞成本旨在充當障礙，但正如我們將看到的，隨著這些成本降低，時尚循環不斷進展。首先失守的第一道防線，是資訊成本。

大眾媒體

在聽了《猜猜我幹哪一行》（*What's My Line*）和《我有個祕密》（*I've Got a Secret*）等黃金時段電視節目喋喋不休好多個小時之後，俄亥俄州克里夫蘭的十一歲五年級生格倫．歐布萊恩（Glenn O'Brien）熟悉了名人夜生活的基本樣態。[47]例如，他知道工作結束後，所有人都常光顧曼哈頓一個奢華高級的地點，名叫鸛夜總會（Stork Club）。因此，在一次紐約假期中，歐布萊恩請父母帶他去那裡，然後在門口甩開他們。鸛夜總會的領班對這個穿著鮮紅色西裝外套的早熟孩子印象深刻，便帶著歐布萊恩跟各桌的有錢客人打招呼，其中包括知名女演員基蒂・卡萊爾（Kitty Carlisle）。

多年後，歐布萊恩龐大的文化資本累積得越來越雄厚，成年後，他展開成功的媒體職業生涯。他在安迪・沃荷的《訪談》（*Interview*）雜誌開闢「節拍」（Beat）專欄，成為唱片公司簽下新樂團的參考指標。一九七〇年代末，歐布萊恩主持一個名為《電視派對》（*TV Party*）的公共頻道節目，讓地下藝術傳奇人物伊吉・帕普（Iggy Pop）、尚－米榭・巴斯奇亞（Jean-Michel Basquiat）和羅伯特・梅普爾普索（Robert Mapplethorpe）出現在郊區的電視機上。在他生命最後二十年的大部分時間裡，歐布萊恩在《GQ》雜誌上撰寫「風格男子」（Style Guy）問答專欄，將他在打扮和禮儀方面的權威智慧傳授給下一代時尚青年。格倫・歐布萊恩從未成為家喻戶曉的名字，但正如遊戲節目在他小時候教他有關名人的生活方式，他的文章和報導為新興的年輕創意人士提供直接來自高地位紐約下城藝術圈的珍稀特別資訊。歐布萊恩對這個封閉環境的報導，套句他的門生、小說家克里斯多夫・博倫（Christopher Bollen）的話，是青少年在他們「單調的美國小鎮」中感到無聊時的「北極星」。[48]

格倫・歐布萊恩的職業生涯證明了大眾媒體在文化生態系統中推動潮流的關鍵角色。菁英慣例會保持獨特性，除非媒體將共同知識擴展到地位層級較低的人。從《紐約客》到《Vogue》，康迪納仕雜誌帝國提供紐約、倫敦和巴黎之外的上層中產階級相關指南，好跟上最新的都市潮流，因而在全球文化中節節高昇。藉由指示哪些新慣例具有威望，大眾媒體引發了媒體最重要的消費者——即專業和創意階級——跟進模仿。「當電影出現時，」媒體理論家馬歇爾・麥克魯漢（Marshall McLuhan）寫道，「整個美國生活模式都呈現在銀幕上，成為一部不間斷的廣告片。任何演員穿戴、使用或吃的東西，都是一種沒人夢想過的廣告。」[49] 因此，大眾媒體不僅僅是中立的資訊傳遞管道，還是一種轉換工具，透過擴展共同知識與增加地位價值來強化慣例。[50]

媒體透過四個關鍵功能來支持創新的擴散：**選擇**最吸引人的慣例、向廣大民眾**傳播**這些慣例、**解釋**為什麼個人應該採納，以及明確**評估**品質。這四項行動都能使菁英慣例更吸引熟悉媒體的早期採納者。然後，在時尚循環的後期，大報、主流新聞節目和其他大眾媒體，會向早期多數者介紹符合其特定需求的慣例，以供採納——即眾所周知的（經過傳播）、適當的（經過良好選擇和評估），以及非任意的（經過解釋）。

從選擇開始，編輯和製作人必須根據媒體的特定標準選擇報導內容。編輯擔任守門員，根據嚴格標準選擇具新聞價值的內容，而所有獲選的新聞都具有隱含的重要性、創新性、高品質，且具有良好的品味。

媒體隨後向廣大閱聽人傳播這些選擇，將慣例的常識擴及那些無法親自觀察的人。這種知識的增加對於廣泛模仿的出現是必要的。在一九八〇年代中期，嘻哈音樂透過新奇的行為（胖男孩樂團〔The Fat Boys〕）和搖滾跨界（Run-DMC與史密斯飛船樂團〔Aerosmith〕合作），只出現了幾首熱門歌曲。這個類型攻占美國樂壇始於一九八八年每週播出的電視節目《唷！MTV饒舌》（*Yo! MTV Raps*）推出，它迅速成為該頻道收視率最高的節目。[51]

傳播是一種強大的**後設溝通**（meta-communication）形式：不僅傳遞訊息，還暗示其他許多人也正在看相同的訊息。對於發行量有限的高檔雜誌，讀者想像其內容只會被其他高地位的人讀到，從而提升了它的威望感。相較之下，包含在最廣的大眾媒體中，如《今日美國報》（*USA Today*）或《時人》（*People*）雜誌，則代表所有人都知道的傳統，這對早期採納者來說，地位價值可能會降低。一九九一年，青少年影集《飛越比佛利》（*Beverly Hills 90210*）中的主角參加一場銳舞派對，美國電子音樂迷大感震驚：「死了！結束了！完蛋了！它變主流了！」[52]

由於創新通常可能晦澀、抽象或顯得任意，因此在提供菁英為何採納一個專屬做法的脈絡時，解釋扮演了關鍵的角色。這可以採取書面敘述的形式，但在許多情況下，電視和電影等視覺媒體能在無需直接說明的情況下「解釋」慣例。英國女孩看到披頭四樂團時痙攣發作的片段，展示了年輕美國女孩也應該如何表現。

解釋最重要的層面是命名——確認新慣例是獨特的語義實體。[53]一個名稱會將模糊的印象和感覺變成可以討論的「事物」。在一九六〇年代末，英國人隨意將剃光頭的少年稱為鐵匠（smithies）、顱骨（skulls）和花生（peanuts）。[54]但直到媒體對其永久名稱達成共識、稱之為光頭黨（skinheads），這種造型才成為一種真正的風格運動。社會學家羅爾夫．梅爾森（Rolf Meyerson）和伊萊休．卡茲（Elihu Katz）寫道：「沒有無稱號的風潮或時尚。」[55]組織意識到這種力量，便為邊緣化的現象加上新名稱，以改善人們的認知。例如，「龐克」嚇跑廣播電臺，因此雄風唱片（Sire Records）的一名主管，便請電臺改稱氣勢凌人的年輕樂團為「新浪潮」。[56]一九九〇年代的美國人討厭歐洲的「鐵克諾」，所以《旋轉》（*Spin*）雜誌將其重新命名為「電子音樂」（electronica）。[57]

評論家協助解釋了藝術家的激進創新為何重要，而且不只是任意性的表現手法。（達達主義詩人崔斯坦．查拉〔Tristan Tzara〕對此感到不滿：「任何可以被理解的藝術品都是記者的產物。」[58]）大眾媒體的「理想讀者」決定了解釋的複雜度。為確保廣為人所理解，語言學家泰倫斯．霍克斯（Terence Hawkes）寫道，媒體會「簡化或『修剪』所有經驗，使其符合我們為其準備的類別」。[59]時尚雜誌提供易於模仿的訣竅，鼓勵人們參與時尚潮流。《Vogue》雜誌建議：「完美的公爵夫人下班造型——不必再找了，只要看看凱特王妃的人字形圖案西裝外套。來自Storets的訂製外套將能塑造類似的感覺——價格兩百二十八美元，堪稱負擔得起的皇家風格時尚單品。」[60]

媒體的解釋可能十分權威，以至於連報導的主題通常也力求遵從其誇大作風——湯姆・伍爾夫將這個過程稱為「媒體反彈」。[61]一九五三年的電影《飛車黨》（*The Wild One*）將非法摩托車幫派的崛起戲劇化，提供風格範例給現實中的地獄天使幫（Hells Angels）。在《地獄天使》（*Hell's Angels*）一書中，杭特・湯普森（Hunter S. Thompson）寫道，《飛車黨》「給了非法分子一種持久浪漫的自我凝視形象，只有少數人能在鏡子中找到的一致的反射」。[62]作家約翰・西布魯克指出，美國的貴族階層對自己的想法是「基於自詡為菁英者創造出來的虛構故事」。[63]傑・蓋茲比既是對新富階級的諷刺，也是其夢寐以求的偶像。

最後，媒體可以透過對品質的明確評價，來提高某些慣例的價值。評論家不僅介紹新的產品和藝術品，還表明它們極好、好、普通、不好或糟糕。在二十世紀晚期，美國上層中產階級依賴《消費者報告》（*Consumer Reports*）為汽車和家電背書。在二〇〇〇年代，千禧世代閱讀音樂網站「音叉媒體」（*Pitchfork Media*）來瞭解新發行的音樂是傑作（十分）還是丟臉的爛作品（零分）。在專業和創意階層之間，熟悉這些評論本身就是文化資本。另一方面，對於早期多數者來說，娛樂評論對他們的消費影響不大。影評人狠批二〇一八年的電影《猛毒》（*Venom*，在爛番茄〔Rotten Tomatoes〕上的得分是百分之三十），[64]但該片僅在美國就獲得二億一千萬美元的票房。

藝術終究是一種私人品味，即使是最有文化修養的人也會很有自信地忽略評論家的意見。然而，對於注重地位的中產階級來說，體現在服裝、舉止和居家裝飾上的**公開**品味，對地位有重大的影響。因為怕犯錯，市場對禮儀書籍、禮儀指南和實用手冊產生強勁的需求。查爾斯・伊斯雷克（Charles Eastlake）的《居家品味提示》（*Hints on Household Taste*）於一八六八年出版後，羅素・林恩斯寫道：「該書的所有宣言都被視為真理。英國人按照伊斯雷克先生的建議掛畫和窗簾，鋪地毯，給牆壁上色，安裝門的鉸鏈，擺放瓷器，購買燭臺，堅持使用壁爐柴架，採購實心木材，放棄鑲板，避免曲線，一切都遵照伊斯雷克先生的心意。」[65]在二十世紀中期，數百萬名美國女性收到的成年禮物，是艾美·范德比（Amy Vanderbilt）或艾蜜莉·波斯特（Emily Post）的禮儀指南。在二〇〇〇年代初，一小群時尚的年輕男性想獲得如何打扮的指引，例如襪子是否應該搭配褲子或鞋子，他們就指望格倫·歐布萊恩提供權威答案。

另一種重要的評價形式，是貶低品質可疑和低地位價值的慣例。但是，「所有的宣傳都是好宣傳」這句老話也有道理：對惡劣行為的廣泛報導會提升這類行為的地位價值，並創造一種臭名的吸引力。《每日鏡報》抨擊泰迪男孩，意圖煽動道德恐慌，但那些照片卻激勵許多工人階級青少年購買自己的無腰身垂墜外套和厚膠底鞋。

整體而言，選擇、傳播、解釋和評價這四種行為都會將慣例加強、穩定和正當化。這些服務對於生活在快速變化的社會中、且需要跟上社會規範的人們至關重要。社會學家喬·貝斯特（Joel Best）寫道：「我們假設情況會改變，而這個假設卻反過來創造了自己的需求，想要能告訴我們發生什麼事的媒體。」[66]但這是一個反射行為：在報導慣例並設定仿效方向的過程中，媒體將慣例變成時尚，並協助其擴散。

如此對大眾媒體的討論意味著，在無臉孔的組織中，存在著沒有實體的自動傳播裝置。但每張辦公桌前都坐著像格倫·歐布萊恩這樣的人，他們的決定成為其個人身分的一部分。他們必須考慮到他們的選擇、解釋和評價所帶有的地位意涵。這形成了一道篩選報導什麼人事物的過濾機制，因而在世界上發生了什麼和被報導出來的世界之間創造了差異。最值得注意的是，大多數媒體業工作者都出生於較高地位的慣習中，或在教育過程中獲得豐富的文化資本。這導致了一種共同感知能力，對傲慢的新富階級的炫耀性消費、中產階級的地域主義和下層階級的「壞品味」抱持懷疑態度。有很長一段時間，媒體的選擇傾向於：（一）專業階級環境中的新慣例；（二）有品味富人的經典慣例；和（三）來自激進藝術家、反叛次文化和少數族群的刺激慣例。音樂刊物從未認真看待席琳．狄翁（Celine Dion），因為正如音樂評論家卡爾．威爾遜指出的，「她的聲音本身就是**新富階級**。那是以量取勝的生意」。[67]

媒體刊物對個人地位的關切，導致對低地位圈子內的流行慣例報導量不足。王牌接線員賴瑞（Larry the Cable Guy）的專輯銷售量已經達到白金等級，但他在鄉間、藍領觀眾中受歡迎的程度，似乎與大眾媒體呈現他在單口喜劇中的代表形象不符。大眾媒體還可能重新塑造尖銳的次文化慣例，以符合較高雅的專業階級美學。龐克從藝術學校的憤怒和工人階級的異議發展而來，然而《GQ》雜誌卻在一九七七年向讀者保證：「如果以極端的細緻和感性來對待龐克，可以使其與本季的整體時尚方向一致。拿件破爛的T恤，仔細剪成條狀，可以與剛生產出來的牛仔褲和羊毛夾克襯衫完美搭配。」[68]

媒體世界內的地位競爭，也激勵記者去搜尋最獨特的評價，即「最熱門的觀點」。搶先報導、獨家新聞與早期發現才能脫穎而出。藝術社會學家尚．杜維涅（Jean Duvignaud）寫道：「今天沒有編輯和藝廊總監膽敢承認他們『錯過』一個才華橫溢的畫家或詩人，不僅因為事業『起飛』帶來的聲望，也因為伴隨成功而來的龐大物質利益。」[69]這有時會導致**虛假潮流**的形成[70]——對邊緣或想像的社會運動感到興奮。二〇〇九年，《紐約時報》報導「迅速隆起的肚皮」已成為文青男士的一種時尚外觀。《石板》（*Slate*）雜誌的傑克．夏佛（Jack Shafer）抨擊這篇文章，指出該記者「沒有指出大肚子時尚的領袖，也沒有提出電影院、劇院、音樂廳、夜店或其他地方流行大肚子的證據。只有一些隨機在紐約四處走動的肚皮」。[71]

高地位對媒體的掌控，是否在我們的文化中創造了重大的偏見呢？從銷售數據來看，評論家很少能阻止大眾湧向他們最喜歡的娛樂。儘管懸疑作家丹・布朗（Dan Brown）常遭謾罵，但他的書銷量已超過兩億本。批評意見通常只會對以高教育菁英為目標觀眾的電影的前景產生負面影響。一九九四年，影評人羅傑・艾伯特（Roger Ebert）在他的評論中大力抨擊如今已遭人遺忘、耗資四千萬美元的勞勃・雷納（Rob Reiner）電影《浪子保鑣》（*North*）：「我討厭這部電影。討厭、討厭、討厭、討厭、討厭這部電影。我討厭它。」[72]這在在說明了媚俗作品雖然較能反映出一般人的文化品味，但媒體在控制時代精神的敘事之際，可以將注意力轉向不受歡迎的事物。理論上，評論家提供了一股力量，抗衡宣傳預算龐大的大眾導向藝術作品——至少對於重視評論意見的專業和創意階級來說如此。

因此，大眾媒體讓菁英慣例受到更廣泛的採納，從而加速文化變遷——這個過程往往會將高地位的行為過度呈現為「文化中正在發生的事情」。無論如何，一旦有關創新的資訊通過傳播管道，早期採納者就會準備好加入。

仿效與高地位放棄

木蘭烘焙坊（Magnolia Bakery）於一九九六年在紐約市西村的一個角落開張，不到幾年，它色彩繽紛的杯子蛋糕就成了附近富有專業人士喜愛的宵夜。電視影集《慾望城市》（*Sex and the City*）在二〇〇〇年的某一集，就安排女主角凱莉・布雷蕭（Carrie Bradshaw）出現在木蘭烘焙坊前，她在吃這家店的招牌點心時坦承自己暗戀一個人。不久，英國版《Vogue》雜誌大肆報導，[73]時尚精品品牌馬克・賈伯（Marc Jacobs）也在同一個街區開店。到了二〇〇一年，木蘭烘焙坊的杯子蛋糕已然成為紐約專業階級身分驕傲的一部分。時尚設計師珍娜・里昂（Jenna Lyons，後來她因在J.Crew的工作而被稱為「為美國打理造型的女人」）在她二〇〇二年的婚禮上供應木蘭烘焙坊的杯子蛋糕，紀念「站在布里克街和西十一街口角落的許多個夜晚」。[74]

然而到了二〇〇三年，一批新的紐約客開始湧向木蘭烘焙坊——他們更年輕、較不富有，住處離西村很遠。接下來，是參加《慾望城市》觀光行程的外地人。木蘭烘焙坊的杯子蛋糕日銷量達三千個，[75]附近的公園垃圾桶裡滿是結了一層糖霜的盒子。[76]紐約對高級杯子蛋糕的無窮渴望，激發了創業烘焙師開設烘焙坊，互相較勁：[77]碎屑（Crumbs）在上城開張，然後是彩糖粒（Sprinkles）將這些美食帶到洛杉磯。到了二〇〇四年，木蘭烘焙坊最初引發的熱潮席捲全美，變成一股華麗杯子蛋糕狂熱。

紐約市有多不勝數的美食——格雷瑟烘焙店（Glaser's Bake Shop）的黑白餅乾、羅斯父女（Russ & Daughters）的猶太可頌、卡卡圈坊（Krispy Kreme）的原味糖霜甜甜圈——但有一段短暫的時間，投資銀行家和時尚造型師將他們的時間、金錢和血糖，轉而投入時髦的杯子蛋糕。是因為這些杯子蛋糕特別美味嗎？《紐約時報》的結論是，木蘭烘焙坊的杯子蛋糕「除了巧克力糖霜中的可可之外，沒有辨識得出來的味道」。[78]遊客也感到困惑：「這些東西在密西根州絕對賣不掉。人們會看著它們說：『我在家就能做出來！』」[79]不管口味上有什麼缺點，木蘭烘焙坊的杯子蛋糕就是具有威望。

但這種威望在接下來十年的杯子蛋糕反感浪潮中瓦解。二〇一三年，《大西洋月刊》（*The Atlantic*）的珍・多爾（Jen Doll）寫道：「還有比那些嬌貴、昂貴、自以為是的高級杯子蛋糕，更被人直接大聲唾棄的食物嗎？」[80]這主要得歸咎於過度曝光：大多數主要城市都有自己的杯子蛋糕店。此外，杯子蛋糕也攻占了大眾媒體：[81]它們是電影《伴娘我最大》（*Bridesmaids*）和電視影集《破產姊妹花》（*2 Broke Girls*）的關鍵情節、無數部落格的主題，以及實境秀節目《杯子蛋糕大戰》（*Cupcake Wars*）的支柱。興奮情緒開始消褪。碎屑烘焙坊原本規劃五年內再開一百五十家店，最後卻於二〇一四年停止營運。[82]

經過媒體傳播後，潮流進入時尚循環的新階段：中地位者**仿效**高地位行為，接著是高地位者的**放棄**。《慾望城市》將木蘭烘焙坊的杯子蛋糕變成時尚潮流，十年後過度飽和又使它一蹶不振。

在艾佛瑞特．羅傑斯的擴散模型中，半高地位的個人稱為早期採納者。[83]他們通常是專業和創意階級的成員，因為這些團體是媒體的重度消費者，能搶在其他團體之前就獲知菁英慣例。他們也收入豐厚（經濟資本）、人際網絡廣泛（社會資本），而且受過良好的教育（教育與文化資本）。此外，他們具有開闊的視野——知道許多另類慣例，且接受打破傳統。最重要的是，他們透過品味來傳達訊號，這促成了一種跟上潮流的責任。在他們的半高地位上，只要不偏離團體規範太遠，他們被允許有一些個人獨特性。

早期採納者追求體現在菁英慣例上的地位價值，因而創造了文化實踐的下滲流。十九世紀社會學家蓋布瑞．塔德認為，文化流動是「一種社會**水塔**，一道源源不絕的模仿瀑布可能從那裡落下」。[84]在封建時期，這種涓滴效應很明確。國王設定風格慣例，貴族追隨，然後資產階級抄襲。隨著民主和資本主義興起，專業人士可以模仿超級富豪的風格，就連窮人也找到自己仿效的方式。在十九世紀的歐洲，襯裙的時尚始於公爵夫人和仕女，最終擴散到在田間工作的東普魯士農婦身上。[85]如今，菁英慣例很容易擴散到整個社會。富有的雅痞是美國最早喝法國氣泡礦泉水品牌沛綠雅（Perrier）的人之一；到了一九八八年，它成為美國最暢銷的瓶裝水。[86]現在，幾乎每家超市都供應多種口味的沛綠雅。

下滲模式在技術創新中非常普遍，特別是高價的新科技產品上市時。最早的黑白電視價格超過了某些汽車。[87]隨著成本下降，擴散速度加快，但令許多採納者感到興奮的原因不僅是實際利益，而是擁有過程中帶來的持久威望。美國的下層中產階級購買電視不只是為了娛樂，更是為了傳達經濟成功的訊號，這似乎說明了為什麼這麼多家庭將他們的第一台電視擺放在客廳中的明顯位置。[88]

然而，二戰後的時尚潮流扭曲了涓滴效應的隱喻象徵。正如學者芭芭拉・芬肯（Barbara Vinken）所指出的：「現在製作、穿著和展示時尚，是街頭的平民階層，而不是資產階級或貴族。」[89] 隨著次文化資本對創意階級傳遞訊號的重要性增加，高地位團體開始擁抱以前的低地位慣例。到了一九七〇年代中期，記者湯姆・伍爾夫觀察到：「如果你走在紐約的街上，可能會看到從合作公寓出來、身穿外露縫上有鋁釘的紮染褪色李維（Levi's）牛仔喇叭褲的一對夫婦，碰巧是樓上價值十七萬五千美元公寓的主人。」[90]（約合現今的九十萬美元）隨著富人打扮得像窮人，我們是否已經走到了涓滴效應的盡頭？我們是否進入了一個「上滲」或「橫滲」的新世界？[91]

不盡然。追求地位的基本人類渴望繼續使人向上模仿。改變的只是城市、國際化團體的文化資本，包括對較低階層生活方式的瞭解。一個顯著的例子是，中產階級的美國白人必須證明他們熟悉黑人文化，這個現象推動了創意經濟的多個領域。當湯米・席爾菲格（Tommy Hilfiger）在一九九〇年代初期想要銷售他品牌的學院風服裝時，他聽從饒舌樂大亨羅素・西蒙斯（Russell Simmons）的建議，首先將目標對準非裔美國人，而不是富家子弟。[92]

但我們不應該將文化資本的多樣化混淆為真正的向上文化流動。菁英品味製造者一直從最底層竊取想法，因為他們可以「深入貧民窟」，卻不會被誤認為貧民窟居民。在菁英人士為了搞笑而穿上農民服裝之後，皮革短褲在德國文化中獲得崇高的地位。蓋布瑞・塔德指出，在十九世紀末，「發明可能始於最底層的人民，但其擴大取決於某種高尚的社會高度」。[93] 一旦這些被掠奪的做法在頂層獲得威望，它們甚至能影響原本的社群。歷史學家科比納・莫瑟（Kobena Mercer）指出，白人女演員波・德瑞克（Bo Derek）從黑人社區抄襲玉米辮髮型，而「她的成功認可了這種造型，鼓勵更多黑人去編玉米辮」。[94]真正的向上文化流動會是窮人影響到下層中產階層，然後影響到中產階級，再來是菁英——一條看似違和的團體鏈試圖將自己與底下的階層聯繫起來。也許最接近的例子是金・卡戴珊（Kim Kardashian），她的事業從一部外流的性愛影片發展到小報，再到真人實境秀，最終登上《Vogue》雜誌封面。但卡戴珊是富有的名人，她的崛起主要來自她不斷成長的資產，而非其他人模仿她的生活方式。

不論文化創新的特定起源為何，注入地位價值都會鼓勵早期採納者效仿。但是這些地位較低的人湧向慣例，會降低最初採納者的威望。模仿令人厭煩。菁英現在必須花時間和金錢尋找替代品，而迅速採納新的慣例會破壞其身分的穩定性和真實性。貝德福公爵曾經嘀咕過，上流社會「不想要平民的任何東西，除了他們應該維持平凡之外」。[95]這正是為什麼菁英一開始就選擇具有高訊號傳達成本的事物。

可能會有某些時候，高地位和低地位人口的成員參與相同的潮流，但這些時刻往往很短暫。菁英不能冒險與遭汙染的風格有所牽扯。無論他們享受某些習俗的時間有多長，一旦這些習俗不再有助於與較低階層劃清界限，他們就會放棄。格倫・歐布萊恩寫道：「勢利眼是一場比賽、一場競爭，重點在於最先到達並最先離開。」[96]隨著流蘇連衣裙在一九二〇年代擴散到大眾，潔達・費茲傑羅（Zelda Fitzgerald）指出原本的飛來波女郎（flapper）②「必須轉向其他東西，展示她珍貴的特點一陣子，然後再將其傳給比較不敢冒險的

②譯注：一九二〇年代喜歡穿短裙、留短髮，行為對抗保守文化的年輕西方女子。

人」。[97]幾個世紀以來，富人以他們的豐滿感到自豪，因為那象徵他們輕鬆獲得大量食物。當這種身體上的區分隨著馬鈴薯種植和工業食品生產的擴大而消失時，富人便放棄豐滿的體型，開始著迷於運動和營養。[98]

對於在整個社會擴散的潮流，採納**本身**作為高地位訊號的效果，比不上採納的**時機**。菁英較早採納，非菁英跟在後面。就像獨立搖滾的陳腔濫調：「我**曾經**喜歡那個樂團。」[99]早期採納流行趨勢代表了許多優點——個人主義、勇氣和樹立榜樣。從長遠來看，菁英做的選擇與大眾無異，只是他們動作快多了。

因此在時尚循環中，放棄和採納一樣重要。但是，放棄需要進行另一輪的採納。拋棄杯子蛋糕代表選擇一種新的專屬甜點（或者放棄所有甜點）。當沛綠雅變得太普遍時，時尚人士就改而關注對手品牌波多（Badoit），傳達更高雅品味的訊號。[100]嬉皮留過的叛逆長髮和鬍鬚，最終成為作家迪克．龐登（Dick Pountain）和大衛．羅賓斯（David Robins）所說的「全球城市流氓無產階級和犯罪黑社會的標準風格，是從利物浦到布拉格、從卡拉卡斯到馬尼拉，每個皮條客、妓女、毒販和電視摔角手的註冊商標」。[101]因此到了一九七〇年代晚期，實驗電影導演韋克菲爾德．普爾（Wakefield Poole）和他的男朋友剃掉長髮，改成平頭。[102]

當早期採納者急著效仿菁英慣例時，菁英就會放棄。但由於新一波採納者在商業市場掀起強大熱潮，因此出現一股明顯的經濟誘因，將此潮流進一步商業化。

大量生產

一九八八年，兩名自稱「時間勳爵」（Timelords）的英國男子拼湊出一首名為〈塔迪斯博士〉

（Doctorin' the Tardis）的舞曲，其中混合了一些快節奏歌曲、影集《超時空奇俠》（*Doctor Who*）和蓋瑞・格里特（Gary Glitter）的音樂。週報《旋律創作人》（*Melody Maker*）說這首歌「令人難以忍受」，但它卻登上了英國流行榜的冠軍。這兩個製作人後來組成暢銷鐵克諾流行樂團The KLF，在〈塔迪斯博士〉之後推出一本名為《輕鬆奪下排行冠軍曲指導手冊》（*The Manual (How to Have a Number One the Easy Way)*）的揶揄之作，解釋他們的成就。這本書保證：「只要遵循本書明確而簡潔的指示……你就能實現童年的幻想，在正式的英國四十大流行榜上擁有一首冠軍歌曲，保證你在流行音樂史的神聖年鑑中永遠占有一席之地。」[103]《輕》書雖然是一本任性的諷刺作品，但它提供了製作一首熱門歌曲且可模仿的實用步驟：如何找到合適的曲子進行取樣、如何預訂便宜的錄音室時間、如何說服存疑的銀行員，以及何時該停下來喝杯茶。

在創意是奠基於對已確立慣例的激進否定的社會中，手冊對藝術來說是忌諱。但這正是《輕》書想表達的重點：流行歌曲不是藝術品。這些歌曲是遵從一套預先確立的「黃金守則」的公式化媚俗。這些守則包括「舞曲節奏」，長度少於三分三十秒，呈現「前奏、主歌、副歌、第二主歌、第二副歌、間奏，再回到兩倍長度的副歌和尾奏」的結構，以及僅觸及「最基本的人類情感」的歌詞。《輕》書聲稱，整個流行音樂界就是用稍微不同的聲音一遍又一遍地重寫同一首歌：「所有進入前十名的唱片（尤其是拿到第一名的那些），彼此之間的相似度遠高於它們與作為其發展源頭的任何類型的相似度。」

在艾佛瑞特・羅傑斯的創新理論中，熱門潮流需要產品超越早期採納者，觸及早期多數者。他寫道：「擴散曲線從約百分之十採納到百分之二十採納的那個部分，是擴散過程的核心。」[104]但這是一項挑戰：這兩個團體在羅傑斯的擴散曲線中雖然彼此緊鄰，但在品味方面卻存在著巨大的鴻溝。正如他們的地位所預測的那樣，早期採納者擁有高級而世界性的品味，更有信心嘗試新事物。低地位的早期多數者則較保守，對公開打破慣例小心翼翼。《輕鬆奪下排行冠軍曲指導手冊》證明，文化產業有一種策略可以跨越這個鴻溝——找到具有威望的高地位創新，並根據既有的大眾品味調整內容。因此，商業化是一個降低訊號傳達成本的過程，不僅關乎金錢和可得性，還有曲高和寡的品味。

大量生產是地位邏輯與純粹經濟邏輯發生衝突的地方。企業發覺在不穩定和不可預測的文化市場中很難獲利，而為了將風險降到最低，企業趨於採用一種**生產邏輯**——也就是能塑造藝術品、風格和產品的形式與內容的潛在規則，以提高主流消費者採納的機會。[105]生產邏輯不僅影響大眾市場電影、歌曲和電視節目的形式和內容，還影響產品的設計、用於銷售它們的具體行銷技巧，以及廣告資訊的基調。《輕鬆奪下排行冠軍曲指導手冊》概述了流行音樂背後的生產邏輯，如此一來也意味著暢銷曲背後那首真正的歌曲是任意性的——它甚至可能「令人難以忍受」——只要它符合觀眾期望的形式。

生產邏輯通常被理解為資本主義的結果，但地位卻指導它如何運作，亦即早期多數消費者會尋求不會擾亂既有慣例的產品。地位也說明了為什麼製造商傾向於複製具有威望的創新，而不是從頭開始創建新慣例。許多人將「行銷」一詞解讀為銷售企業已經生產的產品，但行銷人員認為，他們自己的工作是瞭解大眾想要什麼，並生產符合消費者期望的商品。因此，企業利用媒體報導、市場口碑和消費者研究，來辨識即將興起的慣例。當他們發現效仿行為時，就看到商機。如果奢華杯子蛋糕銷售佳並獲得高利潤，理性的企業家就會利用潛在需求開設一家打對臺的杯子蛋糕店。

有些企業具有足夠的威望，可以從零開始創造自己的潮流，但整體而言，借用的創新比自家點子更令人嚮往。扭扭舞成功變成一種流行舞蹈，因為它觸動了黑人和青年文化中的草根狂熱。[106]當東德當局試圖創造一種稱為利普西（lipsi）的舞蹈時，所有人卻都置之不理。[107]因此，企業將創新者和早期採納者視為研發實驗室，迅速模仿任何看似開始流行起來的事物。正如《輕》書所解釋，年輕音樂家自己創造新的聲音——就像「年輕、搖曳的玉米田」——然後「一台非常奇怪的聯合收割機將出現，採摘少數幸運的玉米穗，而田裡其餘的玉米則歡呼、凋零和枯死」。

最大膽的文化創新通常源自次文化和藝術家，他們運用高度象徵性的複雜事物來排斥外來者。然而，過於排他的品味對商業不利。艾佛瑞特・羅傑斯認為：「就一個社會體系成員的認知，創新的複雜性與其採納速率成負相關。」[108]為了擴大到原本的團體以外，製造商必須**簡化**這些構想。[109]創造一個簡化版本的熱門新風格或潮流產品，企業能保留新奇感，同時也降低消費者打破既定規範的需求。

在許多案例中，大眾媒體已經預先簡化了創新。表演藝術家艾倫・卡普羅（Allan Kaprow）在一九五〇年代末首次提出「偶發」（happening）一詞，描述在特定時空上演的奧祕劇場藝術品。[110]到了一九六七年，至上女聲三重唱（The Supremes）演唱〈偶發事件〉（The Happening）時，媒體已經將它據為已有，用來描述較小的事件，比如混亂的派對、促銷噱頭以及泳池時裝秀。第一首成功打進主流的重要嘻哈單曲〈饒舌樂翻天〉（Rapper's Delight），不是黑人地下音樂的產物，而是新創的糖丘唱片公司（Sugar Hill Records）刻意努力的成果，他們的經理組織了一群社區孩子，讓他們在奇可樂團（Chic）的熱門歌曲〈歡樂時光〉（Good Times）的低音旋律上，用饒舌唱出另一名藝人的韻腳。[111]

當創新被重新調整，以跨越早期採納者與早期多數者之間的區隔時，它可能只保留與原始版本些微相似之處。但重要的是，製造商卻將它當作**相同**的實體銷售。電子音樂最初是一種前衛鐵克諾未來主義，但幾十年後在美國興盛時期卻變成電子舞曲音樂（EDM）——一種適合拉斯維加斯超大型夜店的類型，有令人興奮的聲音刺激和ＤＪ把蛋糕砸向觀眾的元素。[112]一旦這些簡化的創新確立為搖錢樹，就連聲譽較差的製造商似乎也會製造更便宜和品質較低的仿冒品。一九四〇年代，市場上出現了好萊塢絲綢洋裝的合成人造絲複製品，以便更多人能夠穿得像明星一樣。[113] 十八世紀初，英格蘭的菁英喜愛進口的荷蘭琴酒（genever），於是當地的蒸餾酒廠就大量生產一種價格非常低廉的劣等版本，後來稱為「琴酒」。[114] 如今，龐大的快時尚產業也在相同的原則下運作：迅速將時裝秀系列的仿製品推向市場，成為廉價且可丟棄的服裝。

大眾市場的消費者可能對品質有一定的門檻，但通常低於菁英的水準。因此，熱門產品有一項更關鍵的因素。正如德瑞克・湯普森在他的研究《引爆瘋潮》中提出的結論：「或許內容為王，但配銷才是王國。」[115] **可能**成為熱門歌且讓閱聽人容易接受的歌曲數量幾乎無限多，但只有少數幾首會達到成功所需的廣泛配銷。[116] 為了幫助消費者在無窮的選擇中做出選擇，製造商必須將他們的候選產品定位為有價值、合法且易於取得。這要從**實體配銷**開始——將實際商品送進商店或準備供人購買。企業必須贏得配銷守門者的青睞，而這些人甚至更加保守，希望規避風險。[117] 作為貨架空間有限的低利潤事業，超市、電影院和藥局只會備存具有高銷售潛力的產品。此外還有資訊的配銷——也就是**宣傳**。[118] 正如我們在大眾媒體上看到的，潛在採納者需要知道某種東西存在。宣傳的重要性可以藉由企業為掌握配銷管道而進行的一些可疑做法來證明。例如，音樂產業賄賂電臺ＤＪ播放他們的歌曲，由來已久。比利・喬的經紀人亞提・瑞普（Artie Ripp）承認：「我就是會為了ＤＪ們而在飯店整個樓層的每個房間裡安排女孩子的那個人。」[119]

廣告是一種關鍵的宣傳形式，尤其想要贏得早期採納者青睞的話。廣告利用引人注目的影像和語言，試圖賦予商品更高的地位價值。[120] 這不見得都是不著痕跡的：一九二七年，靠得住（Kotex）衛生棉向潛在消費者保證，他們的衛生棉已被「十個上層階級女性中的八個」所採用。[121] 對早期多數者打廣告時，企業必須表明他們的產品符合社會規範——或提出新規範的建議。為了鼓勵中產階級消費者購買更多汽車，一九五〇年代美國汽車業提出「雙車家庭」的概念。[122]一九五六年，一則雪佛蘭廣告的標題寫著「各走各的路，我們從未如此靠近」，旁邊是一個中產階級家庭依偎在烤肉爐旁的照片，後方則有兩輛汽車。不久，這些想像的標準變成現實：到一九六〇年，百分之二十一點三的美國家庭擁有兩輛以上汽車；十年後，這個數字達到百分之三十四點八三。[123]

商業市場對文化生態系統至關重要，因為大多數慣例都在銷售的實體商品中體現。因此，如果生產邏輯塑造了商品的性質，那麼企業則改變了我們的口味，進而改變更廣泛的文化。皮耶·布赫迪厄指出：「每個生產領域提供的產品世界，實際上往往會限制在任何時刻有客觀可能的經驗形式（美學、倫理、政治等）的世界。」[124]但這不是一個單向系統：為了在一開始取得成功，企業必須生產迎合顧客地位需求的商品。生產邏輯將創新簡化，不僅是為了降低生產成本，也是想更符合現有慣例。商業化的整體效果是保守的：排除激進的想法，為大眾提供聲稱與原始版本相等的簡化版本。而且，由於所有訊號傳達成本──價格、資訊成本、進入障礙及曲高和寡的品味──降至接近零，單一次的創新就可以「迎合所有人」。

大眾文化

巧克力在西方文明中找到了一個家。沒有心形盒裝的羅素史托佛（Russell Stover）夾餡巧克力、吉百利（Cadbury）糖心巧克力蛋、迷你版的露絲寶貝（Baby Ruth）和倒數月曆，我們的佳節會是什麼樣子呢？巧克力是**大眾文化**。幾乎每個人都吃。但就像衝浪短板、紫色服飾和杯子蛋糕，巧克力最初也是一種菁英習俗。在哥倫布抵達美洲之前的墨西哥，飲用巧克力是皇室和最英勇的阿茲特克戰士的專屬特權。[125]歐洲征服者學到這種做法並帶回歐洲，很快他們的貴族雇主也沉溺於每天用銀壺調製熱巧克力來喝的習慣。到了十七世紀中葉，巧克力已經是明顯的「奢華標記」。[126]一六四〇年的一篇西班牙〈巧克力頌〉（Panegyric to Chocolate）讚嘆：「有學問的人喝它；有錢的人吃它；愚昧和貧窮的人不敢讓這些偉大的事物進入他們家門；它被裝在金盅裡呈給國王；王子們食用它；高貴的宮廷侍臣也參與其中；不幸的人和平民得不到它。」[127]在十八世紀的英格蘭，具有爵士身分的男人會收到一磅巧克力。[128]

隨著可可在非洲和亞洲擴大生產，熱可可終於進入了中產階級可得的範圍——至少對於願意支付四倍咖啡價格的人來說。[129]隨著固態的牛奶巧克力發展，這種美食甚至更大幅擴展，以大規模生產和包裝進行廣泛配銷。隨著十九世紀雀巢（Nestlé）、吉百利和好時（Hershey）帝國建立，全球數百萬人開始頻繁吃巧克力。[130]但很長的一段時間以來，巧克力依然是繁榮的象徵。在《巧克力冒險工廠》（*Charlie and the Chocolate Factory*）中，貧窮的年輕主人翁查理・畢奇（Charlie Bucket）平常靠甘藍菜湯果腹，他對商店櫥窗中「堆積如山的大塊巧克力」流口水，對其他孩子「從口袋裡拿出奶油糖果棒貪婪地咀嚼著」感到悲痛。[131]在戰後日本的廢墟中，大多數兒童第一次體驗到美國的慷慨施捨，就是從軍用吉普車上扔出的巧克力；他們學到的第一句英文是「給我巧克力！」[132]

像巧克力這樣的菁英慣例最終究竟如何轉變成大眾文化呢？麥爾坎・葛拉威爾（Malcolm Gladwell）的《引爆趨勢》（*The Tipping Point*）和約拿・博格（Jonah Berger）的《瘋潮行銷》（*Contagious*）等暢銷書指出，文化潮流的演變就像「社會傳染」——構想以指數方式從一個人傳給另一個人，直至整體人口受「感染」。[133]然而，這種架構往往忽略了人類的能動性。**我們**選擇採納和放棄，並基於地位價值做出這些決定。

但使用病毒的比喻有一個更大的問題：痲疹在人群中散播時仍是痲疹，但文化創新在成為大眾文化的過程中會發生重大變化。巧克力直到成為大規模生產、容易包裝且價格合理的固態牛奶巧克力形式，才能變得普遍。大眾媒體和大規模生產的參與所帶來的簡化，隨著時間改變了所有慣例的本質。

這些改變對於任何昂貴或在象徵上曲高和寡的慣例都是必要的，才能贏得較不富裕且較保守的早期多數者支持。為了廣泛擴散，訊號傳達成本需要非常低——特別是社會風險。到目前為止，我們已經看到這如何隨著時間過去逐漸發生：大眾媒體降低資訊成本，大規模製造商降低價格並擴大可得性，而高地位者最初的採納顯示採納之舉不會破壞社會規範。

宣傳和實體配銷也有助於實現建立常識所需的**重複**。重複觀察對於誘發新行為是非常有效的，這是心理學家所謂的**單純曝光效應**（mere exposure effect）。[134]大量的研究已經顯示，重複曝光使我們更喜歡那些事物。然而，這種分析通常忽略了一項重要因素。曝光對**正當化**的創新效果最好。儘管宗教團體法輪功的《神韻》舞蹈表演展開廣泛且引人注目的紫色廣告攻勢，但這個節目對美國文化沒有產生重大影響。相比之下，排行榜四十金曲廣播就可以運用單純曝光效應，因為聽眾已經相信排行榜四十金曲廣播是音樂權威。

當人口中有大量的人真心接受一個新慣例後，該慣例就會產生自己的重力——像行星吸引著更小的物體那樣，吸引更多採納者。在擴散過程中的這時候，採納的主要動機從追求高地位的區分，變成為了普通地位而模仿。人們之所以採納，是因為其他人採納——即所謂的**從眾效應**（bandwagon effect）。[135]然而，廣泛採納會消耗殘餘的威望。大眾文化慣例只能傳達普通地位，如此而已。但失去獨特性也帶來了新的優勢。所有流行的趨勢都有低風險的保證，這要歸功於**社會證明**（social proof）。[136]五千萬個貓王粉絲不可能錯。社會證明甚至為未來提供了一項保證。社會學家喬治．荷曼斯解釋：「如果模仿者遵從，而團體是錯的，那他不會有什麼損失——他只是與其他人一樣愚蠢，所以其他人無法指責他。」

大眾文化也透過**網絡效應**（network effects）獲得新的力量。[137]越多人採納一個慣例，該慣例在與他人互動和交流上就越有用。觀看抛桿賽或許可使個人與別人有所區分，但前一晚的美式足球愛國者隊比賽比較適合當作辦公室閒聊話題。大眾文化提供了團結的滿足感——正如波特萊爾所想：「身處人群中的樂趣，就是愉悅以數量倍增的神祕方式表現出來。」[138]在一九八五年的拯救生命（Live Aid）演唱會上，七萬兩千萬人在溫布利球場（Wembley Stadium）齊唱皇后合唱團的歌曲，產生了一股特殊的力量。更重要的是，一旦整個社群採用一個慣例，它就會變成該團體身分的強大象徵。

當創新變得正規化，就會達到**臨界人數**（critical mass），艾佛瑞特・羅傑斯將其描述為「在這個點上，系統中足夠的個人已經採納一項創新，以至於該創新的進一步採用率變得自給自足」。[139]這不僅意味著單次創新成為新標準，還代表先前的慣例將貶值，失去正當性。在這一點上，保持普通地位就必須模仿。臨界人數會帶來非常保守的晚期多數者。當埃及的圖坦卡門王（King Tutankhamen）古文物在一九七〇年代末巡迴美國展出時，初次參觀可能會帶來一些威望。但過了一陣子，正如社會學家奧林・克拉普（Orrin Klapp）所表示的，「**沒有**看過圖坦的話，就不得不承認自己『落伍了』，沒跟上流行」。[140]由於最保守的多數在臨界人數階段所扮演的角色，葛拉威爾所說的引爆點看來就是一個地位門檻。[141]

達到臨界人數是不是創新成為大眾文化的必要條件？「大眾文化」沒有確切的衡量標準，以人口中採納者的一定百分比為準。一九六〇年，約有兩成的美國人觀看當時最受歡迎的電視劇《荒野大鏢客》（*Gunsmoke*），而在二〇二〇年，只有百分之三點八的美國人觀看排名第一的電視節目《重返犯罪現場》（*NCIS*）。[142]與其看生硬的數字或比例，慣例需要的是達到近乎普遍的共同認可，甚至在未採納者之間也是如此。並非每個人都看《重返犯罪現場》，但大多數人知道它是一個極受歡迎的節目。此外，這些慣例必須非常穩固，以至於不採用會危及普通地位。我們知道巧克力是大眾文化，因為食用巧克力已成為社會常態。

許多大眾文化涉及到**部分採納**，就是多數人僅採用原始創新的一部分。[143]史蒂芬·霍金的《時間簡史》賣得夠多、成為暢銷書，但色禁錮（color confinement）和永恆暴脹假說（eternal inflation hypothesis）等複雜的物理概念卻從未成為常識。[144]在多數採納者決定直接採納菁英慣例、尤其是藝術品的情況下，他們通常感到不滿。在書評網站「好讀」（Goodreads）上，獲獎書籍的評分往往隨著時間下降，因為從眾效應吸引了那些可能對文學複雜性較缺乏耐心的讀者。[145]

當一項創新在社會中變成主流，羅傑斯所說的最後一組，即落後者，也會採納——但他們是被動的。[146]在二十世紀初的某個時候，巧克力變得十分普遍，以至於人們難免會吃到它。這種被動消費對於超級熱門產品至關重要。文化評論家查克·克洛斯特曼（Chuck Klosterman）寫道：「你不能靠吸引喜歡電影的人來創造《E.T.外星人》（*E.T.*）那樣的現象。你要吸引每年只看一部電影的人才能創造《E.T.外星人》那樣的現象。」[147]

晚期採納者通常對他們自己慣例的起源故事不太瞭解。許多吃杯子蛋糕的觀光客可能是在旅遊指南中發現木蘭烘焙坊，卻從未看過任何一集《慾望城市》。一九六〇年代，衝浪手菲爾·愛德華茲（Phil Edwards）特別訂了一批快乾的夏威夷尼龍海灘褲。這引發早期採納者衝浪手的模仿，他們想要看起來跟他們的英雄一樣。然後，大規模生產商生產數百萬條類似的尼龍海灘褲，並將這些褲子配銷到衝浪社群以外的地方。湯姆·伍爾夫寫道：「很快，紐約州尤蒂卡的每個孩子都買了一條，有著競賽條紋和整套設計，而他們從未聽說過菲爾·愛德華茲。」[148]在這個下滲傳播的過程中，每個人最終都在模仿愛德華茲，但只有高地位的模仿者知道自己在這麼做。

落後者的地位往往非常低。（就連「落後者」這個名稱也有貶低意味。）[149] 作為個人，他們總是跟不上文化的腳步，這顯示他們缺乏社會資本，媒體消費有限，而且在某些情況下不理會基本社會規範。因此，與這一團體有關的任何慣例都具有負面的地位價值。我們已經看到，一旦早期採納者加入，菁英就會放棄他們的慣例，但被不受歡迎的低地位團體接受卻會引起全面恐慌。對早期採納者來說，負面威望尤其不吸引人，他們關心區分性，並害怕被歸入非菁英團體。當英國工人階級的年輕人在一九九〇年代將奢侈品牌Burberry的米色格紋整合到他們的服裝中時，中產階級就感到厭煩。英國《哈潑時尚》的主編賈絲亭·皮卡迪（Justine Picardie）在當時指出：「Burberry已經與低端形象連結在一起……那不可一世的經典已經與最便宜的單次仿冒時尚聯繫在一起。」[150]

落後者的接受會扼殺潮流，而這也代表擴散過程結束。回顧創新傳播所需的條件，我們沒看到指數型的「病毒」擴散，而是一連串的五個社會現象：

一、高地位採納新慣例——為了區分。
二、早期採納者接受該慣例——仿效地位較他們高的人。
三、早期多數者再創與簡化——跟隨新興的社會規範。
四、晚期多數者模仿——避免失去普通地位。
五、落後者被動採納——並非刻意。

雖然大多數慣例依賴威望作為擴散過程中達到逃逸速度的動力，但並非所有的菁英行為都影響大眾文化，也不是所有的大眾文化都始於菁英慣例。針對保守多數人的新產品，在擴散過程中是從地位階梯的中間開始，沒有向菁英行銷。每出現一個熱門潮流，就有成千上萬個失敗，卡在擴散曲線上的某個地方。即使是具有對的元素和產業支持的趨勢，仍然必須擊敗競爭對手。就在嘻哈於紐約站穩腳步的同時，華盛頓特區開始流行一種另類的黑人音樂類型go-go。儘管得到了巴布・馬利背後的唱片公司支持，但go-go音樂從未真正發展起來。[151]

最重要的是，潮流總是超過採納者的臨界人數。我們會基於地位邏輯**解釋**擴散的結果。一個高地位慣例如果從未擴散到其他團體——通常是由於令人卻步的高訊號傳達成本——就被視為令人嚮往的奢侈品。藝術家拒絕與大眾口味妥協時，會為「自願不受歡迎」感到自豪。[152]只吸引早期採納者的高地位慣例仍然是菁英文化的一部分，而且經常受到社經階梯底部的多數人厭惡。一九八四年，時尚設計師尚・保羅・高提耶（Jean Paul Gaultier）推出男性「褲裙」；[153]這種褲裙從未下滲到平價百貨，但如果褲裙今天仍然引起追求時尚的男性共鳴，那它算失敗嗎？與此同時，那些始於低地位觀眾並維持不墜的慣例——例如長期播出且廣受歡迎的電視節目《鄉村大舞臺》（*Hee Haw*）——達到了大眾文化的規模，但往往在公共對話中被忽略。

整體而言，從菁英區分到落後者被動採納的時尚循環，正好展示了個人在個體層次上追求地位，如何導致總體層次的文化變遷。只要非菁英能夠模仿菁英慣例，追求地位就**總是**會改變文化。

永恆運動

人類學家葛蘭特・麥奎肯說，別管涓滴效應了。時尚是一個永無止境的「追逐與逃逸」過程。[154]低地位的人透過模仿高地位者的慣例來**追逐**他們，這迫使菁英**逃**向新的慣例。由於這種脫逃將導致另一回合的追逐和逃逸，時尚創造了永恆的文化變遷，而地位則充當動力。

因此，時尚類似永無止境的賽跑。[155]文化賽道上的跑者都朝著同一個方向奔跑——朝著菁英。這就像賽跑一樣，沒有突然後退或曲折的跑法。但賽跑有著賽道，時尚卻沒有終點線或最終目的地。我們總是可以放棄，但要競爭就需要不斷奔跑。這就是為什麼時尚經常被形容為進步的相反，甚至敵人。托爾斯坦・范伯倫指出：「這麼多年來，在所有創意和努力付諸於服裝上之後，時尚應該達到相對的完美和相對的穩定，接近一個可長可久的藝術理想。」[156]它沒有，也不會，因為時尚循環的存在與標記差異的需求密不可分。

在文化賽道上，低地位團體**絕對無法**僅透過慣例就追趕上他們的上層。一旦大眾接近，菁英就會逃跑並使用新的手段創造社會距離。這是時尚的危險之處：競賽意味著競爭，獲勝的品味有可能帶來一場菁英制度的勝利。雖然偶爾可能會有黑馬出現，但低地位團體永遠不會集體贏得時尚競賽。尚・布希亞寫道，時尚「恢復了文化不平等和社會歧視，以假裝廢除的方式建立它」。文化變遷的不斷運動，掩蓋了深刻的「社會慣性」。[157]在有先賦地位的中世紀社會中，靜態的權力結構沒有對社會流動性提出虛假的承諾。在動態的資本主義社會中，時尚宣稱自己是提升地位的潛在手段，實際上卻設法將目前的結構正當化。

「逃逸」一詞顯示對於遭到模仿的不滿，當然，如果菁英能更輕易地使他們的慣例維持專屬性質，就能節省金錢、時間和精力。但他們藉由反覆證明支持不確定的創新是「正確的」，建立了自己的優越性。[158]在對英國舞曲的研究中，人類學家莎拉・桑頓（Sarah Thornton）發現，「沒有什麼比最終『主流化』更能證明次文化音樂和風格的原創性與創造性」。[159] 儘管菁英對時尚抱怨不斷，但時尚為他們崇高的地位提供正當的理由。

這是否意味著，仿效對非菁英來說是一種徒勞和非理性的姿態？人類每年花費相當大的一部分收入來追逐威望，卻沒有真的提升地位。而且慣例變化如此之大，許多人不得不採用新的做法，只為了繼續獲得普通地位。提升地位比較理性的方式，應該是將金錢和時間重新投入在建立更穩定的資本形式上。獲得地位象徵可能在短期內愚弄他人，但不斷地消費彷彿一種癮頭：我們相信奢侈品是滿足我們地位渴望的良藥，結果卻發覺必須買得更多。

無論時尚是否令人遺憾，它都是自由社會中地位結構不可避免的副產品，正如布希亞所解釋的，高地位慣例在其中進行「心理流通」。[160] 當尼祿可以沒收任何敢穿泰爾紫的人的財產時，菁英慣例就只會保留給菁英。民主理念已經消除了某些物品禁止大眾擁有的想法，而資本主義承諾我們沒有什麼是金錢買不到的。大規模製造商複製和配銷單次奢侈品，使仿效變得像造訪零售店或點選「立即購買」一樣簡單。與此同時，現代思維試圖貶低傳統，從而鼓勵我們用時髦的替代方案替換每一種慣常行為。每座花園都可以被拆毀，重新栽種。

儘管時尚循環有這些清楚的結構起源，許多人還是將其歸咎於資本主義陰謀，是惡意企業參與計劃性的品味淘汰，以使我們繼續購買東西。就連可可・香奈兒也宣稱：「時尚是為了淪為不時尚。」[161] 然而，時尚循環並不需要時尚產業。即使沒有訂閱《GQ》雜誌，孤立的原住民部落經過多年時間同樣會改變髮型。[162] 社會學家史丹利・李柏生（Stanley Lieberson）在名字的流行現象中發現明顯的時尚模式——這些選擇無需金錢，也沒有商業組織試圖影響父母的選擇。他更宏觀的結論是：「即使讓我們改變，會使某些組織獲得經濟利益——比如設計師、製造商、零售商和廣告主——但認定這些組織是時尚**存在**的原因，可就大錯特錯了。」[163]

然而，大眾媒體和大規模製造商確保我們瞭解的遠超過直接觀察的範圍，並消除參與的障礙，因而加速了時尚循環。這將鮮為人知的慣例迅速轉變為廣泛的社會規範。企業之所以能夠實現這一點，是因為它們瞭解人類對於地位標記的根本渴望。馬克思主義者抱怨資本主義創造了「虛假需求」，[164]因為資本家追求「交換價值」而非真誠的「使用價值」。[165]這種分析的缺陷在於，物品的主要用途是標記社會區分。

永久時尚循環的這些固有問題，促使許多現代思想家在根據普世功能性原則設計的物品中尋找解決方案。形式應該追隨的是功能，而非時尚。但這也沒有成為解決方案。功能主義本身成為一種時尚潮流，往往帶來與先前一樣任意的工藝品。現代主義建築的平坦屋頂可能會出現嚴重的漏水問題，在冬季累積大量危險的積雪。[166]同樣地，我們希望發掘服飾中的「永久風格」，但這些標準也在文化變動中波動。儘管我們追求最有效的生活方式，但地位價值總是會使某些慣例比其他慣例更吸引人。只要菁英不願意分享他們的慣例，我們就能預期時尚循環將持續存在。

然而，時尚也有幾項優點。追求地位常常會加快實用技術的採納，無論是電動汽車還是智慧手機。時尚過程也隨著時間過去，進而使文化民主化。當企業將藝術和菁英物品的媚俗版本當作相同的實體出售時，大眾會開始相信他們的採納使自己變得同樣高雅。這創造了對媚俗美學價值的廣泛自信。對於阿勒克西·德·托克維爾（Alexis de Tocqueville）來說，這種大眾文化的力量是民主的明顯結果：「隨著公民變得更加平等和相似，每個人盲目相信某個人或階級的傾向就會減弱。**相信群眾的傾向增加**，公共輿論也越來越能引導社會。」[167]當被問及菁英對她淒美音樂的批評時，席琳·狄翁驕傲地宣稱：「我們的演唱會已經連續四年銷售一空。**觀眾就是我的回答**。」[168]這種團結性甚至讓批評者感到慚愧，因而更認真地將大眾文化視為藝術，而這種屈服又進一步增強了大多數人的自豪感。

從文化生態系統的角度來看，媚俗可能非常重要。法國資訊科學家亞伯拉罕·莫勒斯（Abraham Moles）指出：「在資產階級社會中，而且通常是在菁英領導社會中，要實現真實的作品，透過媚俗是正常的過程。」[169]安伯托·艾可則認為，儘管大多數大眾文化都剝除了較為意識形態的複雜性，但人們仍然可以在「使自己進行輕率消費的作品中找到革命和爭論的元素」。[170]根據英國廣播公司的看法，賣座英雄電影《黑豹》（*Black Panther*）成功「在電影中呈現黑人形象」，所以「具有革命性地位」。[171]也許更令人意外的是，大眾文化中最糟糕的部分對於激發創新很重要。過度曝光和陳腔濫調的慣例，為最終導致文化更新的風格反叛，提供了正當的理由。

然而，我們不應該看著大眾文化，就宣稱它是**人民聲音**（*vox populi*）的完美表達。文化產業當然會宣揚菁英領導市場的理念：好的東西向上提升，不好的東西向下沉淪。但是，很多消費者採納的理由是基於地位價值，而不是任何內在品質。當論及他們的消費選擇時，大多數人似乎都感到**滿意**——安於他們覺得滿意但不理想的東西。[172]如果個人僅僅是因為其他人在消費才消費，這種所謂的累積優勢會使品質可疑的隨便事物興起，大獲成功。[173]大眾文化可能只是一面消費者情緒的「鏡子」，它闡明了大多數人比較喜歡與其他人消費同樣東西的原則。

儘管如此，這些社會壓力通常可以在複雜性的方向上發揮作用。數十年來，專家強力抨擊美國人偏愛淡味皮爾森啤酒（pilsner）的品味。在一個百威淡啤酒盛行的國度，深層芳香類型的啤酒可說是毫無市場。但在二〇〇〇年代，獨立釀酒廠創造了一個較苦、風味獨特的IPA（印度式淡愛爾啤酒）市場，這些風味逐漸下滲到主流市場。一度被認為是「菁英」啤酒的岬角釀酒廠（Ballast Point）大頭魚（Sculpin）IPA，一經由釀酒業龍頭星座集團（Constellation Brands）進行配銷之後，就開始在美國各大連鎖超市販售。[174]如果美國啤酒消費者的選擇最終遵循地位價值，那麼這代表他們原本的品味是怎麼回事呢？時尚證明了品味永遠都會非常靈活，因為慣例是任意性的，而地位可以輕易改變慣例。

• • •

時尚循環看似浪費時間和精力，將人們從一種任意性做法轉移到另一種，而原因僅僅是為了菁英區分和社會從眾。仿效是對地位提升的幻想性衝動，只會加強現有的社會階層。同時，擴散過程去除了優異發明的複雜性，以進行大量生產，成為媚俗商品。

撇開這些批評不談，由地位推動的時尚一直是改變的可靠動力。經過數世紀的許多迅速潮流和時尚循環之後，人類發明和享受了各種重要的物品、風格和新行為——其中許多我們今天仍在享受。這包括了很多偉大的藝術，但也有有趣且技巧高超的媚俗事物。作為個人，我們可以運用這無窮多樣的慣例，來打造獨特的人格面具。藝術家可以從這不斷擴大的象徵世界中獲取靈感，提出新的想法。而這不斷增長的多樣性，也導致人們對差異本身更大的包容。

時尚揭示地位如何為過去一個世紀最引人注目的文化變遷提出最佳的解釋。但各種運動並不是地位唯一帶來的效果。地位還允許某些慣例在社會中根深柢固，創造了停滯的領域。

第九章

歷史與延續性
History and Continuity

◆ **MAIN POINTS**

鈕釦領從未消失，五〇年代的嘟哇節奏藍調則在凋零後又起死回生。

◆

歷史價值

在一九五〇年代，康乃迪克州新迦南（New Canaan）的維吉妮亞・帕卡德（Virginia Packard）受到鎮上富裕家庭的委託，為他們的子女繪製肖像畫，而且客源穩定。[1]父母通常是作品的最終裁判，但有一次，在描繪一名十七歲的寄宿學校學生時，帕卡德卻遭到畫中人嚴厲斥責。看到畫布上的自己穿著一件沒有領帶的白色正裝襯衫站著，這個男孩勃然大怒。經過一番問答後，他終於透露自己憂慮的原因：他的襯衫領口上沒有鈕釦。當時的新英格蘭預科生都穿著有鈕釦領的牛津布襯衫，而他感到非常丟臉，因為鎮上的這個畫家差點就要將一個可怕又失禮的服裝錯誤，永遠烙印在他的肖像畫上。

在接下來的七十年裡，青少年或許失去了對襯衫裝飾的熱情，但要瞭解這件過往的軼事，我們不需要像對待撲粉假髮、馬褲和襯衫式胸片那樣，去研究鈕釦領的歷史。二十一世紀的男男女女仍然在穿這些襯衫。事實上，正如《GQ》雜誌在二〇一三年所寫，鈕釦領襯衫「仍然是美國風格基礎的最重要元素之一……一如藏青色獵裝外套、藍色牛仔褲和樂福鞋」。[2] 鈕釦領襯衫甚至不是「一九五〇年代風格」的標記——它是一種超越特定時期的**經典**。鈕釦領襯衫無處不在，從高檔時尚精品店到兄弟會小夥子的宿舍房間地板上，以及他們不修邊幅的郊區父親的衣櫃中都能找到。

前一章探討了人們對地位的追求如何讓新的慣例在人群中傳播。然而，在任何特定的時刻，文化不僅是最新時尚的累積：它是一種新與舊、動與靜、表面與深層、無意識和有意識的複雜沉積。[3] 在追隨最新潮流的同時，我們使用祖先的語言，在數百年歷史的建築中生活和工作，並引用古聖先賢的智慧。然而，我們對這些慣例的敬意並不一致。習俗和傳統比時尚和潮流更具分量。作為可靠訊號的時間長短，鈕釦領牛津襯衫比硬石餐廳（Hard Rock Cafe）的T恤來得久遠。即使在一個可以自由選擇生活方式的超級全球化世界裡，我們仍然喜歡與我們的傳統相關的文化。在東亞地區，無論法國麵包多麼受歡迎，米仍然是主食。[4]

慣例如果在力求生存時獲得卓越地位，那麼時間就會助長其文化價值。一旦我們認知到大多數經典風格，如鈕釦領襯衫，最初是在標準的時尚循環中出現的，那麼這項原則就變得更清晰。[5] 著名的紐約男裝店布魯克斯兄弟（Brooks Brothers）在一八九〇年代銷售鈕釦領襯衫，是模仿英格蘭馬球選手，後者在軟領口縫上鈕釦，以防止布料在比賽時胡亂擺動。這種造型在美國菁英大學生之間流行起來，但領口上的鈕釦最終消失了；《男裝》（*Men's Wear*）指出，這種鈕扣在一九二八年「幾乎完全消失不見」。[6] 然而，在第二次世界大戰後回歸大學生活時，鈕釦領襯衫再次流行起來。從那時起，這種慣例又經歷了更多起伏：在一九六〇年代末的華麗時期沒落，並在一九八〇年代初的學院貴族風潮流中再領風騷。當美式傳統風格在二〇〇〇年代成為全球潮流時，鈕釦領襯衫成為其基礎單品。到二〇一〇年代末期，上海充斥了穿著設計師湯姆．布朗（Thom Browne）的硬挺牛津布鈕釦領襯衫的年輕新貴資本家。

鈕釦領襯衫受歡迎的這些時刻可以解釋為時尚潮流：消費者追逐各種菁英的威望，從英國馬球選手到美國的舊富階級，再到受全球推崇的紐約時尚設計師。但這種服飾能在美國文化中穩固根基，有賴一項傳統特性：**歷史價值**。就像地位價值來自它與高地位個人和團體的象徵性關聯，歷史價值來自與過往的正面象徵性關聯。並非所有的老舊事物都具有歷史價值。人類學家麥可．湯普森指出了始終沒有獲得歷史價值的「短暫」物品和獲得歷史價值的「持久」物品之間的一項差異。[7] 在本章中，我們將探討歷史價值的來源，並看看它如何使某些慣例持久存在，超過其最初的時尚循環。更重要的是，我們將瞭解到歷史價值並非獨立於地位價值之外：地位指導社群如何建構他們的歷史，並決定什麼值得記住與慶祝。

為了更瞭解歷史價值，我們首先要承認，正如歷史學家艾瑞克．霍布斯邦（Eric Hobsbawm）所解釋，「過去」是「從無數記憶或能被記得的事物中，特別挑選出來的部分」。[8] 這意味著，歷史在其最廣泛的意義上，是一種「形式化的社會過往」，[9] 永遠不可能精確反映先前的經驗。歷史是建構出來的，而建構的權威並非平等分配。[10] 我們的集體記憶是膚淺的——我們仰賴一組特定的高地位歷史學家、檔案管理員、記者、政治人物和宗教領袖，透過引人入勝的敘事來呈現過去最重要的時刻。因此，歷史並不是我們所講述的、關於自己的故事，而是由角色適當、高地位的特定個人選擇要強調和長存的一連串時刻。

歷史在所有文明中都扮演著重要的角色，尤其是傳統社會。「在大部分的歷史中，」霍布斯邦寫道，「我們處理的是本質上把過去當作現在的模式的那些社會和社群。」[11] 虔誠的哈西迪猶太教徒（Hasidim）或阿米許人（Amish）仍然過著沿襲數百年傳統的生活方式。相較之下，國際性社會中的個人則從過去中挑選，用表面上更實用的替代方案，取代有偏見和有害的習俗。

但即使對於最理性的改革者來說，歷史也是一座實用的智慧寶庫。「美好的往昔歲月」可以當作人類實驗室來觀察，測試社會提案的可行性。[12] 在規劃憲法體制時，美國的建國之父們就研究了希臘民主和羅馬共和國的失敗之處。[13] 當然，歷史的吸引力不僅有純粹的功能——過往歲月還提供了魔力和神話。二〇二〇年，黛安娜王妃一九八〇年代初聲名狼籍的「綿羊毛衣」完美複製款，竟然在二十四小時內售罄，而那一年可是有數千個服裝品牌以擁有驚人色彩和古怪設計的創新服裝來吸引消費者。[14]

歷史價值的吸引力在哪裡？首先，有一種倖存者偏差（survivorship bias）：任何從過去留存到今天仍存在的事物，被認為具有較高的內在價值。人類比較有可能保留高品質的奢侈品，而不是廉價的媚俗品。這當然也適用於藝術品。哲學家大衛．休謨揣度著：「一個真正的天才，他的作品流傳越久、散播得越廣，他所受到的讚譽就越真摯。」[15] 這解釋了為什麼「同一位荷馬，兩千年前在雅典和羅馬受到歡迎，至今仍然在巴黎和倫敦受人讚賞」。我們也將這項原則擴展到日常行為。如果世世代代都決定選擇一種任意性做法，而不是其他方案，那麼它肯定是值得延續的。

正如我們在第五章中看到的舊富階級，持久性是一項強大的訊號傳達成本。樂透中獎者可以買一輛古老的勞斯萊斯，但不能立即獲得**長期擁有**才能得來的聲望。由於舊富階級偏愛的古舊感可以提供威望，因此透過真實與想像的歷史關聯，較老舊的物品也會獲得地位價值。一張路易十四書桌因其與皇室的關聯而具有價值——如果是從洛克菲勒家族的房產中購得，則會被認為價值更高。歷史價值也代表真實性：與文物起源有更緊密的聯繫。用古老的四一五赫茲調諧在時代樂器上演奏的巴洛克音樂當代錄音，通常比以現代四四〇赫茲編排的音樂更受歡迎。[16]

但歷史價值不僅關乎古舊感、舊富階級威望，以及稀有性。具有歷史價值的慣例更有可能被重複，而這有助於創造廣泛的常識。歷史價值是對社會風險的一種防備措施：長期存在的慣例較為人所知、受到遵從，並可望在未來繼續下去。理性的人類，尤其是靠近地位階層中間的保守者，在傳達訊號時會選擇較老而非較新的形式，使得較老的慣例保持流通。

具有歷史價值的慣例以不同方式變得「經久不衰」——具體而言就是習俗、傳統、經典和正典作品。習俗和習慣會在社群的無意識行為中內化。[17]從我們對地位的所有瞭解當中，我們看到菁英慣例較可能成為大眾文化，這使菁英慣例有條件變成習俗。飲用熱可可時，我們就保留了阿茲特克人和法國國王的喜好和做法。傳統是有意識的團結行為，讓我們在精神上與我們的祖先交流。[18]保守的社群倚靠傳統來指導他們的決策。國際性都會的人透過間歇的參與來貼近傳統：每天幾分鐘的禱告，每週參加宗教儀式，每年慶祝節日。或者，他們可以將傳統元素融入生活方式的抉擇中：選擇鮮豔非洲圖案的時尚上衣，金鍊上掛著大衛之星垂飾，星期五晚上參加愛爾蘭踢踏舞課。

高地位的個人和團體對我們習慣和習俗所產生的影響可能不明顯，但他們對傳統則具有明確的影響力。處於傳統核心的儀式會經過形式化，並奠基於嚴格的規則之上。我們依賴社群領袖來教導、保留和強制執行「適當」的做法。在缺乏傳統的團體中，領袖通常會創建或復興傳統。艾瑞克·霍布斯邦和泰倫斯·藍傑（Terence Ranger）提出「被發明的傳統」（invented tradition）一詞，說明運用歷史「作為行動的正當理由和團體凝聚力的基石」的這種常見做法。[19]今天，每個蘇格蘭氏族都有一種格紋，[20]這種做法起源於十八世紀晚期，商業織布工以高地氏族或城鎮為他們每個不同的圖案命名；後來，那些氏族的後裔開始用這些圖案作為祖先和身分的獨特標誌，儘管兩者之間沒有歷史上的關係。企業也運用類似的技巧來創造消費潮流。在一九七〇年代，肯德基在日本展開一場廣告宣傳活動，提出令人懷疑的說法，宣稱美國人都在耶誕節當天吃炸雞。自那時開始，吃一桶肯德基炸雞成為日本的耶誕節傳統。

創新者總是可以藉由過去的先例來賦予其激進行為正當性。儘管二十世紀的作家在文學上進行了種種創新，他們的書名卻常常取自《聖經》——《伊甸園東》（*East of Eden*，《創世紀》4:16）、《太陽依舊升起》（*The Sun Also Rises*，《傳道書》1:5）和《押沙龍，押沙龍！》（*Absalom, Absalom*，《撒母耳記下》19:4）——或者取自莎士比亞的作品——《幽冥的火》（*Pale Fire*，《雅典的泰蒙》〔*Timons of Athens*〕）、《美麗新世界》（*Brave New World*，《暴風雨》〔*The Tempest*〕）和《無盡的玩笑》（*Infinite Jest*，《哈姆雷特》〔*Hamlet*〕）。達達主義藝術運動將他們的表演活動命名為「伏爾泰小酒館」（Cabaret Voltaire），以紀念法國哲學家伏爾泰，然後在一九七〇年代，一群後龐克樂手也將伏爾泰小酒館作為他們的樂團名稱。

與此同時，**經典**是「不朽」的選擇，具有比當代關聯更強的歷史關聯。黑色小禮服、查克．泰勒（Chuck Taylor）運動鞋和牛仔褲已經達成了一種「永久價值」——「絕對不會出錯」——儘管許多地位較低的人也同樣採用這些物品。鈕釦領襯衫之所以經久不衰，是因為對邁爾士．戴維斯（Miles Davis）和約翰．甘迺迪（John F. Kennedy）穿著它們的記憶，蓋過了穿相同服裝的現代郊區居民的負面地位價值。大多數經典服飾都源自富裕人士的嗜好：船工草帽、獵鹿帽、諾福克獵裝和橄欖球衫，都與富人的運動傳統有關。[21]（相反的情況也成立：美式足球球衣和尼龍拳擊短褲**不是**「經典」穿著的一部分。）富人使用的老式功能性物品（例如磨砂橄欖綠色蠟棉雨衣）比實用的創新（例如鮮紅色的Gore-Tex防水外套）「更經典」。歷史價值使經典永遠維持著良好的品味，位居時尚之上，使經典成為想規避風險的中階地位人士的合理選擇。

所有這些經久不衰的工藝品、藝術品和風格，構成了一個來自過往的**文化正典**（cultural canon），由於其歷史重要性和長期的高品質認知，因而在當今仍然具有價值。「正典」一詞最初是用於文學，描述評論家和學者推薦可用於教學的書籍。[22]學者們認為，正典有其必要，因為未來世代永遠無法消化過去的所有作品。在十九世紀寫成的數萬部小說中，我們依然只讀了大約兩百部。[23]因此，正典有可能引導人們認識最高品質和最有影響力的作品。《滾石》雜誌的「史上五百張最佳專輯」和音樂網站「音叉媒體」的「音叉五百大」（Pitchfork 500）就扮演了流行音樂上的這個角色。事實上，建立正典可以視為評論的主要角色。影評人A．O．史考特（A. O. Scott）寫道：「大約從盤古開天闢地的隔天起，評論就致力於尊崇和保留傑作與傳統。」[24]

為了創建正典，學者和評論家會策劃明確的榜單，或者透過反覆提及和引用來維持某些作品流通。藝術調查藉由選擇特定的藝術家和作品來訴說藝術敘事，以維護正典。野獸派根本不是一個具有生氣和活力的藝術運動，但它在現代藝術故事中的重要性，使亨利．馬蒂斯（Henri Matisse）的畫作持續獲得欣賞、研究和支持。在正典中占有一席之地，能確保作品有足夠的重複和常識來對抗較新的替代品——並使這些作品更顯重要。文學評論家芭芭拉．史密斯寫道，將一首詩納入選集中，「不僅促進該作品的價值，而且在一定程度上創造了它的價值，此外，在閱讀清單上的反覆出現，或經常被教授、學者、評論家、詩人和其他相關大老引用，也有相同效果」。[25]大衛．休謨能大談荷馬，是因為諸多世代以來，學者和歷史學家讓《伊里亞德》（*The Iliad*）和《奧德賽》（*The Odyssey*）保留在他們教學的核心當中。

正典並不是在民主論壇中決定的。文學評論家哈洛．卜倫寫道，正典建立者是「主流的社會團體、教育機構、評論傳統」。[26]他們是如何選擇合格的作品呢？藝術品必須具有藝術價值，作為敘事事件不斷鏈的一環。美學價值——對形式的掌握——也至關重要。在卜倫看來，最佳的候選者擁有「一種原創性模式，它無法被同化，或是使我們融入其中，讓我們不再視之為怪異」。[27]在這兩種情況下，藝術品都必須超越其時代的基本慣例，以便未來的閱聽人仍然能夠欣賞到作品中的獨特價值。莎士比亞是正典作家的典範：對卜倫來說，他「不容許你埋葬他、逃離他或替換他」。[28]正典還可能包含一些**遺物**——那些在美學層面上可能不吸引當代閱聽人、但在歷史敘事中代表著重要時刻的作品。[29]儘管厄普頓·辛克萊（Upton Sinclair）的《魔鬼的叢林》（*The Jungle*）有通俗劇般的情節、奇怪的節奏，以及如宣傳品般的乏味風格，但它仍然被人閱讀和討論，因為這部小說在美國國會通過《純淨食品藥物法》（Pure Food and Drug Act）上發揮了影響，證明藝術如何直接影響政治。

流行程度可以使作品停留在集體對話中，但「評價」對於長期存續更為重要。這會使正典邁向菁英品味，遠離媚俗。查克·克洛斯特曼寫道：「我們不重新審視低級文化，因為我們不指望它會重新讓我們感覺到樂趣。」[30]言情小說家丹妮爾·斯蒂（Danielle Steel）的一百九十本小說賣出的平裝書已經多到足以當燃料，使一座大城市在整個冬季保持溫暖，[31]但與我們這個時代的主要正典作品不同，她的許多作品都沒有維基百科頁面。

隨著時間，正典使我們的焦點集中於以前時代的某些藝術品，讓人很容易忘記曾經存在過的其他選擇。紀錄片工作者艾米爾·德·安東尼奧（Emile de Antonio）抱怨：「回到喬托（Giotto）①之前的時代，契馬布耶（Cimabue）②的時代，有數以千百計的義大利畫家，但今天我們大多數人只能認得其中區區幾個名字。關心繪畫的人或許能夠列舉五位，學者可能知道多達十五位，但其餘的都是畫作和他們一樣已經死去的畫家。」[32]無論一個時代留下了什麼樣的記憶，它們都將隨著時間過去，因競爭而削弱。克洛斯特曼指出，我們只能記住一個十九世紀進行曲的作曲家，這對約翰．菲利普．蘇莎（John Philip Sousa）③以外的所有人來說都是壞消息。[33]

雖然正典建立者相信自己正在追求「更高的個人、社會或超乎卓越的優秀」，[34]但他們可能對符合自己高地位品味世界的作品存在偏見。無論多麼重要，與下層中產階級的大多數消費者過度相關的風格很少成為經典。雙面針織聚酯纖維休閒西裝主宰了一九七〇年代的生活經驗，[35]但如今只是著名的時尚失誤。[36]加拿大的前衛搖滾樂團匆促（Rush）在那個年代達到聲望顛峰，但沒有成為流行音樂正典，尤其與同代的龐克樂團相比更是如此，例如雷蒙斯樂團（The Ramones）。記者兼搖滾歷史學家大衛．維格爾（David Weigel）解釋：「前來聽匆促樂團的粉絲是錯誤類型的粉絲——可嘲笑的粉絲，對音樂有可笑的品味。」[37]品味在正典建構中很重要，因為評論家和編輯在選擇作品的同時也在建構他們的聲譽。他們不想因為支持沒有威望的作品而留下紀錄。

但被遺忘的作品總是有希望的。正典每年都會因應當代文化的最新變化而有所變動。當披頭四確立了流行音樂的典範，《滾石》雜誌將其一九六七年的里程碑專輯《比柏軍曹寂寞芳心俱樂部》（*Sgt. Pepper's Lonely Hearts Club Band*）評選為史上最偉大專輯。[38]但在二〇二〇年，《滾石》雜誌修訂了其史上五百大最佳專輯名單，希望更適切地認可在這個白人男子搖滾樂團作品全集之後出現的音樂人的音樂貢獻。[39]《比柏軍曹寂

---

① 譯注：義大利畫家，被認為是義大利文藝復興時期的開創者，也被譽為「歐洲繪畫之父」、「西方繪畫之父」。
② 譯注：義大利佛羅倫斯最早的畫家之一。原專注於鑲嵌畫，相傳為喬托的老師。
③ 譯注：十九世紀的美國作曲家，有「進行曲之王」之稱。

寞芳心俱樂部》在新榜單上降至第二十四名，榜首則是馬文・蓋（Marvin Gaye）的開創性靈魂專輯《怎麼回事？》（*What's Going On*）——堪稱對當代音樂方向更有影響力的作品。

在過去的幾十年中，人們就正典的倫理問題展開了激烈的辯論——特別是關於它是否過度強調死去的白人男性。先前高級文化中對女性和非白人藝術家的偏見，不僅在當時阻礙他們的事業，還打消了後世評論家對他們作品的興趣。這場辯論完全不是在賣弄學問：正典作品體現了一個社會的價值，將某些慣例視為永久具有價值，同時讓其他慣例逐漸凋零。正典成為後續所有藝術評斷的「地平線」。[40]我們將一切新的——和舊的——作品，都與正典的標準比較。[41]正如查克・克洛斯特曼所說，我們最終處於這樣的境地：「莎士比亞比馬羅（Marlowe）和強生（Jonson）④更好，因為莎士比亞比較像莎士比亞，而那就是如今我們在戲劇中描繪偉大的方式。」[42]直到近期，一九六〇年代才設定了流行文化的地平線。我們對那個時期特定作品的敬意，繼續存在於經典搖滾電臺、懷舊電視節目，以及關於那個時代創傷和勝利的無數新聞紀錄片中。將過去遭排除的藝術家——女性作曲家、黑人前衛藝術家、美洲原住民小說家——納入正典，雖然不能彌補過去的錯誤，但可以改變當代的評斷標準，並讓當代的弱勢族群創作者放心，他們的作品將獲得適當的評價。

習俗、傳統、經典和正典的起源，證明了人類學家麥可・湯普森的想法：「持久性不是由內在的物理特質所施加，而是由社會體系施加上去的。」[43]在我們的社會體系中，高地位團體對歷史的影響遠比低地位團體大得多。這導致高地位品味的慣例比低地位起源的慣例更加經久不衰。擁有地位的人決定什麼是歷史，而具有歷史價值的東西則獲得地位價值的提升，而這又回過頭來為菁英團體的高地位提供正當理由。人類學家保羅・康納頓（Paul Connerton）寫道：「我們當下的體驗在很大程度上取決於我們對過去的瞭解，而且……我們對過去的印象，通常是用來正當化當前的社會秩序。」[44]

對許多人來說，包括卡爾・馬克思（Karl Marx）在內，「所有死去世代的傳統都像一場噩夢，壓在活人的腦子上」。[45] 現代思想家提出了許多擺脫過去束縛的途徑，試圖用更公正、更理性的行為來取代所有的習俗和傳統。達達主義和未來主義要求自正典的束縛中徹底解放。流行文化──「呼籲『活在當下』」[46]──認為最有價值的時間就是現在。

但是歷史仍然存在，因為即使是較激進的現代主義者也需要歷史作為警世故事。反傳統主義只有指向邪惡的過去，才能承諾一個光明的未來。在我們能夠引用愚蠢或有害的習俗時，理性才更具說服力。此外，為了展示人類行為的根本慣例性，深刻的歷史知識是必要的，正如小說家L・P・哈特利（L. P. Hartley）的名言：「過去是一個異國；他們那裡做事的方式不一樣。」[47]

大致而言，現代主義者已經成功了──今天，我們過著相對理性化的生活。但歷史價值依舊存在，因為它在動盪的全球化市場中成為穩定的支柱。隨著越來越多的新產品推出，許多消費者將在習俗、傳統、經典和正典之中尋求逃避。我們偏好經久不衰的舊日寶藏，更勝於短暫的垃圾。混混與自大狂（Hootie and the Blowfish）的專輯《混淆視聽》（*Cracked Rear View*）售出兩千一百萬張，但由於缺乏威望和評論的支持，他們已經淡出了我們的集體音樂史。與此同時，似乎越來越有可能出現一種「人民的歷史」，即使評論不喜歡，但廣大的需求會使某些媚俗之作持續流傳。英國的皇后合唱團從未打動音樂行家，但〈我們要讓你搖滾起來〉（We Will Rock You）和〈我們是冠軍〉（We Are the Champions）卻成為運動比賽的背景音樂，獲得了第

④ 譯注：克里斯多福・馬羅（Christopher Marlowe）與班・強生（Ben Jonson）皆為英國伊莉莎白年代劇作家及詩人，為莎士比亞的同代人。

二個生命。近期，皇后合唱團的傳記電影《波西米亞狂想曲》（*Bohemian Rhapsody*）又掀起另一波廣受歡迎的熱潮，雖然評價褒貶不一，但它打造出自己的傳奇。[48]然而，若缺乏高地位的支持，受歡迎的藝術品和行為通常會隨著粉絲一同消失。一九二五年，美國讀金恩．史崔頓波特（Gene Stratton-Porter）小說《養蜂人》（*The Keeper of the Bees*）的人，比史考特．費茲傑羅的《大亨小傳》的讀者要多得多；[49]如今在好讀書評網站上，《大亨小傳》的評分卻高出一千七百零三倍。[50]

但是並非所有短暫的文化都會永遠消失。現代性為被遺忘的媚俗作品打開另一條路，從被淘汰作品晉升到幾近正典的重要性——這就是所謂的復古復興。

復古

一九六八年春天，抗議人士和警方之間的激烈衝突，將哥倫比亞大學變成戰場。學生們在清晨醒來，「聽到玻璃從昨晚破窗上掉落到人行道上的聲音，混雜著迴盪在洛氏圖書館臺階上的擴音器嗡鳴」。[51]四月底，警方強行驅逐占領行政大樓的數百名抗議學生。哥大取消了學期最後一個月的課程；畢業典禮則成為另一個緊張時刻，校園裡出現執法人員，學生展開抗議遊行。每個人都有所不滿：進步派學生感到灰心，而保守派和體育生則指責那些長髮學生毀了他們的學期。

哥倫比亞大學抗議活動的血腥結局，預告了一九六九年嬉皮運動的暴力轉折，艾特蒙特（Altamont）音樂節暴力事件和曼森（Manson）謀殺案即可證明。但哥倫比亞大學的災難，也孕育出一種將定義接下來十年的重要美學感知。在那段動盪時期，研究生歌手喬治．李歐納（George Leonard）體認到，他可以藉由復興昔日的音樂風格來幫助分裂的學生團結起來。在一個真誠的民謠搖滾時代，他說服由學生組成的無伴奏合唱團哥倫比亞侍衛（Columbia Kingsmen）舉辦一場表演，演唱最過時的藝術風格：一九五〇年代天真爛漫的聲樂流行歌曲。那是一個還沒有老歌電臺的年代；李歐納寫道，每個人都記得五〇年代是「怕炸彈，追殺共產黨，財迷心竅的時代」。受到敢曝美學、安迪．沃荷的普普藝術和蘇西．辛頓（S. E. Hinton）的青少年小說《局外人》（*The Outsiders*）的啟發，李歐納籌備了一齣名為《髮油光輝》（*The Glory That Was Grease*）的音樂劇（「髮油」是用來梳理鴨屁股飛機頭的油性美髮產品）。活動的傳單上寫著：「運動員！怪胎！預官訓練團！民主社會學生會！停戰吧！掩埋斧頭（不要互砍）！還記得我們都是梳油頭的小子，盯著八年級女生，想約她們出去嗎？」紐約各地的學生齊聚哥倫比亞大學，聽哥倫比亞侍衛合唱團的嘟哇（doo-wop）節奏藍調。這次活動的成功鼓舞李歐納創辦一個名為沙納納（Sha Na Na）的五〇年代風格聲樂團體，好將這種盛況推廣到全國。

吉米．罕醉克斯（Jimi Hendrix）是沙納納早期的粉絲，而沙納納最後成為他在胡士托（Woodstock）音樂節上的開場表演嘉賓。胡士托音樂節的紀錄片將該合唱團一九五七年熱門歌曲〈盡情跳躍〉（At the Hop）的精采表演，傳送給世界各地的觀眾。李歐納和他的弟弟最後不僅發起一場嘟哇節奏藍調復興，還可能創造了我們所知道的「五〇年代」。一九七二年，一部類似風格的音樂劇《火爆浪子》首次在百老匯登場，《生活》雜誌也在六月十六日那期的專題探討人們開始對那「更快樂」的十年產生興趣。一年後，喬治．盧卡斯（George Lucas）的電影《美國風情畫》（*American Graffiti*）將類似的青少年懷舊情感變成票房上的成功，接著它又啟發了長壽電視節目《歡樂時光》（*Happy Days*）。在英格蘭，這股五〇年代熱潮表現在泰迪男孩復興上。一名到倫敦的日本遊客將泰迪風格帶回東京，同樣在那裡引發一股五〇年代美國風潮。[52]加上一九七八年由約翰・屈伏塔（John Travolta）和奧莉薇亞・紐頓強主演的《火爆浪子》改編電影（以及沙納納的綜藝節目）的成功，七〇年代有很大一部分都與五〇年代有關。

五〇年代熱潮是我們所謂復古文化現象的明確例子，樂評人兼歷史學家賽門・雷諾斯（Simon Reynolds）將其定義為「對時期風格（音樂、服裝、設計）的一種自覺迷戀，透過模仿和引用，以創意的方式表達」。[53]習俗、傳統、經典和正典作品涉及歷史性存在的連續性，復古則在描述一種歷史**復興**——突然重新評價曾短暫出現的文物與慣例。與高級文化重新發現遭遺忘的天才或文藝復興對神祕黃金時代的著迷不同，復古是將近期的媚俗品當成新奇事物來使用，具有**諷刺**意味。雷諾斯寫道：「復古感知往往不是將過往理想化或感傷化，而是試圖對其感到有趣和著迷。」[54]經典擁有近乎永久的威望，復古則賦予被拋棄的慣例新的地位價值。在沙納納之前，年輕人認為一九五〇年代的聲樂流行歌曲是愚蠢且丟臉的——出現在披頭四和巴布・狄倫等**真**音樂興起前的那些歌很荒謬，歌詞無聊、和弦變化也簡單。但沙納納的諷刺挪用，使嘟哇節奏藍調再次令人嚮往。復古創建了另一種方式，讓過往在現在獲得新價值：懷舊冒充成創新，在時尚循環中使用。

如果沒有考慮到復古復興，二十世紀就不可能有流行文化史。一九六〇年代反文化廣納各種古老的風格，從一九三〇年代的《我倆沒有明天》（*Bonnie and Clyde*）黑幫時尚到華麗的拿破崙式軍裝都是。[55]一九七〇年代的孩子會做前述的五〇年代襪子舞會（sock hop）造型，而在一九八〇年代晚期，大學生跟著伊迪布凱爾與新波希米亞人（Edie Brickell & New Bohemians）等新嬉皮樂團，掀起一場迷幻復興。一九九〇年代的油漬搖滾，更新了丑角合唱團（The Stooges）生猛的七〇年代搖滾。而在二〇〇〇年代初，紐約的電撞音樂

（electroclash）以及液晶大喇叭（LCD Soundsystem）和癡迷樂團（The Rapture）等樂團，則從一九七〇年代末迪斯可、後龐克和無浪潮（No Wave），以及一九八〇年代的合成器流行樂中汲取他們的聲音。

復古在時尚循環中是不可避免的。詩人兼劇作家尚・考克多表示：「藝術創造出醜陋的東西，它們經常隨著時間過去而變得更美麗。另一方面，時尚創造出美麗的東西，卻總是隨著時間過去而變醜。」[56]時尚循環的結束，發生於曾經令人渴望的創新由落後者接管，而我們的腦將其所產生的負面威望解釋為「醜陋」。哲學家華特・班雅明寫道：「每個世代都將前一代的時尚，視為想像中最激烈的反向春藥。」[57]這就媚俗品來說尤其真確，因為它沒有多少可取之處能減緩它失去人心的趨勢。

一旦被完全放棄，遭汙染的潮流就可能讓人遺忘。隨著負面象徵性關聯逐漸淡化，這些潮流就準備好捲土重來。一旦一種慣例從「流通和考慮」中移除[58]——不再與現今採用者有關聯——創新者就可以將其重新喚起，作為一種新的區分手段。愛迪達Country運動鞋於一九七一年首次推出時，是一種郊區越野鞋，深受「土氣的預科生孩子」喜愛。[59]但到了一九八七年，它已經從郊區文化中消失，才使得紐約的嘻哈菁英可以將其納為自己支持的產品。

然而，最具指標性的復古例子，並非將舊風格復興成一個空洞的容器：他們將其視為一種**刻意的**「反向春藥」。正如我們之前所見，醜陋會築起圍籬。賽門・雷諾斯寫道：「復古真正成為主流感知和創意典範的地方，是在文青的土地上，等於是流行文化的高深地帶。」[60]年輕人以有限的預算，築起他們的文化圍籬——在折扣商品、二手商店、車庫拍賣和愛心商店中翻找會嚇壞成年人的醜陋舊東西。年輕人喜歡舊的媚俗事物，因為他們永遠不會被混淆為原始採納者。一名頂著粉紅色頭髮、穿著難看尼龍保齡球夾克的十九歲藝術學院學生，不太可能是聖地兄弟會（Shrine Club）的禿頭老會員。[61]

這種對過去平庸事物的顛覆性欣賞，可以說始於同性戀社群的敢曝美學。敢曝陶醉在過時的媚俗中，**就因為它們是過時的媚俗**。安迪．沃荷和普普藝術後來將這種感知帶進「嚴肅」的藝廊、博物館和學術界。《紐約時報》藝評人希爾頓．克萊默（Hilton Kramer）指出，普普藝術開啟了一個時代，「現在已經沒有埋藏在過往裡的壞品味或庸俗表現，是不準備被挖掘的」。[62]在對媚俗的諷刺欣賞成為高級文化的一部分之後，這些想法下滲到沙納納和其他實驗者。從那裡，諷刺性復興打入商業市場，復古在全球成為一種常見的感知。

由於開發成本非常低，復古提供了絕佳的創新來源。從零開始創造既困難又耗時。復古提供了一種在當下感覺「新」的東西，卻無需解釋和說服。聽一九五〇年代廣播長大的年輕人，立刻就會明白沙納納的笑點。在個人層次上，看到我們遺產中被遺忘的部分被挖掘出來並重新利用，我們也感到興奮——舊的情感從我們的腦中湧出，引發一陣欣喜的懷舊情緒。

現在，過往以耐用物品的形式延續生命，有一個近乎無窮的物件儲藏庫待人重新挖掘。每一個從記憶和大學課程大綱中倖存下來的正典之作，就代表背後有至少一百個被遺忘的失敗作品被拋棄在歷史的廢紙簍中。復古最常出現在音樂和時尚領域，因為這兩個產業生產出大量在短時間內就停止流通的新產品。

早期嘻哈音樂使用的取樣法，帶來一種更浪漫的結果：將一箱箱「毫無價值」的黑膠唱片中的音樂片段，轉化為動聽新歌的元素。華倫G（Warren G）和奈特．道格（Nate Dogg）的熱門嘻哈歌曲〈管制〉（Regulate），就是從麥可．麥當勞（Michael McDonald）一首被遺忘的遊艇搖滾歌曲當中擷取而成的。無論取樣是為了取巧還是復古的親切感，令人尷尬的文物都比失落的寶藏更好用。「比較明智的歷史學家和評論家知道，」藝術學者雷納托．波奇歐里寫道，「平庸或不成功的非原創作品之所以能夠犀利而直接地反映出當代的精神，正是因為它仍然是一份紀錄，而非一座紀念碑。」[63]復古不是在尊崇失去的天才，而是讚頌重複再利用過時的慣例，以傳達一種過往的感覺。

正如我們在次文化風格和藝術中所見，創意階級擁有足夠的地位，可以賦予他們的復古潮流整個社會都接受的威望。格倫．歐布萊恩解釋：「事物在跌落谷底之後重新流行，被貧窮但時尚的年輕人採納，接著這些人又受到時尚設計師的注意和模仿。」[64]現在，復古已經內建到時尚過程中。服裝設計師在策劃每個系列時，都會使用充滿風格指標人物舊照和過去設計元素的「情緒板」（mood board）。在任何必須不斷推陳出新的領域中，都會有復興過時構想的誘惑。

復古文化在二十世紀無所不在，而且風格以可靠的節奏在二十到二十五年之後重新回歸，這強化了歷史基本上是一種循環的古老觀念。就復古的情況而言，這些重複是可預測且合乎邏輯力量的產物。復古循環的時機，與人們在某個潮流初次傳播期間完全放棄它所需的年數有關。然而，復古也顯示「相對循環」是一個更準確的描述詞。[65]潮流的第二波總是較誇張，較不激進。復古潮流永遠不可能像原版那樣危險。真正的激進創新會引發對未知的恐懼；它的復古復興則是醜陋的，只是讓人感覺非常熟悉。泰迪男孩是保守戰後英國的暴力工人階級不良少年，相較之下，一九七〇年代的泰迪男孩復興者則是無害的音樂迷和業餘愛好者。諧仿和敢曝偏愛矯飾主義的詮釋，而不是準確的複製。

無論復古有多麼平庸乏味，它都提供了一股實用的抵消力量，抗衡習俗、傳統、經典和正典中的高地位偏見。古板的英國菁英肯定對復興泰迪男孩沒有興趣。不過，在一九七〇年代泰迪男孩風格風行全國的熱潮中，無腰身垂墜外套和厚膠底鞋進入了長久英國風格的正典之中。研究泰迪男孩的歷史學家雷．費里斯（Ray Ferris）和朱利安．洛德（Julian Lord）寫道：「是七〇年代的年輕泰迪男孩確立了泰迪男孩成為英國社會景觀中的長久特徵，而不僅是一時的風潮。」[66]事實上，泰迪男孩版的愛德華時代風格如今或許比實際的愛德華時代服裝更令人難忘。然而，這顯示了復古本身可能就有所扭曲。我們對某些造型的記憶往往反映的是復興版，而非原版。後來的泰迪男孩參考的造型指南，並非五〇年代泰迪男孩的泛黃小報照片，而是林哥．史達（Ringo Starr）在一九七三年的復古五〇年代電影《就是那一天》（*That'll Be the Day*）中的打扮。[67]

雖然有人抱怨復古使我們分心，有礙創造未來，但五〇年代、泰迪男孩、民謠、迷幻搖滾、龐克，以及八〇年代復興，都成功地使文化更多樣化。這些運動使我們能夠重溫過往的情懷，將許多短暫的遺物變成提供真誠喜悅的珍寶。「直到八〇年代晚期，流行文化中出現的迷幻搖滾復興中，」樂評人伊恩．麥克唐納寫道，「披頭四的唱片才開始對他們的年輕後代產生情感上的意義。」[68]儘管復古的核心是諷刺和犬儒主義，但我們重溫過往的風格，就能使當代擁有更多樣的人性理解和經驗。如果過往是一個陌生的國度，那麼復古就是一本實用的護照。

• • •

一九三七年，藝術史學家詹姆斯．拉沃（James Laver）發表了一個現在非常有名的圖表，概述了對某種時尚潮流的評價如何隨著時間改變（如左）：[69]

拉沃的分析可能比較算是半開玩笑，而不是精確的科學，但它說明了我們的審美判斷一向都是在時間脈絡下做出來的。拉沃的時間間隔之所以出奇準確，可以歸因於這些間隔是否符合傳播過程中的特定時刻——當創新激怒主流、當注入威望、當地位價值降低、當歷史價值出現。這些事件的順序或許可說舉世皆然，但每個階段的長短取決於特定的時尚循環。儘管傳統的看法認為風格在二十到二十五年之後會回歸，但五〇年代的嘟哇節奏藍調和沙納納的復古諧仿之間僅經過十年。時機總是取決於我們消費和遺忘的速度有多快。在一九六〇年代，收入提高、電視和廣播等新科技的傳播，以及年輕世代努力創造與父母的區別，營造了極端快速變化的條件，進而縮短了完全放棄潮流所需的時間。到了一九六八年，五〇年代感覺就像遙遠的過去。正如我們將在下一章看到的，缺乏重大的風格變化使得如今的時間感覺更加緩慢。

如果接受拉沃圖表背後的邏輯，我們就解開了文化大謎團的最後一部分：**我們為什麼會隨著時間改變行為，以及為什麼有些行為會持續存在？**個人尋求地位的行為解釋了時尚的變化有多麼快速。為了地位的原因，披頭四將油頭改成拖把頭，年輕的披頭四樂迷就紛紛跟進。地位也決定了社會記憶的方式——慢慢將曾屬於特權的習慣當成習俗、獲得授權的傳承象徵成為傳統、過往英雄的代表性造型成為經典，以及受評論吹捧的藝術作品成為正典。在一九六〇年代，披頭四的威望不僅幫助拖把頭在那十年廣為傳播，還使它隨著時間成為經典。因此，地位對於誰創造歷史發揮了作用，而歷史則在誰能獲得地位上扮演著一定的角色。

然而在現代，歷史絕非固定不變。永恆價值從來都不是永恆

下流	風行之前十年
無恥	風行之前五年
荒誕	風行之前一年
時髦	……
過時	風行之後一年
醜陋	風行之後十年
可笑	風行之後二十年
逗趣	風行之後三十年
老派	風行之後五十年
迷人	風行之後七十年
浪漫	風行之後一百年
美麗	風行之後一百五十年

的。習俗比風潮更可靠，但典範的變化足以使許多習俗的價值降低。每個世代都過分高估他們年輕時廣受歡迎的藝術，而他們成為富有成年人後對懷舊的渴望，則將流行文化推向他們特定的感知。

儘管周遭有許多爭議，但正典確實提供了體驗往日傑出文化的機會。最好的藝術品具有無論哪個世代都能喜愛並產生共鳴的深度和「新奇感」。文學理論家羅蘭・巴特（Roland Barthes）寫道：「一件作品之所以永恆，不是因為它對不同的人強推一種意義，而是因為它對一個人提出不同的意義，在各個年代都用相同的象徵語言說話：作品一出，隨人解讀。」[70]然而，之所以可能如此，是因為文化創新與技術創新不同。科學雖然可能迂迴轉折，但仍會隨著時間往前邁進。文化的任意性則意味著我們總是可以從一種慣例跳到另一種，包括重返以前的慣例。我們可以在一九七〇年代一首未能成功的德國迪斯可流行單曲中重新發現樂趣，或者將它變成一首新的作品。相比之下，被淘汰的科學知識，如人體的「四種體液」（four fumours）或「以太」（luminiferous aether），就失去了實際指導的功能。歷史價值存在的原因，恰恰是因為過往能成為當今可行的文化指南。當我們企圖擺脫陳舊、乏味、腐敗或墮落的時代，我們總是可以回頭挖掘歷史，尋找靈感。正如我們將看到的，二十一世紀的許多人正是那樣做：奔向過往的文化，擺脫迷惘混亂的網際網路生活。

第四部

二十一世紀的地位與文化

Status and Culture in the Twenty-First Century

第十章

網際網路時代

The Internet Age

◆ MAIN POINTS

病毒式傳播失敗、LV與Supreme聯名的法拉利、圖瓦的Instagram用戶、懊悔的評論家、新舊之爭，以及數位領域中其他地位訊號傳達和文化創新的時刻。◆

網際網路、病毒式傳播與地位價值的衰落

二〇一三年八月，我在網路上爆紅。當時肯伊・威斯特剛發行他的專輯《伊穌基督》（*Yeezus*），在謙卑地命名為〈我是神〉（I Am a God）的第三首歌中，他將巴黎麵包店懶散的態度帶給他的深刻沮喪感發洩出來：「在一家法國餐廳／快點給我該死的可頌。」我在「媒介」（Medium）網站上發表了〈法國麵包師協會給肯伊・威斯特的一封公開信〉——一篇想像法國麵包師公開解釋製作可頌所需時間的幽默文章：「麵包師必須仔細疊起麵糰，塗上完美比例的奶油，然後用媲美日本摺紙大師的精確度捲起與摺疊這個抖動的可頌胚

胎。」[1]有所謂的法國麵包師協會嗎？我不知道。我發明它並當作一個幽默元素，然後在完成的文章簽上真名，以確保這封信會被視為嘲諷文，而不是真的法國麵包師協會發出的真實公開信。

幾週後，「消費者」（Consumerist）網站對我的文章進行了事實查核，判定它是真的法國麵包師協會發出的真實公開信。然後，《好萊塢報導》（*The Hollywood Reporter*）刊登了一篇標題為「法國麵包師發出搞笑信函痛批肯伊．威斯特」的報導，接著一連串報導接踵而至：包括《今日美國報》、《時代》、《福斯新聞》、《告示牌》和《今日》等媒體。一個月後，《紐約客》發來電郵，我不得不解釋我如何發明該協會的地址，以證實我是那篇文章的作者。結果，紐約客網站上的文章將這起事件評為真正的假新聞案例，我短暫的爆紅時刻就此告終。

十八歲的我會因為自己誤打誤撞戲弄了美國大眾媒體、數百萬人閱讀了我的作品（或者至少是標題），並在《紐約客》（好吧，是紐約客網站）上得到一篇報導而樂不可支。但這次病毒瘋傳式的成功，對我實際生活的影響可說微不足道。儘管備受關注又新鮮刺激，我只多了大約**五**名推特追蹤者。而且沒有一個人——就連我最親近的朋友和家人也一樣——記得、提到或特別在意這整件事。我自己發布的幽默文章隨機且錯誤地捲入了當天的新聞風暴中，跟其他許多現在已被遺忘、半真半假、誘人點擊的故事攪和在一起。

大多數在網上瘋傳的內容，都遵循這種瞬間爆紅又迅速崩解的模式。名人可以將他們的爆紅時刻轉化為更高的知名度，但一般人的貼文分享數達到數千次時，卻很少獲得回報或好處。記者彼得．漢比（Peter Hamby）指出：「每則爆笑的瘋傳推文都會搭配作者沮喪的回覆，寫著：『哇，這爆了，拜託購買我的東西』，而這個回覆卻只有十二個讚。」[2]（有些公司現在提供現金給瘋傳推文的作者，好在該推文的討論串中投放詐騙服務的廣告。）[3]

短命（ephemerality）對流行文化來說並不新鮮。在一九五五到二〇〇五年之間，將近一半的排行榜樂手都只紅了一首歌。[4]但在速度較慢、較不擁擠的市場，熱門歌曲有足夠的重複播放次數，幫助我們日後夠**記住**它們，即使有點尷尬。我們可以在卡拉OK唱〈我的夏洛娜〉（My Sharona），在婚禮上喝了幾杯香檳後，大概還能跟著〈瑪卡蓮娜〉（Macarena）起舞。寵物石頭（Pet Rock）①曾風靡一時，但現在已經成為一種**傳奇**風潮。[5]另一方面，瘋傳內容很少成為具有任何永久性的文化。它提供我們幾秒鐘的娛樂，然後就像溫暖日子裡一場突如其來的怪異暴風雪一樣立即融化。

這種瞬息萬變的特性，或許使病毒式瘋傳內容成為二十一世紀最具代表性的文化形式：這是一個充滿龐大數量、深度特異性和飛快速度的時代，少有個別的文物、藝術品或慣例在社會中留下痕跡或改變歷史的軌跡。病毒式瘋傳文化缺乏深度和分量，它創造的新感知或風格寥寥無幾。然而，病毒式瘋傳內容很像「真實」的文化：我們像觀看MTV頻道上的影片一樣消費愚蠢的影片，像讀報紙文章一樣看推特，將理想的視覺元素釘在Pinterest板上，就像宿舍牆上的海報。我們對網際網路抱有很高的期望：無窮的內容庫、免費散布、更廣泛的正典，以及更多元的創作者基地，這會激發更多人創作更多令人驚嘆的事物。但正如影評人A·O·史考特所寫，這種數位文化的「洪流」，「常常被視為一場旱災」。[6]

衰退主義者談到「文化衝擊」（culture crash）。[7]許多人希望九一一恐攻、伊拉克戰爭和大蕭條會激發出狂野和反抗的藝術，[8]但結果我們得到了情緒搖滾（emo）與嚎叫情緒搖滾（screamo）、《美國偶像》

①譯注：一九七〇年代興起於美國。商人將石頭包裝之後售出，請消費者把石頭當成寵物來「照顧」。短短半年內就售出一百五十萬個。

（*American Idol*）、混亂的Myspace頁面，以及二十四小時不間斷的TMZ名人八卦新聞循環。二〇〇〇年代票房最高的電影《阿凡達》（*Avatar*）之所以留在我們的記憶中，就因為它是一部沒人記得多少內容的賣座電影。二〇一一年，格倫．歐布萊恩寫道：「我們這個時代有點不對勁，讓你巴不得自己生活在另一個時代。」[9]歐布萊恩這樣的文化專家曾經歷二十世紀地下文化逐漸滲透到主流的過程，然而二〇〇〇年代卻令他們感到失望。二〇一〇年代初期的文化論述，最後大多在苦惱「文化停滯」（cultural stasis）：時代精神停滯不前的感覺。[10]曾獲葛萊美獎的製片人伊恩．布倫南（Ian Brennan）譏諷道：「熱戀中的青少年失去童真時，甚至有可能在聽著跟父母懷上他們時一樣的歌曲。」[11]哲學家保羅．維希留（Paul Virilio）在一九七〇年代寫道，「世界的通則」是「靜止即死亡」。[12]既然文化看似沒有進展，難道二十一世紀是以一場葬禮展開的嗎？

這種負面態度著實可惜，因為網際網路確實提供了許多優勢。我們可以更方便地享受更多種類、來自更多聲音的內容。事實上，當代藝術作品的創意與創新水準或許並未真的改變；應該說，問題在於我們對作品的**見解**。從類比到數位的轉變，改變了社交互動、消費主義、訊號傳達和品味的性質。這些結構性的變化全都妨礙了一種支撐我們文化欣賞的關鍵因素：地位價值的創造。

為了瞭解網際網路如何影響地位結構和地位價值，本章將探討四個相關現象：

一、內容爆炸。
二、隨著全球財富增加而來的極繁主義與極簡主義的衝突。
三、將拒絕「品味」作為正當的區分方法。

往的抛棄。四、X世代「復古狂熱」（retromania）對過往的過度評價，以及Z世代「嗜新狂熱」（neomania）對過往的拋棄。

這些因素都降低了當代文化作品的地位價值。它們也將文化資本貶低為一種資產，使得流行度和經濟資本在標記地位上變得更為重要。結果（至少到目前為止），這就導致個人較缺乏誘因去創造和讚揚具有高度象徵複雜性的文化。

• • •

在探討網際網路對文化的影響之前，我們首先必須留意社會學家鄧肯·華茲（Duncan Watts）的警告：「網際網路實際上根本不是一個東西。應該說，它是對一整個歷史時期，以及其中發生的所有環環相扣的技術、經濟和社會變遷的速記。」[13]正如我們所知，技術並不會自動改變文化。使用該技術的人們必須從舊慣例轉向新慣例。因此，我們必須同時看待網際網路時代的技術、經濟和社會變遷如何為我們的行為設定新的規範，以及我們如何相應調整地位策略。

儘管網際網路在一九九〇年代成為大眾文化，但網際網路是從過去二十年開始，隨著智慧手機和高速行動通訊的擴散才真正在全球普及。[14]網路用戶數從二〇〇五年的十億增長到二〇二一年的五十億以上[15]——但更重要的，是用途的深化。網路不僅是人們用來查看朋友偶爾寄來的電子郵件，或為學期報告做研究的地方。我們就**生活**在網際網路上。

使用者的湧入改變了網際網路內容的性質。在早期的全球資訊網（World Wide Web）時期，線上生活多為大學生和科技迷的小眾品味所構成，就像是校園生活的虛擬延伸：自由主義政治、非法的ＭＰ３交換、難懂的日本動畫常見問答，以及明日巨星合唱團（They Might Be Giants）歌曲的專業吉他譜。[16]在二〇〇〇年代初的部落格興起期間，像波音波音（Boing Boing）和kottke.org這樣的熱門網站，仍延續這項滿足宅男好奇心的傳統。然而到了二〇一〇年代，網際網路成為真正的大眾文化——一種由階級和地理位置共同實現的民主化。此時有五分之一的網際網路用戶使用中文。[17]隨著YouTube、Instagram、Twitch和TikTok等應用程式出現，人們要「極度在線」（extremely online）②甚至連讀寫能力都不再需要。每個地方的人都可以透過消費影像和音樂、說話、唱歌、對嘴唱歌或跳舞來參與其中。因此在短短的三十年內，網際網路成為我們與他人互動以及塑造人格面具的主要場域。正如經濟學家部落客諾亞・史密斯（Noah Smith）所說：「十五年前，網際網路是逃離現實世界的途徑。現在，現實世界成了逃離網際網路的地方。」[18]

無所不在的、視覺導向的網際網路對於訊號傳達有明顯的影響。我們的地位宣告不再僅限於現實生活的互動，或我們現實生活互動的大眾媒體報導。隨著社群媒體的興起，訊號傳達現在是全天候進行的，一個人的地位宣告有可能不花成本就觸及全球觀眾。評論家賈・托倫蒂諾（Jia Tolentino）寫道：「你不能只是走來走去就在網際網路上引起注意——為了讓人看到你，你必須**行動**。」而「這種溝通的主要目的」，是「讓自己看起來很風光」。[19]千禧世代作家麥爾坎・哈里斯（Malcolm Harris）表示，退出社群媒體「是一種怪異的生活方式抉擇」。[20]只有百分之五至十五的美國青少年拒絕社群媒體。[21]

社群媒體還使我們能夠以前所未有的方式**量化**我們的地位：按讚數、轉推數、留言數和追蹤數，對於那些處於頂層的人來說，還可以從提供他們免費產品和促銷機會的品牌數量來看。在網際網路時代，我們幾乎一切都能夠量化。二〇〇〇年代初的部落格「名流階級」（Socialite Rank）和「公園大道貴族」（Park Avenue

Peerage）每週提供紐約上流社會新進成員的排名——他們辯稱這套系統「極其公平」和「極其數學化」。[22]失敗的新創公司「影響力」（Klout）試圖將這些原則擴大到每個人的社交影響力——在百分制上分配給個人一個「影響力分數」。[23]

在這種訊號傳達頻率增加的情況下，我們已經對許多傳統的地位象徵感到麻木。當遠方陽光明媚的沙灘日落度假照片在社群媒體動態中屢見不鮮，這種照片就不再令人印象深刻。此外，造假從未如此容易。首先是美肌濾鏡和狡猾的裁切，不久我們將不得不警惕深偽技術（deepfake）。我們假定任何展示年輕人在私人飛機上喝香檳的照片，都是在一架為此目的而租用、停在地面上的飛機內拍攝的。（有「成功人士剋星」〔BallerBusters〕這樣的Instagram帳號，專門揭發**假冒成**社群媒體內容的社群媒體造假手法。）[24]

除了訊號整個貶值之外，網際網路還降低了兩種關鍵的訊號傳達成本：**資訊障礙**和**獲取障礙**。菁英曾經能藉由瞭解法國起司的某些知識，或擁有一張磨損的波斯地毯，輕鬆傳達地位訊號。[25]網際網路上資訊的民主化和供應鏈的全球化降低了罕見物品的訊號傳達成本。維基百科可以使我們在一小時內成為任何事物的冒牌專家，我們點擊幾下就能購買古董或稀有物品。當「資訊想要自由」③時，資訊就不能成為強大的訊號傳達成本。[26]在一九六〇年代初，巴布・狄倫必須真的從一個熟人那裡偷走民謠唱片，才能對這個類型駕輕就熟。[27] YouTube使任何人都可以在不犯任何輕罪的情況下，學會幾乎任何歌曲——但觀眾會同樣感到佩服嗎？

網際網路還杜絕了套利成為可靠地位象徵來源的機會。《紐約時報》報導阿富汗塔利班士兵穿著一款名

② 譯注：指長時間使用網路。

③ 譯注：information wants to be free，為網路草創時期推手、未來學者史都華・布蘭德（Stewart Brand）所提出的口號。

為「獵豹」（Cheetah）的白色巴基斯坦高筒運動鞋後幾個小時，[28] 一位《GQ》雜誌編輯試圖購買，但找不到線上賣家。[29] 一個月後，巴基斯坦的電商業者似乎開始將這種鞋子運送到世界各地。[30] 隨著艱澀本身成為一種短暫狀態，**價格**再度現身、成為最可靠的訊號傳達成本。Le Creuset餐廚具之所以可以吸引專業階級——並成為**他們的**文化——是因為低收入者不太可能支付那麼多錢買一個湯鍋。[31] 由於菁英團體無法只將艱澀作為訊號傳達成本，就把自己的威望灌輸給產品和知識，因此「純」獨立文化便整個失去了地位價值。

降低地位價值的第二個因素，是內容和物品的激增。網際網路使創作和配銷變得更容易，造成更多藝術品、更多產品，以及更多人能看到。在二十世紀，頁面和傳播時間有限，限制了我們對物品、藝術家、藝術品和風格的瞭解。網際網路卻是無窮盡的：有千百萬個網站和影音頻道，報導著千百萬種文化製品——搜尋引擎能夠在幾微秒內提供我們想要的任何資訊。一旦你對Spotify上的七千萬多首曲目感到厭倦，在archive.org上如今有兩百多個稀有蘇丹錄音帶的數位檔案供你免費收聽。此外，大量客製化讓消費者能夠將現有產品調整成各種個性化版本。數位化使所有文化平等，無論是過去、現在還是未來，無論是專業、業餘還是「專業消費者」（prosumer）。在二十世紀，內容產業享有創作高品質視聽內容的壟斷地位，但出生和成長過程都沉浸在網路上的年輕人，已經習慣觀看用低階消費型攝影機拍的影片，聽著從筆記型電腦喇叭傳出來的低品質壓縮聲音，對著社群媒體超級巨星的誇張表演哈哈大笑。

二〇〇四年，《連線》（*Wired*）雜誌主編克里斯・安德森（Chris Anderson）以「長尾」（the long tail）來讚頌無窮文化選擇的可能性：「我們的文化和經濟的焦點，越來越遠離在需求曲線頭部相對少數的熱門標的（主流產品和市場），逐漸轉向尾部大量的小眾市場。在沒有物理貨架空間和其他配銷瓶頸限制的時代，目標狹小的物品和服務在經濟上可以與主流商品一樣有吸引力。」[32] 在安德森的術語中，「頭部」指的是大眾文化，而「長尾」文化則是小眾商品。長尾部主導的文化出現，意味著企業巨擘不再能迫使我們接受千篇一律的一致性。網際網路開展了一個可享用長達一個秒差距的文化自助餐，④我們能從中挑選最獨特的部分，充分反映真實的自我，作為我們人格面具的一部分。在可怕的大眾文化約束衣之後，網際網路會讓我們做真實而奇怪的自己。

然而，長尾假說忽略了不少我們在這本書中所學到、關於地位和品味的特性。追求原創性與階層制度中的頂部和底部位置有關。大多數人**不要**極端的獨特性。大眾文化的低複雜性和低社會風險可能非常吸引人。長尾理論認為，我們都想高唱自己個人的歌曲，然而，在十月啤酒節齊聲合唱〈九十九顆紅氣球〉（99 Luftballons）仍然有明顯的魅力。對於少數的怪咖族群來說，長尾是美夢成真，但大多數人尋求具有廣泛常識的慣例。聽蘇丹錄音帶很孤單；聽卡蒂B（Cardi B）與梅根尤物（Megan Thee Stallion）唱的〈WAP〉則是參與一場全國性的對話。

長尾帶來的**資訊超載**，進一步使訊號傳達更為複雜。這一點在「選擇的弔詭」（paradox of choice）中就能看出來——當選擇太多時造成的分析癱瘓。[33]在二十世紀，奢侈品的數量擴張，以迎合數量不斷增長的地位團體。但我們可以追蹤多少的訊號、地位團體和地位卻有極限。地位評估者只能解釋他們能夠察覺的那些訊號。從長尾文化中提取的訊號，除了可能將某人歸為長尾消費者（一個目前並未處於地位階梯最高等級的類別）之外，無法發揮分類的作用。在過去，獲得長尾內容的難度，代表一個人私下擁有許多地位資產，如

④譯注：一個秒差距約等於三點二六光年。

智慧、好奇心和深厚知識。當任何人都可以在幾分鐘內於網路上找到任何艱澀的東西時，光是獲得資訊並不能展現任何優點或能力。

媒體管道激增也導致地位價值降低。媒體本身不再代表威望，因為現在幾乎什麼都有網站。是的，出現在vogue.com上顯得比在一個三流內容農場上露出的地位更高，但光是在網路上並不代表影響力。病毒式瘋傳無處不在，也意味著我們已經期待品質可疑的隨機事物能引起關注。「制霸網路」一天的價值，比不上在音樂排行榜上獲得第一名，因為它展現的消費者投入少之又少。一九七〇年的金唱片需要讓各個青少年掏出微薄的零用錢；如今，一個迷因之所以會瘋傳，是因為有人花了十秒鐘大笑，並花了一秒鐘按下分享鍵。諷刺的仇恨觀看經常推升高這些數字。在被封為「有史以來拍得最爛的影片」之後，富有少女蕾貝卡·布萊克（Rebecca Black）拍來滿足自己虛榮心的單曲〈星期五〉（Friday）在YouTube上吸引了一億五千六百萬次觀看。[34]

克里斯·安德森在二〇〇〇年代初預測，「當大眾文化瓦解時，它不會重組成一個不同的大型文化。它反而會變成數百萬個微型文化，以各種難以理解的方式共存與互動」。[35]實際發生的情況就像「頭部的復仇」——文化影響力回歸到大眾熱門商品上，犧牲了小眾市場。文化會逐漸崩解，只圍繞著少數有足夠產業支持、具持久力量的大眾主流藝人、運動員和名人。在《引爆瘋潮》一書中，德瑞克·湯普森認為：「未來的熱門商品，將是民主、混亂和不平等的。數百萬人將爭奪關注，少數幸運的人將走紅，極少數人將變得極為富有。」[36]美國人可以在勒布朗·詹姆斯、碧昂絲、超級英雄電影、高級有線電視、《辦公室風雲》（*The Office*）重播、《Pokémon Go》和《要塞英雄》（*Fortnite*）等大眾文化的樂趣中，躲避長尾的混亂局面。體育英雄、華麗的流行歌曲，以及大到無法失敗的電影，提供了豐富的娛樂和與社會積極互動的可靠管道。少數能夠成為大眾文化的「病毒式瘋傳」時刻——比如卡莉蕾（Carly Rae Jepsen）的〈有空打給我〉（Call Me Maybe）——通常是偽裝的「頭部」時刻。[37]卡莉蕾的意外爆紅歌曲，並非透過口碑從她的祖國加拿大傳播到美國；是小賈斯汀聽到這首歌，將卡莉蕾簽進他經紀人的男學生唱片（Schoolboy Records），然後透過自己的社群媒體管道宣傳這首歌。需求曲線頭部可能並未提供太多地位價值，但至少我們的地位評估者會知道我們與時俱進，而不是在艱澀的小眾市場中掙扎的局外人。

但是頭部始終是相對的，大部分大眾文化僅取得相對較多的占比就宣布勝利。當長尾將人群分散到稀疏的小眾市場中，一個「熱門商品」只是描述最大的小眾市場。《冰與火之歌：權力遊戲》（*Game of Thrones*）是二〇一〇年代最「火紅」的電視節目之一——但只有大約百分之五到六的美國人看過。[38]我們稱之為熱門的許多事物僅追蹤得到超級粉絲驚人的過度消費。韓國流行音樂團體防彈少年團（BTS）在告示牌排行榜上奪得冠軍，但有多少美國人能哼出一首防彈少年團的歌曲呢？[39]如果長尾使得文化的不同分支彼此難以理解，而共同語言又集中在走溫和路線的超級熱門商品上，那麼網際網路就會進一步降低艱澀文化的威望。

地位價值降低背後的最後一個因素，是網際網路固有的高速，它破壞了傳統的時尚循環。菁英團體需要時間才能成為創新的唯一採納者，以獲得威望。在二十世紀大部分的時間裡，緩慢的時尚循環意味著高地位創新至少在幾個月、甚至數年後才被媒體發現。早期採納者需要一段時間來弄清楚如何仿效，而製造商需要時間製作供大量消費的複製版。時尚仰賴社會摩擦來減緩傳播過程，使得菁英階層在採納時，看起來真誠與真實——一種漸進的生活方式升級，而非明目張膽為了區分地位的做法。

網際網路上的高速資訊流顛覆了整個系統。在狗仔隊產業複合體、社群媒體和快速時尚之間，一個菁英慣例可以在幾週、幾天、甚至幾小時內傳播給大眾。由於知曉這一點，菁英可能會避免採納容易被抄襲的新風格和物品。即使是罕見的巴基斯坦高筒運動鞋，也無法保證成為一小群人的專屬特權。實際上，光是快速傳播這項假設可能就足以防止菁英採納。塔利班的獵豹運動鞋在紐約會有幾週顯得獨特，但一旦低地位階層的時尚愛好者也開始穿它，這種鞋就需要被淘汰。

因此，網際網路文化的狂熱節奏將人們推向極限，超出我們人格面具可接受的變化速度。在菁英不投入新趨勢會比較好的情況下，文化就趨於保守。資訊的數量和速度，也剝奪了我們與藝術品建立情感和依戀聯繫的時間。病毒式瘋傳內容（像是我被遺忘的肯伊文章），幫助我們消磨時間，卻鮮少激發出對於形塑身分至關重要的長期熱愛。《科尼二〇一二》（*Kony 2012*）影片在YouTube上爆紅——五天內超過七千萬次觀看——接著絕大多數人都忘記了科尼是誰。[40]

在二十世紀的大部分時間裡，我們必須從廣告、媒體提及，以及偶爾在街上的觀察中推斷地位象徵的威望，這些不精準的計算往往造成高估。如今，網際網路向我們揭示到底是誰已經採納一項新產品。搜尋過去內容的能力也提高了何謂「原創」的評斷標準。在推特上，總是有證據證明是誰率先提出一個風格、笑話或迷因。

這一切都會導致地位價值耗損，我認為已對整體文化價值產生負面影響。在二十世紀，在地位鬥爭使用文化導致新的工藝品、風格和感知不斷湧現——這些都具有威望，因此能夠影響大眾文化。在網際網路上，**東西**更多，但具有清晰且穩定地位價值的卻變少。這在無意識的層面上影響了我們對內在品質的判斷：缺乏地位價值的電影、歌曲和書籍，並不像過往的作品那樣有意義。作為對地位的渴望的一部分，我們會追逐地位價值。因此，如果小眾文化缺乏地位價值，那麼許多人就會離開長尾，返回頭部。

在此要釐清，這種悲觀絕望無關網路時代內容的**藝術品質**。我們生活在一個充滿選擇的天堂，守門員權力減弱使更多聲音百花齊放。問題只是網際網路內容是否能滿足我們對地位區分的基本需求。許多人會對此發展感到高興，但地位價值降低會產生負面的下游效應。菁英比較不可能採納同樣多的文化創新，這意味著傳播出去的時尚潮流會更少。當一種潮流以膚淺風潮之姿消失，可能也不會有足夠的集體記憶使其具有歷史價值。我們永遠不會將二〇〇一年的半吊子電撞音樂，與改變了九〇年代、長達四年的油漬搖滾運動相提並論。

整體而言，網際網路這個媒介本身改變了我們傳達訊號的方式，以及地位價值的創造方式，而這些改變正在影響我們對整體文化的感受。在免費資訊的世界中，文化資本的價值較低，進而提高了經濟資本的相對價值。這對階級之間的地位鬥爭產生重大的影響，而我們正在先進和新興經濟體中，看到它對新類型財富所造成的影響。

新新富階級及其反彈

二〇一七年八月初，拉許德·貝哈薩（Rashed Belhasa）在YouTube上展示他最新購買的汽車——他是個十五歲的阿拉伯聯合大公國人，年紀離杜拜的法定駕駛年齡還差三歲。貝哈薩動用他父親龐大的營造業財富，購買了一輛香蕉黃色的法拉利F12 berlinetta，並請當地的汽車鍍膜廠用LV的字母花紋圖案和街頭服飾潮牌Supreme的盒子標誌將車身包裹起來。看到最終的成果，戴著矯正牙套的貝哈薩驚呼：「杜拜最好的車！世界上最好的車！」[41]貝哈薩的影片吸引超過一千萬次觀賞，讓他作為新興社群媒體網紅的事業更上層樓。貝哈薩不再是一個住在阿拉伯半島上、默默無聞、中等身高、戴牙套的有錢小孩。《每日郵報》（*Daily Mail*）撰文報導他的財產和與名人的友誼。[42]他已經取得了全球地位。

被奢侈品牌商標包裹起來的跑車雖然新奇，但貝哈薩炫耀性支出背後的這項策略卻極為古老。年輕貝哈薩的炫耀性消費與昔日蘇丹及強盜富豪的奢侈行為相似。然而，在中東財富、潮牌Supreme、YouTube、Instagram追蹤者數量和超級跑車的組合當中，可以清楚地看到全球化和科技正在改變地位層級的組成。

隨著網際網路進一步將世界的居民連結起來，成為馬歇爾．麥克魯漢所謂的「地球村」，地位競爭只是更加劇烈。貝哈薩代表最新的競爭者：一個新的新富階級。石油國家財富、腐敗政商巨頭和建築壟斷業者的後裔，使用Instagram和微博展示他們誇張的生活方式——呈現浮誇、炫耀的虛偽品味。這個新興世界將華而不實的炫耀性消費視為一種理性的地位策略，中國、俄羅斯和印度的奢侈品銷售激增就是明證。

在沒那麼先進的經濟體中，過度奢侈比簡樸和修養更有效。而拜網際網路之賜，全球地位的訊號傳達不再僅限於二十國集團（G20）國家。圖瓦（Tuva）是俄羅斯中亞地區的一個內陸區，因物理學家理查．費曼（Richard Feynman）稱它是世界上最鮮為人知的地方而聲名大噪。[43]那裡的青少年在Instagram和TikTok上發布的內容，與第一世界的同齡者並無二致。[44]女性擺出性感的姿勢，戴著無線耳機，臉龐加了濾鏡，年輕男生則穿著堅挺夾克和戴墨鏡，扮鬼臉。五花八門的內容包括健身動作和瑜伽姿勢、創意化妝教學、豐田越野休旅車、糕點製作課程，以及在靜止的車上唱流行歌曲。像圖瓦這樣偏遠的地方，人們上網不僅是為了獲取資訊，也是要加入全球地位階層。如果我們在Instagram上看到圖瓦，那就意味著圖瓦也能看到我們。新興的訊號傳達統一語法，是根據西方慣例而發展出來的，它開創了一種全球單一文化。也許馬克．祖克柏（Mark Zuckerberg）真的「拉近了世界的距離」[45]——至少在一種炫耀的同化中實現了。

個人總是用他們最有價值的資產來傳達訊號，而當杜拜或圖瓦當地的習俗對全球觀眾毫無意義時，最明顯的應對方式就是強調經濟資本。炫耀性消費幾乎不需要什麼密碼，只需要大量開支的強大力量。米蘭·昆德拉（Milan Kundera）在寫下「只有在媚俗的基礎上，地球人的手足情誼才能實現」時是有先見之明的。[46]他只少寫了一個詞：團結需要**奢侈**的媚俗。因此，隨著新新富階級崛起，大炫富（Big Bling）就此展開。

大炫富的主要支持者和受益者，是小國王室家族、腐敗政客、採礦業壟斷者和來自前第三世界國家的組織犯罪領袖——最重要的是，還有他們的子女。[47]我們在Instagram上看到有錢小孩，雖然最早始於美國億萬富豪兒女所發布的照片，但很快就冒出俄羅斯有錢小孩和土耳其有錢小孩這樣的模仿者。高級國防研究中心（Center for Advanced Defense Studies）追蹤到，至少有八百輛奢華汽車進口到北韓。[48]社會學家艾希莉·米爾斯（Ashley Mears）研究了在紐約、邁阿密、伊比薩和聖特羅佩不斷在全球各地進出派對的頂級階層，發現「最可疑的大手筆揮霍者是非西方人，比如俄羅斯、阿拉伯和『瘋狂亞洲富豪』花錢大爺」，或者是那些「擁有塞爾維亞所有水源」的傢伙。[49]夜店圈最惡名昭彰的「鯨魚」，是華裔馬來西亞投資家劉特佐（Jho Low），他豪擲數百萬美元購買香檳，據說是從一筆政府發展基金中挪用了大筆資金。[50]

雖然全球化在西方之外創造了許多百萬富豪和億萬富豪，但他們必須在海外露面才能獲得全球地位。至少，私人飛機不飛時，網際網路提供了暫時的解決方案。對於實境節目《寶萊塢人妻的絢爛生活》（*Fabulous Lives of Bollywood Wives*）中的印度明星，《紐約時報》的伊娃·迪西特（Iva Dixit）寫道：「如果沒有人看見你從勞斯萊斯下車，那它有什麼用？這個階級的苦惱是深切渴望被人目擊，這種渴望會讓科技億萬富豪變成推特狂熱分子，讓曾經受人尊敬的女演員變成生活風格部落客。」[51]當新新富階級旅行時，他們的極端炫耀性消費就成為最佳的線上內容。沙烏地阿拉伯的億萬富豪王子圖基·賓·阿布杜拉（Turki Bin Abdullah）帶著他的金色車隊到倫敦，然後YouTube上的汽車頻道就趕著發布那段影片，傳給倫敦梅菲爾區（Mayfair）的路人和世界各地的人觀賞。[52]

在收入差距大的國家，菁英長期以來沉迷於極端的炫耀性消費，而且這在那個社群中變成「好品味」。獨裁者透過超跑車隊和薩維爾街高級西裝，來宣揚他們的優越性。隨著實際工資停滯不前、中產階層工作消失，西方也成為這種獨裁和寡頭意識的溫床。傳統清教徒對炫耀的厭惡觀念已經過時。大量福音派基督徒觀眾擁抱約爾・歐斯汀（Joel Osteen）和杜祁福（Creflo Dollar）的「成功神學」（prosperity theology）。在更廣泛的流行文化中，傑出人士宣揚他們自己的財富福音。出生於巴勒斯坦移民家庭的成功音樂製作人DJ卡利（DJ Khaled）在接受賴瑞・金（Larry King）訪問時為自己的花費辯解：「我當然很想賺大錢，你懂我的意思，我會一直不斷想辦法賺錢來照顧我的母親和父親、我的團隊。這樣是為了過好日子嗎？我想要濱水別墅，我想要好車，我想要高級手錶，我想買最新、最流行的東西。你懂我的意思嗎？這樣沒什麼不對。你應該努力追求卓越。」[53]

這些迅速膨脹的財富使得舊財富幾乎變得一文不值。當首次公開募股和加密貨幣持有讓老同學一夕之間變成百萬富豪時，樸實無華的信託基金有什麼用呢？反正逃離舊財富階級文化可以說很久以前就開始了。伊迪・塞奇威克不滿足於自己是麻州早期殖民者的直系後裔；她更想成為一個聲名狼籍的沃荷女孩。[54]幾十年後，派瑞絲・希爾頓（Paris Hilton）將她家族的酒店財富轉化為一種新富階級生活方式，包括實境秀、跟狗仔隊躲貓貓，以及在拉斯維加斯當DJ。亨利・馬蒂斯藉由繪畫進入博物館；他的曾孫女蓋亞・賈克－馬蒂斯（Gaia Jacquet-Matisse）則因浮誇的Instagram帳號，以及用訂製的拉夫・勞倫（Ralph Lauren）服裝，來替她的情緒支持吉娃娃斑比打扮而引起注目。[55]

社會集體對低調穩定的財富興趣缺缺，提供了戲劇張力給二〇一〇年的電影《社群網戰》（*The Social Network*）——一場發生在哈佛大學的臉書（Facebook）創立之戰。交戰雙方是馬克·祖克柏，畢業自頂尖預科學校菲利普斯埃克塞特學院（Phillips Exeter Academy）的書呆子兼冠軍擊劍手，以及溫克勒佛斯（Winklevoss）雙胞胎，來自康乃狄克州布倫斯威克學院（Brunswick School）、身高六英尺五英寸的華頓學院教授之子。祖克柏和溫克勒佛斯雙胞胎都不滿足於上上層中產階級的專業生活，因此他們在接受高等教育期間策劃著如何靠科技致富。祖克柏率先實現了這一目標，而雙胞胎則隨著比特幣的崛起賺進十位數的財富。傳統的舊財富比不上這些金額，但更重要的是，科技財富和《創業鯊魚幫》（*Shark Tank*）這樣的電視節目，將大量財富描繪為精明的創業家精神和科技才能所獲得的正當收益。如果不用作進一步（且道德的）投資的資金池，世襲財富就顯得可恥。這說明了為什麼二〇二一年的《哈潑時尚》報導，「舊富階級的新規則」包括將大量財富捐贈給慈善事業。[56]

儘管男士時尚的舊富階級品味在二〇〇八至二〇一五年間曾經短暫復興，但這種古老、落伍的感覺已失去了它的魅力。這一點在二〇二〇年布魯克斯兄弟破產達到象徵性高峰——這家公司幾十年來靠著將舊富階級魅力銷售給中產階級而賺進百萬美元。[57]對Z世代而言，舊富階級美學無關淡漠和簡樸，而是TikTok上浮誇的「#舊富階級美學」主題標籤。[58]當我們的美學只是地位策略時，這並不令人意外。在封閉社會中傳達訊息時，舊富階級感性最有效；微小的細節和艱澀的古舊形式，暗示著與相同的文化資本累積有親密的接觸。但在全球性的網際網路上，這些細節縮小到像畫素一樣不可見。古董勞力士錶的照片和上百萬的追蹤者數才是更清晰的訊號。這又是對較複雜文化資本形式的另一次打擊。

真正的舊富階級消失只是進一步鼓舞了新新富階級。但另一個菁英團體已經挺身而出，反制俗氣的奢侈：專業階級的科技億萬富豪，正逐漸形成自己的品味文化。在受過良好教育的上層中產階級家庭中成長，比爾．蓋茲、貝佐斯、布林／佩吉⑤、祖克柏這類的人在創造財富之餘，並沒有放棄他們的專業階級慣習。在這些圈子裡，他們懷疑光鮮亮麗，尊重合理的節約。就像任何優秀的專業階級成員，他們的抉擇是根據功能性的理由，而非公開追求地位象徵。這些企業創辦人與執行長絕不會派遣一支黃金車隊到倫敦，即使他們可以這麼做。他們反而會利用自己所受到的極大尊重，來降低形式排場的重要性。時尚歷史學家詹姆斯．拉沃指出，就在一百五十年前，「在上午走過龐德街（Bond Street），或者星期天在海德公園漫步，穿著長大衣和高禮帽以外的任何服裝都是不可想像的」。[59]二〇一〇年代在加州帕羅奧圖市區漫步的合宜打扮，是商標脫落的Lululemon運動服。要展現社會地位，再也不需要穿上寬腰帶、在馬勒第九交響曲演出時保持清醒，以及學會吃沙拉時該用哪種叉子。西裝領帶只有在出席國會聽證會時才有必要。

當然，專業階級億萬富豪會以自己的方式炫耀。合身的休閒運動服展現健美身材和良好健康狀態，而這只能透過嚴格的紀律、私人教練和企業營養師的協助才能達成。[60]科技億萬富豪不像ＤＪ卡利那樣花錢來顯得「時尚」，而是與慈善事業合作，投資飛天車和太空船等尖端科技。炫耀性休閒是用來為後續的工作「充電」：衝浪、飛行、風箏衝浪（衝浪加飛行）、微量及大量服用迷幻蘑菇，以及參加火人祭（Burning Man）的「高檔露營」。高盛的執行長蘇德巍（David Solomon）就以「DJ D-Sol」之名在夜店播放電子舞曲。

科技公司基層員工的品味與他們的億萬富豪高層主管類似：相同的慣習、穿著North Face的黑色羽絨背心，但獲得的股票卻天差地遠。他們都偏愛功能性強、以工匠手藝製作的真品。酸種裸麥麵包、第三波手沖單品咖啡⑥、杏桃酸啤酒和社交型印度式淡愛爾啤酒中都具有品質與美好——全都是從群眾評分最高的商店購買。盛行於二〇一〇年代初期、以灰色運動服為主的簡單「低調簡約」造型，其根本理念是最佳的生活風格裝飾就是根本不在乎裝飾。[61]二〇一六年，作家凱爾・夏卡（Kyle Chayka）貼切地揭示了這種極簡主義美學如何征服室內設計——簡樸又執著於材質的「空氣空間」（Air-Space）風格。夏卡寫道，在民宿網站Airbnb上出租的房間，都有「白色或淺色的主題牆、原木、Nespresso膠囊咖啡機、Eames椅、光禿地板上鋪圖案地毯、開放式置物架，呈現居家樂活頻道上常見的中性北歐風格」。[62]

有很長一段時間，專業階級對線上空間的美學產生主導性的影響。精通科技的早期採納者最早開始使用新的手機應用程式，最初的設計和第一波內容就反映了創意階級的品味。但應用程式需要「規模」才能獲利，這創造了與舞廳生命週期相同的下滲地位動態。臉書剛開始是二十多歲菁英大學生的遊樂場，多年來逐漸變成一個退休社群，供年長的落後者交換孫子女的照片和右翼陰謀論。為了躲避大批湧入的這些人，創意階級在二〇一〇年代初期轉移到Instagram上。有一段短暫的時間，這個應用程式是「（網際網路）世界上最快樂的地方」：[63]一個陽光明媚、充滿抽象的日常生活照片的樂土，避開了臉書上那種虛假完美生活的激烈地位競爭。接著，那些奮鬥者加入了Instagram，其中最有野心的人成為以其不帶諷刺的自吹自擂和汲汲營營賺錢而聞名的「社群媒體網紅」。照片變得更浮誇，而從追蹤者的數量來看，這正是閱聽人想要的。

由科技菁英和創意階級單獨決定主要網路平臺基本品味的日子，可能已經不多了。TikTok來自中國而非加州——而且以青少年為核心用戶群，這個應用程式在全球社會地位階梯的中間建立了自己的品味世界。結果，最受歡迎帳號的美學是郊區高中的惡作劇風格，完全沒有文青的假掰高傲。如果每個應用程式都只是其

⑤ 譯注：賴瑞・佩吉（Larry Page）與謝爾蓋・布林（Sergey Brin），兩人為Google創辦人。

⑥ 譯注：隨著咖啡文化發展，第三波咖啡革命注重咖啡的美學，強調品味、故事的傳達。

中間用戶集體品味的載體，未來有七十億用戶的網際網路將成為一個充斥媚俗、奢華和炫耀的網際網路。作為創意階級沙發衝浪客的場域，Airbnb創造了空氣空間；但我們應該預期，一旦大眾成為主要顧客，就會有充滿小裝飾品和「繁雜風格」的房屋出現。引導社群媒體應用程式的慣例，將隨著時間而變得更加「基本」。在他的《垃圾日》（*Garbage Day*）電子報中，記者萊恩・布羅德瑞克（Ryan Broderick）寫道：「臉書醜陋的美國怪異奇譚——不經意的種族主義、小鎮瑣事、無名騙徒、詭異老人、小小兵迷因、在速食店公開崩潰、哥德風裝扮者、無聊的護士、在卡車上講電話的男人、瘋傳的極基本後院挑戰——這一切都將來到TikTok。」[64] 如果人們必須藉由在這些應用程式**之內**傳達訊號才能獲得地位，那沒有人能逃避虛擬的市民廣場。社群媒體應用程式更有可能分裂成為各個社會地位層級的獨立平臺，就像每個薪資階級都有適合他們的通用汽車車款。僅限會員使用的社交網絡應用程式Raya，就為這種做法設定了一個模式，將它的用戶群限制在一小群名人和經認證具有魅力的人。[65]

當然，這個時代還有另一種以階級為基礎的品味，儘管對較廣泛的文化影響不大：那就是，白人多數常被忽視且日益充滿怨恨的地方下層中產階級品味。[66] 在二十世紀中期，這群人擁有自己受尊重的品味世界，喜歡《讀者文摘》、保齡球俱樂部和勞倫斯・韋爾克（Lawrence Welk）。⑦ 他們不喜歡高高在上的知識分子，但覺得黃金時段電視喜劇中的「普通家庭」能代表自己。二十一世紀的經濟使媒體和消費向沿海菁英嚴重傾斜，下層中產階級視之為一種對他們的貶低與抹殺。事實上，現在使用「中產階級」這個稱號已經不精確了：在上層如魚得水的人和在底部掙扎的人之間，存在著巨大的文化鴻溝。[67]

隨著下層中產階級的地位下降，「保守派」多數似乎對川普版的炫耀充滿敬意，尤其是當那種奢華和過度羞辱了專業階級時。在紅州的地位團體中，⑧ 頂層盡是以連鎖餐廳加盟業者和建設公司老闆為主的「美國紳士階級」，歷史學家派屈克・懷曼（Patrick Wyman）將他們描述為「社會中堅百萬富豪，把自己看作商業和政治上的地方領袖，一個曾經偉大的國家中不受重視的中流砥柱」。[68] 對這整個團體來說，有一項重要的反模仿行為是藉由盡情享受專業階級所憎惡的一切來「痛宰自由派」：槍枝、煤、慘澹的郊區連鎖餐廳、龐大的皮卡車。[69] 這種對自由主義「正派」的公開對抗——以及近乎報復性政治和公開偏執——只會讓專業階級對自己的世界主義品味感到更加理直氣壯。

在任何時代，階級制度都提供了支撐文化的基本品味世界。在全球化的資本主義經濟中，品味之間的競爭不是西方對抗其他地區，而是全球新富階級炫耀性消費與既有富裕階級反模仿之間古老鬥爭的最新篇章。在二十世紀，對抗奢侈的主要武器是象徵性豐富的文化資本，但我們已經看到網際網路如何密謀對抗它。更不用說其衰落的另一個主因：專業階級本身已經拒絕了品味的正當性。

全食品味

二〇〇三年，「音叉」樂評人麥特・勒梅（Matt LeMay）評論獨立搖滾歌手兼詞曲作者麗茲・費兒（Liz Phair）改變風格的流行專輯《麗茲・費兒》（*Liz Phair*），在滿分十分的情況下給予零分。勒梅認為這張專

⑦ 譯注：美國手風琴手及電視主持人。他的音樂風格被稱為香檳音樂。

⑧ 譯注：美國較支持共和黨的州稱為紅州，支持民主黨的州則稱為藍州。

輯充斥著「十分普通」的歌曲，「任何人都可以很容易做出來」。[70]十六年後，勒梅收回原本的看法，在推特上向費兒道歉，承認自己的評論「傲慢且令人尷尬」，甚至進一步宣揚了「獨立搖滾好／流行音樂不好」的偏執理念。[71]費兒欣然接受勒梅的道歉，[72]「音叉」也在二〇二一年將它的官方評論分數更新為六分。[73]

勒梅是否因為開始喜歡《麗茲・費兒》專輯而否定自己的評論？不，這不是重點。他最初的不滿並不是針對音樂本身，而是一個獨立音樂界的寵兒竟敢去追求主流的成功。十年後，即使對於評論的作者來說，這個立場也顯得荒謬。《麗茲・費兒》事件體現了樂評人凱萊法・桑內（Kelefa Sanneh）在二〇〇四年的開創性文章〈反搖滾主義饒舌〉（The Rap Against Rockism）中提出的中心衝突。**搖滾主義**樂評人使用「皇家」品味來貶低非搖滾音樂，視之為低劣，並且藉此宣揚白人、男性和異性戀價值。桑內寫道：「搖滾主義意味著崇拜真實的老傳奇（或地下英雄），同時嘲笑最新的流行明星；讚揚龐克搖滾，卻幾乎無法容忍迪斯可音樂；喜愛現場表演，討厭音樂錄影帶；讚美低吼的表演者，憎恨對嘴演唱者。」[74]後來被稱為**流行樂觀主義**（poptimism）的另一條路線，提供了一種較健康的批評形式[75]——對**所有**文化的創意可能性抱持開放的態度，甚至包括利潤導向的聲音實驗室所製作的青少年偶像歌曲。對桑內來說，「克莉絲汀（Christina Aguilera）多變的女性主義嘻哈音樂和一九七〇年代的龐克搖滾一樣激進」。[76]流行樂觀主義不僅擺出比搖滾主義更高的道德權威，也更能反映藝術創新的現實。二〇一六年，評論家查克・克洛斯特曼表示：「要創作出不會與舊搖滾歌曲隱約相似的新搖滾歌曲，幾乎是不可能的。」[77]有數十年的時間，最創新的音樂製作是出現在高居排行榜榜首的嘻哈和節奏藍調歌曲中。

搖滾主義落敗，流行樂觀主義獲勝。所有的文化傲慢自大現在都變得無趣。數位刊物《布丁》（*The Pudding*）在「一個語料庫上」訓練人工智慧，「語料庫中包括『音叉』評論、唱片店推薦和你從未聽說過的內容類別等超過兩百萬個客觀好音樂的指標」，用來判斷「你的Spotify有多糟糕？」[78]整個重點不是幫助你找到更好的音樂，而是取笑獨立音樂狂傲態度中固有的機械式反模仿。當今的時代精神宣告：「讓人們享受各種事物。」評論家B・D・麥克萊（B. D. McClay）寫下這句已經從網路漫畫笑點提升為信條的話，「它是在廣泛文化層面上，對異議、不安或被他人批評的一種病態厭惡」。[79]總之，**厭惡已經變得令人厭惡**。

流行樂觀主義和「讓人們享受各種事物」都是後現代文化背後的元感知（meta-sensibility）的一部分：**全食品味**（omnivore taste）。[80]具高尚「文化素養」的個，人應該消費和喜歡**所有事物**——不僅是高級文化，還有流行與獨立、小眾與大眾、新與舊、國內與國外、原始與精緻的文化。現在的文化資本，是所謂「多元文化資本」。[81]最巧妙的衣櫃裡會混合著復古的紀梵希（Givenchy）和UNIQLO。真正的美食家欣賞最精緻的法國高級料理，尋找街坊巴黎小酒館裡會使血管阻塞的油膩美食，也會排隊購買「可頌甜甜圈」。一九九九年，作家約翰・西布魯克稱這種全食文化「無高低之分」（nobrow），認為這些變化是資本主義晚期的合理延伸。在《紐約客》時代的舊「連排房屋」品味中，「你因文化偏好的一致性而得分」，而在MTV時代的「超大型賣場」中，「你因橫跨舊階層界線的偏好而獲得地位」。[82]

然而，專業階級對於高雅知識主義的懷疑，其根源可以追溯到更早之前。歷史學家路易斯・梅南（Louis Menand）寫道：「《紐約客》讓人可能覺得，身為反對成熟高雅者才是真正高雅的標記，任何值得擁有的文化都可以在不需要特別的美學素養或知識訓練的情況下獲得。」[83]X世代將這種中庸精神與對文化多樣性的偏好融合在一起，而他們的嬰兒潮世代父母則認為流行文化可以、也**應該**是超凡卓越的。這導致了一種著迷於藝術性和獨立精神，激進且有些菁英主義的全食主義版本。千禧世代的父母成長於一九六〇年代後，熱衷於競技場搖滾、迪斯可和MTV，而他們自己則熱情擁抱流行樂觀主義的精神，這也成為對X世代做作的反模仿。沒有什麼比放棄人行道樂團（Pavement），轉而支持小甜甜布蘭妮（Britney Spears）更能惹得獨立樂迷不開心了。

在過去幾十年裡，全食主義對文化產生了重大影響。過去，品味在不同社會團體之間劃出清楚的界線，成為社會分類的標準；全食主義則宣稱幾乎一切事物都適合消費，進而削弱了這股力量。在全食的世界中，只有一道圍籬：你是不是全食主義者？一旦加入，進一步劃分階層就幾乎是禁忌。評論家漢森・奧哈佛（Hanson O'Haver）在二〇二一年指出，咖啡馬丁尼「同時受到時尚人士、普通人和落伍階層的熱烈歡迎，因為這相同的熱情，它完全打破了酷—普通—過時的標準排序」。[84]

從許多方面來說，全食主義是唯一可能僅存的品味。在一個世界主義的世界裡，單一的好品味觀念是無法自圓其說的。學者克瓦米・安東尼・阿皮亞（Kwame Anthony Appiah）將「世界主義」（cosmopolitanism）定義為「認可和讚許我們的世界公民同胞，他們在不同的地方、有不同的語言、文化和傳統，不僅應該獲得我們的道德關注，也應該引起我們的興趣和好奇心」。[85] 世界主義不只是表面上接受文化多樣性，也是有意識地拒絕實然／應然上的謬誤。我們對其他社群慣例的熱情，支持著我們**克服慣例性本身**的努力。對於二十世紀早期的哲學家阿佛烈・諾斯・懷海德（Alfred North Whitehead）來說，「其他有不同習慣的民族不是敵人——他們是天賜之禮」。[86]

藉由集體達到這一個元知識（meta-knowledge）的階段，我們開始理解我們自己的偏好、品味和文化的任意性。因此，宣稱某些偏好風格比其他風格更優越，是傲慢和偏執的行為。一首大鍵琴協奏曲無法被判斷為比一首印度拉格（rāga）「更好」。文化研究學者佛瑞・英格利斯（Fred Inglis）解釋：「根據自由主義的第一原則，宣示差異為一種價值，就是拒絕告訴別人如何生活。」[87] 全食品味也是超個人主義

（ultraindividualism）的前兆：為了讓每個人都忠於自己的心，**所有**特殊的選擇都必須獲得包容。

與此同時，我們也意識到以前對品味的觀念中，固有的階級和人口統計偏見。社會學家皮耶・布赫迪厄在一九七九年的里程碑著作《區判》中，解構了康德式的超然沉思式品味觀念，揭示它其實是菁英優勢無聲卻強大的武器。任何「正確」文化選擇的觀念，都是用來鞏固階級結構。用哲學家查爾斯・韋格納（Charles Wegener）的話來說，品味是「一種資產階級的發明，一種任意的標準，僅反映了一種階級與生活及勞動脫節的情形」。[88]對於自由主義者和社會主義者來說，對抽象藝術和不舒適沙發的偏愛不再是開明的美學，而是針對貧困和無權力者的顛覆性階級鬥爭。同時，反帝國主義的意識形態挑戰了西方高級文化（文學正典、古典音樂、芭蕾舞、學院藝術）優於非繁榮國家的原住民作品，享有特權的現況。當那麼多處於地位劣勢的個人透過文化產業中的市場成功在社會階梯上爬升，我們怎能抱怨媚俗？全食主義和流行樂觀主義會是對過去罪惡表達懺悔的一種方式。[89]

在政治以外的領域，品味在超高速時尚循環的世界中，似乎也變得荒謬起來。時尚學者昆汀・貝爾在談到二十世紀時寫道：「時尚的節奏已經變得引人注目，明顯到一個人年輕時的時尚風格，可能在他中年時就顯得過時。」[90]今天，一種風格可能在幾週內就過時了。對任何特定潮流的正義感都是愚蠢的，因為我們很快就可能對與它相反的潮流同樣感到理直氣壯。一旦經歷過夠多的風潮，我們就會懷疑每一個新潮流最終都會成為短暫風潮。慣例在人們對其存在一無所知時最能發揮作用。我們受到了詛咒，將文化機制瞭解得太透徹，使得真誠品味幾乎不可能存在。

全食主義雖然拒絕「品味」，但仍預設文化選擇能改變社會。消費主義能支持盟友、羞辱敵人，並拒絕給予壓迫者聲望和財務支援。法國理論家吉爾・李波維茲基（Gilles Lipovetsky）寫道，我們這個「超現代」

時代，涉及「一個擴展平等尊重的理念，對**超級認同**的渴望，要求他人即使有差異也獲得平等的認可，拒絕一個人可能遭受到各種形式的蔑視、貶低或低劣感」。[91]因此，全食品味可以用來解構阻礙尊重公平分配的地位結構。從這個角度來看，所謂高級品味的問題在於它剝奪了大量人口的參與權，過度分配金錢和地位給建制菁英。只要厭惡社會地位劣勢團體偏好的文化，都可能被解讀為一種歧視形式。另一方面，當用於針對權力結構、固執的傲慢者和未改變的偏執狂時，厭惡可能是高貴的。在全食主義中，前衛派對既有慣例的憤怒熱情，會被導入針對報復派敵人的明確政治戰鬥。給予《麗茲．費兒》專輯零分是一種敵對行為，但譴責電影《戀夏五百日》（*500 Days of Summer*）和《情歸紐澤西》（*Garden State*）中的「瘋狂調皮追夢女孩」角色則是正直高尚的。[92]如果說舊的品味是菁英權力的無聲工具，那麼全食品味就可以是響亮的反叛呼聲。

幾乎沒有什麼宣言能概括當代「文化政治」的具體目標，但最激進的全食品味模式背後似乎存在一些隱含的規則：[93]

一、**藝術家**創作的內容應該宣揚進步的政治觀點，揭露對受壓迫團體的潛在偏見。
二、**守門員**應該提拔少數族群藝術家，設法凸顯少數族群的聲音。
三、**消費者**應該只購買由正直的個人所創作、具有進步價值的藝術品和商品。
四、**多數團體**絕對不應從源自少數族群的風格或故事中獲利。
五、**評論家**應該取消反進步藝術家及其作品的正典地位，並質疑與高地位區分相關的美學。

對「文化戰爭」最常見的不滿，是它引導政治能量去改變表面象徵，而非進行經濟和法律上的結構性改變。但本書中的一切都指出，文化對於地位平等**至關重要**。地位標準存在於我們的慣例之內，而歷史已經告訴我們，改變這些標準可以促進弱勢族群的社會流動。文化設定什麼是允許的，以及什麼是可能的。隨著黑人文化在二十世紀吸引了大批白人青年，文化流動變得比上層階級下滲更加複雜。菁英文化資本中對少數族群文化的欣賞，並未顛覆地位結構或消除種族主義，但它可以說更公平地分配金錢和地位給弱勢社群。嘻哈起源於南布朗克斯的街頭，現在是一個價值數十億美元的全球產業。這與主流搖滾從節奏藍調的創新中牟利不同，嘻哈的指標人物絕大多數是黑人藝人，而不是白人模仿者。

超現代自由主義和世界主義因此帶來全食主義和流行樂觀主義——甚至與資本主義的關係緩和，只要戰利品流向對的人。[94] 藉由將錢更公平地分配給弱勢團體，以及透過主流媒體管道傳播反種族主義訊息，文化政治能在大眾市場**之中**發揮作用。隨之而來的是，任何負面的出賣觀念都必須消失。當社會公平受到威脅時，藝術應該避免**為了藝術**而存在。對於沒有資本的人來說，奮鬥是一種高尚的必需品，而淡漠則是一種特權。饒舌歌手要求「金錢、權力和尊重」是對的，因為他們在成長過程中並沒有這些事物。[95]

在積極擁抱文化產業作為達成目標的手段時，我們也必須解構康德為身體感官的簡單愉悅與超然沉思中所見之真美所做的劃分。哲學家馬庫斯・加布里埃爾（Markus Gabriel）寫道，「如今有一種傾向，將美學經驗誤判為僅是娛樂」[96]——但這並非錯誤。全食主義者相信，美學經驗不應比娛樂更有道德優越性。藝術不比媚俗品好，因為媚俗品令人興奮、有社會功能，並會實現其承諾。「搖晃」迴響貝斯（dubstep "wobble" bass）之所以美麗，是**因為**它撼動了舞池。罪惡快感（guilty pleasure）的概念是古老傲慢心態的遺毒。如果高級文化本質上並不比低俗文化更優越，那就再也沒有必要忍受冗長、艱澀的書籍或乏味的黑白瑞典電影。《紐約時報》影評人A・O・史考特談到我們這個時代時寫道：「沒有人會告訴你，你有義務喜歡、甚至去看某些東西，任何試圖讓你因此感到內疚的人，可以視為傲慢鬼或愛罵人的無賴。」[97]

與任何價值系統一樣，全食主義也包含矛盾之處。首先，拒絕設立界限會偏向單一文化。正如我們所見，清晰的標籤和分類賦予文化產品意義和價值；將大量多樣的作品都歸納在一個寬容的感知底下，會阻礙意義和價值的發展。其次，全食主義存在著固有的虛偽性，不可能接受**所有**慣例，因為這些慣例也具有不可避免的矛盾特質。音樂家大衛・拜恩以其對全球節奏和樂器的欣賞而聞名，他質疑那些聲稱自己喜愛各種音樂的人：「有些音樂形式彼此是完全相反的！你不可能同時喜愛它們。」[98]界限確實存在——只是它們是公開的政治界限。

全食主義也可能對文化生態系統產生緩和效果。如果地位鬥爭的「摩擦」是一股重要的創造力，那麼全食主義就會消解最有可能創造新慣例的社會團體內部的緊張氛圍，這些團體就是藝術家、創意階級、媒體與次文化。許多偉大的藝術和文化源於對壞品味、商業化媚俗和保守體制派的義憤。如果排除這些正當的批評目標，我們就會創造更弱、較無意義的慣例。T・S・艾略特在一九四〇年代警告道：「一個只是文化統一的世界文化，根本不是文化。」[99]全食主義的理念在於在短期內支持人口統計上處於邊緣的創作者，但這些團體過去在建立自己的圍籬時利用激進的品味，長遠來看往往為社群創造了龐大的文化價值。

藝術家地位仍然是在社會階層中晉升的可靠手段，但在一個寬容的全食主義世界中，「邊緣人」不再需要成為藝術家才能為社會所接納。藝評人傑瑞・薩爾茲（Jerry Saltz）寫道：「著迷和古怪的自我表達至為重要——做自己，不讓任何人逼你假裝成別人——不再只是一群怪人珍愛的小眾價值。這是當今美國文化勢不可擋的訊息。」[100]激進的創新曾經引起社會的焦慮，然後最終帶來榮耀。如今，大多數發明在被接受時，都沒有噪音或鬥爭出現——並且在成千上萬其他發明中占有一席之地時也沒有。

由於需求曲線頭部熱門商品在長尾世界中反撲，過去幾十年的文化素養是必須每年閱讀幾本嚴肅的書籍，但也要消費來自最大企業集團的產品：漫威超級英雄電影（華特迪士尼）、碧昂絲（哥倫比亞／索尼）、《與卡戴珊同行》（*Keeping Up with the Kardashians*，萊恩西克雷斯特製作公司〔Ryan Seacrest Productions〕，由iHeartMedia, Inc.支持——這是備受厭惡的清晰頻道〔Clear Channel〕的新公司名稱）。流行樂觀主義意味著菁英應該與這些作品交流，因為它們是「人們要的」。但金錢總是能偽裝成廣受歡迎的表象。文化產業永遠都有主導我們思維空間的手段和力量，而「獨立傲慢」的重點就是提供抗衡。音樂製作人兼作家尼克．席維斯特（Nick Sylvester）曾擔心說道：「大力支持流行音樂，我們可能成為幫凶，讓我們的地下生態系統枯竭，使流行音樂成為唯一的贏家。」[101]由於拒絕將品味作為工具，並對批評流行作品猶豫不決，局外人團體和評論家已經放棄了他們主要的對抗方式。我們現在面臨風險，有可能活在散文家喬治．特羅在一九八〇年代預言的世界：「沒有批評——只有計數。」[102]

儘管人們對流行文化停滯擔憂不已，藝術界似乎也深深沉浸於資本主義邏輯之下，但最初是始於對民主化的開明期望。社會學家尚．杜維涅在一九六〇年代末寫道：「藝術，作為特權團體核心和菁英人士專屬的迷人活動，實際上已經消失。它反而已成為各種觀眾、讀者、愛好者和公眾團體嚮往的目標，而這些團體形成了短暫且不斷變動的虛假社會。」[103]今天，藝術市場蓬勃發展，成為大炫富的助力。當代藝術既提供炫耀性消費，又是理想的金融資產。我們這個時代最具代表性的藝術家，可能是傑夫．昆斯——他曾是大宗商品交易商，以流行奇觀作為藝術聲明的手法將頑皮的杜象和沃荷概念變成一堆現金。就像任何出色的巫師，昆恩預測在我們的未來，自願不受歡迎的前衛概念看起來只會是可悲的不受歡迎。他曾告訴藝評人卡爾文．湯姆金斯：「如果有人不喜歡我的作品，我總是非常不高興，因為我絕不希望失去任何人。如果失去任何人，我就覺得自己失敗了。」[104]從這種昆恩式感知來看，他的氣球狗雕塑是一件傑作，因為每個人都知道它，就連兒童都喜歡，而且它以五千八百萬美元售出。如今，在二〇二〇年代，非同質化代幣（NFT）開啟了藝術作為明確金融投機工具的新途徑。

如果前衛藝術最初的目標，是為評價這個世界提供新的架構，那麼將財務成功視為藝術成就的虛假諷刺，就只是重複了已經引導我們認知的資本主義原則。但或許，純粹的市場邏輯已經彷彿是唯一可能的下一步。二十世紀的表現太明亮耀眼，消耗了大部分對現有慣例的明顯挑戰。現在，在這個全食主義的時代，當代評論家不得不關注流行的媚俗和即時美學體驗，為何還要努力追求對慣例的激進破壞呢？

既然不太能寄望藝術家顛覆慣例，創意的責任現在可能就落在青年次文化上。但我們似乎處於一個「後次文化」的世界。[105]社會學家大衛・墨格頓寫道：「或許在後現代中，次文化的概念正變得越來越不適用，因為大眾社會的瓦解確保不會再有一個一致的主流文化出現，讓次文化能表達其反抗態度。」[106]在世界主義的旗幟下，人口統計上處於劣勢的團體再也不必在圍牆隔絕的迷你社會中尋求保護。一九九五年，MTV頻道的喜劇節目《狀態》（*The State*）播出一段名為「丹，非常受歡迎的公開出櫃高中生」的嘲諷橋段，想像在一個另類宇宙中，某個同性戀少年當選畢業舞會的國王。[107]但到了二〇二一年，賓夕法尼亞州一名公開同性戀身分的田徑明星當選畢業舞會國王；[108]二〇二一年，一對女同志情侶同時贏得國王和皇后的頭銜。[109]「次文化」一詞對今天的年輕人來說，只在「風格衝浪」（style surfing）的領域中最引發共鳴。[110]中產階級的青少年從一種造型跳到另一種，就像「角色扮演」一樣。青少年導向的網站「美學維基」（Aesthetics Wiki）提供數百種由群眾提供的風格方案給青少年嘗試，從泡泡糖惡女和鄰家女孩開始，再延伸到披頭族、光頭黨、摩德族、泰迪男孩、低俗青年和前衛風格等等。[111]

同時，網際網路提升了電玩、漫畫書收藏和科幻等過往宅男嗜好的地位，使其打入主流文化。雖然次文化可能正在減弱，但死忠粉絲文化卻比以往更強大。如信奉邪教般狂熱的倡導者，將他們的線上活動集中於強化他們「瘋狂崇拜」的明星的能見度。這通常會轉化為大量購買新產品和反覆數位串流播放，以提升流量。名叫為班傑明・柯德羅（Benjamin Cordero）的高中生告訴《紐約時報》：「鐵粉推特（Stan Twitter）上的一個人大概會購買一張唱片十次，在三個不同的播放清單上收聽一首歌曲，並累積數百次的播放次數。」[112]另一項任務是與競爭對手對戰；女神卡卡的小怪獸（Little Monster）和亞莉安娜（Ariana Grande）的亞莉戰士（Arianator）就經常處於交戰狀態。泰勒絲（Taylor Swift）的鐵粉對一名「音叉」樂評人發出死亡威脅，只因為對方給了泰勒絲二〇二〇年的專輯《美麗傳說》（*Folklore*）「好」而非「極好」的評價。[113]

愛好者文化一直以來都有兩種路線：一是分析能力強的**書呆子**，他們將高級文化的文本分析技巧運用在低等文化上；另一種是**御宅族**（這個名詞最早於一九八〇年代在日本出現），他們專注於擁有最完整的產品，以及對創作者毫無異議的信仰。御宅族模式現在成為全球主流，年輕人找到了一種「自我表達」的方式，就是加入一支全球「軍團」。韓國男團防彈少年團的二十六歲印尼粉絲阿維（Avi）告訴《紐約時報》：「感覺我們在宣傳防彈少年團，但同時也在宣傳我們自己的聲音，我們自己的掙扎，我們對更美好世界的想望。」[114]粉絲團體將這種熱情轉化為文化市場上的實際成果。多虧了防彈少年團的「軍隊」，這個團體在達到曾代表「主流」成功意義的被動消費之前，就登上了告示牌排行榜榜首。

宣稱我們已進入後次文化世界的說法過於倉促；其實目前仍然有許多次文化行為——只是不在我們過去尋找的地方。在以前，創意階級的年輕人欣賞工人階級和少數族群次文化，作為對抗主流的聯合抗爭。相較之下，這個新世紀最強大的次文化之所以形成，是出於對自由全食主義的**反應**——出現在政治光譜的右翼。

許多年輕的美國男性認為他們的社會地位正在崩潰，便在線上與自暴自棄的非自願單身者、右翼酸民和頑固的納粹結盟，找到解決他們地位焦慮的方法。[115] 右翼青年組成具有自己慣例、俚語和風格的地位團體，並且會因為對自由派進行最激烈的攻擊而互相獎勵。（我們常常忽略了這方面的先例，包括一九五〇年代泰迪男孩對移民社群的暴力行為，以及英國光頭黨文化與極右翼合流。）

或許真正屬於後次文化的部分，在於文化產業不再仰賴這些團體來竊取創新的靈感。儘管像佩佩蛙（Pepe the Frog）那樣的少數幾個迷因在流行文化和右翼狂熱分子之間來回變換，但「非自願單身風格」不太可能引導下一個時裝季的成衣系列。右翼次文化沉浸在槍枝、速食和非政治正確笑話的「壞品味」之中——這是對軟弱世界主義者的反模仿，後者不太可能接受。

反全食次文化感知的主要媒體管道之一是電玩，有一批聲音響亮的男性玩家反制遊戲產業日益增長的多樣性。電玩可說已取代了音樂和時尚，成為青年文化最重要的媒介。現在，電子遊戲產業的規模現在超過了體育或電影——一項二〇二二年的研究發現，百分之六十八的Z世代男性認為電玩是他們身分的重要部分。[116] 目前每七名死忠玩家中只有一名是女性。[117] 但遊戲界由男性主導轉向多元化的改變，惹惱了作家維琪・奧斯特韋爾（Vicky Osterweil）所稱的「法西斯傾向白人男孩」（fashoid white boy）玩家。[118] 在分析二〇一四年的玩家門（Gamergate）⑨ 爭議時，體育網站Deadspin的凱爾・華格納（Kyle Wagner）將反女性主義的玩家視為「傳統美國抱怨運動的突變體」。[119] 這可能限制了硬派電玩對時尚業的吸引力。時尚設計師馬克・賈伯為《動物森友會》（*Animal Crossing*）的角色創造虛擬服裝，而不是為《決勝時刻》（*Call of Duty*）中的角色。[120]

乍看之下，線上青年文化可能顯得黑暗、不自由和虛無，例如線上影片創作者隨意散布陰謀、駭進4chan

論壇以散布名人隱私裸照，還有SoundCloud音樂平臺上饒舌歌手凶惡的臉部刺青和對川普的支持。[121]但這並不是說要忽視正面的發展。青年文化已經動搖了「酷」美學中最壓迫的那些層面。勢利傲慢變少、更包容，更多構建人格面具的自由，不必隱藏真實的欲望。前衛藝術家藉由貶低強勢的藝術慣例，來「扼殺他們的偶像」；全食主義青年藉由「取消」種族主義者、性別歧視者和凌虐者，來剔除資深的顯貴人士。擺脫了對媚俗的本能憎惡後，文化會充滿源源不斷的新內容，包括高雅、中庸和低俗風格。

然而在過去，我們確實依賴比較堅定的品味觀念來促進如今受到高度崇拜的激進創新。品味是一項強大的訊號傳達成本——使某些風格和文物保持在特定社群範圍內的一種**無涉金錢**的方式。全食主義藉由拒絕品味削弱文化和次文化資本，甚至使其不存在。結果，原始財富成為更明顯的地位區分標準。

如果網際網路、新新富階級和全食主義都會減低新文化的地位價值，那麼我們該用什麼當成生活風格選擇的指南呢？目前出現了兩種方法：珍視歷史價值，或是愉快地擺脫過往。

復古狂熱與嗜新狂熱

「前衛現在已經成為後衛。」[122]賽門・雷諾斯在他二〇一一年的著作《復古狂熱》（*Retromania*）中總結

---

⑨ 譯注：遊戲製作人柔伊・昆恩（Zoe Quinn）一連串爭議行為在電玩業引發針對女性的論戰。

道。拜數位化之賜，二十一世紀的消費者可以「非常輕鬆且大量地接觸近期的歷史」，所以比起即將出現的文物，他們對「近期的文物」更感興趣。[123] 創意階級的「先驅和創新者」轉而擔任「策展人和檔案管理員」的新角色。[124] 創作者將嘻哈樂取樣的剪貼手法應用於幾近所有藝術形式。部落客充當文化盜墓者，每天挖掘吸引人點閱的懷舊事物，以滿足讀者對新內容無休止的需求。儘管馬塞爾·杜象預知了藝術的未來，卻在一件事情上大錯特錯：「我擔心我們這個親愛的世紀將不會讓人留下太多記憶。」[125] 我們進入二十一世紀，可是卻深深籠罩在上一個世紀的陰影下。

理論家吉爾·李波維茲基在二〇〇五年的著作《超現代時代》（*Hypermodern Times*）中，似乎預言了復古狂熱的現象——時間的結構將不再是「由絕對的現在來建立」，而是「由一個**自相矛盾**的現在，一個不斷發掘和『重新發現』過去的現在」。[126] 格倫·歐布萊恩在二〇一一年確認這一點：「我們這個時代的有趣之處在於，它同時匯集了所有時代、所有年代於一爐。」[127] 與全食主義結合後，復古狂熱起初很有趣，拜無窮的老文物和風格之賜，賦予我們更多選擇來塑造自己的人格面具。我們可以一天擁抱波西米亞時尚，第二天又轉向八〇年代大學生風格。

但前衛追求開創性，復古狂熱卻是文化的結紮手術。隨著大量時間、精力和注意力紛紛投入發掘過去，似乎更少人致力於激進的新事物。許多藝術家、年輕人、次文化和少數族群不對主流文化挑起新的威脅，而是選擇反覆重溫輝煌的日子——「緩緩取消未來」。[128] 在一個著重「頭部」的市場中，戰場有一半在消費者的意識，好萊塢片商藉由重啟過去受歡迎的系列來降低風險。從二〇〇二到二〇一九年，就有八部真人演出的蜘蛛人（Spider-Man）電影——根據一個一九六二年首次登場的漫畫角色改編。流行文化最終吞噬了自己：過去的經典在重要性上超越當代發明。

改良的數位科技，也讓創作者覺得過去的仿作聽起來、看起來和感覺上都與原作驚人地相似。文學評論家哈洛・卜倫認為，「強大的詩人不斷起死回生……他們**如何**回歸具有決定性的影響，因為如果他們完整復活，那麼這種回歸會使後來的詩人變窮，讓他們注定會被記住——如果真被記得的話——在自己無法滿足的想像需求中，落入貧窮境地。」[129]當代受復古影響的創作似乎並未將「強大的詩人」作為起點，而是藉由借鑒經典風格輕鬆獲得歷史價值。五〇年代復古不僅啟發了復興表演；其聲音迅速演變為兩種獨特的新音樂類型，華麗搖滾和龐克搖滾，兩者後來都成為七〇年代的代表性音樂。相較之下，廣受歡迎的二〇〇〇年代樂團法蘭茲費迪南（Franz Ferdinand）非常忠實地重現四人幫（Gang of Four）等後龐克樂團的聲音。如今希望沉浸於這個聲音世界的聽眾，可能更傾向於回歸原作，而非聆聽複製版。

在回顧過去時，我們違反了**現在**永遠會比**過去**更有趣的流行信條，進一步加深了文化停滯感。對於作曲家雷納德・邁爾（Leonard Meyer）來說，停滯並不意味「缺乏新奇和變化」，而只是「缺少有序的連續變化」。[130]這種敘事混亂始於後現代主義的風格同時性，而後來的復古狂熱進一步阻礙了曾標記每個年代獨特性的盛大時刻產生。二〇一一年，作家寇特・安德森（Kurt Andersen）在《浮華世界》（*Vanity Fair*）雜誌上指出：「最近的過去——二〇〇〇年代、一九九〇年代，甚至是八〇年代的很多時候——看起來和現在幾乎一模一樣。」[131]《回到未來》根據一九五五至一九八五年之間重大的文化變遷，呈現塞滿一整部電影的笑點：查克・貝瑞（Chuck Berry）與重金屬樂，華麗的凱迪拉克與時尚的迪羅倫汽車（DeLorean），極簡主義油頭青年與層次過多的學院風青年。如今，一部類似的電影如果回顧九〇年代，角色看起來可能會有些過時，但不至於無法辨認。我們可沒把《六人行》（*Friends*）當作時代劇來觀賞。

安德森將這種文化停滯歸因於消費者對變化的疲勞：「人們接受變動、陌生感和不滿的能力有限，現在我們就已達到極限。」[132]但這項原則永遠成立嗎？在六〇年代，年輕人**要求**變動和陌生感，成為他們渴望社會變遷的證據，而我們絕對不缺可以轉化為新風格的社會變遷。安德森還假設，復古狂熱是一樁企業陰謀：壟斷企業減緩時尚變遷的速度，以穩定他們的生意。老海軍（Old Navy）和其他大型牛仔服飾公司不肯讓我們放棄卡其色的斜紋布料褲。然而，網際網路及其長尾效應從未使迴避壟斷像現在如此容易。復古狂熱之所以發生，只是因為消費者——尤其是菁英消費者——發現舊風格比新風格**更有**價值。

事後看來，復古狂熱似乎是對當代文化威望暴跌的回應。在病毒式傳播、資訊和接近障礙消失、讚頌簡單新富階級美學，以及拒絕品味等因素影響下，創新獲得的地位價值不如以往。與此同時，我們感受到追求「真實」的壓力更大，提高了轉向新事物的門檻。在我們考慮採納新風格之前，新風格必須證明自己不是短暫的風潮——雖然它大多如此。隨著當代的地位價值下降，歷史價值開始受到重視。對於打造人格面具，可靠的過往比一個轉瞬即逝的現在更有用。

在應對網際網路時代時，復古狂熱尤其是X世代常用的一種方法，因為他們成長於一個非常尊重歷史價值的時代。隨後的兩個世代，千禧世代和Z世代都是「數位原住民」，對類比時代較慢的時尚循環幾乎沒有第一手的瞭解。事實上，他們流行文化中最有活力的部分似乎完全與過去脫鉤。年輕人喜愛極度線上、無重量的當代文化——這是一種**嗜新狂熱**（neomania）。如果網際網路提供了無限的新事物讓人享受，為什麼不讓我們自己享受呢？每分每秒，社群媒體應用程式都會給我們更多相關內容。讓人負擔得起的專業消費級硬體和軟體，使創作者能夠以最低成本製作影片、歌曲和數位影像，然後免費發送給數百萬人。任何加入防彈少年團軍隊的人都會感受到溫暖和友誼。嗜新狂熱確實沉溺於懷舊情感——不過是當作諷刺、表面的樂趣，而不是對黃金時代的敬仰。

對於文化停滯的擔憂，可能有一部分是關注新感知的貧乏——然而，嗜新狂熱提供了一種非常獨特的新美學。二〇〇〇年代缺少一種「造型」，因為文化陷在從MTV和另類搖滾雜誌《雷射槍》（*Ray Gun*）的代表性視覺元素轉移到仍以文字為主的全球資訊網的過渡期。（雅虎地球村〔GeoCities〕的閃爍文字此時雖然算一種風格，但實際看起來卻不忍卒睹。）相較之下，二〇一〇年代的視覺網路提供了一種具體的風格：業餘主義在高傳真數位光澤中發光、坦白影片中的真誠眼淚、滑稽的Vine短片、音質調降過的迷因、俗氣的舞蹈風潮，以及用蘋果筆電內建麥克風錄製的破音SoundCloud饒舌歌。

在人類歷史上的大部分時間裡，說故事是指定的長者、飽讀詩書的學者和野心勃勃的藝術家的專屬特權。要創作電影，滿懷抱負的電影工作者必須在學校和業界磨練，才能拿起攝影機開始拍攝。網際網路則讓每個人都能說故事，這一項發展長久以來被視為一場偉大的民主革命。但這也從書呆子手中奪走長期壟斷內容創作和守門的權力。當每個人都在創作內容時，青少年也將高中的階層延伸到他們的觀看習慣中：當酷女生炫耀她們購物的戰利品，班上的開心果在史詩級惡作劇中害他們的兄弟出糗，為什麼還要看怪咖？因此，TikTok的吸引力就在於其「平凡」，沃克斯（Vox）新聞網站的蕾貝卡·簡寧斯（Rebecca Jennings）寫道：「沒有人關注你，是因為他們期望你有才華。他們關注你，是因為他們喜歡你。」[133]之前的低俗美國人世代可能喜歡被動觀賞《隱藏攝影機》（*Candid Camera*）和《歡笑一籮筐》（*America's Funniest Home Videos*），但Z世代的類似內容正在定義他們這一代，就像披頭四定義了嬰兒潮世代，MTV定義了X世代一樣。

廣受歡迎的年輕創作者拍攝自己的真實生活，產生的內容自然缺乏深奧的歷史參考資料或藝術的做作感。很少有年輕人會在惡作劇影片中特意影射尚·惹內（Jean Genet）小說的典故。這種專注於有限文化詞彙的做法，使得嗜新狂熱更具包容性，但造成的影響就是與二十世紀的酷典範脫鉤。髮鬢漸白的文青們已經經準備好讓他們的接班人創造更憤怒的反叛與超然形式，但年輕人是透過**放棄**藝術的激進主義和超然（或者至少將他們的激進主義集中在更迫切的社會正義議題上）來展開反叛。儘管可能有展示怪異影片的「elite TikTok」和提供文學建議的「BookTok」，但更具代表性且似乎深受喜愛的影片內容，卻是孩子們表現出孩子的本色。如果酷就是要戴上面具，那麼嗜新狂熱面具就是假裝沒有面具。化妝大師喜歡誇大自己在家裡素顏時有多麼難看，然後再展示他們改變造型的化妝魔力。無腦隨興是一種重要的優點。無法簡單解釋的是，二〇二〇年最多人觀看的TikTok影片，是年輕女子貝拉·波奇（Bella Poarch）對嘴歌唱，隨著節奏搖頭晃腦、做鬥雞眼——背景音樂是四年前的一首相對不知名、來自英國黑潭（Blackpool）的塵垢歌。⑩

如果這些特性讓成年人對嗜新狂熱感到疏離，那或許就是重點。正如MTV為X世代提供了一個藏身之處，TikTok現在也提供一個完全封閉的世界，讓孩子可以逃避成人的文化霸權，展示他們自己。《海象》（*The Walrus*）雜誌的塞拉·里茲維奇（Sejla Rizvic）寫道：「分享、有時過度分享，似乎是Z世代的第二天性，這說明了他們的數位使用能力和線上的開放感。」[134] 過度分享的常態，進一步形成他們與年長成年人的隔閡，後者工作和家庭上的社會責任使他們不願暴露自己的私生活和內心深處的感受。此外，鮮少有成年人會喜歡Z世代的反品味，因為它呈現在表達教會營隊齊唱共同精神的舞蹈動作、郊區視聽俱樂部的低傳真製作價值，以及類似高中畢業紀念冊上團體限定笑話的迷因短片。

先前的世代當然不見得將探索歷史當作保存人類知識的高尚之舉。當文化以正典為中心時，激進藝術家學習歷史是為了瞭解敵人。在一九九〇年代，熟悉老唱片和老電影成為一個人的文化資本。隨著世界上的知識總是可以在無窮盡的免費維基百科頁面上找到，數位原住民幾乎沒有誘因去牢記和分析過往。在以六千九百萬美元賣出一件作品的NFT後，四十歲的數位藝術家畢波（Beeple）自豪地告訴《紐約客》：

「當你說『抽象表現主義』時，說真的，我根本不知道那到底是什麼。」[135] 熟悉正典作品使得激進藝術家能夠衡量自己作品的創新性。當創新看似是對已建立慣例的原則性拒絕時，就會更快產生影響力。就像許多影音網紅，馬塞爾．杜象也參與過青少年惡作劇，但如今這些行為被寫入歷史，成為對藝術本體論的深刻評論。如果我們回來看「不是從傳統中成長出來的東西就是剽竊」這句格言，當創作是對近期熱門作品的膚淺再創作時，這些創作就不太可能有影響力。由於被納封為正典的新藝術少之又少，或許追求永恆的目標再也無法激勵創作者。比起在鮮為人知的圈子裡被尊為「藝術家」，以「創作者」的身分賺錢才是更好的追求地位之道。

然而有跡象表明，對過往的義憤仍然是一股強大的創作動力，即使具體的歷史細節不為人知。在二〇二一年出版的《霓虹吶喊》（*Neon Screams: How Drill, Trap and Bashment Made Music New Again*）中，二十多歲的評論家基特．麥金塔（Kit Mackintosh）認為，數位音樂技術的更加普及導致全球各地新型黑人音樂類型旺盛發展。幾乎就像接續馬利內蒂（F. T. Marinetti）一九〇九年的《未來主義宣言》（The Manifesto of Futurism），麥金塔寫道：「錯誤的預言家憂心地警告你，二十一世紀為創新的終結和進步的死亡喝采……來吧，粉碎你的舊典範。放火焚燒它們，為下一個世紀的聲音驚嘆。」[136] 在低劣失衡的節奏和超凡脫俗的數位聲音處理之間，實驗性的嘻哈類型陷阱（trap）和鑽頭（drill）傳達了來自外星球的激進讚歌。就像所有出色的未來主義者，麥金塔希望這些類型標示了新的音樂典範，但諷刺的是，它們聲稱與過去的斷裂恰恰是將

⑩ 譯注：塵垢（grime）音樂是二十世紀初崛起於英國的電子音樂類型，融合了英國車庫舞曲、饒舌等多種類型。

它們置於「未斷之鏈」上的原因。基於這種新的架構，評論界正在重新評價陷阱和鑽頭音樂，把它們視為激進的創新，而不是粗暴的業餘主義。

我們不應該期望青年文化總是能成為藝術價值的根源——這幾乎不是它們的意圖——但它們在二〇二二年的嗜新狂熱創新，或許感覺起來與一九六五年截然不同，因為主流文化一直遲遲未能接受它們。在二十世紀，青年文化迅速獲得威望，滲透到主流文化中，並重新塑造成人的形象。一九六〇年代初，扭扭舞風潮興起，從黑人青年之間流行到《美國舞臺》（*American Bandstand*）的時髦青少年粉絲，再到高檔薄荷舞廳（Peppermint Lounge）的曼哈頓有錢人。[137]談到鑽頭音樂，肯伊．威斯特和德瑞克迅速將這個類型的饒舌歌手和製作融入他們的大眾市場歌曲中，但像菲維奧．佛倫（Fivio Foreign）這樣的音樂奇才卻沒成為家喻戶曉的名字。同樣地，郊區中產階級的嗜新狂熱只取得了初步進展。當愛蒂森．芮（Addison Rae）在《吉米．法倫今夜秀》（*The Tonight Show with Jimmy Fallon*）表演八段「TikTok舞蹈」時，許多人覺得很「尷尬」。[138]對於大部分的青少年線上文化來說，傳播一直受阻——就像夏令營裡的幸運手環潮流未能在回到學校後流行起來一樣。

這並不是說社群媒體應用程式是一片數位荒地。在沒有建制機構的認可下，線上明星一年就賺進數百萬美元。問題在於，這些平臺是否激勵真正的藝術創新。本章中提到的每一個結構性改變——按點擊付費的網路平臺、新新富階層的崛起、文化資本的衰亡——都在鼓勵創作者追求經濟資本而非文化資本的累積。想追求可靠收入分潤協議和商業贊助，比較容易的途徑是建立「規模」。用最低俗平庸的內容吸引大批觀眾比用「藝術」容易得多。內容追隨的是營利目標。

在過去，創作者必須將他們的物質夢想隱藏在高尚和超然的目標背後。但在名人財富福音和千禧世代財務焦慮的世界裡，年輕的藝人鮮少因為積極爭取按讚數、訂閱用戶和廣告主而面臨反彈。追蹤者數目和總收益，似乎是文化意義唯一重要的象徵。挨餓的藝術家就是會挨餓。喜劇演員布蘭妮·米南內利（Brittany Mignanelli）在推特上抱怨：「一九八五年的喜劇演員是，我講了個關於女人購物的笑話，現在我出名了；二〇一〇年的喜劇演員則是，我參與短劇、脫口秀、即興表演、諷刺劇，我拍TikTok上的搞笑短片，我有一個Podcast頻道、一部網路影集、三部長片、五個試播集，每天在推特上待二十二個小時，但還是付不起房租。」[139]

在嗜新狂熱中，開放物質主義將文化生態系統推向了完全體現資本主義邏輯的方向。罹患結核病的波希米亞人在骯髒的地下室為自己的藝術而死；而今的創作者們則住在價值數百萬美元的「網紅房」，給觀眾他們想看的內容。金錢掌控了年輕人的一切。二〇二〇年，一名TikTok網紅訪問她在洛杉磯的朋友，談他們的裝扮，每個人辨別選擇的依據不是顏色、風格甚或品牌，而是價格。[140]

就像網際網路帶來的其他改變一樣，嗜新狂熱的力量也對提高的象徵複雜性不利。但我們至少應該肯定Z世代找到了方法拒絕其父母的正典，以建立自己的正典。塞拉·里茲維奇寫道：「TikTok已成為Z世代表達其精神、美學和態度的主要方式——有時甚至導致對千禧世代和嬰兒潮世代的明顯敵意。」[141]到二〇二二年，文化已分成賣座電影和超級盃中場演唱會的大「頭部」，以及網路名人。兩者在某個時候完全融合勢不可免。SoundCloud饒舌歌手進軍商業電臺，儘管對許多人來說，他們的法律問題和英年早逝阻礙他們成為貨真價實的名人。因此，我們對文化停滯的擔憂可能不盡然在於新的藝術品、風格和感知的創造，而是在於它們未能**掌控**主流文化。性手槍樂團成立不到兩年，就從汙穢的倫敦次文化一躍而成英國流行榜的冠軍。TikTok及同類平臺正在侵蝕嬰兒潮和X世代的價值，但這個過程很緩慢。年輕人並不在乎：嗜新狂熱文化築起與成年人之間的隔閡，卻搭起與其他年輕人之間的橋梁——而且他們因此賺了很多錢。

• • •

網際網路的科技、經濟和社會結構改變了創作者如何追求創新、創新如何獲得價值，以及激進思想如何下滲到大眾文化中的節奏。如今，文化以無限的數量存在，資訊障礙已降為零，時尚循環快速而膚淺——這些都不利於創造地位價值。這一點加上西方以外崛起的新新富階級渴望在全球地位階梯上攀升，經濟資本再度成為比文化資本更為清晰的地位標準。長尾理論曾預言微型消費者次文化共存的理想狀態，但實際上，專業階級已經匯聚成一個全食品味的世界，其中沒有偉大事物可言，因為一切都好。各世代在如何前進上存在分歧——不是回顧過去，就是根本不回頭。

在某個時候，我們的期望將會適應這些結構性現實，但目前我們面臨的是皮耶．布赫迪厄所稱的**遲滯現象**（hysteresis）——前一個時代的長期價值持續引導我們的判斷。[142]以我們對名聲的感受為例。過去，我們把高地位賦予能夠成名的人。想要聲名遠播就必須上電視，而這只限於極少數人。如今，任何有智慧手機和網路連線的人都可以名聲遠播。然而，單純運用媒體的行為也仍然能夠使個人顯得更具魅力。既然名聲如此廉價，我們為何還要對它如此著迷呢？也許很快就不會了。隨著網際網路時代成為我們唯一瞭解的時代，還有其他許多價值我們可能會放棄：歷史價值、藝術傳承和真實性。

作家寇特．安德森相信，我們的文化停滯只是一個過渡階段：「如果這種風格凍結只是一種喘息，是對動盪的保守反撲，那麼一旦我們終於習慣了所有的激進新事物，情況應該就會恢復正常。」[143]但我們也應該思考相反的情形：文化變遷可能遵循**斷續均衡**（punctuated equilibrium）的模式，也就是在劇烈轉變的時刻之後出現長期停滯。[144]人類學家A・L・克羅伯曾調查所有文明，發現「在所有經過檢視的高等文明中，經由美學和智識努力而產生的較高價值，主要是在短暫的爆發或成長中實現」。[145]換句話說，六〇年代急遽的文化變遷可能是例外，而非常態。一九六六年八月號的《君子》（*Esquire*）雜誌抱怨潮流變化太快，主張「把接下來的四年當作假期」。[146]文化總是會緩慢漂移，但二十世紀快速、深刻且刺激的改變有賴人們經常轉向新的慣例，而人們那麼做是為了追求地位價值。今天，新奇的事物仍令我們開心，但迷因和病毒式瘋傳影片不太可能界定我們的人格面具。如果沒有個人造成改變，也就不會有文化運動。在人類歷史上，停滯時期比快速變遷的時刻更常見，但只要前一個世紀繼續影響我們的判斷，我們就很可能對自己的停滯感到失望。

網際網路為人類互動提供了新的平臺，但並未解除地位與文化之間的連結。因此，最終的問題應該是：如果我們現在已經理解地位與文化之間環環相扣的原則，那麼應該如何利用這些知識，來促進平等**與**創意這兩者的最佳結果呢？

結論　地位平等與文化創意

Status Equality and Cultural Creativity

狗展優勝者國王萊西比農場牧羊犬萊西更優秀嗎？不是，網路上說：「**所有**的狗都是好狗狗。」這種犬隻平等主義為熱門推特帳號WeRateDogs®提供動力；它根據嚴格的十分制來為常見的狗評分——但似乎總是用十二、十三或十四分來獎勵牠們。[1] 這個非正式運動的另一項目標，是消除「純種犬優於混種犬」這個長期以來在人們心中根深柢固的觀念。在當代社會中，「品種」不僅是我們對狗進行分類的方式，也在無意中透露出我們的價值判斷。世界上最著名的狗都是純種狗：萊西是牧羊犬，貝多芬是聖伯納犬，①狗狗幣上的狗則是柴犬。

我們在本書中從牧羊犬展開對地位的探索，也將以狗作為結尾，因為牠們提供了一個清晰的例子，說明地位如何改變我們的品味、形塑我們對自然的看法，以及影響美的集體標準。品種的概念左右了如今我們對狗的無意識理解，然而學者麥可・沃博伊斯（Michael Worboys）、茱莉—瑪麗・史特蘭吉（Julie-Marie

① 譯注：貝多芬是電影《我家也有貝多芬》（*Beethoven*）中的狗主角。

Strange）和尼爾・彭伯頓（Neil Pemberton）主張，狗品種是一種「物質與文化的發明」，歷史根本不到兩百年。[2]在十九世紀初期的英格蘭，富有的女性珍惜狗的情感支持，而貴族則重視狗可作為狩獵夥伴的實用性。一切在狗展於十九世紀中期出現時有了改變——狗展上演的是英國貴族之間的競爭，想判定誰擁有最好的犬隻。為了建立客觀評斷規範，狗展主辦者確立了一套權威標準，評估㹴犬或獵犬等先前的一般類別犬隻的正確體型、顏色和大小。繁殖者隨後使用這些標準來選擇交配對象，從而形成了當今的各個品種。

隨著狗展在英國社會中普及，家犬（*Canis lupus familiaris*）開始以全新的方式受到重視。《田野》（*The Field*）雜誌在一八六三年的一篇主編評論中寫道：「一隻犬可能是純正的紐芬蘭犬、獵犬、獵狐犬、指示犬、蹲獵犬、㹴犬、可卡獵犬或獒犬；而一隻『狗』可能是上述的任何一種，也可能都不是，因為牠可能是一種怪物或雜種狗。」[3]從那時起，人類階層的邏輯也滲透到犬隻階層中：英國犬優於外國品種，冠軍犬的後代享有崇高的威望。[4]（作家多蘿西・帕克〔Dorothy Parker〕的遺物之中有「一隻心愛貴賓狗的貴族血統證書」。）[5]歷史學家保羅・福塞爾指出，到了二十世紀，擁有特定品種的狗成為美國的階級標記：拉布拉多犬和黃金獵犬高居頂端，蘇格蘭和愛爾蘭蹲獵犬處於中間，而鬥牛犬則位於底層。[6]

我們對狗的喜愛可能是遺傳，但我們理解、分類和重視狗的方式，可以追溯到十九世紀特定的地位競爭。狗一旦成為地位象徵而非實際的夥伴，區分的需求就激勵人類將牠們轉變成數十個獨特的類別。這個起源故事隨著時間的流逝而被遺忘，而符合品種標準的狗便逐漸被視為比較漂亮的狗。混種狗比純種狗健康，但是「混種」這個稱號暗示著牠們「有問題」。在捷克進行的研究顯示，人們從收容所領回他們走失純種狗的機率，是領回走失混種狗的兩倍。[7]

我們在本書的一開始從解開文化大謎團出發——判斷為什麼個人會集體偏愛某些任意性做法，然後隨著時間轉向新的做法。但在回答這個問題的過程中，我們獲得了更深刻的見解：地位結構為每個文化提供了根本的慣例，這些慣例決定了我們的行為、價值和對現實的看法。具有地位價值的行為和物品是良好、美麗與令人嚮往的；沒有地位價值則是不良、醜陋與無用的。爭取更高地位的奮鬥——無論是為基本的平等而努力，還是競逐最頂尖的地位——會塑造個人的身分，激發創意和文化變遷，形成習俗和傳統。人類雖然天生具有創造的渴望，但當他們的發明滿足其他人的地位需求時，才能傳播得更廣。這些機制往往會導致對某些團體的結構性偏見，但在設定正確的界限後，這些機制也能開闢一條路徑，推升社會流動和文化多樣性。二十世紀的地位動盪導致支持各種新感知的新人工製品激增，因為高地位團體將較不富裕社群的慣例當作文化資本。

那麼，文化只是地位的副產品嗎？我們當然寧願相信文化是一種奇妙的人類發明，使自我表達、團體凝聚、情感支持及知識傳遞成為可能。這些確實是有益的功能，但它們並不能解釋文化為何興起和改變。對地位的基本渴望提供了一個更清晰的解釋，說明為什麼理性的個人最終會形成最常見的行為模式。我們從文化參與中獲得的「溫情」，是描述普通地位的好處的另一種方式。[8]慣例往往只有在它們把我們歸類為某些團體的成員時才「表達」出某種意義。人類對個人區分的無限渴望可能源於標記超高地位的需求。文化使我們能夠傳遞人類知識，但具體的內容——習俗、傳統、經典和正典——卻偏向高地位個人的偏好與行為。

這些結論幾乎算不上令人感到寬心。此外，地位對我們個人選擇的深遠影響，挑戰了我們對自由意志的認知。社會學家皮特林・索羅金寫道：「當自己決定某件事時，我們感覺自己是自由的；特別是當這種自我決定像一樣相當自然的東西從我們的本性湧出，不由自主地流動時。」[9]美學、選擇、品味和身分背後機制的規律性，都在質疑該如何在「**我們的**本質」與我們在特定階層內的位置之間劃出界線。被托爾斯坦・范伯倫的理論惹惱後，著名的美國評論家H．L．孟肯（H. L. Mencken）寫道：「我欣賞貝多芬的《第五號交響曲》，是因為國會議員和基督教衛理公會派教徒無法理解它——還是因為我真心愛音樂？我喜愛馬里蘭龜肉湯多於煎肝，是因為農夫必須將就著吃肝臟——還是因為龜肉本來就比較美味？」[10]孟肯正確地指出，地位價值並非文化價值的唯一面向，但他過於自信地認為自己可以將地位的影響與他對美和愉悅的「純粹」思考分開來。在歷史的進程中，人類反覆且規律地改變文化偏好——幾乎總是依據地位來偏移。我們採納菁英規範的渴望，似乎可以蓋過生物本能、經濟理性和個人心理。地位考量促使披頭四將他們驕傲的搖滾油頭換成具藝術氣質的拖把頭，也逼得威廉．芬尼根放棄他心愛的長板。

並非每一個人類選擇都是追求地位造成的直接結果，但在嘗試從總體層次解釋文化變遷時，地位價值應該被視為主要因素。品味從來都不僅是關於物品本身——比如葡萄酒的風味或汽車的機械優越性。文明基本上是**象徵性的**，而每一個選擇都在傳達社會地位。這顯示獨立採用演化生物學、神經科學和數學建模，都不足以診斷文化模式。美學和品味的問題終究與地位息息相關。多年來，演化生物學家希望證明人類對於疏樹草原的「先天」視覺偏好，理論上是在智人居住於撒哈拉以南非洲的許多年中發展起來的。[11]但即使這個可疑的理論是正確的，地位（而非遺傳）也為全世界各地不同藝術風格的驚人多樣性，提供了更直接的解釋。地位也更適切地解釋了在單一社會中表現出來的美學分歧——例如，為何上層階級喜歡抽象畫，下層階級卻不喜歡。因此，所有文化趨勢的分析都應該先從某項創新的地位意涵著手。二〇一九年，沃克斯新聞網站將迷你澳洲牧羊犬封為「時下熱門狗」，指稱其受歡迎的原因是「可攜帶、適合公寓的尺寸和引人注目的好看外表」。[12]許多犬種俊俏小巧，適合公寓生活；該文並未提及迷你澳洲牧羊犬也可能作為地位象徵。即使文章中沒有受訪者公開承認他們在追求地位，不代表我們應該全盤接受他們的藉口。

話雖如此，地位並非文化未來將如何變遷的水晶球。文化變化無常——地位勾勒出文化決策發生時的結構，但最終結果是隨機的。[13]我們永遠無法預測闖入者將如何顛覆主流慣例，也無法預測哪些團體的聲望會隨著時間提升。辨識威望的來源可能有助於我們找到創新的可能來源，而梳理過時的慣例則能揭示復古的候選者。一個物品或做法的初始地位價值，也可能影響它是否成為習俗或傳統。二〇〇四年女性的主要潮流之一是丁字褲，「繫帶高掛在臀部上，從時尚的低腰牛仔褲和Juicy Couture運動褲上頭露出來」。[14]從我們目前所學來看，這種造型有可能成為長期的美國傳統嗎？

這也提醒我們，我們必須小心區別文化和生硬的數字。社會學家鄧肯・華茲（Duncan Watts）根據自己的數學模型，否定了「影響者」在傳播模式中的角色，並提出潮流的興起來自「個人選擇、社會限制和隨機機會的複雜混合結果」。[15]這在客觀上可能正確，但時尚從來不是所有個人選擇的總和：它們是特定高地位機構介紹給大眾的特定敘事。任何時候，以時尚標準來看，人群中最常見的風格就是「過時」。每年媒體都會忽略大量低地位個人之間的潮流，因為光是討論這種潮流本身就是一種低地位行為。推特用戶對特斯拉Model 3的討論，就多於暢銷的福特F-150皮卡車。[16]採納者的地位不但是理解任何潮流的文化意涵的關鍵因素，對預測其未來前景也至關重要。[17]純粹從數字角度衡量，一九九一年對感溫變色襯衫品牌Hypercolor來說是成功的一年：僅僅四個月的銷售額就達到五千萬美元。但快速過度擴張使其威望下降，才過一年，該公司便申請破產。[18]在同一時期，街頭服飾品牌Stüssy刻意讓它的服裝供不應求——也就是說，它**拒絕**病毒式流行。在Stüssy成立四十週年之際，《GQ》雜誌封它為「街頭服飾的第一個傳統品牌」。[19]

對許多人來說，「病毒式傳播」是在瞭解文化時一個吸引人的比喻，原因就是它將品味設想為一種沒有任何政治意涵且可實證觀察的現象。文化傳播的「中立」模型是**中立的**：人類隨機模仿彼此，毫不考慮階層或特權。相較之下，地位為每一個潮流和習俗增添了一種令人不自在的政治色彩。儘管有平等、友誼和自由的理想，高地位團體還是對大眾的選擇、價值和觀點發揮較大的影響力。本書爬梳整理出的收穫支持馬克思主義的**霸權**（hegemony）觀念，伯明翰當代文化研究中心將霸權定義為「將社會的文化塑造成宰制階級的形象」。[20]透過霸權，社會底層會逐漸將自私的資產階級價值視為世界的自然秩序。地位原則顯示，創造和維護霸權不需要隱晦的陰謀——只要在資本主義經濟中，個人和機構受到增進和保護其地位的行為所吸引。[21]

但如果所有文化形式都是任意的，我們為什麼要擔心菁英階層在任何時候對選擇標準有更多話語權呢？我們必須再一次釐清「任意」的意思。最初，在各種做法之間的選擇是有彈性的，但一旦做出選擇，經過同意的做法就具有差異化的價值。為了自身的利益，菁英階層會在策略上形成和維護慣例，一旦這些做法的正當性確立，替代方案即使同樣有效，也會是「錯的」。高地位的個人隨後會指出他們毫不費力地遵從這些慣例，作為他們卓越性的證明。

然而，儘管有這些關於霸權和權力的擔憂，文化在日常生活中從未感覺如此險惡。在Instagram上追蹤一隻純種伯恩山犬，是不是在宣揚十九世紀的貴族價值？在車上跟隨泰勒絲的〈空位〉（Blank Space）一起唱，是否是屈服於資本主義邏輯？否認地位對文化的影響固然天真，但將文化貶為**只是**一項政治工具，則否認了我們的人性。漢娜・鄂蘭寫道：「當所有世俗的事物，不論是現在還是過去生產的，被視為僅僅是社會生活過程中的工具，彷彿這些事物只是為了滿足某種需求，而這種功能化幾乎不管所謂的需求是好是壞，那麼，文化就是受到了威脅。」[22]

與其解構文化，我們應該運用我們對地位和文化的進階知識，同時追求兩個穩健的目標：（一）減少社會階層制度的弊病，以及（二）鼓勵激進創意。從我們在這本書中所學到的知識來看，這兩個目標常常是互相矛盾的。激烈的地位鬥爭和菁英主義一直是文化發明、傳播、價值評估和正典化的強大誘因。盧梭認為不平等是「壞事頻仍，好事難尋」的肇因；[23]而康德則持相反意見，認為不平等是「許多邪惡的豐富源頭，但也是所有美好事物的來源」。[24]無論在這個延續數世紀的辯論中誰是誰非，兩人都正確地指出，人類的平等和創意長期以來一直是相互關聯的變數，但不見得呈現正相關。

首先，針對減少地位不平等，我們在當代社會中可以做些什麼？最重要的工作仍然是在法律和經濟領域：廢除有偏見的法律、減少執法時的偏見，並為劣勢團體中的個人提供更多建立資本的機會。但地位結構存在於我們的思想和慣例之中，如果地位影響我們的日常福祉，我們也必須解決文化規範中固有的不平等。只有政治動盪才能改變社會的經濟基礎；藉由更善加控制我們的個人社會互動和集體價值，**我們**才能支持地位的公平分配。

在過去的一個世紀中，有一項長期計畫，旨在消除那些使某些種族、民族、性別表現和性取向居於劣勢的先賦地位結構。這個任務中的一項核心工具，是重新評估我們的地位信念，且正如社會學家西西莉亞．里奇威所建議的，「破壞它們儼然作為共識的外表」。[25]慣例之所以具有力量，是因為慣例被廣泛接受為世界的自然狀態，因此揭露其中固有的偏見能降低慣例的力量。西方文化長期以金色直髮作為美麗的標準，在我們解構其起源後，感覺它已不再是天注定。這並不代表文化變遷總是會導致社會變遷：六〇年代留長髮的男性並不見得都對性別平等抱持開明的態度。當然，文化不該是我們努力促進平等的唯一領域。但隨著時間，重新平衡多數和少數慣例的地位價值，將會降低主流團體自我宣傳的優勢。

先賦地位類別並不是實現平等的唯一障礙。**所有的**社會階層化都會產生少數贏家和眾多失敗者。貝特杭．羅素指出我們目前制度的明顯缺陷：「由競爭勝利構成的幸福形式不可能普及。」[26]在把社會流動性塑造為個人責任的社會中，低地位會帶來自我懷疑和痛苦。既然知道這點，我們是否應該乾脆完全擺脫地位呢？西西莉亞・里奇威認為：「我們永遠無法真正消除地位作為一種不平等形式。」[27]只要我們繼續給予那些展現卓越才能和成就的個人尊重，階層制度就不可避免。這正是為什麼盧梭將人類的衰落歸咎於尊敬。他表示，在他對文明發展的想像中，「那些唱歌唱得最好或跳舞跳得最棒的人，以及那些最英俊、最強壯、最靈巧或最有說服力的人，會成為最受尊敬的人，而這是邁向不平等、同時也是邁向墮落的第一步」。[28]

激進的政治運動試圖透過法令來糾正這些地位不平等，結果卻見證菁英悄悄地部署新的區分手段。蘇聯廢除了私有財產，拉平薪資，淡化消費主義，然而地位階層卻在官僚職位、公寓大小和外國商品採購中出現。人類擅長將任何小小的優勢轉變為地位標記。在探索牙齒衛生歷史時，作家茉莉・楊（Molly Young）指出：「只要社會中一部分的人可能擁有好牙齒，他們就有可能去羞辱其他牙齒不好的人。微笑成為富人的獨有特權：如果眼睛是人的靈魂之窗，那麼這時嘴巴就成了他銀行帳戶之窗。」[29]現代主義者相信，去除裝飾將防止藝術和設計用於炫耀性消費，然後反裝飾本身卻成為專業階層的地位象徵。

既然不太可能完全根除地位，較務實的方法會是抑制對更高地位的集體渴望。[30]允許個人組成自己的另類地位團體是一個好的開始，但這也需要公平分配各團體之間的全球地位利益。我們可以藉由提供更多的「免費」利益來展開這一個過程，比如基本禮貌、友好的問候，以及對低地位層級者的尊重——經濟學家兼作家諾亞・史密斯稱之為「尊重的重新分配」。[31]耶穌就把這一點推向極致：與麻瘋病人稱兄道弟，不反擊仇敵。這可不容易。佛洛伊德認為，這種方法本質上是矛盾的：「一種沒有區別的愛對我來說似乎會喪失自己的部分價值……其次，並非所有人都值得愛。」[32]比施予愛給敵人更難的，可能是把上級當作同儕對待。阿諛奉承會提供長期的回報。因此，菁英會需要成為地位平等的先鋒，拒絕接受特殊待遇。

機構可以增加高地位個人在擔任崇高職位時的責任，以支持地位平等。如此一來會減少淨收益，從而模糊了高地位的優勢。社會也可以提升標準福利的品質和減少菁英特權，以使自己的階層扁平化。在日本，高速鐵路有多種座位等級；但按照美國的標準，基本座位就極為舒適清潔，而較富裕的乘客可以多付一點錢升級到綠色車廂，但提升的等級幅度有限。相較之下，飛機經濟艙旅客會夢想著在國際航班升級到商務艙，因為在狹窄空間內挺直坐著十二個小時，與享用多道菜牛排晚餐後躺平睡覺之間，有一道巨大的鴻溝。

雖然我們無法禁止傳達訊號，但可以試圖減少其頻率和影響。這就是制服的意義；法國大革命期間，樸素的褲裙成為標準，這樣公民就可以「在沒有社會地位差異的干擾下自由往來」。[33] 但制服會限制個人表達。更好的方法是揭露地位象徵**就是**地位象徵，貶低它們的價值。所有的奢侈品都應該被視為地位標記，而不是優越的便利品。揭露欺詐和維護地位的正直也很重要，因為作弊者會使普通地位的人感覺自己落人於後。

這些觀念都不是新的。在《我愛身分地位》（*Status Anxiety*）一書中，作家艾倫·狄波頓（Alain de Botton）主張，從民主和馬克思主義到基督教，最值得注意的激進意識形態，最終都是在徹底重新評估地位標準。狄波頓解釋：「哲學、藝術、政治、宗教和波希米亞從未設法完全消除地位階層；它們反而試圖基於一套多數人不認可且加以批評的價值，建立新型的階層制度。」[34] 這些願景常常漂向烏托邦主義，但同樣地，我們不是只在意地位的猴子，我們的遺傳密碼中也沒有一個使我們注定擺脫不了支配結構的原始計算器。社會能夠、而且確實也控制著尊重和利益的分配方式。

這就引發促進文化創意的議題。我們必須更加擔保對文化做出的正面和激進貢獻，能夠獲得尊重和地位利益。但是，什麼是對文化的「貢獻」呢？這個問題總會激發辯論，但可能也有幾個領域是有共識的。一個充滿活力、多元和複雜的文化生態系統，比起單調、停滯的單一文化更好。複雜性不一定意味晦澀難懂或深奧的藝術，而是以新奇的方式巧妙運用高階符號。複雜性對我們的腦部有益。哲學家尼爾森・古德曼（Nelson Goodman）寫道：「運用除了即時需求之外的符號化能力，具有較遠程的實際目的，那就是發展我們應對未來變故的能力和技術。」[35]

模糊性是複雜性的重要面向之一。簡單的事物只有一種解釋；而複雜的事物則有較多詮釋的空間。神經生物學家塞莫・薩基（Semir Zeki）認為，模糊性是「偉大藝術」的祕訣，因為它「可以在盡可能最長的一段時間內，在許多不同的大腦中對應到許多個不同的概念」。[36]同時，創意通常會隨著整體藝術活動的增加而繁榮發展。人類學家A・L・克羅伯調查了世界上的文明，發現「當一個文化的內容是另一個文化的數倍，比如說，總物品庫存量多了幾倍，它就有更多的素材可以使用，因此應該能夠產生更多的物品組合和更豐富或更精深的模式」。[37]符號變得越複雜，它們就越常指涉其他符號，在更多人參與創造新符號時就會有幫助。

如果沒有任何干預，人類很容易創造出低符號複雜性的文化：簡單的旋律、具象的藝術、粗俗的笑話。而資本主義又確保已建立的傳統藝術形式總是能找到大量觀眾。儘管媚俗和奢侈有其魅力，但**僅僅**由低複雜度文化組成的生態系統很快就會停滯不前。即使是最保守的人也會尋求一些驚喜。鼓勵符號複雜性的文化生態系統能解決這個問題：高複雜度的創新會下滲，為大眾文化帶來「更新」。如果沒有受到流行、搖滾、另類和嘻哈音樂的影響，當代鄉村音樂在二十一世紀肯定會顯得過時。[38]當生態系統在邊緣推往複雜性發展時，每個人都會受益。[39]為數較少的博學閱聽人喜歡艱澀的藝術，而簡化版本則吸引知識程度稍低的閱聽人。複雜的作品持久存在，為未來世代的生態系統做出貢獻，並支持可能出現的天才。克羅伯寫道，儘管我們把「偉大的文化作品」歸因於「偉大的人」，但這些作品始終是「個人優越和文化影響的綜合產物」。[40]

僵化的地位體系會導致藝術停滯。當經濟資本成為獨有的區分方法，菁英就會滿足於以財富為基礎的簡單符號。在菁英獨特性涉及多樣文化資本形式的體系中，藝術家會因為逾越界線而獲得高地位。在二十世紀，菁英對文化資本的運用為少數族群和邊緣人開啟大門，讓他們在拒絕主流之際創造新感知，進而帶來前衛藝術、嘻哈、龐克、敢曝、復古等風格。然後，菁英的採納協助這些創新下滲到幾乎所有的人。結果，大眾閱聽人學會透過多重感知來看待世界。這可說擴展了**慣例性**本身的元知識，使它更容易打破壓迫性習俗的枷鎖。

然而，對文化資本的惡意使用，已讓許多人相信我們應該廢除整個品味的概念。如果複雜的藝術使菁英閱聽人對大眾閱聽人產生任何優越感，那麼它一定不好。在民主社會中，比起一小群教育程度過高的排外者的意見，流行程度似乎是公平許多的品質衡量標準。[41] 人們已經表達了他們的觀點，而且累積足夠財富、建造一座「極致奢華」住宅的是德瑞克，不是先鋒派古典音樂作曲家約翰·凱吉。

就目前所見，對文化資本的懷疑並沒有使地位階層扁平化；事實上，它還使得經濟資本在傳達訊號時成為一種更強大的資產。與此同時，將媚俗吹捧為民俗文化已經進一步將消費支出導向巨型企業集團的金庫。人們可以在任何音樂風格中找到社群，但集體支持女神卡卡和黑眼豆豆（Black Eyed Peas）是團結一致的最佳途徑，同時也讓新視鏡唱片（Interscope Records）的億萬富豪吉米·艾歐文（Jimmy Iovine）更有錢。尊重並不是無限的：流行樂觀主義者對拉娜·德芮（Lana Del Rey）的每一份支持，也意味著一個追求曲高和寡藝術、較不知名的創作者獲得更少的時間、精力、熱情和地位價值。無論評論家是否關注，行銷機器都會確保德芮能賣出唱片；突破傳統、使大眾閱聽人感到疏離的藝術家要建立威望的最好機會，始終是獲得評論家的關注和支持。

當更多人參與符號的複雜性並找到意外的方式突破慣例時，生活就更有趣——而且可說更美好。最佳的人選是那些對符號有深入與專業知識的人。他們不必是經濟上的菁英；對於社會邊緣人來說，激進的創新通常是一種更自然的事。藝術創新也不需要像赫曼・赫塞（Hermann Hesse）小說中的玻璃珠遊戲那樣，純粹是一種智力運動。創意無處不在——有的訓練有素，有的天真無邪。但最熟練的從業人員應該因為其創新獲得社會的獎勵——而不僅是因為吸引了大批閱聽人。支持無條件基本收入的倡導者主張，保證工資將使我們能夠「都成為藝術家」。[42] 也許我們都能成為**創作者**——想成為「藝術家」，要擁有所有相關的高等榮耀和尊重的話，我們不只需要生活費，還需要一個社會體系，能尊重否定主流慣例的優異作品。

解決方案可能不是文化**資本**的回歸，而是至少更加強調文化**能力**。如果藝術家的地位因其激進的創新而提升，觀眾也因理解激進創新而獲得提升，那麼文化就不會淪為純經濟邏輯的犧牲品。如果我們感覺能控制我們讚頌的藝術作品和文物中所體現的價值、行為和藝術表達形式，那麼文化能力本身就不邪惡。這無疑又是一種關於如何改變社會地位標準、而不是完全弭平社會階層的建議。它確實會產生一些不平等：智者仍然會優於平庸之人。[43] 但這應該是一種我們可以接受的區別。對於T・S・艾略特來說，「我們不應該認為上層階級比下層階級擁有更多文化，而是應該看作前者代表一種**更有**意識的文化和更高的文化專精」。[44] 從我們藝術英雄和最有創意的藝術形式的社會起源來看，深入瞭解文化的能力並沒有階級歧視。創意在社會中的分布比創造財富的能力更平等。

除非發生激烈的平等主義革命或改變基本人類動機的科技變革，否則地位將依舊是人類經驗不可或缺的一部分。[45] 在「元宇宙」中仍然會有地位階層。我們無奈接受這個充滿區分的世界，而這些區分之間的鬥爭將影響文化。但在這個過程中，我們絕對不是無辜的旁觀者。人類有能力決定如何形成社會階層。藉由控制信念和慣例，我們可以促進一個更公平、更健康的階層體系，以更好的方式獎勵集體貢獻。而且我們有能力塑造我們的文化。過去的社會將「藝術家」這項尊榮賦予不同類型的創作者：保守的工匠、足智多謀的商業創業家和操控符號的先驅。這三者都為社會提供了文化，但在快速提供各式各樣觀看世界的新感知上，只有最後一類人擁有傲人成績。如果社會選擇把經濟資本視為至高無上的美德，並拒絕讚頌任何符號複雜性，以經濟資本作為壓迫工具，那麼我們應該預期會出現進一步的創意停滯。

現在，地位與文化不再是一個謎。我們可以更加有意識地採取行動、做出改善。如果我們做對了，社會平等與文化創意之間就不必有所取捨。為什麼不兩者兼顧呢？

致謝
Acknowledgment

在就讀研究所期間，我產生撰寫關於文化基本法則的想法。歷經十五年閱讀從東京二手書店購入的大量破舊二手英文書（以及在雅虎拍賣上購入已故教授們的大宗書籍）之後，這個想法漸漸形成目前的模樣。然而，並不是每本書的構想最終都能變成一**本書**，因此我深深感激我在ＣＡＡ公司的經紀人莫莉・格利克（Mollie Glick）的指導、耐心和信心，以及維京出版社編輯瑞克・科特（Rick Kot）的啟發和智慧。

寫作在根本上是孤獨的，因此別人提供他們的時間、精力和見解就顯得格外有意義。首先，我將永遠感激羅妮・許（Roni Xu），她在整個寫作過程中給我意見，並提供無與倫比的智慧，幫助我探索地位和文化行為核心最深層的矛盾和哲學困境。

我也要衷心感謝塞拉・里茲維奇（Sejla Rizvic）進行專業事實查核；維京出版社（Viking）的卡蜜兒・勒布朗（Camille LeBlanc）在編輯上的協助；露比・蘇多（Ruby Pseudo）提供的書籍和熱情；亞歷克斯・史密斯（Alex Smith）協助整理披頭四的趣聞軼事；我的父親莫里斯・馬克斯（Morris Marx）出色的編輯功力和對擴散曲線正常分布的質疑；愛薇拉・費雪（Elvira Fischer）提供神經科學的意見；尼克・席維斯特（Nick Sylvester）、麥特・沃特（Matt Alt）、納森尼爾・史密斯（Nathaniel Smith）、史帝夫・何利（Steve Hely）、圖・阮（Tu Nguyen）和A・J・盧溫（A. J. Lewen）閱讀初稿；班傑明・諾瓦克（Benjamin Novak）、賈許・藍勃特（Josh Lambert）、基甸・路易斯–克勞斯（Gideon Lewis-Kraus）、克雷格・莫德（Craig Mod）、諾亞・史密斯（Noah Smith）和凱爾・恰卡（Kyle）最初給我的鼓勵；以及我的家人給我的支持。

41. Derek Thompson, *Hit Makers: The Science of Popularity in an Age of Distraction*, 37 ("Critics and audiences might prefer to think that markets are perfectly meritocratic and the most popular products and ideas are self-evidently the best").
42. Samar Shams, "We Will All Be Artists in the Future."
43. Luc Ferry, *Homo Aestheticus: The Invention of Taste in the Democratic Age*, 198.
44. T. S. Eliot, *Notes towards the Definition of Culture*, 48.
45. Roy Wagner, *The Invention of Culture*, 158 ("The future of Western society lies in its ability to create social forms that will make explicit distinctions between classes and segments of society, *so that these distinctions do not come of themselves as implicit racism, discrimination, corruption, crises, riots, necessary 'cheating' and 'finagling,' and so on*").

18. Emily Spivack, "Why Hypercolor T-shirts Were Just a One-Hit Wonder."
19. Rachel Tashjian, "How Stüssy Became the Chanel of Streetwear."
20. Stuart Hall and Tony Jefferson, eds., *Resistance through Rituals: Youth Subcultures in Post-War Britain*, 189.
21. See Edna Ullmann-Margalit, *The Emergence of Norms*, 181 ("As Robert Nozick points out, conspiracy theories [or 'hidden hand explanations'] are, in an obvious sense, diametrically opposed to invisible hand explanations").
22. Hannah Arendt, "The Crisis in Culture," 208.
23. Jean-Jacques Rousseau, *A Discourse on Inequality*, 133.
24. Ralk Dahrendorf, "On the Origin of Inequality among Men," quoting Immanuel Kant.
25. Cecilia L. Ridgeway, *Status: Why Is It Everywhere? Why Does It Matter?*, 142. See also Robert Nozick, *The Nature of Rationality*, 32 ("the many Freudian symbolic meanings that, when they enter into conscious deliberation as symbolic, lose their power and impact").
26. Bertrand Russell, *Power*, 184.
27. Ridgeway, *Status*, 162.
28. Rousseau, *A Discourse on Inequality*, 114.
29. Molly Young, *The Things They Fancied.*
30. Fred Hirsch, *Social Limits to Growth*, 183 ("If the extent of individual striving for position can be curtailed in such a way as to preserve the beneficial minimum of competition and choice, an unqualified benefit should ensue").
31. Noah Smith, "Redistribute Wealth? No, Redistribute Respect."
32. Sigmund Freud, *Civilization and Its Discontents*, 57.
33. Paul Connerton, *How Societies Remember*, 10.
34. Alain de Botton, *Status Anxiety*, 293.
35. Nelson Goodman, *Languages of Art*, 256.
36. Semir Zeki, "The Neurology of Ambiguity."
37. A. L. Kroeber, *Configurations of Culture Growth*, 795.
38. Shuja Haider, "The Invention of Twang: What Makes Country Music Sound like Country?"
39. Rollo H. Myers, *Eric Satie*, 116 ("Manet, Cézanne, Picasso, Derain, Braque and others broke away from these bad traditions and, risking everything, saved painting and artistic thinking generally from complete and absolute stultification").
40. Kroeber, *Configurations of Culture Growth*, 7.

罕（Rachel Seville Tashjian）的推特帳號發現的。

141. Rizvic, "Everybody Hates Millennials."

142. Pierre Bourdieu, *Distinction*, 142.

143. Andersen, "You Say You Want a Devolution?"

144. Franco Moretti, *Graphs, Maps, Trees: Abstract Models for Literary History*, 18. See also Young Back Choi, *Paradigms and Conventions*, 111 ("Social change, the process of replacing one set of conventions with another, tends to occur intermittently and discontinuously").

145. A. L. Kroeber, *Configurations of Culture Growth*, 838.

146. Warhol and Hackett, *POPism*, 24.

結論　地位平等與文化創意

1. The WeRateDogs®推特帳號請見https://twitter.com/dog_ rates.
2. Michael Worboys, Julie-Marie Strange, and Neil Pemberton, *The Invention of the Modern Dog: Breed and Blood in Victorian Britain*, 1.
3. Worboys, Strange, and Pemberton, *The Invention of the Modern Dog*, 73.
4. Worboys, Strange, and Pemberton, *The Invention of the Modern Dog*, 224.
5. Lillian Hellman, *An Unfinished Woman*, 224.
6. Paul Fussell, *Class: A Guide through the American Status System*, 95.
7. Eva Voslarova et al., "Breed Characteristics of Abandoned and Lost Dogs in the Czech Republic."
8. Carl Wilson, *Let's Talk about Love: A Journey to the End of Taste*, 109, and Roger Scruton, *Modern Culture*, 155.
9. J. H. Abraham, *Origins and Growth of Sociology*, 425, quoting Pitirim Sorokin.
10. H. L. Mencken, "Professor Veblen."
11. John H. Falk and John Balling, "Evolutionary Influence on Human Landscape Preference."
12. Eliza Brooke, "When a Dog Breed Becomes a Trend."
13. Jon Elster, *Nuts and Bolts for the Social Sciences*, 169 ("Humphrey Lyttelton said about a similar problem, 'If I knew where jazz was going I'd be there already' ").
14. Alex Kuczynski, "Now You See It, Now You Don't."
15. Duncan J. Watts, *Everything Is Obvious: How Common Sense Fails Us*, 81, 262.
16. 根據二〇二一年底的主題標籤使用分析，以及Google搜尋趨勢。
17. Umberto Eco, *A Theory of Semiotics*, 22.

116. Sean Monahan, "Video Games Have Replaced Music as the Most Important Aspect of Youth Culture."
117. Kyle Wagner, "The Future of the Culture Wars Is Here, and It's Gamergate."
118. Vicky Osterweil, "What Was the Nerd?"
119. Wagner, "The Future of the Culture Wars Is Here."
120. Jessica Heron-Langton, "Marc Jacobs Drops Six Cute Looks on Animal Crossing."
121. Kat Tenbarge, "The Era of A-list YouTube Celebrities Is Over. Now, the People Cancelling Them Are on Top."
122. Simon Reynolds, *Retromania: Pop Culture's Addiction to Its Own Past*, xx
123. Reynolds, *Retromania*, xxi.
124. Reynolds, *Retromania*, xxi
125. Calvin Tomkins, *Ahead of the Game: Four Versions of the Avant-Garde*, 67, quoting Duchamp.
126. Lipovetsky, *Hypermodern Times*, 57.
127. O'Brien and Delhomme, *How to Be a Man*, 224.
128. 法蘭可・貝拉迪（Franco "Bifo" Berardi）所寫的這個句子因馬克・費雪（Mark Fisher）而聞名。
129. Harold Bloom, *The Anxiety of Influence: A Theory of Poetry*, 140.
130. Leonard B. Meyer, *Music, the Arts, and Ideas: Patterns and Predictions in Twentieth-Century Culture*, 102.
131. Kurt Andersen, "You Say You Want a Devolution?"
132. Andersen, "You Say You Want a Devolution?"
133. Rebecca Jennings, "The Blandness of TikTok's Biggest Stars."
134. Sejla Rizvic, "Everybody Hates Millennials: Gen Z and the TikTok Generation Wars."
135. Kyle Chayka, "How Beeple Crashed the Art World."
136. Kit Mackintosh, *Neon Screams: How Drill, Trap and Bashment Made Music New Again.*
137. Ron Mann, *Twist.*
138. Rebecca Jennings, "A Super-Famous TikTok Star Appeared on Jimmy Fallon. It Didn't Go Great."
139. Brittany Mignanelli tweet, "Comedian in 1985," February 2, 2021, https://twitter.com/Brittymigs/status/1356687700225626112.
140. LBgotSOLE tweet, "Not one good fit here I'm cryinggggggg," November 4, 2020, https://twitter.com/LBgotSOLE/status/1324073257709031424；我是透過瑞秋・塞維爾・塔西

94. Seabrook, *Nobrow*, 71 ("The mainstream market, once the enemy of the artist, even began to acquire a kind of integrity, insofar as it represented a genuinely populist expression of the audience's preferences").

95. See the Lox's "Money, Power & Respect" (featuring DMX and Lil' Kim), as well as Pop Smoke's "MPR" and Travis Scott's "Money Power Respect."

96. Markus Gabriel, *Why the World Does Not Exist*, 197.

97. Scott, *Better Living through Criticism*, 113.

98. David Byrne, *How Music Works,* 354.

99. Eliot, *Notes towards the Definition of Culture*, 62.

100. Jerry Saltz, "Glenn O'Brien and the Avant-Garde That Lost."

101. Nick Sylvester, "The Internet Doesn't Matter, You're Making Music in L.A."

102. George W. S. Trow, *Within the Context of No Context,* 44.

103. Jean Duvignaud, *The Sociology of Art*, 128.

104. Calvin Tomkins, "The Turnaround Artist: Jeff Koons, Up from Banality."

105. cf. David Muggleton and Rupert Weinzierl, *The Post-Subcultures Reader.*

106. David Muggleton, *Inside Subculture: The Postmodern Meaning of Style*, 48.

107. *The State,* season 3, episode 4.

108. "Gay Track Star Voted Prom King."

109. Jo Yurcaba, "Ohio High School Elects a Lesbian Couple as Prom King and Queen."

110. Muggleton, *Inside Subculture*, 48.

111. See https://aesthetics.fandom.com/wiki/List_ of_ Aesthetics.

112. Joe Coscarelli, "How Pop Music Fandom Became Sports, Politics, Religion and All-Out War," quoting Benjamin Cordero.

113. Gita Jackson, "Taylor Swift Super Fans Are Furious about a Good Review."

114. Coscarelli, "How Pop Music Fandom Became Sports."

115. 關於4chan論壇酸民厭女和偏執的討論，請見Tolentino, *Trick Mirror*, 24 ("Through identifying the effects of women's systemic objectification as some sort of vagina-supremacist witchcraft, the men that congregated on 4chan gained an identity, and a useful common enemy")，以及Harris, *Kids These Days*, 208 ("I worry that misogyny will acquire a countercultural sheen. Hatred for women could replace hatred for Jews as what Ferdinand Kronawetter called the 'socialism of fools' and confound efforts to clarify what is really happening to American working people")。

70. Matt LeMay, "Liz Phair: *Liz Phair*."
71. Matt LeMay tweet, "1 / I tremendously enjoyed this interview," September 5, 2019, https://twitter.com/mattlemay/status/1169739122451386371.
72. Liz Phair tweet, "I've always enjoyed criticism," September 5, 2019, https://twitter.com/PhizLair/status/1169800245133201408.
73. *Pitchfork*, "Pitchfork Reviews: Rescored."
74. Kelefa Sanneh, "The Rap against Rockism."
75. Jody Rosen, "The Perils of Poptimism," and Carl Wilson, *Let's Talk about Love: A Journey to the End of Taste*, 12.
76. Sanneh, "The Rap against Rockism."
77. Klosterman, *But What If We're Wrong?*, 63.
78. "How Bad Is Your Spotify?," *The Pudding*.
79. B. D. McClay, "Let People Enjoy This Essay."
80. The term entered the lexicon after R. A. Peterson, "Understanding Audience Segmentation: From Elite and Mass to Omnivore and Univore."
81. Bethany Bryson, " 'Anything but Heavy Metal': Symbolic Exclusion and Musical Dislikes."
82. John Seabrook, *Nobrow: The Culture of Marketing, the Marketing of Culture*, 65.
83. Louis Menand, "Finding It at the Movies."
84. Hanson O'Haver, "The Great Irony-Level Collapse."
85. Kwame Anthony Appiah, "The Importance of Elsewhere."
86. S. Eliot, *Notes towards the Definition of Culture*, 50, quoting Alfred North Whitehead.
87. Fred Inglis, *Cultural Studies*, 244.
88. Luca Vercelloni, *The Invention of Taste: A Cultural Account of Desire, Delight and Disgust in Fashion, Food and Art*, 66, quoting Charles Wegener.
89. Rosen, "The Perils of Poptimism," 稱流行樂觀主義是「一種贖罪」；批評者包括Saul Austerlitz, "The Pernicious Rise of Poptimism," and Rob Harvilla, "Have We Reached the End of Poptimism?"。
90. Quentin Bell, *On Human Finery*, 76.
91. Gilles Lipovetsky, *Hypermodern Times*, 65.
92. Hugo Schwyzer, "The Real-World Consequences of the Manic Pixie Dream Girl Cliché."
93. 我自己彙整了這些規則，但也參考Glenn Jordan and Chris Weedon, *Cultural Politics: Class, Gender, Race and the Postmodern World*。

45. Mark Zuckerberg, "Bringing the World Closer Together," Facebook, March 15, 2021, https://www.facebook.com/notes/393134628500376/.
46. Tomáš Kulka, *Kitsch and Art*, 16, quoting Milan Kundera.
47. Rebecca Arnold, *Fashion: A Very Short Introduction*, 84 (Tom Ford: "It is the beginning of the reawakening of cultures that have historically worshipped luxury and haven't had it for so long").
48. Lucas Kuo and Jason Arterburn, *Lux and Loaded: Exposing North Korea's Strategic Procurement Networks*.
49. Ashley Mears, *Very Important People: Status and Beauty in the Global Party Circuit*, 90.
50. Mears, *Very Important People*, 79.
51. Dixit, " 'Bollywood Wives' Is an Accidental Documentary about India's Gilded Class."
52. Keiligh Baker, "Best Friends with Dr Dre and an Entourage of Six 'Minders' Wherever He Goes: How Saudi Billionaire Playboy, 23, with a Fleet of Golden Cars Spends His Summer in London."
53. Larry King, "DJ Khaled's Illuminating Convo: Influence of Hip Hop, Jay Z's Genius & Young Rapper Mistakes."
54. Andy Warhol and Pat Hackett, *POPism: The Warhol Sixties*, 123.
55. Mara Siegler, "Gaia Matisse Doesn't Care if You Think She's Just a 'Blond with Big Boobs.' "
56. Nancy Jo Sales, "The New Rules of Old Money."
57. Lisa Birnbach, "Save Brooks Brothers!"
58. Rebecca Jennings, "Are You Ready for the Return of Prep?"
59. James Laver, *Dandies*, 87.
60. Elizabeth Currid-Halkett, *The Sum of Small Things: A Theory of the Aspirational Class*, 103 – 4.
61. K-HOLE, "Youth Mode: A Report on Freedom."
62. Kyle Chayka, "Welcome to AirSpace."
63. Allie Burke, "Instagram Is the Happiest Place in the (Internet) World."
64. Ryan Broderick, "I'm Being Gaslit by the TikTok Lamborghini."
65. Kyle Chayka, "Raya and the Promise of Private Social Media."
66. Herbert Gans, *Popular Culture and High Culture: An Analysis and Evaluation of Taste*, 84 – 89.
67. Noah Smith, "For Corrosive Inequality, Look to the Upper Middle Class."
68. Patrick Wyman, "American Gentry."
69. Alex Lauer, "Why Pickup Trucks Keep Getting Bigger and Bigger."

20. Malcolm Harris, *Kids These Days: The Making of Millennials*, 178.
21. Christine Rosen, "Teens Who Say No to Social Media."
22. Isaiah Wilner, "The Number-One Girl."
23. *The Guardian*, "Klout Is Dead."
24. Taylor Lorenz, "On the Internet, No One Knows You're Not Rich. Except This Account."
25. 科技對專屬性的負面影響，早在一九六一年就在Dwight E. Robinson, "The Economics of Fashion Demand," 390中說明。
26. Steven Levy, " 'Hackers' and 'Information Wants to Be Free.' "
27. Bob Dylan et al., *No Direction Home: Bob Dylan*.
28. Thomas Gibbons-Neff and Fahim Abed, "In Afghanistan, Follow the White High-Tops and You'll Find the Taliban."
29. Noah Johnson, Rachel Tashjian, and Samuel Hine, "The 10 Best Things We Saw at Fashion Week."
30. See, e.g., www.shopnowpk.com.
31. Amanda Mull, "The New Trophies of Domesticity."
32. Chris Anderson, *The Longer Long Tail*, 52.
33. Barry Schwartz, *The Paradox of Choice*.
34. Willa Paskin, "An Oral History of 'Friday.' "
35. Anderson, *The Longer Long Tail*, 183.
36. Derek Thompson, *Hit Makers: The Science of Popularity in an Age of Distraction*, 10.
37. Thompson, *Hit Makers*, 34; also see Thompson's theory of "dark broadcasters" (ibid., 194).
38. Joe Otterson, " 'Game of Thrones' Season 8 Premiere Draws 17.4 Million Viewers, Sets Multi-Platform Record."
39. cf. Anderson, *The Longer Long Tail*, 2 ("Number one is still number one, but the sales that go with that are not what they once were").
40. Thompson, *Hit Makers*, 194.
41. For the Belhasa quote, see https://www.youtube.com/watch? v=4TwTtH4DCCc, posted August 4, 2017.
42. Natalie Corner, "At Home with a Teenage Billionaire: Dubai Instagram Star, 16, with a $1 Million Collection of Trainers Shows Off the Family Mansion—Including the Private Zoo."
43. Ralph Leighton, *Tuva or Bust!*
44. 個人在二〇二〇和二〇二一年的觀察。

68. Ian MacDonald, *Revolution in the Head: The Beatles' Records and the Sixties*, 373.

69. Laver, *Taste and Fashion: From the French Revolution to the Present Day.*

70. Terence Hawkes, *Structuralism and Semiotics*, 157, quoting Roland Barthes.

第十章　網際網路時代

1. W. David Marx, "An Open Letter to Kanye West from the Association of French Bakers." See also Emily Greenhouse, "About Kanye's Croissant."

2. Peter Hamby tweet, "Every hilarious viral tweet," March 15, 2021, https://twitter.com/PeterHamby/status/1371505865249992713.

3. Rebecca Jennings, "Your Tweet Goes Viral. Here Come the Companies Asking You to Sell Their Crap."

4. Paul Resnikoff, "Nearly Half of All Charting Songs Are One-Hit Wonders."

5. Gary R. Dahl, *Advertising for Dummies.*

6. A. O. Scott, *Better Living through Criticism*, 251.

7. Scott Timberg, *Culture Crash: The Killing of the Creative Class.*

8. See, e.g., Steph Harmon, "Amanda Palmer: 'Donald Trump Is Going to Make Punk Rock Great Again.' "

9. Glenn O'Brien and Jean-Philippe Delhomme, *How to Be a Man*, 187.

10. Simon Doonan, "The End of Trends," and Cathy Horyn, "The Post-Trend Universe."

11. Ian Brennan, "How Music Dies: Aristocracy Is Killing Artistry."

12. Paul Virilio, *Speed and Politics*, 38.

13. Duncan J. Watts, *Everything Is Obvious: How Common Sense Fails Us,* 154.

14. Chuck Klosterman, *But What If We're Wrong?*, 231.

15. See https://www.internetworldstats.com/stats.htm, as well as https://www.nngroup.com/articles/one-billion-internet-users/.

16. 我在一九九三年開始使用網際網路——當時歌詞和吉他譜是早期網路上的熱門內容。因為某種原因，大部分的和弦進行都是錯的，但上傳明日巨星合唱團和弦的人卻把它們整理得很完美，連大七和弦和大九和弦都是。

17. Evelyn Cheng, "China Says It Now Has Nearly 1 Billion Internet Users."

18. Noah Smith tweet, "15 years ago," August 28, 2017, https://twitter.com/noahpinion/status/902301308702515202.

19. Jia Tolentino, *Trick Mirror: Reflections on Self-Delusion*, 7.

40. Adam Roberts, *Frederic Jameson*, 50.

41. Smith, *Contingencies of Value*, 50.

42. Klosterman, *But What If We're Wrong?*, 94.

43. Thompson, *Rubbish Theory*, 52.

44. Connerton, *How Societies Remember*, 3.

45. Karl Marx, "The Eighteenth Brumaire of Louis Bonaparte."

46. Simon Reynolds, *Retromania: Pop Culture's Addiction to Its Own Past*, xix.

47. Lisa Chaney, *Coco Chanel*, 242, reprinting the opening line of L. P. Hartley's novel *The Go-Between.*

48. See Metacritic, https://www.metacritic.com/movie/bohemian-rhapsody/critic-reviews

49. https://en.wikipedia.org/wiki/Publishers_Weekly_list_of_bestselling_novels_in_the_United_States_ in_ the_1920s.

50. 截至二〇二一年十二月五日為止，費茲傑羅的小說有四百二十二萬四千三百二十八個評分，史崔頓波特的小說則有兩千四百八十個。

51. George Leonard and Robert Leonard, "Sha Na Na and the Woodstock Generation."

52. 這名遊客是山崎真行，Cream Soda創辦人；請見W. David Marx, *Ametora: How Japan Saved American Style*, 135。

53. Reynolds, *Retromania*, xii.

54. Reynolds, *Retromania*, xxx.

55. Nik Cohn, *Today There Are No Gentlemen*, 122, 127.

56. "Fashion," *Lapham's Quarterly*, 137, quoting Jean Cocteau

57. "Fashion," *Lapham's Quarterly*, 28, quoting Walter Benjamin.

58. Joshua O. Reno, introduction to Thompson, *Rubbish Theory*, viii.

59. Bobbito Garcia, *Where'd You Get Those? New York City's Sneaker Culture, 1960–1987*, 153.

60. Reynolds, *Retromania*, xix.

61. 來自一件一九五〇年代的緞面保齡球外套。

62. Matei Calinescu, *Five Faces of Modernity*, 231, quoting Hilton Kramer.

63. Renato Poggioli, *The Theory of the Avant-Garde*, 216.

64. O'Brien and Delhomme, *How to Be a Man*, 84.

65. Pitirim A. Sorokin, *Social and Cultural Dynamics*, 1:185.

66. Ray Ferris and Julian Lord, *Teddy Boys: A Concise History*, 81.

67. Ferris and Lord, *Teddy Boys*, 110.

12. Hobsbawm, *On History*, 25.
13. Paul Meany, "First Principles: What America's Founders Learned from the Greeks and Romans and How That Shaped Our Country."
14. Rachel Syme, "The Second Life of Princess Diana's Most Notorious Sweater."
15. David Hume, "Of the Standard of Taste."
16. Charles Lindholm, *Culture and Authenticity*, 26.
17. Paul Connerton, *How Societies Remember*, 72.
18. Michael Suk-Young Chwe, *Rational Ritual: Culture, Coordination, and Common Knowledge*, 3.
19. Eric Hobsbawm and Terence Ranger, *The Invention of Tradition*, 12.
20. "What Is Tartan?"
21. Quentin Bell, *On Human Finery*, 165.
22. Harold Bloom, *The Western Canon: The Books and School of the Ages*, 15.
23. Moretti, *Graphs, Maps, Trees: Abstract Models for Literary History*, 4.
24. A. O. Scott, *Better Living through Criticism*, 184.
25. Barbara Herrnstein Smith, *Contingencies of Value: Alternative Perspectives for Critical Theory*, 10.
26. Bloom, *The Western Canon*, 19.
27. Bloom, *The Western Canon*, 3.
28. Harold Bloom, *The Anxiety of Influence: A Theory of Poetry*, xviii.
29. Smith, *Contingencies of Value*, 49.
30. Chuck Klosterman, *But What If We're Wrong?*, 164.
31. Klosterman, *But What If We're Wrong?*, 53.
32. Andy Warhol and Pat Hackett, *POPism: The Warhol Sixties*, 26, quoting Emile de Antonio.
33. Klosterman, *But What If We're Wrong?*, 64 – 65.
34. Smith, *Contingencies of Value*, 42.
35. Barbara Vinken, *Fashion Zeitgeist: Trends and Cycles in the Fashion System*, 66; Deidre Clemente, *Dress Casual: How College Students Redefined American Style*, 142.
36. Glenn O'Brien and Jean-Philippe Delhomme, *How to Be a Man*, 134, 138.
37. Kelefa Sanneh, "The Persistence of Prog Rock," quoting David Weigel.
38. "500 Greatest Albums List (2003)," *Rolling Stone*.
39. "The 500 Greatest Albums of All Time," *Rolling Stone*；關於評論，請見Sheldon Pearce, "The Futility of Rolling Stone's Best-Albums List"。

164. Herbert Marcuse, *One-Dimensional Man: Studies in the Ideology of Advanced Industrial Society*, 4 – 5.
165. Jon Elster, *Making Sense of Marx,* 311.
166. Tom Wolfe, *From Bauhaus to Our House*, as well as Peter Lewis, *The Fifties*, 197.
167. Tarde, *The Laws of Imitation*, 229, quoting Alexis de Tocqueville.
168. Wilson, *Let's Talk about Love*, 16.
169. Matei Calinescu, *Five Faces of Modernity*, 258, quoting Abraham Moles.
170. Calinescu, *Five Faces of Modernity*, 285, quoting Umberto Eco.
171. Nicholas Barber, "*Black Panther*: The Most Radical Hollywood Blockbuster Ever?"
172. Anthony Heath, *Rational Choice and Social Exchange*, 87.
173. Duncan J. Watts, *Everything Is Obvious: How Common Sense Fails Us,* 172.
174. Peter Rowe, "Ballast Point's Rise, Fall and Sale: Inside Craft Beer's Most Baffling Deal." Constellation eventually sold Ballast Point at a massive loss, but craft beer is certainly more available in mainstream American supermarkets than ever before.

第九章　歷史與延續性

1. Vance Packard, *The Status Seekers*, 122.
2. Jake Gallagher, "Dropping Knowledge: The Button-Down Collar."
3. Culture is "cumulative" in Clyde Kluckhohn, *Culture and Behavior*, 35, as well as Howard S. Becker, *Art Worlds*, 350 ("Each wave of innovation leaves behind a shelf of sediment made up of the art makers and art appreciators who can't or won't switch their allegiance to the new wave that has taken over their field").
4. Gabriel Tarde, *The Laws of Imitation*, 340.
5. O. E. Schoeffler and William Gale, *Esquire's Encyclopedia of 20th Century Men's Fashion*, 198 – 213.
6. Schoeffler and Gale, *Esquire's Encyclopedia of 20th Century Men's Fashion*, 202.
7. Michael Thompson, *Rubbish Theory: The Creation and Destruction of Value*, 4.
8. Eric Hobsbawm, *On History*, 10 – 11.
9. Hobsbawm, *On History*, 11.
10. Leonard B. Meyer, *Music, the Arts, and Ideas: Patterns and Predictions in Twentieth-Century Culture*, 92.
11. Hobsbawm, *On History*, 10.

141. See "taboo breaking point" in Leibenstein, "Bandwagon, Snob, and Veblen Effects in the Theory of Consumers' Demand."
142. David R. Greenland, *The Gunsmoke Chronicles: A New History of Television's Greatest Western*, 5.
143. McCracken, *Culture and Consumption*, 97, and Rogers, *Diffusion of Innovations*, 177.
144. Gary S. Becker, *Accounting for Tastes*, 200.
145. Balázs Kovács and Amanda J. Sharkey, "The Paradox of Publicity: How Awards Can Negatively Affect the Evaluation of Quality."
146. Vance Packard, *The Status Seekers*, 136, citing an idea of Dwight Macdonald's; see also Rogers, *Diffusion of Innovations*, 180.
147. Chuck Klosterman, *But What If We're Wrong?*, 182.
148. Tom Wolfe, *The Pump House Gang*, 33 – 34.
149. Best, *Flavor of the Month*, 97.
150. Rupert Neate, "How an American Woman Rescued Burberry, a Classic British Label."
151. Chang, *Can't Stop, Won't Stop*, 408 – 9.
152. Renato Poggioli, *The Theory of the Avant-Garde*, 45.
153. Fred Davis, *Fashion, Culture, and Identity*, 34.
154. McCracken, *Culture and Consumption*, 94.
155. Jon Elster, *Nuts and Bolts for the Social Sciences*, 95 ("When all are motivated by the desire to earn a bit more than their neighbors, they end up running as fast as they can in order to remain in the same place").
156. Veblen, *The Theory of the Leisure Class*, 174.
157. Jean Baudrillard, *For a Critique of the Political Economy of the Sign*, 50 – 51.
158. Peter Corrigan, *The Sociology of Consumption*, 9 ("If having the socially 'correct' goods would grant one social status, and if 'correctness' was still set by the upper classes, then classes lower in the hierarchy would imitate as best they could the consumption patterns of the higher classes who, of course, would then change just to make sure a difference was retained").
159. David Muggleton, *Inside Subculture: The Postmodern Meaning of Style*, 143.
160. Jean Baudrillard, *The System of Objects*, 149.
161. Davis, *Fashion, Culture, and Identity*, 162, quoting Coco Chanel.
162. Ralph Linton舉出馬達加斯加巴拉部落的例子，引自J. H. Abraham, *Origins and Growth of Sociology*, 513。
163. Stanley Lieberson, *A Matter of Taste: How Names, Fashions, and Culture Change*, 92.

113. Lynch and Strauss, *Changing Fashion*, 114.

114. Lesley Jacobs Solmonson, *Gin: A Global History*, 44.

115. Thompson, *Hit Makers*, 8.

116. Thompson, *Hit Makers*, 37.

117. Jonah Berger, *Contagious: Why Things Catch On*, 68.

118. John Berger, *Ways of Seeing*, 131.

119. Fred Schruers, *Billy Joel*, 82.

120. Grant David McCracken, *Culture and Consumption: New Approaches to the Symbolic Character of Consumer Goods and Activities*, 77.

121. Chwe, *Rational Ritual*, 41.

122. Nancy McGuckin and Nanda Srinivasan, "Journey-to-Work Trends in the United States and Its Major Metropolitan Areas, 1960 – 2000," https://rosap.ntl.bts.gov/view/dot/5543.

123. McGuckin and Srinivasan, "Journey-to-Work Trends in the United States and Its Major Metropolitan Areas, 1960 – 2000."

124. Bourdieu, *Distinction*, 230.

125. Marcy Norton, *Sacred Gifts, Profane Pleasures: A History of Tobacco and Chocolate in the Atlantic World*, 22.

126. Norton, *Sacred Gifts, Profane Pleasures,* 180.

127. Norton, *Sacred Gifts, Profane Pleasures,* 180.

128. Norton, *Sacred Gifts, Profane Pleasures,* 180.

129. Mort Rosenblum, *Chocolate: A Bittersweet Saga of Dark and Light*, 14.

130. Sophie D. Coe and Michael D. Coe, *The True History of Chocolate.*

131. Roald Dahl, *Charlie and the Chocolate Factory*, 6.

132. John Dower, *Embracing Defeat: Japan in the Wake of World War II*, 72.

133. Malcolm Gladwell, *The Tipping Point*, 7, and Berger, *Contagious*, 4.

134. Thompson, *Hit Makers*, 29, and Sheena Iyengar, *The Art of Choosing*, 149.

135. Leibenstein, "Bandwagon, Snob, and Veblen Effects in the Theory of Consumers' Demand."

136. Berger, *Contagious*, 128.

137. Rogers, *Diffusion of Innovations*, 350.

138. McLuhan, *Understanding Media*, 119, quoting Baudelaire.

139. Rogers, *Diffusion of Innovations*, 343.

140. Orrin E. Klapp, *The Inflation of Symbols*, 163.

87. Editors of Consumer Reports, *I'll Buy That: 50 Small Wonders and Big Deals That Revolutionized the Lives of Consumers*, 26.
88. Paul Fussell, *Class: A Guide through the American Status System*, 92.
89. Barbara Vinken, *Fashion Zeitgeist: Trends and Cycles in the Fashion System*, 41.
90. Scura, ed., *Conversations with Tom Wolfe*, 97.
91. Herbert Blumer, "Fashion: From Class Differentiation to Collective Selection."
92. Seabrook, *Nobrow*, 170.
93. Tarde, *The Laws of Imitation*, 221.
94. Kobena Mercer, "Black Hair/ style Politics (1987)," 434.
95. Richard Conniff, *The Natural History of the Rich: A Field Guide*, 172.
96. Glenn O'Brien and Jean-Philippe Delhomme, *How to Be a Man*, 215.
97. Nelson W. Aldrich Jr., *Old Money: The Mythology of America's Upper Class*, 79, quoting Zelda Fitzgerald.
98. Alison Lurie, *The Language of Clothes*, 14, 73, and David J. Hutson, "Plump or Corpulent? Lean or Gaunt? Historical Categories of Bodily Health in Nineteenth-Century Thought."
99. Wilson, *Let's Talk about Love*, 93.
100. "How Badoit Took on Perrier."
101. Dick Pountain and David Robins, *Cool Rules: Anatomy of an Attitude*, 97.
102. Henrik Vejlgaard, *Anatomy of a Trend*, 89.
103. Richard T. Drummond and Jimmy Cauty, *The Manual (How to Have a Number One the Easy Way)*.
104. Rogers, *Diffusion of Innovations*, 274.
105. See Paul DiMaggio, "Market Structure, the Creative Process, and Popular Culture: Toward an Organizational Reinterpretation of Mass-Culture Theory," and Paul M. Hirsch, "Processing Fads and Fashions: An Organization-Set Analysis of Cultural Industry Systems."
106. Ron Mann, *Twist*.
107. David Byrne, *How Music Works*, 316.
108. Rogers, *Diffusion of Innovations*, 257.
109. Rogers, *Diffusion of Innovations*, 186.
110. Andy Warhol and Pat Hackett, *POPism: The Warhol Sixties*, 65.
111. Chang, *Can't Stop, Won't Stop*, 132.
112. Matos, *The Underground Is Massive*, 356 – 57.

60. Maria Ward, "At 35, Kate Middleton Already Has an Archive of Memorable Fashion Moments."
61. Dorothy M. Scura, ed., *Conversations with Tom Wolfe,* 189. For the Hells Angels, see ibid., 278.
62. Hunter S. Thompson, *Hell's Angels*, 74.
63. John Seabrook, *Nobrow: The Culture of Marketing, the Marketing of Culture*, 50.
64. rottentomatoes.com/m/venom_2018.
65. Russell Lynes, *The Tastemakers*, 100.
66. Joel Best, *Flavor of the Month: Why Smart People Fall for Fads*, 60.
67. Carl Wilson, *Let's Talk about Love: A Journey to the End of Taste*, 69.
68. Annette Lynch and Mitchell D. Strauss, *Changing Fashion: A Critical Introduction to Trend Analysis and Meaning*, 110.
69. Jean Duvignaud, *The Sociology of Art*, 129.
70. See "pseudo-events" in Daniel J. Boorstin, *The Image*, 21.
71. Jack Shafer, "Bogus Trend Stories, Summer Edition."
72. Roger Ebert, "North."
73. Bob Morris, "The Age of Dissonance: Babes in Adultland."
74. "The Wedding Album: Jenna Lyons and Vincent Mazeau."
75. Julia Moskin, "Once Just a Cupcake, These Days a Swell."
76. Sietsema, "Me and Magnolia: Life before and after the Cupcake Bomb Went Off."
77. Elizabeth Nathanson, "Sweet Sisterhood: Cupcakes as Sites of Feminized Consumption and Production."
78. Eric Asimov, "One Critic's Delight. . ."
79. Moskin, "Once Just a Cupcake, These Days a Swell."
80. Jen Doll, "The Icing Is off the Cupcake Craze."
81. Nathanson, "Sweet Sisterhood."
82. Leah Bourne, "The Cupcake Craze Is Officially Over: Crumbs Is Going Out of Business."
83. Rogers, *Diffusion of Innovations*, 288 – 91.
84. Tarde, *The Laws of Imitation*, 221.
85. Bell, *On Human Finery*, 109.
86. Marissa Piesman and Marilee Hartley, *The Yuppie Handbook: The State-of-the-Art Manual for Young Urban Professionals.*

32. Pierre Bourdieu, *Distinction*, 255.
33. Chaney, *Coco Chanel*, 45.
34. H. Leibenstein, "Bandwagon, Snob, and Veblen Effects in the Theory of Consumers' Demand."
35. Bobbito Garcia, *Where'd You Get Those? New York City's Sneaker Culture, 1960–1987*, 156.
36. Howard S. Becker, *Art Worlds*, 215, quoting Barbara H. Smith.
37. Colin Renfrew, "Varna and the Emergence of Wealth in Prehistoric Europe," 144.
38. Christie's, "The Collection of Peggy and David Rockefeller: Online Sale."
39. Jukka Gronow, *The Sociology of Taste*, 50.
40. Allison P. Davis, "Pharrell's Grammys Hat Actually Not So Ridiculous."
41. Garcia, *Where'd You Get Those?*, 188.
42. Nik Cohn, *Today There Are No Gentlemen*, 55.
43. Cohn, *Today There Are No Gentlemen*, 104.
44. Charles Lindholm, *Culture and Authenticity*, 95.
45. Chaney, *Coco Chanel*, 103, 209.
46. Luca Vercelloni, *The Invention of Taste: A Cultural Account of Desire, Delight and Disgust in Fashion, Food and Art*, 145.
47. 關於格倫・歐布萊恩的傳記細節，取自Jesse Thorn, "An Interview with Glenn O'Brien," and Stephen Greco, "That Fast Thing: The Late Glenn O'Brien"。
48. Christopher Bollen, "Glenn O'Brien Saved My Life."
49. Marshall McLuhan, *Understanding Media: The Extensions of Man*, 252.
50. Michael Suk-Young Chwe, *Rational Ritual: Culture, Coordination, and Common Knowledge*, 92.
51. Jeff Chang, *Can't Stop, Won't Stop: A History of the Hip-Hop Generation*, 320, 419.
52. Michelangelo Matos, *The Underground Is Massive*, 124.
53. Francis Mulhern, *Culture/ Metaculture*, 110, and Rogers, *Diffusion of Innovations*, 250.
54. Cohn, *Today There Are No Gentlemen*, 156.
55. Rolf Meyersohn and Elihu Kaz, "Notes on a Natural History of Fads," 600.
56. Iain Ellis, "New Wave: Turning Rebellion into Money."
57. Matos, *The Underground Is Massive*, 230.
58. Tom Wolfe, *The Painted Word*, 38, quoting Tristan Tzara.
59. Terence Hawkes, *Structuralism and Semiotics*, 104.

7. Leonard B. Meyer, *Music, the Arts, and Ideas: Patterns and Predictions in Twentieth-Century Culture*, 109 ("Extra-stylistic 'forces' do not in themselves appear to be either necessary or sufficient causes for style change").
8. Leslie A. White, *The Concept of Cultural Systems*, 6; see also Young Back Choi, *Paradigms and Conventions,* 106 ("[S]ocial change is the replacement of one set of conventions by another").
9. George Santayana, *The Life of Reason: Reason in Religion*, 113.
10. "Fashion," *Lapham's Quarterly*, quoting Montesquieu.
11. A reference to the title of Charles Mackay's *Extraordinary Popular Delusions and the Madness of Crowds.*
12. Molly Young, *The Things They Fancied*, 23.
13. Thorstein Veblen, *The Theory of the Leisure Class,* 177.
14. Oscar Wilde, "The Philosophy of Dress."
15. Lisa Chaney, *Coco Chanel,* 210.
16. Michael Thompson, *Rubbish Theory: The Creation and Destruction of Value*, 54.
17. Meyer, *Music, the Arts, and Ideas*, 101 ("Change, then, is not one thing. There are many different kinds of change and at least as many different causes as there are kinds").
18. 這個時尚循環的架構遵照齊美爾的經典模仿與區分理論，請見Georg Simmel, "Fashion," *On Individuality and Social Forms*。
19. Nancy Mitford, ed., *Noblesse Oblige: An Enquiry into the Identifiable Characteristics of the English Aristocracy*, 143.
20. Everett M. Rogers, *The Fourteenth Paw: Growing Up on an Iowa Farm in the 1930s*, 40.
21. Everett M. Rogers, *Diffusion of Innovations*, 267.
22. Eric Hoffer, *The Ordeal of Change*, 1.
23. Quentin Bell, *On Human Finery*, 114.
24. Alberto Acerbi et al., "The Logic of Fashion Cycles."
25. Paul Nystrom, *Economics of Fashion*, 23.
26. Albert K. Cohen, "A General Theory of Subcultures (1955)."
27. Derek Thompson, *Hit Makers: The Science of Popularity in an Age of Distraction*, 7.
28. Ruth Kassinger, *Dyes: From Sea Snails to Synthetics*, 33.
29. Pliny (the Elder), *The Natural History of Pliny,* vol. 2.
30. Suetonius, "The Life of Nero."
31. Gabriel Tarde, *The Laws of Imitation,* 232.

80. Jean Baudrillard, *For a Critique of the Political Economy of the Sign*, 106.
81. Bill Drummond and Jimmy Cauty, *The Manual (How to Have a Number One the Easy Way)*.
82. Warhol and Hackett, *POPism*, 145.
83. Myers, *Erik Satie*, 54.
84. Tomkins, *Ahead of the Game*, 104.
85. Ian MacDonald, *Revolution in the Head: The Beatles' Records and the Sixties*, 11.
86. Blau, "33 Musicians on What John Cage Communicates," quoting Robert Spano.
87. T. S. Eliot, *Notes towards the Definition of Culture,* 58.
88. Eliot, *Notes towards the Definition of Culture*, 24.
89. Raymond Williams, *The Sociology of Culture*, 57.
90. W. David Marx, *Ametora: How Japan Saved American Style*, 235.
91. Adam Kirsch, "Kafka Wanted All His Work Destroyed after His Death. Or Did He?"
92. Baudrillard, *For a Critique of the Political Economy of the Sign*, 110.
93. Daniel Bell, *The Cultural Contradictions of Capitalism*, 120.
94. Tomkins, *Ahead of the Game*, 22, quoting André Breton.
95. Warhol and Hackett, *POPism*, 50.
96. Baudrillard, *For a Critique of the Political Economy of the Sign*, 48.
97. Bell, *The Cultural Contradictions of Capitalism*, 20, quoting Octavio Paz.
98. Peter Fuller, *Aesthetics after Modernism*, 5.
99. Stephen Jay Gould, *Full House: The Spread of Excellence from Plato to Darwin*, 228 ("Perhaps we have already explored most of what even a highly sophisticated audience can deem accessible. Perhaps, in other words, we have reached the right wall of styles that a sympathetic, intelligent, but still nonprofessional audience can hope to grasp with understanding and compassion").

第八章　時尚循環

1. 關於短版革命的故事，請見William Finnegan, *Barbarian Days: A Surfing Life,* 78 – 90。
2. Finnegan, *Barbarian Days,* 87.
3. Finnegan, *Barbarian Days,* 90.
4. Davis Jones, "History of Surfing: The Great Plastics Race."
5. Agi Orsi, Stacy Peralta, Craig Stecyk, and Sean Penn, *Dogtown and Z-Boys*.
6. Edward Sapir, *Language: An Introduction to the Study of Speech*, 155.

could").

52. Tomkins, *Ahead of the Game*, 104.
53. Cabanne and Duchamp, *Dialogues with Marcel Duchamp*, 69.
54. Tomkins, *Ahead of the Game*, 15.
55. René Girard, *Evolution and Conversion: Dialogues on the Origins of Culture*, 18.
56. George Orwell, "Why I Write."
57. Andy Warhol and Pat Hackett, *POPism: The Warhol Sixties*, 20.
58. Tomkins, *Ahead of the Game*, 136.
59. Tomkins, *Ahead of the Game*, 70 ("The attitude of most New York subscription audiences, and most New York musicians for that matter, towards works by Cage is almost invariably hostile").
60. Tomkins, *Ahead of the Game*, 137.
61. *BBC Music Magazine*, "The 50 Greatest Composers of All Time."
62. Kulka, *Kitsch and Art*, 117.
63. Herbert Read, *Art and Society*, 85.
64. Daniel J. Levitin, *This Is Your Brain on Music: The Science of a Human Obsession*, 242.
65. Umberto Eco, *A Theory of Semiotics*, 272.
66. Warhol and Hackett, *POPism*, 3.
67. David Byrne, *How Music Works*, 284.
68. Poggioli, *The Theory of the Avant-Garde*, 116, quoting Wordsworth.
69. Eco, *A Theory of Semiotics*, 270.
70. Max Blau, "33 Musicians on What John Cage Communicates."
71. Becker, *Art Worlds*, 115 ("Dealers, critics, and collectors develop a consensus about the worth of work and how it can be appreciated").
72. Poggioli, *The Theory of the Avant-Garde*, 91, quoting Ortega y Gasset.
73. Russell Lynes, *The Tastemakers*, 74.
74. Tom Wolfe, *The Painted Word*, 89.
75. Poggioli, *The Theory of the Avant-Garde*, 158.
76. Alex Ross, "The John Cage Century," and Alex Ross, "Searching for Silence."
77. Dan Ozzi, "Rock Is Dead, Thank God."
78. Combined sales for Bush and Stone Temple Pilots are from Wikipedia.
79. Jonathan D. Culler, *Saussure*, 100.

24. Justin Quirk, *Nothin' but a Good Time*, 217.

25. Friedman, *Jackson Pollock*, 100.

26. Ludwig Wittgenstein, *Culture and Value*, 4.

27. Shattuck, *The Banquet Years*, 80.

28. Kathleen McKenna, "Edna Hibel, at 97; Versatile Creator of Many Works of Art."

29. 這裡和關於希貝爾的額外細節來自Kim Shippey, "Always Trying for the Best She Can Do"。

30. Noël Carroll, *Philosophy of Art*, 228, 253.

31. "Roger Eliot Fry (1866 – 1934)."

32. McKenna, "Edna Hibel, at 97."

33. Tomáš Kulka, *Kitsch and Art*, 55.

34. Becker, *Art Worlds*, 29 – 30.

35. Stephen Bayley, *Taste: The Secret Meaning of Things*, 56.

36. Renato Poggioli, *The Theory of the Avant-Garde*, 179.

37. Pierre Cabanne and Marcel Duchamp, *Dialogues with Marcel Duchamp*, 48.

38. Graham, *John Graham's System and Dialectics of Art*, 96.

39. 來自加泰隆尼亞哲學家Eugenio d'Ors，引用自Luis Bunuel, *My Last Breath*, 69 – 70。

40. Harold Bloom, *The Anxiety of Influence: A Theory of Poetry*, 99.

41. Graham, *John Graham's System and Dialectics of Art*, 177.

42. Roland Aeschilmann et al., eds., *Trisha Brown: Dance and Art in Dialogue, 1961–2001*, and Trisha Brown, "Trisha Brown on Pure Movement."

43. Bloom, *The Anxiety of Influence*, 5.

44. Calvin Tomkins, *Ahead of the Game: Four Versions of the Avant-Garde*, 99.

45. Tomkins, *Ahead of the Game*, 182.

46. Kulka, *Kitsch and Art*, 55.

47. Christopher Green, "An Introduction to *Les Demoiselles d'Avignon*."

48. Kulka, *Kitsch and Art*, 53.

49. Barbara Herrnstein Smith, *Contingencies of Value: Alternative Perspectives for Critical Theory*, 5.

50. Graham, *John Graham's System and Dialectics of Art*, 99.

51. Leonard B. Meyer, *Music, the Arts, and Ideas: Patterns and Predictions in Twentieth-Century Culture*, 71 ("It is easy, of course, to ridicule art created by accident—by asking 'what does it represent?' or asserting that 'my little child could have done that.' And perhaps the child

第七章　藝術

1. Roger Shattuck, *The Banquet Years: The Origins of the Avant-Garde in France 1885 to World War I*, 66.
2. Shattuck, *The Banquet Years*, 52.
3. Howard S. Becker, *Art Worlds*, 14.
4. Truman Capote, *Breakfast at Tiffany's*, 18.
5. Jean Duvignaud, *The Sociology of Art*, 32.
6. Duvignaud, *The Sociology of Art*, 24.
7. Luca Vercelloni, *The Invention of Taste: A Cultural Account of Desire, Delight and Disgust in Fashion, Food and Art*, 117.
8. Duvignaud, *The Sociology of Art*, 24.
9. Charles Taylor, *Sources of Self: The Making of the Modern Identity*, 419.
10. Duvignaud, *The Sociology of Art*, 42.
11. John D. Graham, *John Graham's System and Dialectics of Art*, 95.
12. Henri Bergson, *The Creative Mind: An Introduction to Metaphysics*, 135.
13. Bergson, *The Creative Mind*, 157 ("Art enables us, no doubt, to discover in things more qualities and more shades than we naturally perceive").
14. Herschel Browing Chipp, Peter Selz, and Joshua C. Taylor, *Theories of Modern Art: A Source Book by Artists and Critics*, 224.
15. Matei Calinescu, *Five Faces of Modernity*, 229.
16. Immanuel Kant, *The Critique of Judgement*, 168 – 69.
17. Rollo H. Myers, *Erik Satie*, 112 ("How else can one account for the emergence of the purest masterpieces from a brain which in other respects might well have belonged to the merest simpleton?").
18. Hannah Arendt, "The Crisis in Culture," 200.
19. B. H. Friedman, *Jackson Pollock: Energy Made Visible*, 181.
20. Becker, *Art Worlds*, 98.
21. Josh Jones, "How Glenn Gould's Eccentricities Became Essential to His Playing and Personal Style: From Humming Aloud While Playing to Performing with His Childhood Piano Chair."
22. Sigmund Freud, *Introductory Lectures on Psycho-Analysis,* 423.
23. John Seabrook, *Nobrow: The Culture of Marketing, the Marketing of Culture*, 191.

88. Cohn, *Today There Are No Gentlemen*, 84.

89. Hall and Jefferson, eds., *Resistance through Rituals*, 188.

90. Dick Pountain and David Robins, *Cool Rules: Anatomy of an Attitude*, 19.

91. Ferris and Lord, *Teddy Boys*, 32.

92. John Waters, *Shock Value: A Tasteful Book about Bad Taste*, 36.

93. Cohn, *Today There Are No Gentlemen*, 31.

94. See John Seabrook, *Nobrow: The Culture of Marketing, the Marketing of Culture*, 76 ("By 1998, when hip-hop sold more than 81 million records, 70 percent to white fans, the genre had passed country as the most popular category in all pop music").

95. Andy Warhol and Pat Hackett, *POPism: The Warhol Sixties*, 293.

96. Cohn, *Today There Are No Gentlemen*, 31.

97. Cohn, *Today There Are No Gentlemen*, 112.

98. W. David Marx, *Ametora: How Japan Saved American Style*, 143.

99. Howard S. Becker, *Outsiders: Studies in the Sociology of Deviance*, 60.

100. Hebdidge, *Subculture*, 84.

101. Ferris and Lord, *Teddy Boys*, 67.

102. David Bazner, "The Ted Trend Continues at Saint Laurent," and Steff Yotka and Amanda Brooks, "Watch: At Dior, Teddy Girls Take Center Stage."

103. Russell, "American Juggalo."

104. Annette Lynch and Mitchell D. Strauss, *Changing Fashion: A Critical Introduction to Trend Analysis and Meaning*, 54.

105. Hall and Jefferson, eds., *Resistance through Rituals*, 32.

106. Muggleton, *Inside Subculture*, 126.

107. Thornton, "The Social Logic of Subcultural Capital (1995)," 201 ("Vague opposition is certainly how many members of youth subcultures characterize their own activities").

108. Susan Sontag, *Against Interpretation*, 275.

109. Sontag, *Against Interpretation*, 285.

110. Sontag, *Against Interpretation*, 286.

111. Ralph H. Turner and Samuel J. Surace, "Zoot-Suiters and Mexicans," 387.

112. Terence Hawkes, *Structuralism and Semiotics*, 72.

113. Fred Davis, *Fashion, Culture, and Identity*, 162 ("The anti-fashion posture has become firmly, and perhaps irrevocably, incorporated into fashion's very own institutional apparatus").

57. Kent Russell, "American Juggalo."

58. Muggleton, *Inside Subculture*, 131, quoting Lydon.

59. Muggleton, *Inside Subculture*, 57, 68.

60. John McWhorter, *The Language Hoax: Why the World Looks the Same in Any Language*, 67.

61. Russell Hardin, *One for All: The Logic of Group Conflict*, 83, 101.

62. Herbert Gans, *Popular Culture and High Culture: An Analysis and Evaluation of Taste,* 13.

63. Muggleton, *Inside Subculture*, 137.

64. Scura, ed., *Conversations with Tom Wolfe*, 149.

65. Ferris and Lord, *Teddy Boys*, 61, and Hedbidge, *Subculture*, 122.

66. Muggleton, *Inside Subculture*, 100.

67. Ferris and Lord, *Teddy Boys*, 11.

68. 皮尼科的歷史取自Lucy McKeon, "The True Story of Rastafari," and Chris Salewicz, *Bob Marley,* 45－47。

69. Salewicz, *Bob Marley,* 46.

70. Salewicz, *Bob Marley,* 47.

71. Salewicz, *Bob Marley,* 118.

72. Salewicz, *Bob Marley,* 112.

73. Sam Bright, "Klansman with Dreadlocks Astonishes Twitter."

74. Boardriders, https://www.boardriders.com/history-inactive.

75. David Teather, "Country Life Butter Soars after Johnny Rotten's Star Turn."

76. Hall and Jefferson, eds., *Resistance through Rituals,* 66.

77. T. R. Fyvel, "Fashion and Revolt (1963)," 69.

78. Charles Taylor, *Sources of Self: The Making of the Modern Identity*, 297.

79. Tom Wolfe, *Radical Chic and Mau-Mauing the Flak Catchers.*

80. Thomas Frank, *The Conquest of Cool*, 173.

81. Simon Frith and Howard Horne, *Art into Pop.*

82. Hebdidge, *Subculture*, 68－69.

83. Chang, *Can't Stop, Won't Stop*, 418.

84. Mailer, "The White Negro," 348.

85. Hebdidge, *Subculture*, 63.

86. Thornton, "The Social Logic of Subcultural Capital (1995)."

87. Dan Fox, *Pretentiousness: Why It Matters*, 63.

30. Carl Wilson, *Let's Talk about Love: A Journey to the End of Taste*, 6.
31. Scura, ed., *Conversations with Tom Wolfe*, 190.
32. Cohn, *Today There Are No Gentlemen,* 33.
33. Hall and Jefferson, eds., *Resistance through Rituals*, 53, 102.
34. Ikuya Satō, *Kamikaze Biker: Parody and Anomy in Affluent Japan.*
35. Joel Dinerstein, *The Origins of Cool in Postwar America*, 230.
36. *The Beatles Anthology*, 259.
37. Frankie Thomas, "A Queer Reading of *Go Ask Alice*"; see also https://www.snopes.com/fact-check/go-ask-alice.
38. Ferris and Lord, *Teddy Boys*, 48.
39. David Muggleton, *Inside Subculture: The Postmodern Meaning of Style,* 85.
40. Muggleton, *Inside Subculture,* 124
41. Muggleton, *Inside Subculture,* 67.
42. Norman Mailer, "The White Negro," 339.
43. Hall and Jefferson, eds., *Resistance through Rituals*, 47.
44. Michelle H. S. Ho, "Consuming Women in Blackface: Racialized Affect and Transnational Femininity in Japanese Advertising."
45. 關於辣妹與黑臉的歷史，請見W. David Marx, "The History of the Gyaru—Part One," "The History of the Gyaru—Part Two," and "The History of the Gyaru—Part Three."。
46. Sharon Kinsella, "Black Faces, Witches, and Racism against Girls."
47. Hall and Jefferson, eds., *Resistance through Rituals,* 93.
48. Irish Jack quoted in Paolo Hewitt, ed., *The Sharper Word: A Mod Anthology,* 44.
49. Hall and Jefferson, eds., *Resistance through Rituals*, 177.
50. Kōji Nanba, *Yankii shinkaron*, 69.
51. Hebdidge, *Subculture*, 101.
52. Hebdidge, *Subculture*, 116. 關於這個符號在布朗克斯幫派之間的使用情形，請見Chang, *Can't Stop, Won't Stop*, 42, 102；關於納粹與摩托車騎士之間的關聯，請見Christopher Beam, "Highway to Heil"。
53. Jack Young, "The Subterranean World of Play (1971)."
54. Muggleton, *Inside Subculture*, 115.
55. Muggleton, *Inside Subculture*, 110.
56. Sarah Thornton, "The Social Logic of Subcultural Capital (1995)."

8. Macilwee, *The Teddy Boy Wars*, 62.
9. Macilwee, *The Teddy Boy Wars*, 85, 230.
10. Alan Sinfield, *Literature, Politics and Culture in Postwar Britain*, 174.
11. Cohn, *Today There Are No Gentlemen*, 28.
12. Stuart Hall and Tony Jefferson, eds., *Resistance through Rituals*, 29; emphasis on working-class origins in ibid., 236.
13. Albert K. Cohen, "A General Theory of Subcultures (1955)" ("One solution is for individuals who share such problems to gravitate towards one another and jointly to establish new norms, new criteria of status which define as meritorious the characteristics they do possess, the kinds of conduct of which they are capable").
14. Macilwee, *The Teddy Boy Wars*, 115.
15. George Caspar Homans, *Social Behavior: Its Elementary Forms*, 341.
16. Macilwee, *The Teddy Boy Wars*, 132.
17. Dorothy M. Scura, ed., *Conversations with Tom Wolfe*, 235.
18. Dick Hebdidge, *Subculture: The Meaning of Style*, 55.
19. Cohn, *Today There Are No Gentlemen*, and Macilwee, *The Teddy Boy Wars*, 295 – 300.
20. Daniele Tamangi, *Gentlemen of Bacongo*.
21. Hall and Jefferson, eds., *Resistance through Rituals*, 161.
22. Hebdidge, *Subculture*, 64.
23. Nili Blanck, "Inside L.A.'s Lowrider Car Clubs."
24. Jeff Chang, *Can't Stop, Won't Stop: A History of the Hip-Hop Generation*.
25. Phil Cohen, "Subcultural Conflict and Working-Class Community (1972)" ("I do not think the middle class produces subcultures, for subcultures are produced by a dominated culture, not by a dominant culture").
26. Daniel Bell, *The Cultural Contradictions of Capitalism*, 190 ("[M]uch of the alienation of the young was a reaction to the social revolution that had taken place in their own status").
27. Hall and Jefferson, eds., *Resistance through Rituals*, 61; see also Roland Barthes and Andy Stafford, *The Language of Fashion*, 107 (hippies were an "inverted bourgeois").
28. Henry Jenkins, "Television Fans, Poachers, Nomads (1992)" ("These fans often draw strength and courage from their ability to identify themselves as members of a group of other fans who shared common interests and confronted common problems").
29. Peter Lewis, *The Fifties*, 141.

115. Matei Calinescu, *Five Faces of Modernity*, 235.

116. Tomáš Kulka, *Kitsch and Art*, 28; 關於更多關於媚俗的想法，請見Clement Greenberg, *Art and Culture*, 10。

117. Bourdieu, *Distinction*, 43.

118. Kulka, *Kitsch and Art*, 44.

119. Norman Lebrecht, *The Book of Musical Anecdotes,* 233.

120. Paulo Hewitt, ed., *The Sharper Word: A Mod Anthology*, 74 ("They came from a post-war British working-class attitude to smartness, best described as 'flash' ").

121. Thompson, *Rubbish Theory,* 117.

122. Thompson, *Rubbish Theory,* 63.

123. Packard, *The Status Seekers*, 70.

124. Dick Hebdidge, *Subculture: The Meaning of Style*, 41.

125. Lanin, "Russia's Airbrushed Car Scene Is Out of Control."

126. Owen Jones, *Chavs: The Demonization of the Working Class*, 121, and James Hall, "Burberry Brand Tarnished by 'Chavs.' "

127. Jonathan Sawyer, "Jay-Z's Wild Car Collection Is Fitting for Hip-Hop's First Billionaire."

128. Young Jee Han, Joseph C. Nunes, and Xavier Dreze, "Signaling Status with Luxury Goods: The Role of Brand Prominence."

129. Margalit Fox, "Vivian Nicholson, 79, Dies; A Rags-to-Riches Story Left in Tatters."

130. Richard Pendlebury, "Spent, Spent, Spent—Pools Winner Now Living on L87 a Week."

131. Naomi Klein, *No Logo: Taking Aim at the Brand Bullies.*

132. Lynes, *The Tastemakers*, 239.

第六章　次文化與反文化

1. 告示圖片請見https://www.messynessychic.com/2013/ 02/10/ the-forgotten-1950s-girl-gang.

2. 關於愛德華時代造型與泰迪男孩的歷史，請見Nik Cohn, *Today There Are No Gentlemen*, and Ray Ferris and Julian Lord, *Teddy Boys: A Concise History*。

3. Cohn, *Today There Are No Gentlemen*, 23.

4. Cohn, *Today There Are No Gentlemen*, 25－26.

5. Michael Macilwee, *The Teddy Boy Wars.*

6. Macilwee, *The Teddy Boy Wars*, 138, reports on how teds played "Throw the Cat."

7. Ferris and Lord, *Teddy Boys*, 16, and Macilwee, *The Teddy Boy Wars*, 19－20.

90. Maureen Dowd, "Retreat of the Yuppies: The Tide Now Turns amid 'Guilt' and 'Denial.' "
91. Erynn Masi de Casanova, *Buttoned Up: Clothing, Conformity, and White-Collar Masculinity*, 227.
92. Marissa Piesman and Marilee Hartley, *The Yuppie Handbook: The State-of-the-Art Manual for Young Urban Professionals*, cover.
93. Peter Gammond, *The Bluffer's Guide to British Class*, 28
94. George W. S. Trow, *Within the Context of No Context*, 4.
95. Birnbach, *The Official Preppy Handbook*, 89.
96. Aldrich, *Old Money*, 142.
97. Thomas Frank, *The Conquest of Cool*, 145 - 46.
98. David Brooks, *Bobos in Paradise*.
99. Douglas B. Holt, "Distinction in America? Recovering Bourdieu's Theory of Taste from Its Critics."
100. Currid-Halkett, *The Sum of Small Things*, 120, and Dominick Reuter, "Meet the Typical Whole Foods Shopper, a Highly Educated West Coast Millennial Woman Earning $80,000."
101. Fussell, *Class*, 142, as echoed in Herbert Gans, *Popular Culture and High Culture: An Analysis and Evaluation of Taste*.
102. "The Springfield Files"這一集提到Ludwig Wittgenstein; the Vassarbashing出現在"The PTA Disbands."
103. Richard Florida, *The Creative Class*.
104. Lillian Hellman, *An Unfinished Woman*, 36.
105. Nick Hornby, *High Fidelity*.
106. Bobbito Garcia, *Where'd You Get Those? New York City's Sneaker Culture, 1960–1987*.
107. Veblen, *The Theory of the Leisure Class*, 85.
108. Misha Lanin, "Russia's Airbrushed Car Scene Is Out of Control."
109. Kerwin Kofi Charles, Erik Hurst, and Nikolai Roussanov, "Conspicuous Consumption and Race."
110. René Girard, *Evolution and Conversion: Dialogues on the Origins of Culture*, 45.
111. Garcia, *Where'd You Get Those?*, 14.
112. Garcia, *Where'd You Get Those?*, 35.
113. Garcia, *Where'd You Get Those?*, 151.
114. Garcia, *Where'd You Get Those?*, 12.

66. Lisa Birnbach, *The Official Preppy Handbook*, 128.

67. Mary Douglas and Baron Isherwood, *The World of Goods*, 118, quoting Prince Philip.

68. Aldrich, *Old Money*, 103.

69. Aldrich, *Old Money*, 71, quoting Mark Hampton.

70. Jean Baudrillard, *The Consumer Society: Myths and Structures*, 90.

71. McCracken, *Culture and Consumption*, 35.

72. G. Bruce Boyer, *True Style: The History and Principles of Classic Menswear*, 178.

73. Aldrich, *Old Money*, 76.

74. Fussell, *Class*, 88.

75. Coco Chanel在Barbara Vinken, *Fashion Zeitgeist: Trends and Cycles in the Fashion System*, 69中證實。

76. Russell Lynes, "How Shoe Can You Get?"

77. Nelson W. Aldrich Jr., "Preppies: The Last Upper Class?"

78. Fussell, *Class*, 71.

79. Bayley, *Taste*, 84.

80. Packard, *The Status Seekers*, 67, and Madeline Bilis, "Why Some Boston Brownstones Have Purple Windows."

81. Aldrich, *Old Money*, 39.

82. Michele Lamont and Annette Lareau, "Cultural Capital: Allusions, Gaps and Glissandos in Recent Theoretical Developments," 155.

83. Nancy Mitford, ed., *Noblesse Oblige: An Enquiry into the Identifiable Characteristics of the English Aristocracy*, xi.

84. Birnbach, *The Official Preppy Handbook*, 121. 另一個細節介紹的例子請見G. Bruce Boyer, "The Swelled Edge, a Quarter-Inch of Distinction"。

85. Mitford, ed., *Noblesse Oblige*, 85.

86. Bourdieu, *Distinction*, 2.

87. Bourdieu, *Distinction*, 29.

88. Halbwachs, *On Collective Memory*, 151 ("The prestige that still today is linked to wealth can be explained at least in part by the feeling that the modern idea of virtue was elaborated in the wealthy class, and that the first and most memorable examples of it can be found in that class").

89. Aldrich, *Old Money*, 79.

influenced to a far greater extent by increase in the consumption of luxury goods. In numerous cases [although not in all] increase in consumption opens the door to capitalism, permitting it to invade the sanctuary of trade").

41. 這裡與其他傳記細節來自奇索姆藝廊網站：https://chisholmgallery.com/hugh-jeremy-chisholm。
42. Nelson W. Aldrich Jr., *Old Money: The Mythology of America's Upper Class*, 135.
43. James Dowling, "100 Not Out: The Full History of the Cartier Tank."
44. Aldrich, *Old Money*, 83.
45. Liz Jones, "The Patch-Up Prince: As He Is Pictured in a Jacket That's Been Repaired for Decades, How—from His Shoes Up—Prince Charles Has Always Made Do and Mended."
46. Packard, *The Status Seekers*, 275.
47. Sh zō Kuki, *Reflections on Japanese Taste: The Structure of Iki*, 93.
48. Veblen, *The Theory of the Leisure Class*, 187.
49. Paul Connerton, *How Societies Remember*, 85.
50. Gabriel Tarde, *The Laws of Imitation*, 244.
51. Tarde, *The Laws of Imitation*, 233.
52. Bertrand Russell, *Power*, 29.
53. Corrigan, *The Sociology of Consumption*, 5 ("New money, however, lacks a track record: it could be gone in six months or a year and could simply be a freakish occurrence").
54. Cecilia L. Ridgeway, *Status: Why Is It Everywhere? Why Does It Matter?*, 106.
55. Bayley, *Taste*, 90.
56. Baudrillard, *For a Critique of the Political Economy of the Sign*, 78.
57. Nick Feltovich, Rick Harbaugh, and Ted To, "Too Cool for School? Signalling and Countersignalling."
58. Maurice Halbwachs, *On Collective Memory*, 128.
59. Corrigan, *The Sociology of Consumption*, 166.
60. Conniff, *The Natural History of the Rich*, 187.
61. Fussell, *Class*, 85, quoting Joseph Epstein.
62. Fussell, *Class*, 85.
63. Lisa Chaney, *Coco Chanel*, 90, quoting Paul Poiret.
64. James Laver, *Dandies*, 21.
65. Quentin Bell, *On Human Finery*, 31.

Economy."

19. Jane Flanagan, "Grace Mugabe's Porsche, Rolls Royce and Range Rover Are Damaged When Cows Wander onto the Road as Motors Were Being Spirited Out of Zimbabwe under the Cover of Darkness."
20. Peter York, "Trump's Dictator Chic."
21. Russell Lynes, *The Tastemakers*, 117.
22. Thorstein Veblen, *The Theory of the Leisure Class*, 96.
23. Sombart, *Luxury and Capitalism*, 81.
24. Georges Bataille, *The Accursed Share: An Essay on the General Economy*, 1:67.
25. Stephen Rodrick, "The Trouble with Johnny Depp."
26. Peter Corrigan, *The Sociology of Consumption*, 25.
27. Vance Packard, *The Status Seekers*, 31; contemporary evidence in Elizabeth Currid-Halkett, *The Sum of Small Things: A Theory of the Aspirational Class*, 186.
28. Veblen, *The Theory of the Leisure Class*, 99.
29. Veblen, *The Theory of the Leisure Class*, 115.
30. Veblen, *The Theory of the Leisure Class*, 68; also discussed in Baudrillard, *For a Critique of the Political Economy of the Sign*, 31.
31. Stephen Bayley, *Taste: The Secret Meaning of Things*, 157 ("Neomania assumes that purchasing the new is the same as acquiring value"). 亦請見Mc-Cracken, *Culture and Consumption*, 42, 著重於挑戰舊富階級象徵。
32. Packard, *The Status Seekers*, 121.
33. Andy Warhol and Pat Hackett, *POPism: The Warhol Sixties*, 295.
34. Henri Neuendorf, "Here's What Japanese Billionaire Yusaku Maezawa Has Bought So Far at the Auctions."
35. Andrew B. Trigg, "Veblen, Bourdieu, and Conspicuous Consumption," and Fussell, *Class*, 20.
36. Richard Conniff, *The Natural History of the Rich: A Field Guide*, 183, quoting Allen Grubman.
37. H. Leibenstein, "Bandwagon, Snob, and Veblen Effects in the Theory of Consumers' Demand."
38. Aaron Goldfarb, "When Johnnie Walker Blue Was King."
39. Rylan Miller, "A Middle Eastern Businessman Just Paid $8 Million for a Gold-Plated Rolls Royce."
40. Sombart, *Luxury and Capitalism*, 168 ("The organization of industrial production is

105. Jon Elster, *Nuts and Bolts for the Social Sciences*, 59.

第五章　階級與感知

1. Stacie Stukin, "The Ice Age."
2. Ramses M, *How Kanye West Got Started: Lessons from a Legend (How It All Got Started).*
3. Maureen O'Connor, "Kanye West Wore a WWJD Bracelet."
4. Cf "acquisition classes" in Max Weber, *Selections in Translation*, 89.
5. Werner Sombart, *Luxury and Capitalism*, 81 ("The tendency of people to spend their quickly acquired wealth mostly on luxuries is an ever recurring phenomenon in our civilization"). See also C. Anderson, J. A. D. Hildreth, and L. Howland, "Is the Desire for Status a Fundamental Human Motive? A Review of the Empirical Literature" ("Conspicuous consumption appears to occur across cultures").
6. Laurence Bergreen, *Capone: The Man and the Era*, 283.
7. T. S. Eliot, *Notes towards the Definition of Culture*, 24 ("Class distinction leads to conflict, so do religion, politics, science and art reach a point at which there is conscious struggle between them for autonomy or dominance. This friction is, at some stages and in some situations, highly creative").
8. P. N. Furbank, *Unholy Pleasure: The Idea of Social Class*, 64, quoting Schumpeter.
9. Paul Fussell, *Class: A Guide through the American Status System*, 151.
10. Weber, *Selections in Translation*, 46.
11. Pierre Bourdieu, *Distinction*, 114, 258.
12. Jean Baudrillard, *For a Critique of the Political Economy of the Sign*, 113 – 15.
13. F. Scott Fitzgerald, *The Great Gatsby.*
14. Peter Lewis, *The Fifties*, 34.
15. Mayer Rus, "Inside Rapper Drake's Manor House in Hometown Toronto."
16. Grant David McCracken, *Culture and Consumption: New Approaches to the Symbolic Character of Consumer Goods and Activities*, 36.
17. John Waters, *Shock Value: A Tasteful Book about Bad Taste*, 142 (quoting Divine), echoed in Michael Thompson, *Rubbish Theory: The Creation and Destruction of Value*, 19 ("The condition of richness or poorness is determined by the quantity of objects one possesses: a poor person possesses few objects, a rich person many objects").
18. Sola, "Mugabe Amassed $1bn— Including a Rare Rolls-Royce Worth More Than Zimbabwe's

76. James H. Gilmore and Joseph Pine, *Authenticity: What Consumers Really Want*, 54.
77. Russell Hardin, *One for All: The Logic of Group Conflict*, 9.
78. George Caspar Homans, *Social Behavior: Its Elementary Forms*, 358.
79. 「人格面具」、「身分」和「自我」等名詞根據不同來源改寫；請見George Herbert Mead's "I" vs. "me" in Anthony Elliott, *Concepts of the Self*, 34的討論。
80. Dorothy M. Scura, ed., *Conversations with Tom Wolfe*, 19.
81. Jean-Paul Sartre, *Existentialism and Human Emotions*, 15.
82. Hubert L. Dreyfus and Paul Rabinow, *Michel Foucault: Beyond Structuralism and Hermeneutics*, 351.
83. 關於比莉・哈樂黛的傳記細節取自Linda Dahl, *Stormy Weather: The Music and Lives of a Century of Jazz Women*, 136 – 40.
84. Friedrich Nietzsche, *Beyond Good and Evil*, 179.
85. Charles Taylor, *Sources of Self: The Making of the Modern Identity*, 375.
86. "There is more than meets the eye / I see the soul that is inside."
87. Pierre Bourdieu, *The Field of Cultural Production*, 68.
88. Dahl, *Stormy Weather*, 139.
89. 改寫自 Adam Roberts, *Frederic Jameson*, 64中拉岡認為自我「是一部小說」的想法。
90. Taylor, *The Ethics of Authenticity*, 40.
91. Bob Balaban, *Spielberg, Truffaut and Me: An Actor's Diary*, 150.
92. Jean-Jacques Rousseau, *A Discourse on Inequality*, 136.
93. Gronow, *The Sociology of Taste*, 41, and Arendt, "The Crisis in Culture."
94. Phil Knight, *Shoe Dog*, 117.
95. Taylor, *Sources of Self*, 111.
96. Hayakawa, *Symbol, Status, and Personality*, 40.
97. Bruce Hood, *The Self Illusion*, 156 – 57.
98. Everett M. Rogers, *Diffusion of Innovations*, 231.
99. Sheena Iyengar, *The Art of Choosing*, 89.
100. David Pogue, "Trying Out the Zune: IPod It's Not."
101. Georg Simmel, *On Individuality and Social Forms*, 16.
102. Frank, *The Conquest of Cool*, 227.
103. Rudi Keller, *On Language Change: The Invisible Hand in Language*, 92.
104. Robert H. Frank, *Choosing the Right Pond: Human Behavior and the Quest for Status*, 38.

45. Stephen Holden, "The Pop Life," October 17, 1990.

46. Stephen Holden, "The Pop Life," December 19, 1990.

47. Bernard, "Why the World Is After Vanilla Ice," quoting Eric B. & Rakim's "In the Ghetto."

48. "The word [sincerity] as we now use it refers primarily to a congruence between avowal and actual feeling": Lionel Trilling, *Sincerity and Authenticity*, 2.

49. Weiss, "The (Mostly) True Story of Vanilla Ice, Hip-Hop, and the American Dream."

50. Russell Lynes, *The Tastemakers*, 107.

51. Kant, *The Critique of Judgement*, 89.

52. Dan Fox, *Pretentiousness: Why It Matters*, 57.

53. Thomas Frank, *The Conquest of Cool*, 142.

54. Scott Craig, "What's Noka Worth? (Part 2)."

55. Charles Taylor, *The Ethics of Authenticity*, 29.

56. S. I. Hayakawa, *Symbol, Status, and Personality*, 55, quoting Abraham Maslow.

57. René Girard, *Evolution and Conversion: Dialogues on the Origins of Culture*, 123.

58. J. D. Salinger, *The Catcher in the Rye*.

59. Chang, *Can't Stop, Won't Stop*, 425.

60. Walter Benjamin, *Illuminations*, 221.

61. Jonah Berger, *Contagious: Why Things Catch On*, 147.

62. Charles Lindholm, *Culture and Authenticity*, 34.

63. Erving Goffman, *The Presentation of Self in Everyday Life*, 13.

64. Lynes, *The Tastemakers*, 185.

65. Edith Wharton and Ogden Codman Jr., *The Decoration of Houses*.

66. Lisa Chaney, *Coco Chanel*, 190.

67. G. Bruce Boyer, *True Style: The History and Principles of Classic Menswear*, 171 – 79.

68. Sid Mashburn, "The Most Stylish Men Ever to Wear a Watch."

69. Trilling, *Sincerity and Authenticity*, 22, quoting Castiglione.

70. Michelangelo Matos, *The Underground Is Massive*, 324.

71. Taylor, *The Ethics of Authenticity*, 81.

72. Lindholm, *Culture and Authenticity*, 21.

73. Lindholm, *Culture and Authenticity*, 2.

74. Marian Liu, "How a Taiwanese Whisky Became a Global Favorite."

75. W. David Marx, *Ametora: How Japan Saved American Style*, 236.

18. Susan Sontag, *Against Interpretation*, 276.

19. Sontag, *Against Interpretation*, 291.

20. Phil Baker, *The Book of Absinthe*, 87 – 93.

21. 請見Herbert Gans, *Popular Culture and High Culture: An Analysis and Evaluation of Taste*, 10 中的「品味文化」。

22. Vance Packard, *The Status Seekers*, 179.

23. Bourdieu, *Distinction*, 6, 56, 173.

24. Oleg Cassini, *In My Own Fashion*, 334.

25. David Berger, *Kant's Aesthetic Theory: The Beautiful and the Agreeable*, 16.

26. David Lewis, *Convention*, 101.

27. Waters, *Shock Value*, 2.

28. Peter Corrigan, *The Sociology of Consumption*, 29, quoting Daniel Miller.

29. 「沉思」與「即時」由我提出，以避免Miller 的「康德派」與「反康德派」等行話。

30. Bourdieu, *Distinction*, 232.

31. Jean Baudrillard, *The Consumer Society: Myths and Structures*, 59.

32. Berger, *Kant's Aesthetic Theory*, 123.

33. Bobbito Garcia, *Where'd You Get Those? New York City's Sneaker Culture, 1960–1987*, 226.

34. Vercelloni, *The Invention of Taste*, 91, quoting Kant.

35. Ludwig Wittgenstein, *Culture and Value*, 59.

36. Seth Stephens-Davidowitz, *Everybody Lies: Big Data, New Data, and What the Internet Can Tell Us about Who We Really Are*, 37.

37. William Kremer, "Does a Baby's Name Affect Its Chances in Life?"

38. Anthony Bourdain tweet, "The Unnatural, Inexplicable Deliciousness of the Lawson's egg salad sandwich," November 3, 2013, https://twitter.com/bourdain/status/397169495506448384.

39. Nick Reilly, " 'Lynchian,' 'Tarantinoesque,' and 'Kubrickian' Lead New Film Words Added to Oxford English Dictionary."

40. Jeff Chang, *Can't Stop, Won't Stop: A History of the Hip-Hop Generation*, 67.

41. James Bernard, "Why the World Is After Vanilla Ice."

42. Jeff Weiss, "The (Mostly) True Story of Vanilla Ice, Hip-Hop, and the American Dream."

43. Bernard, "Why the World Is After Vanilla Ice."

44. Weiss, "The (Mostly) True Story of Vanilla Ice, Hip-Hop, and the American Dream."

70. Jessica Pressler, "Maybe She Had So Much Money She Just Lost Track of It. Somebody Had to Foot the Bill for Anna Delvey's Fabulous New Life. The City Was Full of Marks."
71. Dana Thomas, *Deluxe: How Luxury Lost Its Luster*.
72. Ruth Benedict, *Patterns of Culture,* 260.
73. Boon Jong Ho, *Parasite*.
74. Frank, *Choosing the Right Pond,* 153.
75. Thor Berger and Per Engzell, "Trends and Disparities in Subjective Upward Mobility since 1940."
76. Yiannis Gabriel and Tim Lang, *The Unmanageable Consumer*, 55.
77. W. David Marx, *Ametora: How Japan Saved American Style*, 151.

第四章　品味、真實性與身分

1. Bénédicte de Montlaur, "France Honors Dennis Lim and John Waters."
2. Sloane Brown, "BMA John Waters Rotunda Dedication."
3. See https://baltimore.org/what-to-do/john-waters-baltimore/.
4. Mike Albo, "The Marvelous Mr. John Waters."
5. John Waters, *Shock Value: A Tasteful Book about Bad Taste*, 2.
6. Waters, *Shock Value*, 2, which references Susan Sontag's essay "Notes on Camp."
7. Immanuel Kant, *The Critique of Judgement*, 41.
8. 這個權威好品味的年代呈現在Charles Batteux的作品中，正如Luc Ferry, *Homo Aesthetics: The Invention of Taste in the Democratic Age*, 43中所解釋的。
9. Luca Vercelloni, *The Invention of Taste: A Cultural Account of Desire, Delight and Disgust in Fashion, Food and Art*, 11, quoting Voltaire.
10. Jukka Gronow, *The Sociology of Taste*, 9.
11. Sam Colt, "Apple Designer Jony Ive's Favorite Cars," and Stuart Dredge and Alex Hern, "Apple, Coffee and Techno: Jonathan Ive's Recipe for Success."
12. Waters, *Shock Value*, 121.
13. Hannah Arendt, "The Crisis in Culture."
14. Roger Scruton, *Modern Culture*, 35.
15. Pierre Bourdieu, *Distinction*, 241 – 43.
16. "Two Bad Neighbors," *The Simpsons*, season 7, episode 13.
17. David Hume, "Of the Standard of Taste."

44. 在Mark Matousek's "These Are the 16 Most Unreliable Car Brands for 2020," 中，捷豹的可靠性排名第三。
45. Henrik Vejlgaard, *Anatomy of a Trend*, 126.
46. Michael Worboys, Julie-Marie Strange, and Neil Pemberton, *The Invention of the Modern Dog: Breed and Blood in Victorian Britain*, 13.
47. Smith, *The Theory of Moral Sentiments*, 282.
48. Nik Cohn, *Today There Are No Gentlemen*, 48.
49. Spence, "Job Market Signaling."
50. Molly Young, *The Things They Fancied*, 29.
51. 我姊姊當過劍橋大學隊的舵手，從一名槳手手上收到一件舊隊服。她把它送給我穿，我身為非槳手卻在查爾斯河划船大賽場地附近走動，劍橋隊員紛紛投以極憤怒的眼光。
52. 這其實不值得爭辯：侯渥斯樓明顯勝出。
53. Chaney, *Coco Chanel*, 61.
54. Phil Baker, *The Book of Absinthe*, 128.
55. Chaney, *Coco Chanel*, 226.
56. Gary S. Becker, *Accounting for Tastes*, 200.
57. Herman Wouk, *The Caine Mutiny*, 16.
58. Keller, *A Theory of Linguistic Signs*, 92.
59. Bobbito Garcia, *Where'd You Get Those? New York City's Sneaker Culture, 1960–1987*, 73.
60. Edward Sapir, *Language: An Introduction to the Study of Speech*, 155.
61. Jeanne Maglaty, "When Did Girls Start Wearing Pink?"
62. Jeff Chang, *Can't Stop, Won't Stop: A History of the Hip-Hop Generation*, 72.
63. Monica Hesse and Dan Zak, "Does This Haircut Make Me Look Like a Nazi?"
64. Chang, *Can't Stop, Won't Stop*, 417.
65. Neil A. Lewis, "The Politicization of Tasseled Loafers."
66. 這篇推文遭刪除，但存在於https://twitter.com/dieworkwear/status/1118274805466222593?s=09。
67. Phil Knight, *Shoe Dog*, 60.
68. Rudi Keller, *On Language Change: The Invisible Hand in Language*, 109. 這個詞是Helmut Lüdtke提出的。
69. Eco, *A Theory of Semiotics*, 59.

22. Roland Barthes, *Elements of Semiology*, 77.
23. Rudi Keller, *A Theory of Linguistic Signs*, 1.
24. Bob Buyer, "Lawsuits Attack 'Cadillac' Silos," and Carl E. Feather, "Western Reserve Back Roads: Antiquated and Labor Intensive, Northeast Ohio Region's Farm Silos Face Bleak Future as Rural Skyscrapers." See also Everett M. Rogers, *Diffusion of Innovations*, 231.
25. Smoker 1, "Harvestore Silos."
26. Mark Friedberger, *Shake-Out: Iowa Farm Families in the 1980s*, 38.
27. Lyn Allison Yeager, *The Icons of the Prairie: Stories of Real People, Real Places, and Real Silos*, 106.
28. Buyer, "Lawsuits Attack 'Cadillac' Silos."
29. Melissa Guay, "Spontaneous Combustion Likely Cause of Silo Fire."
30. De Beauvoir, *The Second Sex*, 528.
31. Thorstein Veblen, *The Theory of the Leisure Class*, 87.
32. Keller, *A Theory of Linguistic Signs*, 148.
33. Chaney, *Coco Chanel*, 208.
34. Umberto Eco, *A Theory of Semiotics*, 23.
35. Keller, *A Theory of Linguistic Signs*, 148 ("There is a significant difference between 15 tons of copper and a Jaguar: a Jaguar counts as a status symbol, while 15 tons of copper do not. This is due to the fact that the Jaguar, unlike the copper, is often purchased for the express purpose of making its owner's prosperity visible").
36. Carly Stern, "Battle of the Bags! Blue Ivy Carries a $1,800 Louis Vuitton Purse to the NBA All Star Game, while Beyonce Opts for a $1,400 Celine—but Neither Compares to Grandma Tina's $4,700 Gucci."
37. Marshall McLuhan, *Understanding Media: The Extensions of Man*, 243.
38. J. H. Abraham, *Origins and Growth of Sociology*, 512.
39. Marshall Sahlins, *Culture and Practical Reason*, 177, quoting Baudrillard.
40. 關於肉豆蔻，請見Werner Sombart, *Luxury and Capitalism*, 120；關於空調，請見Vance Packard, *The Status Seekers*, 68。
41. Tom Wolfe, *The Kandy-Kolored Tangerine-Flake Streamline Baby*, 230.
42. Brennan and Pettit, *The Economy of Esteem*, 71, quoting Dale T. Miller and Deborah A. Prentice.
43. Adam Smith, *The Theory of Moral Sentiments*, 281.

第三章　訊號傳達與地位象徵

1. John Doran, "The Demolition Man: Thurston Moore Interviewed."
2. 我全程觀賞貝克出現的影片，但也參考Joe Robinson, "TV's Most Surreal Music Performances: Beck, Thurston Moore and Mike D"。
3. David Rothenberg, *Survival of the Beautiful: Art, Science, and Beauty*, 35.
4. Michael Spence, "Job Market Signaling."
5. Hugh Dalziel Duncan, *Communication and Social Order*, xlvii.
6. Hugh Dalziel Duncan, *Symbols in Society*, 49 ("In personal relations, manners, customs, tradition, mores, and style are used to legitimize our right to purely social status. It is *how* we court, *how* we eat, *how* we rule and are ruled, *how* we worship, and even *how* we die, in short, the forms in which we act, that determine our feelings of propriety regarding our own actions and the actions of others").
7. Doran, "The Demolition Man."
8. C. Anderson, J. A. D. Hildreth, and L. Howland, "Is the Desire for Status a Fundamental Human Motive? A Review of the Empirical Literature."
9. Princeton University, "In a Split Second, Clothes Make the Man More Competent in the Eyes of Others."
10. Lisa Chaney, *Coco Chanel*, 203.
11. Charles Lindholm, *Culture and Authenticity*, 3.
12. Geoffrey Brennan and Philip Pettit, *The Economy of Esteem: An Essay on Civil and Political Society*, 36, quoting Jon Elster.
13. Jonah Berger, *Contagious: Why Things Catch On*, 8.
14. Erving Goffman, "Symbols of Class Status."
15. Spence, "Job Market Signaling."
16. Robert H. Frank, *Choosing the Right Pond: Human Behavior and the Quest for Status*, 149.
17. F. Scott Fitzgerald, *The Great Gatsby*, 115.
18. P. N. Furbank, *Unholy Pleasure: The Idea of Social Class*, 102.
19. John Edwards, *Sociolinguistics: A Very Short Introduction*.
20. Nick Krewen, "Meet Beck's Dad, David Campbell, Who Has Helped Sell Nearly 1 Billion Records."
21. Simone de Beauvoir, *The Second Sex*, 528.

98. Jeff Guo, "The Mathematician Who Proved Why Hipsters All Look Alike," quoting Jonathan Touboul.
99. Christian Allaire, "How This Indigenous Jeweler Is Embracing Tradition under Lockdown."
100. Luis Bunuel, *My Last Breath*, 51.
101. Robert H. Frank, *Choosing the Right Pond: Human Behavior and the Quest for Status*, 18.
102. Benedict, *Patterns of Culture*, 7.
103. Nancy Mitford, ed., *Noblesse Oblige,* 111.
104. Mary Douglas and Baron Isherwood, *The World of Goods*, 12.
105. Jim Jacobs and Warren Casey, *Grease.*
106. Howard S. Becker, *Outsiders: Studies in the Sociology of Deviance*, 65.
107. Veblen, *The Theory of the Leisure Class*, 103.
108. Veblen, *The Theory of the Leisure Class*, 103 – 4.
109. Baudrillard, *For a Critique of the Political Economy of the Sign*, 32.
110. Lynes, *The Tastemakers*, 138.
111. 這個詞出自Émile Durkheim's *Suicide: A Study in Sociology*。
112. Taylor, *The Ethics of Authenticity*, 28.
113. René Girard, *Evolution and Conversion: Dialogues on the Origins of Culture*, 43.
114. "Fashion," *Lapham's Quarterly.*
115. Emine Saner, "Narendra Modi's Style Tip for World Leaders: Wear a Suit with Your Name Written on It."
116. Homans, *Social Behavior*, 339.
117. Keller, *A Theory of Linguistic Signs*, 4.
118. Chwe, *Rational Ritual*, 17.
119. Bobbito Garcia, *Where'd You Get Those? New York City's Sneaker Culture, 1960–1987*, 21.
120. Marilynn B. Brewer, "The Social Self: On Being the Same and Different at the Same Time."
121. John Seabrook, *Nobrow: The Culture of Marketing, the Marketing of Culture*, 171.
122. Winnie Holzman and Scott Winant, "Pilot," *My So-Called Life.*
123. Alfred Gell, "Newcomers to the World of Goods: Consumption among the Murai Gonds," 113, quoting R. L. Stirratt.
124. Rudi Keller, *On Language Change: The Invisible Hand in Language*, 40.

74. Deenea Prichep, "The Gefilte Fish Line: A Sweet and Salty History of Jewish Identity."
75. 其中一個是我自己的祖母。
76. Adam Popescu, "Inside the Private, Celebrity-Friendly Terminal at LAX."
77. 請見Jean Baudrillard, *For a Critique of the Political Economy of the Sign,* 66中對「象徵價值」的討論。然而,「象徵價值」作為一個名詞是含糊不清的:是它功效的價值作為象徵嗎?還是它的價值作為地位象徵?
78. Glynn Cochrane, *Big Men and Cargo Cults*, 168.
79. Liane Schmidt, Vasilisa Skvortsova, Claus Kullen, Bernd Weber, and Hilke Plassmann, "How Context Alters Value: The Brain's Valuation and Affective Regulation System Link Price Cues to Experienced Taste Pleasantness"; see also Hilke Plassmann et al., "Marketing Actions Can Modulate Neural Representations of Experienced Pleasantness."
80. Bourdieu, *Distinction*, 247.
81. Tom Wolfe, *The Bonfire of the Vanities*, 142.
82. Bourdieu, *Distinction*, 373.
83. Lynes, *The Tastemakers*, 253.
84. Chaney, *Coco Chanel*, 111.
85. Michele Lamont and Annette Lareau, "Cultural Capital: Allusions, Gaps and Glissandos in Recent Theoretical Developments."
86. Packard, *The Pyramid Climbers*, 118.
87. Thorstein Veblen, *The Theory of the Leisure Class*, 74.
88. Wolfe, *The Bonfire of the Vanities*, 143.
89. Joshua Levine, "The New, Nicer Nero."
90. Lynes, *The Tastemakers*, 26.
91. J. D. Salinger, *The Catcher in the Rye*, 98.
92. Seth Stephens-Davidowitz, *Everybody Lies: Big Data, New Data, and What the Internet Can Tell Us about Who We Really Are*, 229.
93. McLuhan, *Understanding Media*, 321.
94. 這些是出自Georg Simmel's essay "Fashion," in *On Individuality and Social Forms*的關鍵詞。
95. *Know Your Meme.*
96. Mark Greif, "What Was the Hipster?"
97. 在公共政策民調基金會(PPP)2013年的一項調查中,只有百分之十六的美國人對文青有好感。請見Tom Jensen, "Americans Not Hip to Hipsters"。

52. Charles Taylor, *The Ethics of Authenticity*, 37.
53. Young Back Choi, *Paradigms and Conventions*, 32.
54. Ian MacDonald, *Revolution in the Head: The Beatles' Records and the Sixties*, xiii.
55. Ullmann-Margalit, *The Emergence of Norms*.
56. Karen A. Callaghan, *Ideals of Feminine Beauty: Philosophical, Social, and Cultural Dimensions*, ix.
57. Russell Lynes, *The Tastemakers*, 76, and Rae Nudson, "A History of Women Who Burned to Death in Flammable Dresses."
58. T. Drinnon, *Rebel in Paradise: A Biography of Emma Goldman*, 184.
59. Anthony Heath, *Rational Choice and Social Exchange*, 155.
60. Clifford Geertz, *The Interpretation of Cultures*, 44.
61. Raymond Williams, *Keywords: A Vocabulary of Culture and Society*, 87.
62. A. L. Kroeber and C. Kluckhohn, *Culture: A Critical Review of Concepts and Definitions*.
63. A. L. Kroeber, *Configurations of Culture Growth*, 818.
64. Lynes, *The Tastemakers*, 233.
65. David Gartman, *Auto-Opium: A Social History of American Automobile Design*, 33. See also Alfred Sloan Jr., *My Years with General Motors*, 20: "My first personal experience with automobiles was much like that of others at the time. I wanted one but couldn't afford it. Only about 4000 cars were made in the year 1900, and they were expensive."
66. Vance Packard, *The Status Seekers*, 274.
67. Marshall McLuhan, *Understanding Media: The Extensions of Man*, 243 ("The willingness to accept the car as a status symbol, restricting its more expansive form to the use of higher executives, is not a mark of the car and mechanical age, but of the electric forces that are now ending this mechanical age of uniformity and standardization, and recreating the norms of status and role").
68. Lynes, *The Tastemakers*, 308.
69. Packard, *The Status Seekers*, 274.
70. 在*Class: A Guide through the American Status System*中，Paul Fussell提出了美國生活中各層面的例子。
71. Weber, *Selections in Translation*, 49.
72. Norton, *Sacred Gifts, Profane Pleasures*, 22.
73. Hardin, *One for All*, 91.

30. Geoff Haggerty, "Thousands of Girls Match Description of Missing Sorority Sister."
31. Stephanie Talmadge, "The Sisterhood of the Exact Same Pants."
32. Maurice Halbwachs, *On Collective Memory*, 168, and Nelson Goodman, *Languages of Art*, 7, citing Ernst Gombrich's idea of "There is no innocent eye."
33. Clyde Kluckhohn, *Culture and Behavior*, 39; see also Marshall H. Segall, Donald T. Campbel, and Melville J. Herskovit, "The Influence of Culture on Visual Perception."
34. Edward T. Hall, *Beyond Culture*, 44.
35. Umberto Eco, "How Culture Conditions the Colours We See."
36. Jonathan Winawer, Nathan Witthoft, Michael C. Frank, Lisa Wu, Alex R. Wade, and Lera Boroditskyl, "Russian Blues Reveal Effects of Language on Color Discrimination."
37. Daniel J. Levitin, *This Is Your Brain on Music: The Science of a Human Obsession*, 29.
38. Levitin, *This Is Your Brain on Music*, 38.
39. Goodman, *Languages of Art*, 89.
40. Pierre Bourdieu, *Distinction*, 466.
41. Kluckhohn, *Culture and Behavior*, 22.
42. Steven Pinker, *How the Mind Works*, 483 ("Symmetry, an absence of deformities, cleanliness, unblemished skin, clear eyes, and intact teeth[,] are attractive in all cultures").
43. Edward Helmore, " 'Heroin Chic' and the Tangled Legacy of Photographer Davide Sorrenti."
44. A. Venugopal and A. Marya, "Return of the Ohaguro."
45. Fraser Newham, "The Ties That Bind."
46. Russell Hardin, *One for All: The Logic of Group Conflict*, 60. 這在William Graham Sumner, *Folkways*, 13中也有解釋: "Each group nourishes its own pride and vanity, boasts itself superior, exalts its own divinities, and looks with contempt on outsiders. Each group thinks its own folkways the only right ones, and if it observes that other groups have other folkways, these excite its scorn." 。
47. Marcy Norton, *Sacred Gifts, Profane Pleasures: A History of Tobacco and Chocolate in the Atlantic World*, 8.
48. Chinua Achebe, *Things Fall Apart*, 73.
49. Sahlins, *Culture and Practical Reason*, x.
50. Gilbert, *On Social Facts*, 377.
51. Mark Lawrence Schrad, *Vodka Politics: Alcohol, Autocracy and the Secret History of the Russian State*, 320.

3. Edmund Leach, *Culture and Communication: The Logic by Which Symbols Are Connected*, 20.
4. Marshall Sahlins, *Culture and Practical Reason*, 168.
5. Jon Elster, *Nuts and Bolts for the Social Sciences*, 36.
6. Leach, *Culture and Communication*, 58.
7. "Great Leap Forward at the Traffic Lights in China—Archive," *Guardian*.
8. Adam Smith, *The Theory of Moral Sentiments*, 284.
9. Katrin Bennhold, "Bavarian Millennials Embrace Tradition (Dirndls, Lederhosen and All)."
10. David Lewis, *Convention*, with clarifications in Margaret Gilbert, *On Social Facts*, and Edna Ullmann-Margalit, *The Emergence of Norms*.
11. Calvin Trillin, *American Fried: Adventures of a Happy Eater*, 130.
12. Vance Packard, *The Pyramid Climbers*, 111.
13. Joel Best, *Flavor of the Month: Why Smart People Fall for Fads*.
14. Phil Baker, *The Book of Absinthe*, 199.
15. Gregk Foley, "The Trends and Brands That Defined '90s Hip-Hop Fashion."
16. Elisabeth Sherman, "Why Does 'Yellow Filter' Keep Popping Up in American Movies?"
17. Ullmann-Margalit, *The Emergence of Norms*, 76. 雖然Ullmann-Margalit認為法令與慣例不同，但我認為法令隨著時間逐漸變成慣例。
18. Jamie Johnson, "Off with Their Coattails."
19. Lewis, *Convention*, 58.
20. Lewis, *Convention*, 6.
21. Allen Richarz, "40 Years Ago, Okinawans Returned to Driving on the Left."
22. George Caspar Homans, *Social Behavior: Its Elementary Forms*, 146.
23. Max Weber, *Selections in Translation*, 52.
24. Ullmann-Margalit, *The Emergence of Norms*, 172 ("Once norms are internalized, one abides by them not out of fear of the pending sanctions associated with them, but out of some inner conviction").
25. Ruth Benedict, *Patterns of Culture*, 2.
26. Bruce Hood, *The Self Illusion*, 206.
27. Michael Suk-Young Chwe, *Rational Ritual: Culture, Coordination, and Common Knowledge*, 23.
28. Gabriel Tarde, *The Laws of Imitation*, 215.
29. Hood, *The Self Illusion*, 208.

76. Edward Halsey Foster, *Understanding the Beats*, 1 – 24.
77. Max Weber, *Selections in Translation*, 60 ("A 'status group' is a group of human beings who, in the context of some association, effectively claim a special evaluation of their status and possibly also certain special monopolies on the grounds of their status").
78. Ridgeway, *Status*, 69 ("Status beliefs are widely held cultural beliefs that link a recognized social difference among actors with greater or lesser status-worthiness and competence").
79. Michael Macilwee, *The Teddy Boy Wars*, 116.
80. Ben Sobel, "Don't Be a Kook: The GQ Guide to Surf Etiquette."
81. Russell, *Power*, 12.
82. Foster, *Understanding the Beats*, 28 – 80.
83. Courtney McCluney, Kathrina Rohotham, Serenity Lee, Richard Smith, and Myles Durkee, "The Costs of Code-Switching."
84. Dorothy M. Scura, ed., *Conversations with Tom Wolfe*, 124.
85. Nik Cohn, *Today There Are No Gentlemen*, 137.
86. Diane Cardwell, "Black Surfers Reclaim Their Place on the Waves."
87. C. Anderson, M. W. Kraus, A. D. Galinsky, and D. Keltner, "The Local-Ladder Effect: Social Status and Subjective Well-Being."
88. Daniel Miller, *Material Culture and Mass Consumption*, 152.
89. Weber, *Selections in Translation*, 53.
90. Russell Hardin, *One for All: The Logic of Group Conflict*, 57.
91. Thomas B. Edsall, "The Resentment That Never Sleeps."
92. Marc Hooghe and Ruth Dassonneville, "Explaining the Trump Vote: The Effect of Racist Resentment and Anti-Immigrant Sentiments."
93. James Hohmann, "The Daily 202: Trump Voters Stay Loyal Because They Feel Disrespected."
94. Miller, *Material Culture and Mass Consumption*, 152.
95. Fred Hirsch, *Social Limits to Growth*, 102.

第二章　慣例與地位價值

1. Whit Stillman, *Metropolitan*; further analysis in Christopher Beach, *Class, Language, and American Film Comedy.*
2. Rudi Keller, *A Theory of Linguistic Signs*, 135 ("To say of a linguistic sign that it is arbitrary is to say that its suitability is not based on its makeup").

51. See "status characteristic" in Joseph Berger, Susan J. Rosenholtz, and Morris Zelditch, Jr., "Status Organizing Processes."
52. Charles Taylor, *The Ethics of Authenticity*, 3.
53. Ralph Linton, *The Study of Man: An Introduction*, 115.
54. Edward T. Hall, *The Silent Language*, 130.
55. P. N. Furbank, *Unholy Pleasure: The Idea of Social Class*, 75, from Holdsworth's *History of English Law*.
56. Werner Sombart, *Luxury and Capitalism*, 14.
57. Marcel Proust, *Swann's Way*, 19.
58. Isabel Wilkerson, *Caste: The Origins of Our Discontents*, 70.
59. Wilkerson, *Caste*, 108.
60. Ridgeway, *Status*, 72.
61. Packard, *The Status Seekers*, 251.
62. Gabriel Tarde, *The Laws of Imitation*, 233.
63. Packard, *The Status Seekers*, 99.
64. John Berger, *Ways of Seeing*, 143.
65. Chaney, *Coco Chanel*, 36.
66. Ashley Mears, *Very Important People: Status and Beauty in the Global Party Circuit*, 16.
67. Maurice Halbwachs, *On Collective Memory*, 180 ("Magnificent deeds, exploits, or feats would not have sufficed to confer nobility had society not recognized in these deeds so many proofs that the one who accomplished them was worthy of occupying a noble position by right and as if in eternity. It is within the framework of the organization of the nobility and in conformity with the nobility's ideas and customs that the person aspiring to nobility behaved as a man of honor and courage").
68. Mears, *Very Important People*.
69. Georg Simmel, *On Individuality and Social Forms*, 10.
70. Packard, *The Status Seekers*, 57.
71. George A. Theodorson and Achilles G. Theodorson, *Modern Dictionary of Sociology*.
72. Warhol and Hackett, *POPism*, 123.
73. Russell, *Power*, 149.
74. Helmut Schoeck, *Envy: A Theory of Social Behavior*, 8.
75. Jack Kerouac, *On the Road*, 7.

24. John Adams, *The Works of John Adams*, 6:234.

25. Ridgeway, *Status*, 5.

26. Geoffrey Brennan and Philip Pettit, *The Economy of Esteem: An Essay on Civil and Political Society*, 15.

27. Vance Packard, *The Pyramid Climbers*, 29.

28. Joel M. Podolny, *Status Signals: A Sociological Study of Market Competition*, 10.

29. Alison Lurie, *The Language of Clothes*, 14.

30. Adam Smith, *The Theory of Moral Sentiments*, 72.

31. Podolny, *Status Signals*, 22.

32. C. Anderson, O. P. John, D. Keltner, and A. M. Kring, "Who Attains Social Status? Effects of Personality and Physical Attractiveness in Social Groups."

33. Melitta Weiss Adamson and Francine Segan, *Entertaining from Ancient Rome to the Super Bowl: An Encyclopedia*, 20 – 21.

34. Vance Packard, *The Status Seekers*, 125.

35. Paul Fussell, *Class: A Guide through the American Status System*, 185.

36. Mötley Crüe and Neil Strauss, *The Dirt: Confessions of the World's Most Notorious Rock Band.*

37. Barry Miles, *The Zapple Diaries: The Rise and Fall of the Last Beatles Label*, 213.

38. Ridgeway, *Status*, 57.

39. Quartz and Asp, *Cool*, 135.

40. Anderson, Hildreth, and Howland, "Is the Desire for Status a Fundamental Human Motive?"

41. Bruce Hood, *The Self Illusion*, 188.

42. Seth Stephens-Davidowitz, *Everybody Lies: Big Lies, New Data, and What the Internet Can Tell Us about Who We Really Are*, 107.

43. Ruth Benedict, *Patterns of Culture*, 99, and Elvin Hatch, *Theories of Man and Culture*, 80.

44. José Ortega y Gasset, *The Revolt of the Masses*, 63.

45. Michelangelo Matos, *The Underground Is Massive*, 164.

46. Andy Warhol and Pat Hackett, *POPism: The Warhol Sixties*, 247.

47. Michael Tollin et al., *The Last Dance.*

48. Matos, *The Underground Is Massive*, 315.

49. Lisa Chaney, *Coco Chanel*, 114.

50. 她自己說的："I am not a heroine. But I have chosen the person I wanted to be" (Chaney, *Coco Chanel*, 392)。

第一章　基礎地位學

1. 我對這個詞的定義是依據許多來源而構成的，但最值得注意的是Cecilia L. Ridgeway, *Status: Why Is It Everywhere? Why Does It Matter?*, 1 ("Status is a comparative social ranking of people groups, or objects in terms of the social esteem, honor, and respect accorded to them")。
2. Will Gould and Hollingworth Morse, "Double Trouble."
3. Kathy Benjamin, "What It Was Like Working at Studio 54."
4. Jeff Chang, *Can't Stop, Won't Stop: A History of the Hip-Hop Generation*, 120.
5. Ridgeway, *Status*, 97.
6. Jeffrey Yorke, "Film Talk."
7. J. H. Abraham, *Origins and Growth of Sociology*, 419.
8. Ridgeway, *Status*, 3.
9. Victor Turner, *The Ritual Process: Structure and Anti-Structure*, 140.
10. Edmund Leach, *Culture and Communication: The Logic by Which Symbols Are Connected*, 54.
11. James Baldwin, *Go Tell It on the Mountain*, 19.
12. Bertrand Russell, *Power*, 149.
13. Michael Thompson, *Rubbish Theory: The Creation and Destruction of Value*, 190.
14. Cameron Anderson and John Angus D. Hildreth, "Striving for Superiority: The Human Desire for Status."
15. C. Anderson, J. A. D. Hildreth, and L. Howland, "Is the Desire for Status a Fundamental Human Motive?"
16. Anderson, Hildreth, and Howland, "Is the Desire for Status a Fundamental Human Motive?"
17. Steven Quartz and Annette Asp, *Cool: How the Brain's Hidden Quest for Cool Drives Our Economy and Shapes Our World*, 9.
18. Desmond Morris, *The Human Zoo,* 41.
19. Theodore Koutsobinas, *The Political Economy of Status: Superstars, Markets, and Culture Change*, 60－61.
20. Robert H. Frank, *Choosing the Right Pond: Human Behavior and the Quest for Status*, 23.
21. Bailey Steinworth, "Jordan Peterson Needs to Reconsider the Lobster."
22. Ridgeway, *Status*, 4.
23. Eugene Wei, "Status as a Service (Staas)."

arise as the result of the action and interaction of individuals").

19. A. L. Kroeber, *Configurations of Culture Growth*, 3 ("There seem to lie certain forms of happenings which are more or less recurrent or generic, perhaps necessary and universal").
20. C. Anderson, J. A. D. Hildreth, and L. Howland, "Is the Desire for Status a Fundamental Human Motive? A Review of the Empirical Literature."
21. C. Anderson, J. A. D. Hildreth, and D. L. Sharps, "The Possession of High Status Strengthens the Status Motive."
22. Robert H. Frank, *Choosing the Right Pond: Human Behavior and the Quest for Status*, 174.
23. Dorothy M. Scura, ed., *Conversations with Tom Wolfe*, 44.
24. Frank, *Choosing the Right Pond*, 6, and Edward T. Hall, *Beyond Culture*, 61.
25. Evelyn Waugh, "An Open Letter," 93.
26. Lionel Trilling, *Sincerity and Authenticity*, 16.
27. 要瞭解其根源，就有需要知道文化的作用，改寫自語言學中類似的見解。Keller, *On Language Change*, 84: "If we knew what we use our language for, we would also know why it changes all the time through our acts of communication."
28. Rudi Keller, *On Language Change: The Invisible Hand in Language*, 70, and Edna Ullmann-Margalit, *The Emergence of Norms*, 11.
29. 文化的根源與其功能有關是一個為語言學改寫的想法：請見Keller, *On Language Change*, 84 ("If we knew *what* we use our language *for*, we would also know *why* it changes all the time through our acts of communication")。
30. Thorstein Veblen, *The Theory of the Leisure Class.*
31. Safy-Hallan Farah, "The Great American Cool."
32. Marshall McLuhan, *Understanding Media: The Extensions of Man*, 218 (" 'Conspicuous consumption' owed less to the phrase of Veblen than to the press photographer, who began to invade the entertainment spots of the very rich").
33. Russell Hardin, *One for All: The Logic of Group Conflict*, 11.
34. See Will Storr, *The Status Game.*
35. Claude Lévi-Strauss, *Structural Anthropology*, 20 ("[Franz Boas] showed that the structure of a language remains unknown to the speaker until the introduction of a scientific grammar").
36. Clyde Kluckhohn, *Culture and Behavior*, 57.

注釋
Notes

前言　文化大謎團與地位禁忌

1. Mark Lewisohn, *The Beatles, All These Years*, 719.
2. Lewisohn, *The Beatles*, 730.
3. Lewisohn, *The Beatles*, 974.
4. Nik Cohn, *Today There Are No Gentlemen*, 87.
5. Frederick Lewis, "Britons Succumb to 'Beatlemania.' "
6. "Beatles Haircuts 'Unsightly, Unsafe, Unruly, and Unclean'— Fashion Archive, 1963," *Guardian*.
7. Rachel Emma Silverman, "It Was 35 Years Ago This Weekend That Haircuts Lost Their Luster."
8. 引文摘自"Beatles Press Conference: American Arrival 2/7/1964."的副本。
9. Martin Arnold, "Moneywise."
10. Betty Luther Hillman, *Dressing for the Culture Wars: Style and the Politics of Self-Presentation in the 1960s and 1970s*, 這也是對披頭四其他方面不滿的資料來源。
11. Micky Dolenz and Mark Bego, *I'm a Believer: My Life of Monkees, Music, and Madness*, 82, citing Timothy Leary, *The Politics of Ecstasy*, 173 – 74.
12. 主要摘自Bob Spitz, *The Beatles*, 214, 222 – 25, 244 – 45. 值得提出來的是，對他們拖把頭的起源，主要的披頭四書籍之間確實莫衷一是。
13. Faye Fearon, "The Enduring Appeal of the Beatles' Mop-Top Haircuts."
14. Charles Dickens, *David Copperfield.*
15. Tom Vanderbilt, *You May Also Like: Taste in an Age of Endless Choice*, 170.
16. Malcolm Gladwell, *The Tipping Point, and Jonah Berger, Contagious: Why Things Catch On.*
17. William Graham Sumner, *Folkways*, 22.
18. Jon Elster, *Nuts and Bolts for the Social Sciences* ("The elementary unit of social life is the individual human action. To explain social institutions and social change is to show how they

——. *From Bauhaus to Our House*. New York: Pocket, 1981.

——. *The Kandy-Kolored Tangerine-Flake Streamline Baby.* New York: Pocket, 1965.

——. *The Painted Word.* New York: Farrar Straus Giroux, 1975.

——. *The Pump House Gang*. New York: Farrar Straus Giroux, 1968.

——. *Radical Chic and Mau-Mauing the Flak Catchers.* New York: Bantam, 1999.

Worboys, Michael, Julie-Marie Strange, and Neil Pemberton. *The Invention of the Modern Dog: Breed and Blood in Victorian Britain*. Baltimore: The Johns Hopkins University Press, 2018.

Wouk, Herman. *The Caine Mutiny*. New York: Back Bay, 1992.

Wyman, Patrick. "American Gentry." *The Atlantic*, September 23, 2021, https://www.theatlantic.com/ideas/archive/2021/09/trump-american-gentry-wyman-elites/620151/.

Yeager, Lyn Allison. *The Icons of the Prairie: Stories of Real People, Real Places, and Real Silos.* Author-House, 2008.

York, Peter. "Trump's Dictator Chic." *Politico*, March/April 2017, https://www.politico.com/magazine/story/2017/03/trump-style-dictator-autocrats-design-214877/.

Yorke, Jeffrey. "Film Talk." *Washington Post*, July 18, 1986, https://www.washingtonpost.com/archive/lifestyle/1986/07/18/film-talk/f7fdaeeb-c96a-409c-82cc-9ebd25ae51ee/.

Yotka, Steff, and Amanda Brooks. "Watch: At Dior, Teddy Girls Take Center Stage." *Vogue*, March 5, 2019, https://www.vogue.com/article/dior-fall-2019-runway-show-video.

Young, Jock. "The Subterranean World of Play (1971)." In *The Subcultures Reader*, edited by Sarah Thornton and Ken Gelder. London: Routledge, 1997.

Young, Molly. *The Things They Fancied* (zine). 2020.

Yurcaba, Jo. "Ohio High School Elects a Lesbian Couple as Prom King and Queen." *NBC News*, May 1, 2021.

Zeki, Semir. "The Neurology of Ambiguity." *Consciousness and Cognition* 13, no. 1 (March 2004): 173 – 96.

Zemeckis, Robert (director). *Back to the Future*. 1985. Universal Pictures and Amblin Entertainment.

eugenewei.com/blog/2019/2/19/status-as-a-service.

Weiss, Jeff. "The (Mostly) True Story of Vanilla Ice, Hip-Hop, and the American Dream." *The Ringer*, October 6, 2020, https://www.theringer.com/music/2020/10/6/21494291/vanilla-ice-to-the-extreme-ice-ice-baby-history-30th-anniversary.

Wharton, Edith, and Ogden Codman Jr. *The Decoration of Houses*. New York: Charles Scribner's Sons, 1914. https://www.gutenberg.org/cache/epub/40367/pg40367-images.html.

"What Is Tartan?" The Scottish Tartans Museum and Heritage Center, https://www.scottishtartansmuseum.org/content.aspx?page_id=22&club_id=170857&module_id=290899.

White, Leslie A. *The Concept of Cultural Systems*. New York: Columbia University Press, 1975.

Wilde, Oscar. "The Philosophy of Dress." *New York Tribune*, April 19, 1885.

Wilkerson, Isabel. *Caste: The Origins of Our Discontents*. New York: Random House, 2020.

Williams, Raymond. *Keywords: A Vocabulary of Culture and Society*. London: Fontana, 1976.

——. *The Sociology of Culture*. Chicago: University of Chicago Press, 1981.

Wilner, Isaiah. "The Number-One Girl." *Nymag.com*, May 4, 2007, https://nymag.com/news/people/31555/.

Wilson, Carl. *Let's Talk about Love: A Journey to the End of Taste*. New York: Bloomsbury, 2007.

Winawer, Jonathan, Nathan Witthoft, Michael C. Frank, Lisa Wu, Alex R. Wade, and Lera Boroditskyl.

"Russian Blues Reveal Effects of Language on Color Discrimination." *Proceedings of the National Academy of Sciences* 104, no. 19 (May 2007): 7780 – 85, https://doi.org/10.1073/pnas.0701644104.

Wittgenstein, Ludwig. *Culture and Value*. Translated by Peter Winch. Chicago: University of Chicago Press, 1980.

——. *Lectures and Conversations: On Aesthetics, Psychology, and Religious Belief*. Edited by Cyril Barrett. Berkeley: University of California Press, 2007.

Wohlforth, William C., and David C. Kang. "Hypotheses on Status Competition (2009)." APSA 2009 Toronto Meeting Paper, https://ssrn.com/abstract=1450467.

Wolfe, Alan. "Taking the Starch Out of Status." *New York Times*, November 15, 1998, https://www.nytimes.com/1998/11/15/magazine/taking-the-starch-out-of-status783773.html.

Wolfe, Tom. *The Bonfire of the Vanities*. New York: Bantam, 1987.

——. *The Electric Kool-Aid Acid Test*. New York: Bantam, 1968.

2016.

Veblen, Thorstein. *The Theory of the Leisure Class.* New York: Penguin, 1994.

Vejlgaard, Henrik. *Anatomy of a Trend.* New York: McGraw-Hill, 2007.

Venugopal, A., and A. Marya. "Return of the Ohaguro." *British Dental Journal* 231, 69 (2021), https://doi.org/10.1038/s41415-021-3280-9.

Vercelloni, Luca. *The Invention of Taste: A Cultural Account of Desire, Delight and Disgust in Fashion, Food and Art.* Translated by Kate Singleton. London: Bloomsbury, 2016.

Vinken, Barbara. *Fashion Zeitgeist: Trends and Cycles in the Fashion System.* Oxford: Berg, 2005.

Virilio, Paul. *Speed and Politics.* Translated by Mark Polizzotti. South Pasadena, Calif.: Semiotext(e), 2006.

Voslarova, Eva, et al. "Breed Characteristics of Abandoned and Lost Dogs in the Czech Republic." *Journal of Applied Animal Welfare Science* 18, no. 4 (2015): 332 – 42.

Wagner, Kyle. "The Future of the Culture Wars Is Here, and It's Gamergate." *Deadspin*, October 14, 2014, https://deadspin.com/the-future-of-the-culture-wars-is-here-and-its-gamerga-1646145844/.

Wagner, Roy. *The Invention of Culture.* 2nd ed. Chicago: University of Chicago Press, 2016.

Ward, Maria. "At 35, Kate Middleton Already Has an Archive of Memorable Fashion Moments." *Vogue*, January 9, 2017, https://www.vogue.com/article/kate-middleton-birthday-best-looks-celebrity-style.

Warhol, Andy, and Pat Hackett. *POPism: The Warhol Sixties.* Boston: Mariner, 2006.

Waters, John. *Shock Value: A Tasteful Book about Bad Taste.* Philadelphia: Running Press, 2005.

Watts, Duncan J. *Everything Is Obvious: How Common Sense Fails Us.* New York: Crown Business, 2011.

Waugh, Evelyn. "An Open Letter." In *Noblesse Oblige: An Enquiry into the Identifiable Characteristics of the English Aristocracy*, edited by Nancy Mitford. New York: Harper & Brothers, 1956.

Weber, Max. *The Interpretation of Social Reality.* Edited by J. E. T. Eldridge. New York: Schocken, 1980.

——. *Selections in Translation.* Edited by W. G. Runciman, translated by Eric Matthews. Cambridge: Cambridge University Press, 1978.

"The Wedding Album: Jenna Lyons and Vincent Mazeau." *2003 New York Wedding Guide*, September 7, 2002, https://nymag.com/shopping/guides/weddings/album/jennavincent.htm.

Wei, Eugene. "Status as a Service (Staas)." *Remains of the Day*, February 26, 2019, https://www.

theparisreview.org/blog/2018/01/22/queer-reading-go-ask-alice/.

Thompson, Derek. *Hit Makers: The Science of Popularity in an Age of Distraction.* New York: Penguin Press, 2017.

Thompson, Hunter S. *Hell's Angels.* London: Penguin Books, 1966.

Thompson, Michael. *Rubbish Theory: The Creation and Destruction of Value.* 2nd ed. London: Pluto, 2017.

Thorn, Jesse. "An Interview with Glenn O'Brien." *Put This On*, April 7, 2017, https://putthison.com/an-interview-with-glenn-obrien-glenn-obrien-the/.

Thornton, Sarah. "The Social Logic of Subcultural Capital (1995)." In *The Subcultures Reader*, edited by Sarah Thornton and Ken Gelder. London: Routledge, 1997.

Thornton, Sarah, and Ken Gelder, eds. *The Subcultures Reader.* London: Routledge, 1997.

Timberg, Scott. *Culture Crash: The Killing of the Creative Class.* New Haven, Conn.: Yale University Press, 2015.

Tolentino, Jia. *Trick Mirror: Reflections on Self-Delusion.* London: Fourth Estate, 2019.

Tollin, Michael et al. (producers). *The Last Dance.* 2020. ESPN Films / Netflix.

Tomkins, Calvin. *Ahead of the Game: Four Versions of the Avant-Garde.* Middlesex, Eng.: Penguin, 1968.

——. "The Turnaround Artist: Jeff Koons, Up from Banality." *New Yorker*, April 16, 2007, https://www.newyorker.com/magazine/2007/04/23/the-turnaround-artist.

Trigg, Andrew B. "Veblen, Bourdieu, and Conspicuous Consumption." *Journal of Economic Issues* 35, no.1 (March 2001): 99 – 115.

Trillin, Calvin. *American Fried: Adventures of a Happy Eater.* New York: Penguin, 1970.

Trilling, Lionel. *Sincerity and Authenticity.* Cambridge, Mass.: Harvard University Press, 1972.

Trow, George W. S. *Within the Context of No Context.* New York: Atlantic Monthly, 1997.

Turner, Bryan S. *Status.* Milton Keynes, Eng.: Open University Press, 1988.

Turner, Ralph H., and Samuel J. Surace. "Zoot-Suiters and Mexicans: Symbols in Crowd Behavior (1956)." In *The Subcultures Reader*, edited by Sarah Thornton and Ken Gelder. London: Routledge, 1997.

Turner, Victor. *The Ritual Process: Structure and Anti-Structure.* Ithaca, N.Y.: Cornell University Press, 1969.

Ullmann-Margalit, Edna. *The Emergence of Norms.* Oxford: Oxford University Press, 1977.

Vanderbilt, Tom. *You May Also Like: Taste in an Age of Endless Choice.* New York: Alfred A. Knopf,

Game, while Beyonce Opts for a $1,400 Celine—but Neither Compares to Grandma Tina's $4,700 Gucci." *Daily Mail*, February 19, 2018.

Stillman, Whit (director and writer). *Metropolitan*. 1990. New Line Cinema.

Stukin, Stacie. "The Ice Age." *Vibe*, August 2004.

Suetonius. "The Life of Nero." In *The Lives of the Caesars*. Cambridge, Mass.: Loeb Classical Library, 1914.

Sumner, William Graham. *Folkways*. New York: Dover, 1959.

Sylvester, Nick. "The Internet Doesn't Matter, You're Making Music in L.A." *New York*, August 8, 2017, https://www.vulture.com/2017/08/why-is-los-angeles-a-great-place-to-make-pop-music.html.

Syme, Rachel. "The Second Life of Princess Diana's Most Notorious Sweater." *New Yorker*, November 20, 2020, https://www.newyorker.com/culture/on-and-off-the-avenue/the-second-life-of-princess-dianas-most-iconic-sweater.

Talmadge, Stephanie. "The Sisterhood of the Exact Same Pants." *Racked*, August 30, 2017, https://www.racked.com/2017/8/30/16218066/sorority-dress-code-rush-t-shirts.

Tamangi, Daniele. *Gentlemen of Bacongo*. London: Trolley, 2009.

Tarde, Gabriel. *The Laws of Imitation*. Translated by Elsie Clews Parsons. New York: Henry Holt, 1903.

Tashjian, Rachel. "How Stüssy Became the Chanel of Streetwear." *GQ*, May 10, 2021, https://www.gq.com/story/stussy-revival-2021.

Taylor, Charles. *The Ethics of Authenticity*. Cambridge, Mass.: Harvard University Press, 1991.

Taylor, Charles. *Sources of Self: The Making of the Modern Identity*. Cambridge, Mass.: Harvard University Press, 1989.

Teather, David. "Country Life Butter Soars after Johnny Rotten's Star Turn." *Guardian*, February 3, 2009, https://www.theguardian.com/business/2009/feb/03/dairycrestgroup-sexpistols.

Tenbarge, Kat. "The Era of A-list YouTube Celebrities Is Over. Now, the People Cancelling Them Are on Top." *Insider*, October 22, 2020, https://www.insider.com/dangelo-wallace-interview-youtube-shane-jeffree-tati-drama-channels-2020-9.

Theodorson, George A., and Achilles G. Theodorson. *Modern Dictionary of Sociology*. New York: Thomas Y. Crowell, 1969.

Thomas, Dana. *Deluxe: How Luxury Lost Its Luster*. New York: Penguin, 2008.

Thomas, Frankie. "A Queer Reading of *Go Ask Alice*." *Paris Review*, January 22, 2018, https://www.

Smith, Noah. "For Corrosive Inequality, Look to the Upper Middle Class." *Bloomberg*, December 24, 2020.

——. "Redistribute Wealth? No, Redistribute Respect." *Noahpinion*, December 27, 2013, http://noahpinionblog.blogspot.com/2013/12/redistribute-wealth-no-redistribute.html.

Smoker 1. "Harvestore Silos" in General Chat. *Red Power Magazine*, September 1, 2017, https://www.redpowermagazine.com/forums/topic/109603-harvestore-silos/; accessed December 7, 2021.

Sobel, Ben. "Don't Be a Kook: The GQ Guide to Surf Etiquette." *GQ*, July 8, 2013, https://www.gq.com/story/kook-surf-etiquette-guide-2013.

Sola. "Mugabe Amassed $1bn— Including a Rare Rolls-Royce Worth More Than Zimbabwe's Economy." *Punch*, November 23, 2017, https://punchng.com/mugabe-amassed-1bn-including-a-rare-rolls-royce-worth-more-than-zimbabwes-economy/.

Solmonson, Lesley Jacobs. *Gin: A Global History*. London: Reaction, 2012.

Sombart, Werner. *Luxury and Capitalism*. Translated by W. R. Dittmar. Ann Arbor: University of Michigan Press, 1967.

Sontag, Susan. *Against Interpretation*. New York: Delta, 1966.

Sorokin, Pitirim A. *Social and Cultural Dynamics*. Vol. 1, *Fluctuation of Forms of Art*. New York: Bedminster, 1962.

Spence, Michael. "Job Market Signaling." *Quarterly Journal of Economics* 87, no. 3 (August 1973): 355 – 74, https://doi.org/10.2307/1882010.

Spitz, Bob. *The Beatles*. New York: Back Bay, 2006.

Spivack, Emily. "Why Hypercolor T-shirts Were Just a One-Hit Wonder." *Smithsonian Magazine*, January 22, 2013, https://www.smithsonianmag.com/arts-culture/why-hypercolor-t-shirts-were-just-a-one-hit-wonder-3353436/.

The State. Season 3, episode 5, "Dan, the Very Popular Openly Gay High School Student." MTV, 1995.

Steinworth, Bailey. "Jordan Peterson Needs to Reconsider the Lobster." *Washington Post*, June 4, 2018, https://www.washingtonpost.com/news/posteverything/wp/2018/06/04/jordan-peterson-needs-to-reconsider-the-lobster/.

Stephens-Davidowitz, Seth. *Everybody Lies: Big Data, New Data, and What the Internet Can Tell Us about Who We Really Are*. New York: Dey Street, 2017.

Stern, Carly. "Battle of the Bags! Blue Ivy Carries a $1,800 Louis Vuitton Purse to the NBA All Star

www.futureofworkhub.info/comment/2018/3/19/we-will-all-be-artists-in-the-future.

Shattuck, Roger. *The Banquet Years: The Origins of the Avant-Garde in France 1885 to World War I.* Rev. ed. New York: Vintage, 1968.

Sherman, Elisabeth. "Why Does 'Yellow Filter' Keep Popping Up in American Movies?" *Matador Network*, April 27, 2020, https://matadornetwork.com/read/yellow-filter-american-movies/.

Shippey, Kim. "Always Trying for the Best She Can Do." *Christian Science Sentinel*, June 30, 2003, https://sentinel.christianscience.com/shared/view/nq9yum1pxc.

Siegler, Mara. "Gaia Matisse Doesn't Care if You Think She's Just a 'Blond with Big Boobs.' " *Page Six,* March 29, 2016, https://pagesix.com/2016/03/29/gaia-matisse-doesnt-care-if-you-think-shes-just-a-blond-with-big-boobs/.

Sietsema, Robert. "Me and Magnolia: Life before and after the Cupcake Bomb Went Off." *Eater*, July 14, 2016, https://ny.eater.com/2016/7/14/12189132/magnolia-and-me.

Silverman, Rachel Emma. "It Was 35 Years Ago This Weekend That Haircuts Lost Their Luster." *Wall Street Journal*, February 5, 1999.

Simmel, Georg. *On Individuality and Social Forms.* Edited by Donald N. Levine. Chicago: University of Chicago Press, 1971.

——. *Simmel on Culture: Selected Writings.* Edited by David Frisby and Mike Featherstone. London: Sage Publications, 1998.

The Simpsons. Season 6, episode 21, "The PTA Disbands." Directed by Swinton O. Scott III. FOX, April 16, 1995.

——. Season 7, episode 13, "Two Bad Neighbors." Directed by Wes Archer. FOX, January 14, 1996.

——. Season 8, episode 10, "The Springfield Files." Directed by Steven Dean Moore. FOX, January 12, 1997.

Sinfield, Alan. *Literature, Politics and Culture in Postwar Britain.* London: Continuum, 2007.

Skyrms, Brian. *Signals: Evolution, Learning, and Information.* Oxford: Oxford University Press, 2010.

Sloan, Alfred P., Jr. *My Years with General Motors.* Edited by John McDonald with Catharine Stevens. New York: Macfadden-Bartell, 1965.

Smith, Adam. *The Theory of Moral Sentiments.* Amherst, N.Y.: Prometheus, 2000.

Smith, Barbara Herrnstein. *Contingencies of Value: Alternative Perspectives for Critical Theory.* Cambridge, Mass.: Harvard University Press, 1988.

Sartre, Jean-Paul. *Existentialism and Human Emotions.* New York: Carol Publishing Group, 1993.

Satō, Ikuya. *Kamikaze Biker: Parody and Anomy in Affluent Japan.* Chicago: University of Chicago Press, 1991.

Sawyer, Jonathan. "Jay-Z's Wild Car Collection Is Fitting for Hip-Hop's First Billionaire." *High Snobiety*, September 11, 2020, https://www.highsnobiety.com/p/jay-z-car-collection/.

Schmidt, Liane, Vasilisa Skvortsova, Claus Kullen, Bernd Weber, and Hilke Plassmann. "How Context Alters Value: The Brain's Valuation and Affective Regulation System Link Price Cues to Experienced Taste Pleasantness." *Scientific Reports* 7, article 8098 (2017), https://www.nature.com/articles/s41598-017-08080-0.

Schoeck, Helmut. *Envy: A Theory of Social Behavior.* Translated by Martin Secker. Indianapolis: Liberty Fund, 1987.

Schoeffler, O. E., and William Gale. *Esquire's Encyclopedia of 20th Century Men's Fashion.* New York: McGraw-Hill, 1973.

Schrad, Mark Lawrence. *Vodka Politics: Alcohol, Autocracy, and the Secret History of the Russian State.* Oxford: Oxford University Press, 2014.

Schruers, Fred. *Billy Joel.* New York: Three Rivers Press, 2014.

Schwartz, Barry. *The Paradox of Choice.* New York: Harper Perennial, 2004.

Schwyzer, Hugo. "The Real-World Consequences of the Manic Pixie Dream Girl Cliché." *The Atlantic*, July 10, 2013.

Scott, A. O. *Better Living through Criticism.* New York: Penguin Press, 2016.

Scruton, Roger. *Modern Culture.* London: Bloomsbury, 2000.

Scura, Dorothy M., ed. *Conversations with Tom Wolfe.* Jackson: University Press of Mississippi, 1990.

Seabrook, John. *Nobrow: The Culture of Marketing, the Marketing of Culture.* New York: Alfred A. Knopf, 2000.

Segall, Marshall H., Donald T. Campbell, and Melville J. Herskovit. "The Influence of Culture on Visual Perception." In *Social Perception*, edited by Hans Toch and Clay Smith. Indianapolis: Bobbs-Merrill, 1968.

Shafer, Jack. "Bogus Trend Stories, Summer Edition." *Slate*, August 14, 2009, https://slate.com/news-and-politics/2009/08/the-bogus-trend-stories-of-summer-chubby-is-hip-laptoppers-evicted-from-coffee-shops-diy-burial.html.

Shams, Samar. "We Will All Be Artists in the Future." *Future of Work Hub*, March 19, 2018, https://

magazine/2010/10/04/searching-for-silence.

Rothenberg, David. *Survival of the Beautiful: Art, Science, and Beauty*. New York: Bloomsbury, 2011.

Rousseau, Jean-Jacques. *A Discourse on Inequality*. Translated by Maurice Cranston. London: Penguin, 1984.

Rowe, Peter. "Ballast Point's Rise, Fall and Sale: Inside Craft Beer's Most Baffling Deal." *Los Angeles Times*, December 12, 2019.

Rus, Mayer. "Inside Rapper Drake's Manor House in Hometown Toronto." *Architectural Digest*, April 8, 2020, https://www.architecturaldigest.com/story/inside-rapper-drakes-hometown-manor-in-toronto.

Russell, Bertrand. *Power*. London: Unwin Paperbacks, 1975.

Russell, Kent. "American Juggalo." *n+ 1*, Fall 2011, https://nplusonemag.com/issue-12/essays/american-juggalo.

Sahlins, Marshall. *Culture and Practical Reason*. Chicago: University of Chicago Press, 1976.

Sales, Nancy Jo. "The New Rules of Old Money." *Harper's Bazaar*, October 7, 2021, https://www.harpersbazaar.com/culture/features/a37628920/radical-giving-october-2021/.

Salewicz, Chris. *Bob Marley: The Untold Story*. London: Harper, 2009.

Salinger, J. D. *The Catcher in the Rye*. New York: Little, Brown, 1991.

Saltz, Jerry. "Glenn O'Brien and the Avant-Garde

That Lost." *Vulture*, April 25, 2017, https://www.vulture.com/2017/04/glenn-obrien-and-the-avant-garde-that-lost.html.

Saner, Emine. "Narendra Modi's Style Tip for World Leaders: Wear a Suit with Your Name Written on It." *Guardian*, January 26, 2015, https://www.theguardian.com/fashion/shortcuts/2015/jan/26/narendra-modi-personlised-pinstripe-suit-fashion-india-barack-obama.

Sanneh, Kelefa. "The Persistence of Prog Rock." *New Yorker*, June 19, 2017, https://www.newyorker.com/magazine/2017/06/19/the-persistence-of-prog-rock.

Sanneh, Kelefa. "The Rap against Rockism." *New York Times*, October 31, 2004, https://www.nytimes.com/2004/10/31/arts/music/the-rap-against-rockism.html.

Santayana, George. *The Life of Reason: Reason in Religion*. New York: Charles Scribner's Sons, 1905.

Sapir, Edward. "Fashion." In *Encyclopaedia of the Social Sciences*, 139 – 44. Vol. 6. New York: Macmillan, 1931.

——. *Language: An Introduction to the Study of Speech*. New York: Harcourt, Brace, 1921.

Coast Millennial Woman Earning $80,000." *Business Insider*, August 5, 2021, https://www.businessinsider.com/typical-whole-foods-shopper-demographic-millennial-woman-earning-middle-income-2021-8.

Reynolds, Simon. *Retromania: Pop Culture's Addiction to Its Own Past.* New York: Farrar Straus Giroux, 2011.

Richarz, Allan. "40 Years Ago, Okinawans Returned to Driving on the Left." *Atlas Obscura,* July 30, 2018, https://www.atlasobscura.com/articles/730-monument.

Ridgeway, Cecilia L. *Status: Why Is It Everywhere? Why Does It Matter?* New York: Russell Sage Foundation, 2019.

Rizvic, Sejla. "Everybody Hates Millennials: Gen Z and the TikTok Generation Wars." *The Walrus,* February 9, 2021, https://thewalrus.ca/everybody-hates-millennials-gen-z-and-the-tiktok-generation-wars/.

Roberts, Adam. *Frederic Jameson*. London: Routledge, 2000.

Robinson, Dwight E. "The Economics of Fashion Demand." *Quarterly Journal of Economics* 75, no. 3 (August 1961): 376 – 98.

Robinson, Joe. "TV's Most Surreal Music Performances: Beck, Thurston Moore and Mike D." *Diffuser*, March 13, 2014, https://diffuser.fm/beck-thurston-moore-mike-d-120-minutes.

Rodrick, Stephen. "The Trouble with Johnny Depp." *Rolling Stone,* June 21, 2018, https://www.rollingstone.com/feature/the-trouble-with-johnny-depp-666010/.

"Roger Eliot Fry (1866 – 1934)." King's College Cambridge. https://www.kings.cam.ac.uk/archive-centre/roger-eliot-fry-1866-1934.

Rogers, Everett M. *Diffusion of Innovations.* 5th ed. New York: Free Press, 2003.

——. *The Fourteenth Paw: Growing Up on an Iowa Farm in the 1930s.* Singapore: Asian Media Information and Communication Centre (AMIC), 2008.

Rosen, Christine. "Teens Who Say No to Social Media." *Wall Street Journal,* August 25, 2016.

Rosen, Jody. "The Perils of Poptimism." *Slate,* May 9, 2006, https://slate.com/culture/2006/05/does-hating-rock-make-you-a-music-critic.html.

Rosenberg, Harold. *The Tradition of the New.* New York: Da Capo, 1994.

Rosenblum, Mort. *Chocolate: A Bittersweet Saga of Dark and Light.* New York: North Point, 2005.

Ross, Alex. "The John Cage Century." *New Yorker,* September 4, 2012, https://www.newyorker.com/culture/culture-desk/the-john-cage-century.

——. "Searching for Silence." *New Yorker,* September 27, 2010, https://www.newyorker.com/

Princeton University Press, 2005.

Poggioli, Renato. *The Theory of the Avant-Garde*. Cambridge, Mass.: Belknap/Harvard University Press, 1968.

Pogue, David. "Trying Out the Zune: IPod It's Not." *New York Times*, November 9, 2006, https://www.nytimes.com/2006/11/09/technology/09pogue.html.

Popescu, Adam. "Inside the Private, Celebrity-Friendly Terminal at LAX." *Vanity Fair*, August 16, 2017, https://www.vanityfair.com/style/2017/08/inside-the-privatecelebrity-friendly-terminal-at-lax.

Pountain, Dick, and David Robins. *Cool Rules: Anatomy of an Attitude*. London: Reaktion, 2000.

Pressler, Jessica. "Maybe She Had So Much Money She Just Lost Track of It. Somebody Had to Foot the Bill for Anna Delvey's Fabulous New Life. The City Was Full of Marks." *The Cut*, May 28, 2018.

Prichep, Deena. "The Gefilte Fish Line: A Sweet and Salty History of Jewish Identity." *NPR: The Salt*, September 24, 2014, https://www.npr.org/sections/thesalt/2014/09/24/351185646/the-gefilte-fish-line-a-sweet-and-salty-history-of-jewish-identity.

Princeton University. "In a Split Second, Clothes Make the Man More Competent in the Eyes of Others." *Phys.org*, December 9, 2019, https://phys.org/news/2019-12-eyes.html.

Proust, Marcel. *In Search of Lost Time*. Vol. 1, *Swann's Way*. Translated by C. K. Scott Moncrieff, Terence Kilmartin, and D. J. Enright. New York: Modern Library, 2003.

Quartz, Steven, and Annette Asp. *Cool: How the Brain's Hidden Quest for Cool Drives Our Economy and Shapes Our World*. New York: Farrar Straus Giroux, 2015.

Quirk, Justin. *Nothin' but a Good Time*. London: Unbound, 2021.

Read, Herbert. *Art and Society*. New York: Schocken, 1966.

Reilly, Nick. " 'Lynchian,' 'Tarantinoesque' and 'Kubrickian' Lead New Film Words Added to Oxford English Dictionary." *NME.com*, October 5, 2018, https://www.nme.com/news/lynchian-tarantinoesque-and-kubrickian-lead-new-film-words-added-to-oxford-english-dictionary-definition-2387041.

Renfrew, Colin. "Varna and the Emergence of Wealth in Prehistoric Europe." In *The Social Life of Things*, edited by Arjun Appadurai. Cambridge: Cambridge University Press, 1986.

Resnikoff, Paul. "Nearly Half of All Charting Songs Are One-Hit Wonders." *Digital Music News*, March 11, 2012, https://www.digitalmusicnews.com/2012/03/11/charting/.

Reuter, Dominick. "Meet the Typical Whole Foods Shopper, a Highly Educated West

Ortega y Gasset, José. *The Revolt of the Masses*. New York: W. W. Norton, 1932.

Orwell, George. "Why I Write." In *Essays*. New York: Penguin Modern Classics, 2000.

Osterweil, Vicky. "What Was the Nerd?" *Real Life*, November 16, 2016, https://reallifemag.com/what-was-the-nerd/.

Otterson, Joe. " 'Game of Thrones' Season 8 Premiere Draws 17.4 Million Viewers, Sets Multi-Platform Record." *Variety*, April 15, 2019.

Ozzi, Dan. "Rock Is Dead, Thank God." *Noisey*, June 15, 2018, https://www.vice.com/en/article/a3aqkj/rock-is-dead-thank-god.

Packard, Vance. *The Pyramid Climbers*. Harmondsworth, Eng.: Pelican Books, 1962.

——. *The Status Seekers*. Harmondsworth, Eng.: Penguin, 1959.

Parkin, Frank. "Social Stratification." In *A History of Sociological Analysis*, edited by Tom Bottomore and Robert Nisbet. London: Heinemann, 1978.

Parsons, Talcott. *The Social System*. New York: Free Press, 1951.

Paskin, Willa. "An Oral History of 'Friday.' " *Slate*, May 22, 2020, https://slate.com/culture/2020/05/rebecca-black-friday-oral-history.html.

Pearce, Sheldon. "The Futility of Rolling Stone's Best-Albums List." *New Yorker*, October 2, 2020, https://www.newyorker.com./culture/cultural-comment/the-futility-of-rolling-stones-best-albums-list.

Pendlebury, Richard. "Spent, Spent, Spent—Pools Winner Now Living on L87 a Week." *Daily Mail*, April 22, 2007, http://www.dailymail.co.uk/femail/article-449820/Spent-spent-spent—pools-winner-living-87-week.html.

Peterson, R. A. "Understanding Audience Segmentation: From Elite and Mass to Omnivore and Univore." *Poetics* 21, no. 4 (1992): 243 – 58.

Piesman, Marissa, and Marilee Hartley. *The Yuppie Handbook: The State-of-the-Art Manual for Young Urban Professionals*. New York: Pocket, 1984.

Pinker, Steven. *How the Mind Works*. London: Penguin, 1997.

Pitchfork. "Pitchfork Reviews: Rescored." *Pitchfork*, October 5, 2021.

Plassmann, Hilke, et al. "Marketing Actions Can Modulate Neural Representations of Experienced Pleasantness." *Proceedings of the National Academy of Sciences* 105, no. 3 (January 2008): 1050 – 54.

Pliny (the Elder). *The Natural History of Pliny*. Vol. 2. London: H. G. Bohn, 1855.

Podolny, Joel M. *Status Signals: A Sociological Study of Market Competition*. Princeton, N.J.:

Myers, Rollo H. *Erik Satie*. New York: Dover, 1968.

Nanba, Kōji. *Yankii shinkaron* (The evolution of Yankii). Tokyo: Kōbunsha, 2009.

Nathanson, Elizabeth. "Sweet Sisterhood: Cupcakes as Sites of Feminized Consumption and Production." In *Cupcakes, Pinterest, and Ladyporn*, edited by Elana Levine. Urbana: University of Illinois Press, 2015.

Neate, Rupert. "How an American Woman Rescued Burberry, a Classic British Label." *Guardian*, June 15, 2013, https://www.theguardian.com/business/2013/jun/16/angela-ahrendts-burberry-chav-image.

Neuendorf, Henri. "Here's What Japanese Billionaire Yusaku Maezawa Has Bought So Far at the Auctions." *Artnet*, May 12, 2016, https://news.artnet.com/market/see-japanese-collector-yusaku-maezawa-bought-far-auction-495899.

Newham, Fraser. "The Ties That Bind." *Guardian*, March 21, 2005, https://www.theguardian.com/world/2005/mar/21/ china.gender.

Nicolson, Benedict. "Post-Impressionism and Roger Fry." *Burlington Magazine* 93, no. 574 (1951): 11 – 15, http://www.jstor.org/stable/870622.

Nietzsche, Friedrich. *Beyond Good and Evil.* Harmondsworth, Eng.: Penguin, 1973.

Norton, Marcy. *Sacred Gifts, Profane Pleasures: A History of Tobacco and Chocolate in the Atlantic World.* Ithaca, N.Y.: Cornell University Press, 2008.

Nozick, Robert. *The Nature of Rationality.* Princeton, N.J.: Princeton University Press, 1993.

Nudson, Rae. "A History of Women Who Burned to Death in Flammable Dresses." *Racked*, December 19, 2017, https://www.racked.com/2017/12/19/16710276/burning-dresses-history.

Nystrom, Paul. *Economics of Fashion.* New York: Ronald Press, 1928.

O'Brien, Glenn, and Jean-Philippe Delhomme. *How to Be a Man.* New York: Rizzoli, 2011.

O'Connor, Maureen. "Kanye West Wore a WWJD Bracelet." *The Cut*, July 12, 2013, https://www.thecut.com/2013/07/kanye-west-wore-a-wwjd-bracelet.html.

O'Haver, Hanson. "The Great Irony-Level Collapse." *Gawker*, November 9, 2011, https://www.gawker.com/culture/the-great-irony-level-collapse.

Olson, Mancur. *The Logic of Collective Action: Public Goods and the Theory of Groups.* Cambridge, Mass.: Harvard University Press, 1971.

Orsi, Agi (producer), Stacy Peralta (director and writer), Craig Stecyk (writer), and Sean Penn (narrator). *Dogtown and Z-Boys.* 2002. Sony Pictures Classics.

Mencken, H. L. "Professor Veblen." In *Prejudices, First Series.* New York: Alfred A. Knopf, 1919.

Mercer, Kobena. "Black Hair/ Style Politics (1987)." In *The Subcultures Reader*, edited by Sarah Thornton and Ken Gelder. London: Routledge, 1997.

Meyer, Leonard B. *Music, the Arts, and Ideas: Patterns and Predictions in Twentieth-Century Culture.* Chicago: University of Chicago Press, 1967.

Meyersohn, Rolf, and Elihu Katz. "Notes on a Natural History of Fads." *American Journal of Sociology* 62, no. 6 (1957): 594 - 601.

Miles, Barry. *The Zapple Diaries: The Rise and Fall of the Last Beatles Label.* New York: Abrams Image, 2016.

Miller, Daniel. *Material Culture and Mass Consumption.* Oxford: Basil Blackwell, 1987.

Miller, Rylan. "A Middle Eastern Businessman Just Paid $8 Million for a Gold-Plated Rolls Royce." *Business Insider*, August 4, 2011, https://www.businessinsider.com/gold-plated-rolls-royce-2011-8.

Mitford, Nancy, ed. *Noblesse Oblige: An Enquiry into the Identifiable Characteristics of the English Aristocracy.* New York: Harper & Brothers, 1956.

Monahan, Sean. "Video Games Have Replaced Music as the Most Important Aspect of Youth Culture." *Guardian*, January 11, 2021.

Money Kicks. "My New LV Supreme Ferrari." *YouTube*, August 4, 2017. https://www.youtube.com/watch?v=4TwTtH4DCCc; accessed June 7, 2021.

Moretti, Franco. *Graphs, Maps, Trees: Abstract Models for Literary History.* London: Verso, 2005.

Morris, Bob. "The Age of Dissonance: Babes in Adultland." *New York Times*, June 3, 2001, https://www.nytimes.com/2001/06/03/style/the-age-of-dissonance-babes-in-adultland.html.

Morris, Desmond. *The Human Zoo.* New York: Dell, 1969.

Moskin, Julia. "Once Just a Cupcake, These Days a Swell." *New York Times*, November 5, 2003, https://www.nytimes.com/2003/11/05/dining/once-just-a-cupcake-these-days-a-swell.html.

Mötley Crüe and Neil Strauss. *The Dirt: Confessions of the World's Most Notorious Rock Band.* New York: Regan/ HarperCollins, 2002.

Muggleton, David. *Inside Subculture: The Postmodern Meaning of Style.* Oxford: Berg, 2002.

Muggleton, David, and Rupert Weinzierl. *The Post-Subcultures Reader.* New York: Berg, 2003.

Mulhern, Francis. *Culture/ Metaculture.* London: Routledge, 2000.

Mull, Amanda. "The New Trophies of Domesticity." *The Atlantic*, January 30, 2020, https://www.theatlantic.com/health/archive/2020/01/kitchenaid-le-creuset-peak-domesticity/605716/.

www.hodinkee.com/articles/the-most-stylish-men-ever-to-wear-a-watch.

Matos, Michaelangelo. *The Underground Is Massive*. New York: Dey Street, 2015.

Matousek, Mark. "These Are the 16 Most Unreliable Car Brands for 2020." *Business Insider*, February 27, 2020, https://www.businessinsider.com/most-unreliable-car-brands-for-2020-jd-power-2020-2.

McClay, B. D. "Let People Enjoy This Essay." *Gawker*, August 19, 2021, https://www.gawker.com/culture/let-people-enjoy-this-essay.

McCluney, Courtney L., Kathrina Robotham, Serenity Lee, Richard Smith, and Myles Durkee. "The Costs of Code-Switching." *Harvard Business Review*, November 15, 2019, https://hbr.org/2019/11/the-costs-of-codeswitching.

McCracken, Grant David. *Culture and Consumption: New Approaches to the Symbolic Character of Consumer Goods and Activities*. Bloomington: Indiana University Press, 1988.

——. "Culture and Consumption: A Theoretical Account of the Structure and Movement of the Cultural Meaning of Consumer Goods." *Journal of Consumer Research* 13, no. 1 (1986): 71 – 84.

McGuckin, Nancy, and Nanda Srinivasan. "Journey-to-Work Trends in the United States and Its Major Metropolitan Areas, 1960 – 2000." United States Federal Highway Administration, June 30, 2003, https://rosap.ntl.bts.gov/view/dot/5543.

McKenna, Kathleen. "Edna Hibel, at 97; Versatile Creator of Many Works of Art." *Boston Globe*, December 24, 2014, https://www.bostonglobe.com/metro/obituaries/2014/12/24/edna-hibel-prolific-artist-created-thousands-works-many-forms/lEbyFWJyqftepXgVP5orlN/ story.html.

McKeon, Lucy. "The True Story of Rastafari." *New York Review of Books*, January 6, 2017, https://www.nybooks.com/daily/2017/01/06/the-true-story-of-rastafari/.

McLuhan, Marshall. *Understanding Media: The Extensions of Man*. London: Routledge Classics, 1964.

McWhorter, John H. *The Language Hoax: Why the World Looks the Same in Any Language*. Oxford: Oxford University Press, 2014.

Meany, Paul. "First Principles: What America's Founders Learned from the Greeks and Romans and How That Shaped Our Country." *Cato Journal*, Spring/Summer 2021.

Mears, Ashley. *Very Important People: Status and Beauty in the Global Party Circuit*. Princeton, N.J.: Princeton University Press, 2020.

Menand, Louis. "Finding It at the Movies." *New York Review of Books*, March 23, 1995.

and Meaning. Oxford: Berg, 2007.

Lynes, Russell. "How Shoe Can You Get?" *Esquire*, September 1953.

——. *The Tastemakers.* New York: Dover, 1980.

M, Ramses. *How Kanye West Got Started: Lessons from a Legend (How It All Got Started).* Purple Circus Productions, 2015.

MacDonald, Ian. *Revolution in the Head: The Beatles' Records and the Sixties.* 2nd rev. ed. London: Vintage, 2008.

Macilwee, Michael. *The Teddy Boy Wars.* Preston, Eng.: Milo Books, 2015.

Mackay, Charles. *Extraordinary Popular Delusions and the Madness of Crowds.* New York: Three Rivers Press, 1980.

Mackintosh, Kit. *Neon Screams: How Drill, Trap and Bashment Made Music New Again.* London: Repeater Books, 2021.

Maglaty, Jeanne. "When Did Girls Start Wearing Pink?" *Smithsonian Magazine*, April 7, 2011, https://www.smithsonianmag.com/arts-culture/when-did-girls-start-wearing-pink-1370097.

Mailer, Norman. "The White Negro." *Advertisements for Myself.* Cambridge, Mass.: Harvard University Press, 1959.

Mann, Ron (director). *Twist.* Alliance Entertainment, 1992.

Marcuse, Herbert. *One-Dimensional Man: Studies in the Ideology of Advanced Industrial Society.* Boston: Beacon, 1964.

Marx, Karl. "The Eighteenth Brumaire of Louis Bonaparte." In *The Marx-Engels Reader*, edited by Robert C. Tucker. New York: W. W. Norton, 1972.

Marx, W. David. *Ametora: How Japan Saved American Style.* New York: Basic Books, 2015.

——. "The History of the Gyaru—Part One." *Neojaponisme*, February 28, 2012, https://neojaponisme.com/2012/02/28/the-history-of-the-gyaru-part-one/.

——. "The History of the Gyaru—Part Two." *Neojaponisme*, May 8, 2012, https://neojaponisme.com/2012/05/08/the-history-of-the-gyaru-part-two/.

——. "The History of the Gyaru—Part Three." *Neojaponisme*, June 6, 2012, https://neojaponisme.com/2012/06/06/the-history-of-the-gyaru-part-three/.

——. "An Open Letter to Kanye West from the Association of French Bakers." *Medium.com*, August 13, 2013, https://medium.com/@wdavidmarx/an-open-letter-to-kanye-west-from-the-association-of-french-bakers-377952a582eb.

Mashburn, Sid. "The Most Stylish Men Ever to Wear a Watch." *Hodinkee*, April 28, 2021, https://

LeMay, Matt. "Liz Phair: *Liz Phair*." *Pitchfork*, June 24, 2003, https://pitchfork.com/reviews/albums/6255-liz-phair/.

Leonard, George, and Robert Leonard. "Sha Na Na and the Woodstock Generation." *Columbia College Today*, Spring/ Summer 1989, 28, http://www.georgeleonard.com/sha-na-na-and-the-woodstock-generation.htm.

Lévi-Strauss, Claude. *Structural Anthropology.* Translated by Claire Jacobson and Brooke Grundfest Schoepf. Garden City, N.Y.: Anchor, 1963.

Levine, Joshua. "The New, Nicer Nero." *Smithsonian Magazine*, October 2020.

Levitin, Daniel J. *This Is Your Brain on Music: The Science of a Human Obsession.* New York: Dutton, 2006.

Levy, Steven. " 'Hackers' and 'Information Wants to Be Free.' " *Backchannel*, November 22, 2014, https://medium.com/backchannel/the-definitive-story-of-information-wants-to-be-free-a8d95427641c.

Lewis, David. *Convention*. Oxford: Blackwell, 2002.

Lewis, Frederick. "Britons Succumb to 'Beatlemania.' " *New York Times*, December 1, 1963, https://www.nytimes.com/1963/12/01/archives/britons-succumb-to-beatlemania.html.

Lewis, Neil A. "The Politicization of Tasseled Loafers." *New York Times*, November 3, 1993, https://www.nytimes.com/1993/11/03/garden/the-politicization-of-tasseled-loafers.html.

Lewis, Peter. *The Fifties*. London: Heinemann, 1978.

Lewisohn, Mark. *The Beatles, All These Years.* Vol. 1, *Tune In*. Extended spec. ed. London: Little, Brown, 2013.

Lieberson, Stanley. *A Matter of Taste: How Names, Fashions, and Culture Change.* New Haven, Conn.: Yale University Press, 2000.

Lindholm, Charles. *Culture and Authenticity*. Malden, Mass.: Blackwell, 2008.

Linton, Ralph. *The Study of Man: An Introduction*. New York: Appleton-Century-Crofts, 1936.

Lipovetsky, Gilles. *Hypermodern Times*. Translated by Andrew Brown. Cambridge: Polity, 2005.

Liu, Marian. "How a Taiwanese Whisky Became a Global Favorite." *CNN Travel*, September 15, 2017, https://edition.cnn.com/travel/article/taiwan-whisky-kavalan/index.html.

Lorenz, Taylor. "On the Internet, No One Knows You're Not Rich. Except This Account." *New York Times*, November 11, 2019.

Lurie, Alison. *The Language of Clothes*. New York: Henry Holt, 2000.

Lynch, Annette, and Mitchell D. Strauss. *Changing Fashion: A Critical Introduction to Trend Analysis*

Records." *Toronto Star*, June 14, 2014, https://www.thestar.com/entertainment/music/2014/06/14/meet_becks_dad_david_campbell_who_has_helped_sell_nearly_1_billion_records.html.

Kroeber, A. L. *Configurations of Culture Growth*. Berkeley: University of California Press, 1944.

Kroeber, A. L., and C. Kluckhohn. *Culture: A Critical Review of Concepts and Definitions*. Vol. 47, no. 1 of *Papers of the Peabody Museum of Archaeology and Ethnology, Harvard University*. Cambridge, Mass.: Peabody Museum, 1952.

Kuczynski, Alex. "Now You See It, Now You Don't." *New York Times*, September 12, 2004, https://www.nytimes.com/2004/09/12/fashion/now-you-see-it-now-you-dont.html.

Kuki, Shūzō. *Reflections on Japanese Taste: The Structure of Iki*. Translated by John Clark. Sydney: Power, 1997.

Kulka, Tomáš. *Kitsch and Art*. University Park: Pennsylvania State University Press, 1996.

Kuo, Lucas, and Jason Arterburn. *Lux and Loaded: Exposing North Korea's Strategic Procurement Networks*. Center for Advanced Defense Studies, 2019, https://static1.squarespace.com/static/566ef8b4d8af107232d5358a/t/5d307a43bf42140001877def/1563458128965/Lux+%26+Loaded.pdf.

Lamont, Michele, and Annette Lareau. "Cultural Capital: Allusions, Gaps and Glissandos in Recent Theoretical Developments." *Sociological Theory* 6 (1988): 153 – 68.

Lanin, Misha. "Russia's Airbrushed Car Scene Is Out of Control." *Jalopnik*, November 2, 2020, https://jalopnik.com/russias-airbrushed-car-scene-is-out-of-control-1843107995.

Lauer, Alex. "Why Pickup Trucks Keep Getting Bigger and Bigger." *Inside Hook*, September 6, 2019, https://www.insidehook.com/article/vehicles/why-pickup-trucks-keep-getting-bigger.

Laver, James. *Dandies*. Worcester, U.K.: Trinity Press, 1968.

——. *Taste and Fashion: From the French Revolution to the Present Day*. London: George G. Harrap, 1937.

Leach, Edmund. *Culture and Communication: The Logic by Which Symbols Are Connected*. Cambridge: Cambridge University Press, 1976.

Leary, Timothy. *The Politics of Ecstasy*. New York: Putnam, 1986.

Lebrecht, Norman. *The Book of Musical Anecdotes*. New York: Free Press, 1985.

Leibenstein, H. "Bandwagon, Snob, and Veblen Effects in the Theory of Consumers' Demand." *Quarterly Journal of Economics* 64, no. 2 (May 1950): 183 – 207.

Leighton, Ralph. *Tuva or Bust!* New York: W. W. Norton, 1991.

——. *A Theory of Linguistic Signs*. Oxford: Oxford University Press, 1995.

Kerouac, Jack. *On the Road.* London: Penguin Classics, 2000.

K-HOLE. "Youth Mode: A Report on Freedom." K-HOLE, October 2013, http://khole.net/issues/youth-mode/.

King, Larry. "DJ Khaled's Illuminating Convo: Influence of Hip Hop, Jay Z's Genius & Young Rapper Mistakes." *Larry King Now.* August 5, 2014. https://www.youtube.com/watch?v=M0be5674X9Y.

Kinsella, Sharon. "Black Faces, Witches, and Racism against Girls." In *Bad Girls of Japan*, edited by Laura Miller and Jan Bardsley, 143 – 58. New York: Palgrave Macmillan, 2005.

Kirsch, Adam. "Kafka Wanted All His Work Destroyed after His Death. Or Did He?" *Australian Finance Review Magazine*, September 6, 2018, https://www.afr.com/life-and-luxury/arts-and-culture/kafka-wanted-all-his-work-destroyed-after-his-death-or-did-he-20180906-h14zsd.

Klapp, Orrin E. *The Inflation of Symbols*. New Brunswick, N.J.: Transaction, 1991.

Klein, Naomi. *No Logo: Taking Aim at the Brand Bullies*. Toronto: Knopf Canada, 2000.

Klosterman, Chuck. *But What If We're Wrong?* New York: Blue Rider, 2016.

"Klout Is Dead—How Will People Continuously Rank Themselves Online Now?" *Guardian*, May 11, 2018, https://www.theguardian.com/technology/shortcuts/2018/may/11/klout-is-dead-how-will-people-continously-rank-themselves-online-now.

Kluckhohn, Clyde. *Culture and Behavior*. Edited by Richard Kluckhohn. New York: Free Press, 1962.

Knight, Phil. *Shoe Dog*. London: Simon and Schuster, 2016.

Kopytoff, Igor. "The Cultural Biography of Things: Commoditization as Process." In *The Social Life of Things*, edited by Arjun Appadurai. Cambridge: Cambridge University Press, 1986.

Koutsobinas, Theodore. *The Political Economy of Status: Superstars, Markets, and Culture Change*. Cheltenham, Eng.: Edward Elgar, 2014.

Kovács, Balázs, and Amanda J. Sharkey. "The Paradox of Publicity: How Awards Can Negatively Affect the Evaluation of Quality." *Administrative Science Quarterly* 59, no.1 (March 2014): 1 – 33.

Kremer, William. "Does a Baby's Name Affect Its Chances in Life?" *BBC World Service*, April 11, 2014, https://www.bbc.com/news/magazine-26634477.

Krewen, Nick. "Meet Beck's Dad, David Campbell, Who Has Helped Sell Nearly 1 Billion

damelio-mediocrity.

——. "A Super-Famous TikTok Star Appeared on Jimmy Fallon. It Didn't Go Great." *The Goods by Vox*, March 30, 2021, https://www.vox.com/the-goods/2021/3/30/22357132/addison-rae-jimmy-fallon-tonight-show-tiktok-dance.

——. "Your Tweet Goes Viral. Here Come the Companies Asking You to Sell Their Crap." *The Goods by Vox*, March 3, 2021, https://www.vox.com/the-goods/22309184/ocean-galaxy-light-twitter-clout-mining-viral.

Jensen, Tom. "Americans Not Hip to Hipsters." *Public Policy Polling*, May 13, 2013, https://www.publicpolicypolling.com/polls/americans-not-hip-to-hipsters/.

Johnson, Jamie. "Off with Their Coattails." *Wall Street Journal*, April 30, 2011, https://www.wsj.com/articles/SB10001424052748704132204576285250103874450.

Johnson, Noah, Rachel Tashjian, and Samuel Hine. "The 10 Best Things We Saw at Fashion Week." *Corporate Lunch*, episode 120, February 1, 2021, https://open.spotify.com/episode/34b0Q11BwQG5uI27kWEsrA.

Jones, Davis. "History of Surfing: The Great Plastics Race." *Surfer*, June 28, 2017, https://www.surfer.com/features/history-surfing-pu-foam/.

Jones, Josh. "How Glenn Gould's Eccentricities Became Essential to His Playing and Personal Style: From Humming Aloud While Playing to Performing with His Childhood Piano Chair." *Open Culture*, November 14, 2018, https://www.openculture.com/2018/11/glenn-goulds-eccentricities.html.

Jones, Liz. "The Patch-Up Prince: As He Is Pictured in a Jacket That's Been Repaired for Decades, How—from His Shoes Up—Prince Charles Has Always Made Do and Mended." *Daily Mail,* May 25, 2021, https://www.dailymail.co.uk/femail/article-9618545/As-pictured-repaired-jacket-Prince-Charles-big-fan-recycled-outfits.html.

Jones, Owen. *Chavs: The Demonization of the Working Class*. 2nd ed. London: Verso, 2012.

Jordan, Glenn, and Chris Weedon. *Cultural Politics: Class, Gender, Race and the Postmodern World.* Oxford: Blackwell, 1995.

Kant, Immanuel. *The Critique of Judgement.* Translated by James Creed Meredith. Oxford: Clarendon, 1952.

Kassinger, Ruth. *Dyes: From Sea Snails to Synthetics*. Brookfield, Minn.: Twenty-First Century Books, 2003.

Keller, Rudi. *On Language Change: The Invisible Hand in Language*. London: Routledge, 1994.

——. "Does Cultural Capital Structure American Consumption?" *Journal of Consumer Research* 25, no. 1 (June 1998): 1 – 25.

Holzman, Winnie (writer), and Scott Winant (director). August 25, 1994. "Pilot." In Marshall Herskovitz and Edward Zwick (producers), *My So-Called Life*. ABC.

Homans, George Caspar. *Social Behavior: Its Elementary Forms*. London: Routledge, 1973.

Hood, Bruce. *The Self Illusion*. Oxford: Oxford University Press, 2012.

Hooghe, Marc, and Ruth Dassonneville. "Explaining the Trump Vote: The Effect of Racist Resentment and Anti-Immigrant Sentiments." *PS: Political Science and Politics* 51, no. 3 (July 2018): 528 – 34, https://doi.org/10.1017/S1049096518000367.

Hornby, Nick. *High Fidelity*. New York: Riverhead, 2000.

Horyn, Cathy. "The Post-Trend Universe." *T Magazine*, February 15, 2015, https://www.nytimes.com/2015/02/15/t-magazine/post-trend-universe-cathy-horyn.html.

"How Bad Is Your Spotify?" *The Pudding*, https://pudding.cool/2020/12/judge-my-spotify/.

"How Badoit Took on Perrier." *New York Times*, October 30, 1988, https://www.nytimes.com/1988/10/30/business/how-badoit-took-on-perrier.html.

Hume, David. "Of the Standard of Taste." *Essays: Moral, Political, and Literary*. Carmel, Ind.: Liberty Fund, 1985.

Hutson, David J. "Plump or Corpulent? Lean or Gaunt? Historical Categories of Bodily Health in Nineteenth-Century Thought." *Social Science History* 41, no. 2 (Summer 2017): 283 – 303.

Inglis, Fred. *Cultural Studies*. Oxford: Blackwell, 1993.

Iyengar, Sheena. *The Art of Choosing*. New York: Twelve/ Grand Central, 2011.

Jackson, Gita. "Taylor Swift Super Fans Are Furious about a Good Review." *Motherboard,* July 31, 2020, https://www.vice.com/en/article/v7gpx8/taylor-swift-super-fans-are-furious-about-a-good-review.

Jacobs, Jim, and Warren Casey. *Grease*. 1972.

Jenkins, Henry. "Television Fans, Poachers, Nomads (1992)." In *The Subcultures Reader*, edited by Sarah Thornton and Ken Gelder. London: Routledge, 1997.

Jennings, Rebecca. "Are You Ready for the Return of Prep?" *The Goods by Vox*, August 24, 2021, https://www.vox.com/the-goods/22638568/old-money-aesthetic-dark-academia-prep-tiktok-pinterest-instagram.

——. "The Blandness of TikTok's Biggest Stars." *The Goods by Vox*, May 18, 2021, https://www.vox.com/the-goods/2021/5/18/22440937/tiktok-addison-rae-bella-poarch-build-a-bitch-charli-

Helmore, Edward. " 'Heroin Chic' and the Tangled Legacy of Photographer Davide Sorrenti." *Guardian*, May 23, 2019, https://www.theguardian.com/fashion/2019/may/23/heroin-chic-and-the-tangled-legacy-of-photographer-davide-sorrenti.

Heron-Langton, Jessica. "Marc Jacobs Drops Six Cute Looks on Animal Crossing." *Dazed Digital*, May 5, 2020, https://www.dazeddigital.com/fashion/article/49114/1/marc-jacobs-drops-six-cute-looks-animal-crossing-valentino-instagram.

Hesse, Monica, and Dan Zak. "Does This Haircut Make Me Look Like a Nazi?" *Washington Post*, November 30, 2016, https://www.washingtonpost.com/news/arts-and-entertainment/wp/2016/ 11/ 30/ does-this-haircut-make-me-look-like-a-nazi/.

Hewitt, Paolo, ed. *The Sharper Word: A Mod Anthology*. Rev. ed. London: Helter Skelter, 2009.

Hillman, Betty Luther. *Dressing for the Culture Wars: Style and the Politics of Self-Presentation in the 1960s and 1970s*. Lincoln: University of Nebraska Press, 2015.

"Hipster Barista." *Know Your Meme*, https://knowyourmeme.com/memes/hipster-barista.

Hirsch, Fred. *Social Limits to Growth*. Cambridge, Mass.: Harvard University Press, 1976.

Hirsch, Paul M. "Processing Fads and Fashions: An Organization-Set Analysis of Cultural Industry Systems." *American Journal of Sociology* 77, no. 4 (1972): 639 – 59.

Ho, Michelle H. S. "Consuming Women in Blackface: Racialized Affect and Transnational Femininity in Japanese Advertising." *Japanese Studies* 37, no. 1 (2017): 49 – 69.

Hobsbawm, Eric. *On History*. London: Weidenfeld and Nicolson, 1997.

Hobsbawm, Eric, and Terence Ranger. *The Invention of Tradition*. Cambridge: Cambridge University Press, 1983.

Hoffer, Eric. *The Ordeal of Change*. New York: Harper and Row, 1963.

Hohmann, James. "The Daily 202: Trump Voters Stay Loyal Because They Feel Disrespected." *Washington Post*, May 14, 2018, https://www.washingtonpost.com/news/powerpost/paloma/daily-202/2018/05/14/daily-202-trump-voters-stay-loyal-because-they-feel-disrespected/5af8aac530fb0425887994cc/.

Holden, Stephen. "The Pop Life." *New York Times*, October 17, 1990, https://www.nytimes.com/1990/10/17/arts/the-pop-life-075590.html.

——. "The Pop Life." *New York Times*, December 19, 1990, https://www.nytimes.com/1990/12/19/arts/the-pop-life-161090.html.

Holt, Douglas B. "Distinction in America? Recovering Bourdieu's Theory of Taste from Its Critics." *Poetics* 25, no. 2 – 3 (November 1997): 93 – 120.

Haggerty, Geoff (director). "Thousands of Girls Match Description of Missing Sorority Sister." *The Onion*. 2010.

Haider, Shuja. "The Invention of Twang: What Makes Country Music Sound like Country?" *The Believer*, August 1, 2019, https://believermag.com/the-invention-of-twang/.

Halbwachs, Maurice. *On Collective Memory*. Translated by Lewis A. Coser. Chicago: University of Chicago Press, 1992.

Hall, Edward T. *Beyond Culture*. New York: Anchor, 1976.

——. *The Silent Language*. New York: Doubleday, 1981.

Hall, James. "Burberry Brand Tarnished by 'Chavs.' " *The Telegraph*, November 28, 2004, http://www.telegraph.co.uk/finance/2900572/Burberry-brand-tarnished-by-chavs.html.

Hall, Stuart, and Paul du Gay. *Questions of Cultural Identity*. London: Sage Publications, 1996.

Hall, Stuart, and Tony Jefferson, eds. *Resistance through Rituals: Youth Subcultures in Post-War Britain*. 2nd ed. London: Routledge, 1976.

Han, Young Jee, Joseph C. Nunes, and Xavier Dreze. "Signaling Status with Luxury Goods: The Role of Brand Prominence." *Journal of Marketing* 74, no. 4 (2010): 15 – 30, http://www.jstor.org/stable/27800823.

Hardin, Russell. *One for All: The Logic of Group Conflict*. Princeton, N.J.: Princeton University Press, 1995.

Harmon, Steph. "Amanda Palmer: 'Donald Trump Is Going to Make Punk Rock Great Again.' " *Guardian*, December 29, 2016.

Harris, Malcolm. *Kids These Days: The Making of Millennials*. New York: Back Bay, 2017.

Harvilla, Rob. "Have We Reached the End of Poptimism?" *The Ringer*, November 16, 2017, https://www.theringer.com/music/2017/11/16/16666306/taylor-swift-poptimism-2017.

Haskell, Caitlin Welsh. "Henri Rousseau, 1908 and After: The Corpus, Criticism, and History of a Painter without a Problem." PhD diss., University of Texas at Austin, 2012.

Hatch, Elvin. *Theories of Man and Culture*. New York: Columbia University Press, 1973.

Hawkes, Terence. *Structuralism and Semiotics*. Berkeley: University of California Press, 1977.

Hayakawa, S. I. *Symbol, Status, and Personality*. New York: Harcourt, Brace and World, 1953.

Heath, Anthony. *Rational Choice and Social Exchange*. Cambridge: Cambridge University Press, 1976.

Hebdidge, Dick. *Subculture: The Meaning of Style*. London: Methuen, 1979.

Hellman, Lillian. *An Unfinished Woman*. Boston: Little, Brown, 1969.

——. *The Presentation of Self in Everyday Life*. Garden City, N.Y.: Doubleday/Anchor, 1959.

——. *Relations in Public: Microstudies of the Public Order*. New York: Harper Torchbooks, 1971.

——. "Symbols of Class Status." *British Journal of Sociology* 2, no. 4 (December 1951): 294 – 304.

Goldfarb, Aaron. "When Johnnie Walker Blue Was King." *Punch*, May 6, 2020, https://punchdrink.com/articles/when-johnnie-walker-blue-label-whisky-was-king.

Goodman, Nelson. *Languages of Art*. Indianapolis: Hackett, 1976.

Gould, Stephen Jay. *Full House: The Spread of Excellence from Plato to Darwin*. New York: Harmony, 1996.

Gould, Will (writer), and Hollingsworth Morse (director). March 11, 1962. Episode #281, season 8, episode 7. "Double Trouble." In R. Golden (Producer), *Lassie*. CBS.

Graham, John D. *John Graham's System and Dialectics of Art*. Baltimore: The Johns Hopkins University Press, 1971.

"Great Leap Forward at the Traffic Lights in China—Archive." *Guardian*, August 25, 1966, https://www.theguardian.com/world/2016/aug/25/china-traffic-lights-red-guards-communism-great-leap.

Greco, Stephen. "That Fast Thing: The Late Glenn O'Brien." *Upstate Diary*, no. 4, 2017, https://www.upstatediary.com/glenn-obrien.

Green, Christopher. "An Introduction to *Les Demoiselles d'Avignon*." In *Picasso's Les Demoiselles d'Avignon*, edited by Christopher Green, 1 – 14. Cambridge: Cambridge University Press, 2001.

Greenberg, Clement. *Art and Culture*. Boston: Beacon, 1989.

Greenhouse, Emily. "About Kanye's Croissant." *New Yorker*, September 12, 2013, https://www.newyorker.com/culture/culture-desk/about-kanyes-croissant.

Greenland, David R. *The Gunsmoke Chronicles: A New History of Television's Greatest Western*. Duncan, Okla.: Bear Manor Media, 2013.

Greif, Mark. "What Was the Hipster?" *New York Magazine*, October 24, 2010.

Gronow, Jukka. *The Sociology of Taste*. London: Routledge, 1997.

Guay, Melissa. "Spontaneous Combustion Likely Cause of Silo Fire." *Post Star* (Glen Falls, N.Y.), May 7, 2007.

Guo, Jeff. "The Mathematician Who Proved Why Hipsters All Look Alike." *Washington Post*, November 11, 2014, https://www.washingtonpost.com/news/storyline/wp/2014/11/11/the-mathematician-who-proved-why-hipsters-all-look-alike/.

——. *Why the World Does Not Exist*. Cambridge: Polity, 2015.

Gabriel, Yiannis, and Tim Lang. *The Unmanageable Consumer*. 2nd ed. London: Sage Publications, 2006.

Gallagher, Jake. "Dropping Knowledge: The Button-Down Collar." *GQ*, March 6, 2013, https://www.gq.com/story/dropping-knowledge-the-button-down-collar.

Gammond, Peter. *The Bluffer's Guide to British Class*. West Sussex, Eng.: Ravette Books, 1986.

Gans, Herbert. *Popular Culture and High Culture: An Analysis and Evaluation of Taste*. New York: Basic Books, 1974.

Garcia, Bobbito (director). *Rock Rubber 45s*. 2018. Goldcrest/Saboteur FilmsDistributor.

——. *Where'd You Get Those? New York City's Sneaker Culture, 1960–1987*.

New York: Testify Books, 2003.

Gartman, David. *Auto-Opium: A Social History of American Automobile Design*. London: Routledge, 1994.

"Gay Track Star Voted Prom King." *The Advocate*, May 10, 2011, https://www.advocate.com/news/daily-news/2011/05/10/gay-high-schooler-voted-prom-king.

Geertz, Clifford. *The Interpretation of Cultures*. New York: Basic Books, 1973.

Gell, Alfred. "Newcomers to the World of Goods: Consumption among the Murai Gonds." In *The Social Life of Things*, edited by Arjun Appadurai. Cambridge: Cambridge University Press, 1986.

Gibbons-Neff, Thomas, and Fahim Abed. "In Afghanistan, Follow the White High-Tops

and You'll Find the Taliban." *New York Times*, January 28, 2021.

Giddens, Anthony. *Modernity and Self-Identity: Self and Society in the Late Modern Age*. Stanford, Calif.: Stanford University Press, 1991.

Gilbert, Margaret. "Notes on the Concept of a Social Convention." *New Literary History* 14, no. 2 (Winter 1983): 225 - 51.

——. *On Social Facts*. Princeton, N.J.: Princeton University Press, 1989.

Gilmore, James H., and Joseph Pine. *Authenticity: What Consumers Really Want*. Cambridge, Mass.: Harvard Business Press, 2007.

Girard, René. *Evolution and Conversion: Dialogues on the Origins of Culture*. London: Bloomsbury, 2008.

Gladwell, Malcolm. *The Tipping Point*. New York: Back Bay/ Little, Brown, 2000.

Goffman, Erving. *Interaction Ritual: Essays on Face-to-Face Behavior*. New York: Anchor, 1967.

"500 Greatest Albums List (2003)." *Rolling Stone*, May 31, 2009, https://www.rollingstone.com/music/music-lists/500-greatest-albums-of-all-time-156826/.

Flanagan, Jane. "Grace Mugabe's Porsche, Rolls Royce and Range Rover Are Damaged When Cows Wander onto the Road as Motors Were Being Spirited Out of Zimbabwe under the Cover of Darkness." *Daily Mail*, January 22, 2018, https://www.dailymail.co.uk/news/article-5297435/Grace-Mugabes-supercars-crashed-taken-Zimbabwe.html.

Florida, Richard. *The Creative Class*. New York: Basic Books, 2002.

Foley, Gregk. "The Trends and Brands That Defined '90s Hip-Hop Fashion." *High Snobiety*, 2020, https://www.highsnobiety.com/p/90s-hip-hop-fashion/.

Foster, Edward Halsey. *Understanding the Beats*. Columbia: University of South Carolina Press, 1992.

Fox, Dan. *Pretentiousness: Why It Matters*. Minneapolis: Coffee House Press, 2016.

Fox, Margalit. "Vivian Nicholson, 79, Dies; A Rags-to-Riches Story Left in Tatters." *New York Times*, April 17, 2015, https://www.nytimes.com/2015/04/19/world/europe/vivian-nicholson-rags-to-riches-to-rags-icon-dies-at-79.html.

Frank, Robert H. *Choosing the Right Pond: Human Behavior and the Quest for Status*. New York: Oxford University Press, 1985.

Frank, Thomas. *The Conquest of Cool*. Chicago: University of Chicago Press, 1997.

Freud, Sigmund. *Civilization and Its Discontents*. Translated by James Strachey. New York: W. W. Norton, 1961.

——. *Introductory Lectures on Psycho-Analysis*. Translated by James Strachey. New York: Penguin, 1966.

Friedberger, Mark. *Shake-Out: Iowa Farm Families in the 1980s*. Lexington: University Press of Kentucky, 1989.

Friedman, B. H. *Jackson Pollock: Energy Made Visible*. New York: McGraw-Hill, 1974.

Frith, Simon, and Howard Horne. *Art into Pop*. London: Methuen, 1989.

Fuller, Peter. *Aesthetics after Modernism*. London: Writers and Readers, 1983.

Furbank, P. N. *Unholy Pleasure: The Idea of Social Class*. Oxford: Oxford University Press, 1985.

Fussell, Paul. *Class: A Guide through the American Status System*. New York: Touchstone, 1983.

Fyvel, T. R. "Fashion and Revolt (1963)." In *The Subcultures Reader*, edited by Sarah Thornton and Ken Gelder. London: Routledge, 1997.

Gabriel, Markus. *The Power of Art*. Cambridge: Polity, 2020.

Consumer Subculture? (1992)." In *The Subcultures Reader*, edited by Sarah Thornton and Ken Gelder. London: Routledge, 1997.

Eliot, T. S. *Notes towards the Definition of Culture*. London: Faber and Faber, 1962.

Elliott, Anthony. *Concepts of the Self.* 2nd ed. Cambridge: Polity, 2008.

Ellis, Iain. "New Wave: Turning Rebellion into Money." *Pop Matters*, February 14, 2019, https://www.popmatters.com/new-wave-rebellion-into-money-2628904704.html.

Elster, Jon. *Making Sense of Marx.* Cambridge: Cambridge University Press, 1985.

——. *Nuts and Bolts for the Social Sciences.* Cambridge: Cambridge University Press, 1989.

Falk, John H., and John Balling. "Evolutionary Influence on Human Landscape Preference." *Environment and Behavior* 42, no. 4 (July 2010): 479 – 93, https://www.researchgate.net/publication/249624620_Evolutionary_Influence_on_Human_Landscape_Preference.

Fanon, Frantz. *The Wretched of the Earth.* Translated by Richard Philcox. New York: Grove, 2004.

Farah, Safy-Hallan. "The Great American Cool." *The Goods by Vox*, July 14, 2021, https://www.vox.com/the-goods/22570006/cool-consumer-identity-gen-z-cheugy.

"Fashion." *Lapham's Quarterly*, Fall 2015.

Fearon, Faye. "The Enduring Appeal of the Beatles' Mop-Top Haircuts." *GQ UK*, December 6, 2019, https://www.gq-magazine.co.uk/grooming/article/the-beatles-haircut.

Feather, Carl E. "Western Reserve Back Roads: Antiquated and Labor Intensive, Northeast Ohio Region's Farm Silos Face Bleak Future as Rural Skyscrapers." *Star Beacon* (Ashtabula, Ohio), November 24, 2006, https://www.starbeacon.com/community/silos/article_cd242cd9-5c3b-5b4b-b3b5-8b11992a06c6.html.

Feltovich, Nick, Rick Harbaugh, and Ted To. "Too Cool for School? Signalling and Countersignalling." *RAND Journal of Economics* 33, no. 4 (Winter 2002): 630 – 49.

Ferris, Ray, and Julian Lord. *Teddy Boys: A Concise History.* Preston, Eng.: Milo Books, 2012.

Ferry, Luc. *Homo Aestheticus: The Invention of Taste in the Democratic Age.* Translated by Robert de Loaiza. Chicago: University of Chicago Press, 1994.

Finnegan, William. *Barbarian Days: A Surfing Life.* New York: Penguin, 2015.

Fisher, Mark. "The Slow Cancellation of the Future." *Ghosts of My Life: Writings on Depression, Hauntology and Lost Futures.* Winchester, U.K.: Zer0 Books, 2014.

Fitzgerald, F. Scott. *The Great Gatsby.* London: Penguin, 1950.

"The 500 Greatest Albums of All Time." *Rolling Stone*, September 22, 2020, https://www.rollingstone.com/music/music-lists/best-albums-of-all-time-1062063/.

Dowd, Maureen. “Retreat of the Yuppies: The Tide Now Turns amid ‘Guilt’ and ‘Denial.’ ” *New York Times*, June 28, 1985, https://www.nytimes.com/1985/06/28/nyregion/retreat-of-the-yuppies-the-tide-now-turns-amid-guilt-and-denial.html.

Dower, John. *Embracing Defeat: Japan in the Wake of World War II*. New York: W. W. Norton, 1999.

Dowling, James. “100 Not Out: The Full History of the Cartier Tank.” *Esquire*, May 1, 2018, https://www.esquire.com/uk/watches/a33818670/cartier-tank-history/.

Dredge, Stuart, and Alex Hern. “Apple, Coffee and Techno: Jonathan Ive’s Recipe for Success.” *Guardian*, December 8, 2013, https://www.theguardian.com/technology/2013/dec/08/jonathan-ive-apple-coffee-techno.

Dreyfus, Hubert L., and Paul Rabinow. *Michel Foucault: Beyond Structuralism and Hermeneutics*. Chicago: University of Chicago Press, 1983.

Drinnon, Richard T. *Rebel in Paradise: A Biography of Emma Goldman*. New York: Bantam, 1973.

Drummond, Bill, and Jimmy Cauty. *The Manual (How to Have a Number One the Easy Way)*. https://freshonthenet.co.uk/the-manual-by-the-klf/.

Duncan, Hugh Dalziel. *Communication and Social Order*. New Brunswick, N.J.: Transaction, 1985.

——. *Symbols in Society*. New York: Oxford University Press, 1968.

Durkheim, Émile. *Suicide: A Study in Sociology*. Trans. John A. Spaulding. New York: Free Press, 1997.

Duvignaud, Jean. *The Sociology of Art*. Translated by Timothy Wilson. London: Paladin, 1972.

Dylan, Bob. “Ballad of a Thin Man.” *Highway 61 Revisited*. Columbia, 1965.

Dylan, Bob, Joan Baez, Allen Ginsberg, Maria Muldaur, and Pete Seeger. *No Direction Home: Bob Dylan*. 2005. Paramount Home Entertainment.

Eagleton, Terry. *Culture*. New Haven, Conn.: Yale University Press, 2016.

Ebert, Roger. “North.” *RogerEbert.com*, July 22, 1994.

Eco, Umberto. “How Culture Conditions the Colours We See.” In *On Signs*, edited by Marshall Blonsky. Baltimore: The Johns Hopkins University Press, 1985.

——. *A Theory of Semiotics*. Bloomington: Indiana University Press, 1976.

Editors of Consumer Reports. *I’ll Buy That: 50 Small Wonders and Big Deals That Revolutionized the Lives of Consumers*. Mount Vernon, N.Y.: Consumers Union, 1986.

Edsall, Thomas B. “The Resentment That Never Sleeps.” *New York Times*, December 9, 2020.

Edwards, John. *Sociolinguistics: A Very Short Introduction*. Oxford: Oxford University Press, 2013.

Ehrenreich, Barbara, Elizabeth Hess, and Gloria Jacobs. “Beatlemania: A Sexually Defiant

Dahrendorf, Ralf. "On the Origin of Inequality among Men." In *Essays in the Theory of Society*. Palo Alto, Calif.: Stanford University Press, 1968.

Davis, Allison P. "Pharrell's Grammys Hat Actually Not So Ridiculous." *The Cut*, January 27, 2014, https://www.thecut.com/2014/01/pharrells-grammys-hat-not-so-ridiculous.html.

Davis, Fred. *Fashion, Culture, and Identity.* Chicago: University of Chicago Press, 1992.

Davis, Kingsley, and Wilbert E. Moore. "Some Principles of Stratification." *American Sociological Review* 10, no. 2 (1944): 242 – 49 (Annual Meeting Papers, April 1945).

De Beauvoir, Simone. *The Second Sex*. Translated by H. M. Parshley. New York: Vintage, 1989.

De Botton, Alain. *Status Anxiety*. Toronto: Viking Canada, 2004.

de Casanova, Erynn Masi. *Buttoned Up: Clothing, Conformity, and White-Collar Masculinity*. Ithaca, N.Y.: ILR Press, 2015.

de Montlaur, Bénédicte. "France Honors Dennis Lim and John Waters." Order of Arts and Letters Ceremony at the Cultural Services of the French Embassy in New York, May 7, 2018, https://frenchculture.org/awards/8088-france-honors-dennis-lim-and-john-waters.

Dickens, Charles. *David Copperfield*. https://www.gutenberg.org/files/766/766-h/766-h.htm.

DiMaggio, Paul. "Market Structure, the Creative Process, and Popular Culture: Toward an Organizational Reinterpretation of Mass-Culture Theory." *Journal of Popular Culture* 11, no. 2 (September 1977): 436 – 52, https://doi.org/10.1111/j.0033-2840.1977.00436.x.

Dinerstein, Joel. *The Origins of Cool in Postwar America*. Chicago: University of Chicago Press, 2017.

Dixit, Iva. " 'Bollywood Wives' Is an Accidental Documentary about India's Gilded Class." *New York Times*, January 7, 2021, https://www.nytimes.com/2021/01/07/magazine/fabulous-lives-bollywood-wives-netflix.html.

Dolenz, Micky, and Mark Bego. *I'm a Believer: My Life of Monkees, Music, and Madness*. New York: Hyperion, 1993.

Doll, Jen. "The Icing Is off the Cupcake Craze." *The Atlantic*, April 17, 2013, https://www.theatlantic.com/business/archive/2013/04/icing-cupcake-craze/316195/.

Doonan, Simon. "The End of Trends." *New York Observer,* March 3, 2010, https://observer.com/2010/03/the-end-of-trends/.

Doran, John. "The Demolition Man: Thurston Moore Interviewed." *The Quietus*, July 5, 2011, https://thequietus.com/articles/06534-thurston-moore-interview.

Douglas, Mary, and Baron Isherwood. *The World of Goods*. New York: Basic Books, 1979.

Princeton, N.J.: Princeton University Press, 2013.

Clemente, Deidre. *Dress Casual: How College Students Redefined American Style*. Chapel Hill: University of North Carolina Press, 2014.

Cochrane, Glynn. *Big Men and Cargo Cults*. Oxford: Clarendon, 1970.

Coe, Sophie D., and Michael D. Coe. *The True History of Chocolate*. London: Thames and Hudson, 1996.

Cohen, Albert K. "A General Theory of Subcultures (1955)." In *The Subcultures Reader*, edited by Sarah Thornton and Ken Gelder. London: Routledge, 1997.

Cohen, Phil. "Subcultural Conflict and Working-Class Community (1972)." In *The Subcultures Reader*, edited by Sarah Thornton and Ken Gelder. London: Routledge, 1997.

Cohn, Nik. *Today There Are No Gentlemen*. London: Weidenfeld and Nicolson, 1971.

Colt, Sam. "Apple Designer Jony Ive's Favorite Cars." *Business Insider*, February 14, 2015, https://www.businessinsider.com/jony-ive-favorite-cars-2015-2.

Connerton, Paul. *How Societies Remember.* Cambridge: Cambridge University Press, 1989.

Conniff, Richard. *The Natural History of the Rich: A Field Guide.* New York: W. W. Norton, 2002.

Corner, Natalie. "At Home with a Teenage Billionaire: Dubai Instagram Star, 16, with a $1 Million Collection of Trainers Shows Off the Family Mansion—Including the Private Zoo." *Daily Mail*, December 6, 2018, https://www.dailymail.co.uk/femail/article-6463387/Inside-home-16-year-old-billionaire-rich-kid-Dubai-private-ZOO.html.

Corrigan, Peter. *The Sociology of Consumption.* London: Sage Publications, 1997.

Coscarelli, Joe. "How Pop Music Fandom Became Sports, Politics, Religion and All-Out War." *New York Times*, December 25, 2020, https://www.nytimes.com/2020/12/25/arts/music/pop-music-superfans-stans.html.

Craig, Scott. "What's Noka Worth? (Part 2)." *DallasFood*, December 11, 2006, https://dallasfood.org/2006/12/noka-chocolate-part-2/.

Culler, Jonathan D. *Saussure.* Glasgow: Fontana/ Collins, 1976.

Currid-Halkett, Elizabeth. *The Sum of Small Things: A Theory of the Aspirational Class*. Princeton, N.J.: Princeton University Press, 2017.

Dahl, Gary R. *Advertising for Dummies*. New York: Hungry Minds, 2001.

Dahl, Linda. *Stormy Weather: The Music and Lives of a Century of Jazz Women*. New York: Pantheon, 1984.

Dahl, Roald. *Charlie and the Chocolate Factory*. New York: Puffin Books, 2013.

January 24, 2016, https://www.psychologytoday.com/us/blog/paper-souls/201601/instagram-is-the-happiest-place-in-the-internet-world.

Buyer, Bob. "Lawsuits Attack 'Cadillac' Silos." *Buffalo News*, October 26, 1991.

Byrne, David. *How Music Works.* New York: Three Rivers Press, 2017.

Cabanne, Pierre, and Marcel Duchamp. *Dialogues with Marcel Duchamp.* New York: Viking, 1971.

Calinescu, Matei. *Five Faces of Modernity*. Durham, N.C.: Duke University Press, 1987.

Callaghan, Karen A. *Ideals of Feminine Beauty: Philosophical, Social, and Cultural Dimensions.* Westport, Conn.: Greenwood Press, 1994.

Capote, Truman. *Breakfast at Tiffany's*. New York: Penguin, 2011.

Cardwell, Diane. "Black Surfers Reclaim Their Place on the Waves." *New York Times*, August 31, 2021, https://www.nytimes.com/interactive/2021/08/31/sports/ black-surfers.html.

Carroll, Noël. *Philosophy of Art.* London: Routledge, 1999.

Cassini, Oleg. *In My Own Fashion*. New York: Simon and Schuster, 1987.

Chaney, Lisa. *Coco Chanel.* New York: Viking, 2011.

Chang, Jeff. *Can't Stop, Won't Stop: A History of the Hip-Hop Generation.* London: Ebury, 2005.

Charles, Kerwin Kofi, Erik Hurst, and Nikolai Roussanov. "Conspicuous Consumption and Race." *Quarterly Journal of Economics* 124, no. 2 (May 2009): 425 – 67.

Chayka, Kyle. "How Beeple Crashed the Art World." *New Yorker*, March 22, 2021, https://www.newyorker.com/tech/annals-of-technology/how-beeple-crashed-the-art-world.

——. "Raya and the Promise of Private Social Media." *New Yorker*, October 15, 2021, https://www.newyorker.com/culture/infinite-scroll/raya-and-the-promise-of-private-social-media.

——. "Welcome to AirSpace." *The Verge*, August 3, 2016, https://www.theverge.com/2016/8/3/12325104/airbnb-aesthetic-global-minimalism-startup-gentrification.

Cheng, Evelyn. "China Says It Now Has Nearly 1 Billion Internet Users." *CNBC*, February 4, 2021, https://www.cnbc.com/2021/02/04/china-says-it-now-has-nearly-1-billion-internet-users.html.

Chipp, Herschel Browning, Peter Selz, and Joshua C. Taylor. *Theories of Modern Art: A Source Book by Artists and Critics*. Berkeley: University of California Press, 1968.

Choi, Young Back. *Paradigms and Conventions*. Ann Arbor: University of Michigan Press, 1993.

Christie's. "The Collection of Peggy and David Rockefeller: Online Sale." May 1 – 11, 2018. https://onlineonly.christies.com/s/collection-peggy-david-rockefeller-online-sale/lots/466.

Chwe, Michael Suk-Young. *Rational Ritual: Culture, Coordination, and Common Knowledge.*

Bollen, Christopher. "Glenn O'Brien Saved My Life." *The Cut*, April 7, 2017, https://www.thecut.com/2017/04/glenn-obrien-saved-my-life.html.

Bong Joon-ho (director). *Parasite*. Neon, 2019.

Boorstin, Daniel J. *The Image*. Harmondsworth, Eng.: Penguin, 1961.

Bourdieu, Pierre. *Distinction*. Cambridge, Mass.: Harvard University Press, 1984.

——. *The Field of Cultural Production*. New York: Columbia University Press, 1993.

Bourne, Leah. "The Cupcake Craze Is Officially Over: Crumbs Is Going Out of Business." *Stylecaster*, July 8, 2014, https://stylecaster.com/beauty/cupcake-craze-over-crumbs-going-out-of-business/.

Boyer, G. Bruce. "The Swelled Edge, a Quarter-Inch of Distinction." *Ivy Style*, October 29, 2013, http://www.ivy-style.com/the-swelled-edge-a-quarter-inch-of-distinction.html.

——. *True Style: The History and Principles of Classic Menswear.* New York: Basic Books, 2015.

Brennan, Geoffrey, and Philip Pettit. *The Economy of Esteem: An Essay on Civil and Political Society*. Oxford: Oxford University Press, 2004.

Brennan, Ian. "How Music Dies: Aristocracy Is Killing Artistry." *Huck*, May 11, 2016, https://www.huckmag.com/perspectives/how-music-dies/

Brewer, Marilynn B. "The Social Self: On Being the Same and Different at the Same Time." *Personality and Social Psychology Bulletin* 17, no. 5 (October 1, 1991): 475 – 82.

Bright, Sam. "Klansman with Dreadlocks Astonishes Twitter." *BBC*, July 10, 2017, https://www.bbc.com/news/blogs-trending-40559913.

Broderick, Ryan. "I'm Being Gaslit by the TikTok Lamborghini." *Garbage Day*, October 9, 2021, https://www.garbageday.email/p/im-being-gaslit-by-the-tiktok-lamborghini.

Brooke, Eliza. "When a Dog Breed Becomes a Trend." *Vox*, July 29, 2019, https://www.vox.com/the-goods/2019/7/29/8930131/mini-australian-shepherd-american-aussie.

Brooks, David. *Bobos in Paradise*. New York: Simon and Schuster, 2000.

Brown, Sloane. "BMA John Waters Rotunda Dedication." *Baltimore Snap*, May 20, 2021.

Brown, Trisha. "Trisha Brown on Pure Movement." *Dance Magazine*, May 1, 2013, https://www.dancemagazine.com/trisha_brown_on_pure_movement-2306909524.html.

Bryson, Bethany. " 'Anything but Heavy Metal': Symbolic Exclusion and Musical Dislikes." *American Sociological Review* 61, no. 5 (October 1996): 884 – 99.

Bunuel, Luis. *My Last Breath*. Translated by Abigail Israel. London: Vintage, 1994.

Burke, Allie. "Instagram Is the Happiest Place in the (Internet) World." *Psychology Today*,

Benjamin, Walter. *Illuminations*. Translated by Harry Zohn. New York: Schocken, 1968.

Bennhold, Katrin. "Bavarian Millennials Embrace Tradition (Dirndls, Lederhosen and All)." *New York Times*, October 10, 2018, https://www.nytimes.com/2018/10/10/world/europe/germany-bavaria-dirndl-lederhosen.html.

Berger, David. *Kant's Aesthetic Theory: The Beautiful and the Agreeable*. London: Continuum, 2009.

Berger, Jonah. *Contagious: Why Things Catch On*. New York: Simon and Schuster, 2013.

Berger, John. *Ways of Seeing*. London: British Broadcasting Corporation/ Penguin, 1973.

Berger, Joseph, Susan J. Rosenholtz, and Morris Zelditch, Jr. "Status Organizing Processes." *Annual Review of Sociology* 6 (1980): 479 – 508.

Berger, Thor, and Per Engzell. "Trends and Disparities in Subjective Upward Mobility since 1940." *Socius* (January 2020).

Bergreen, Laurence. *Capone: The Man and the Era*. New York: Touchstone, 1994.

Bergson, Henri. *The Creative Mind: An Introduction to Metaphysics*. New York: Citadel, 1992.

Bernard, James. "Why the World Is after Vanilla Ice." *New York Times*, February 3, 1991, http://www.nytimes.com/1991/02/03/arts/why-the-world-is-after-vanilla-ice.html.

Best, Joel. *Flavor of the Month: Why Smart People Fall for Fads*. Berkeley: University of California Press, 2006.

Bilis, Madeline. "Why Some Boston Brownstones Have Purple Windows." *Boston Magazine*, September 23, 2015, https://www.bostonmagazine.com/property/2015/09/23/purple-windows-boston.

Birnbach, Lisa. *The Official Preppy Handbook*. New York: Workman, 1980.

——. "Save Brooks Brothers!" *New York Times*, July 22, 2020, https://www.nytimes.com/2020/07/22/style/brooks-brothers-bankruptcy-lisa-birnbach-preppy-handbook.html.

Blanck, Nili. "Inside L.A.'s Lowrider Car Clubs." *Smithsonian Magazine*, May 5, 2021, https://www.smithsonianmag.com/travel/vibrant-history-lowrider-car-culture-in-la-180977652/.

Blau, Max. "33 Musicians on What John Cage Communicates." *NPR*, September 5, 2012, https://www.npr.org/2012/08/30/160327305/33-musicians-on-what-john-cage-communicates.

Bloom, Harold. *The Anxiety of Influence: A Theory of Poetry*. 2nd ed. New York: Oxford University Press, 1997.

——. *The Western Canon: The Books and School of the Ages*. New York: Harcourt Brace, 1994.

Blumer, Herbert. "Fashion: From Class Differentiation to Collective Selection." *Sociological Quarterly* 10, no. 3 (Summer 1969): 275 – 91.

panther-the-most-radical-hollywood-blockbuster-ever.

Barthes, Roland. *Elements of Semiology*. Translated by Annette Lavers and Colin Smith. New York: Hill and Wang/Noonday Press, 1967.

Barthes, Roland, and Andy Stafford. *The Language of Fashion*. Oxford: Berg, 2006.

Bataille, Georges. *The Accursed Share: An Essay on the General Economy.* Vol. 1, *Consumption*. New York: Zone Books, 1991.

Baudrillard, Jean. *The Consumer Society: Myths and Structures*. London: Sage Publications, 1998.

——. *For a Critique of the Political Economy of the Sign*. Translated by Charles Levin. Candor, N.Y.: Telos Press, 1981.

——. *The System of Objects*. Translated by James Benedict. London: Verso, 1996.

Bayley, Stephen. *Taste: The Secret Meaning of Things*. New York: Pantheon, 1991.

Bazner, David. "The Ted Trend Continues at Saint Laurent." *GQ*, January 19, 2014, https://www.gq.com/story/ted-at-saint-laurent.

BBC Music Magazine. "The 50 Greatest Composers of All Time." *Classical Music*, January 30, 2020, https://www.classical-music.com/composers/50-greatest-composers-all-time/.

Beach, Christopher. *Class, Language, and American Film Comedy*. Cambridge: Cambridge University Press, 2001.

Beam, Christopher. "Highway to Heil." *Slate*, January 27, 2011, https://slate.com/culture/2011/01/jesse-james-nazi-photos-how-common-is-nazi-iconography-among-bikers.html.

The Beatles Anthology. San Francisco: Chronicle, 2000. "Beatles Haircuts 'Unsightly, Unsafe, Unruly, and Unclean'— Fashion Archive, 1963." *Guardian*, December 6, 2017, https://www.theguardian.com/fashion/2017/dec/06/beatles-hair-cut-fashion-archive-1963. "Beatles Press Conference: American Arrival 2/7/1964." http://www.beatlesinterviews.org/db1964.0207.beatles.html; accessed December 1, 2021.

Becker, Gary S. *Accounting for Tastes*. Cambridge, Mass.: Harvard University Press, 1996.

Becker, Howard S. *Art Worlds*. 2nd ed. Berkeley: University of California Press, 2008.

——. *Outsiders: Studies in the Sociology of Deviance*. 1963. Reprint, New York: Free Press, 1973.

Bell, Daniel. *The Cultural Contradictions of Capitalism*. New York: Basic Books, 1976.

Bell, Quentin. *On Human Finery*. 2nd ed. New York: Schocken, 1978.

Benedict, Ruth. *Patterns of Culture*. Boston: Mariner, 2005.

Benjamin, Kathy. "What It Was like Working at Studio 54." *Grunge*, January 12, 2021, https://www.grunge.com/311268/what-it-was-like-working-at-studio-54/.

1712 – 23, https://doi.org/10.11177/0146167220937544.

Anderson, C., O. P. John, D. Keltner, and A. M. Kring. "Who Attains Social Status? Effects of Personality and Physical Attractiveness in Social Groups." *Journal of Personality and Social Psychology* 81, no.1 (July 2001): 116 – 32, https://doi.org/10.1037//0022-3514.81.1.116.

Anderson, C., M. W. Kraus, A. D. Galinsky, and D. Keltner. "The Local-Ladder Effect: Social Status and Subjective Well-Being."*Psychological Science* 23, no. 7 (2012): 764 – 71, http://www.jstor.org/stable/23262493.

Anderson, C., R. Willer, G. J. Kilduff, and C. E. Brown. "The Origins of Deference: When Do People Prefer Lower Status?" *Journal of Personality and Social Psychology* 102, no. 5 (May 2012): 1077 – 88, https://doi.org/10.1037/a0027409.

Anderson, Chris. *The Longer Long Tail.* New York: Hyperion, 2008.

Appadurai, Arjun. "Introduction: Commodities and the Politics of Value." In *The Social Life of Things*, edited by Arjun Appadurai. Cambridge: Cambridge University Press, 1986.

Appiah, Kwame Anthony. "The Importance of Elsewhere." *Foreign Affairs*, March/April 2019, https://www.foreignaffairs.com/articles/2019-02-12/importance-elsewhere.

Arendt, Hannah. "The Crisis in Culture." In *Between Past and Future*. New York: Viking, 1961.

Arnold, Martin. "Moneywise." *New York Times*, February 17, 1964, https://www.nytimes.com/1964/02/17/archives/moneywise.html.

Arnold, Rebecca. *Fashion: A Very Short Introduction.* New York: Oxford University Press, 2009.

Asimov, Eric. "One Critic's Delight. . ." *New York Times*, November 5, 2003, https://www.nytimes.com/2003/11/05/dining/one-critic-s-delight.html.

Austerlitz, Saul. "The Pernicious Rise of Poptimism." *New York Times Magazine*, April 4, 2014, https://www.nytimes.com/2014/04/06/ magazine/ the-pernicious-rise-of-poptimism.html.

Baker, Keiligh. "Best Friends with Dr Dre and an Entourage of Six 'Minders' Wherever He Goes: How Saudi Billionaire Playboy, 23, with a Fleet of Golden Cars Spends His Summer in London." *Mail Online*, May 2, 2016, https://www.dailymail.co.uk/news/article-3567339/MailOnline-meets-billionaire-Saudi-playboy-owns-gold-supercars.html.

Baker, Phil. *The Book of Absinthe.* New York: Grove, 2001.

Balaban, Bob. *Spielberg, Truffaut and Me: An Actor's Diary.* Rev. ed. London: Titan Books, 2003.

Baldwin, James. *Go Tell It on the Mountain.* New York: Dell, 1985.

Barber, Nicholas. "*Black Panther*: The Most Radical Hollywood Blockbuster Ever?" *BBC*, February 6, 2018, https://www.bbc.com/culture/article/20180206-black-

參考書目
Bibliography

Abraham, J. H. *Origins and Growth of Sociology.* Harmondsworth, Eng.: Penguin, 1973.

Acerbi, Alberto, et al. "The Logic of Fashion Cycles." *PLOS One* 7, no. 3: e32541.

Achebe, Chinua. *Things Fall Apart.* New York: Anchor/ Doubleday, 1959.

Adams, John. *The Works of John Adams.* Vol. 6, *Defence of the Constitution IV, Discourses on Davila.* Jazzybee Verlag, 2015.

Adamson, Melitta Weiss, and Francine Segan. *Entertaining from Ancient Rome to the Super Bowl: An Encyclopedia.* Santa Barbara, Calif.: ABC-CLIO, 2008.

Aeschlimann, Roland, et al., eds. *Trisha Brown: Dance and Art in Dialogue, 1961–2001.* Cambridge, Mass.: MIT Press, 2002.

Albo, Mike. "The Marvelous Mr. John Waters." *Town & Country*, September 20, 2021.

Aldrich, Nelson W., Jr. *Old Money: The Mythology of America's Upper Class.* New York: Vintage, 1989.

——."Preppies: The Last Upper Class?" *The Atlantic*, January 1979.

Allaire, Christian. "How This Indigenous Jeweler Is Embracing Tradition under Lockdown." *Vogue*, April 26, 2020, https://www.vogue.com/slideshow/keri-ataumbi-indigenous-artist-photo-diary.

Andersen, Kurt. "You Say You Want a Devolution?" *Vanity Fair*, January 2012; posted online December 7, 2011, https://www.vanityfair.com/style/2012/01/prisoners-of-style-201201.

Anderson, Cameron, and John Angus D. Hildreth. "Striving for Superiority: The Human Desire for Status." IRLE Working Paper 115 – 16, October 2016.

Anderson, C., J. A. D. Hildreth, and L. Howland. "Is the Desire for Status a Fundamental Human Motive? A Review of the Empirical Literature." *Psychological Bulletin* 141, no. 3 (May 2015): 574 – 601, https://doi.org/10.1037/a0038781.

Anderson, C., J. A. D. Hildreth, and D. L. Sharps. "The Possession of High Status Strengthens the Status Motive." *Personality and Social Psychology Bulletin* 46, no. 12 (December 2020):

〔revelation〕006

階級與品味

隱藏在文化審美與流行趨勢背後的地位渴望

Status and Culture: How Our Desire for Social Rank Creates Taste, Identity, Art, Fashion, and Constant Change

作者 W・大衛・馬克思（W. David Marx）
譯者 吳緯疆

副總編輯 洪源鴻
責任編輯 柯雅云
封面設計 陳恩安
內文排版 宸遠彩藝
出版 二十張出版／左岸文化事業有限公司
發行 遠足文化事業股份有限公司（讀書共和國出版集團）
地址 新北市新店區民權路108-3號3樓
電話 02・2218・1417
傳真 02・2218・0727
客服專線 0800・221029
信箱 akker2022@gmail.com
Facebook facebook.com/akker.fans
法律顧問 華洋法律事務所——蘇文生律師
印刷 前進彩藝有限公司
定價 五六〇元
出版 二〇二五年一月——初版一刷

ISBN｜978-626-7445-82-2（平裝）、978-626-7445-78-5（ePub）、978-626-7445-79-2（PDF）

階級與品味：隱藏在文化審美與流行趨勢背後的地位渴望
W・大衛・馬克思（W. David Marx）著／吳緯疆譯
一版／新北市／二十張出版／左岸文化事業有限公司
2025.01／416面／16 x 23 公分
譯自：Status and Culture: How Our Desire for Social Rank Creates Taste, Identity, Art, Fashion, and Constant Change
ISBN：978-626-7445-82-2（平裝）
1. 階級社會　2. 文化研究
546.1　113017364

2009年11月7日在一指禪秋季聯誼會留影紀念。

義工

▶ 自閉症游泳義工

每年暑假，自閉症服務協進會，在三重高中，舉辦星兒游泳班，當義務教練多年。

北縣自會謝自第005號

感謝狀

廖天才 教練 熱心協助
本會暑期星兒游泳班活動
義行可風愛心洋溢嘉惠
本會服務工作推展順利
深感欽佩特贈此狀
敬表謝忱
此狀

社團法人 台北縣自閉症服務協進會

中華民國九十五年八月十一日

獲頒自閉症服務協進會的感謝狀。

▶ 一指禪

在士林社大，學到養生功「一指禪」，在三重高中晨泳時，帶大家熱身操，做一指禪功，在操場健行者也來參加，持續十多年。

▶ 攝影

在親朋好友的婚喪喜慶、幼心幼稚園、士林長老教會慶典活動攝影。

我為幼心幼稚園為認真表演的小朋友拍下照片。

抗癌

2023年3月18日因感冒高燒急診，抽血檢驗時發現體內有不成熟白血球，經過進一步檢查得知，竟是急性骨髓白血病（俗稱血癌），頓時感到晴天霹靂、軟弱無助，經好友介紹臺大癌醫中心醫院血腫部主治醫師劉家豪，第一次門診就感覺他的親切且與病人有同理心，不厭其煩地解釋，讓我更了解治療的方向。他也叮嚀我不要擔